지식인의 필독서
철학과 정치의 지침서

老子新釋

張基槿 譯著

明文堂

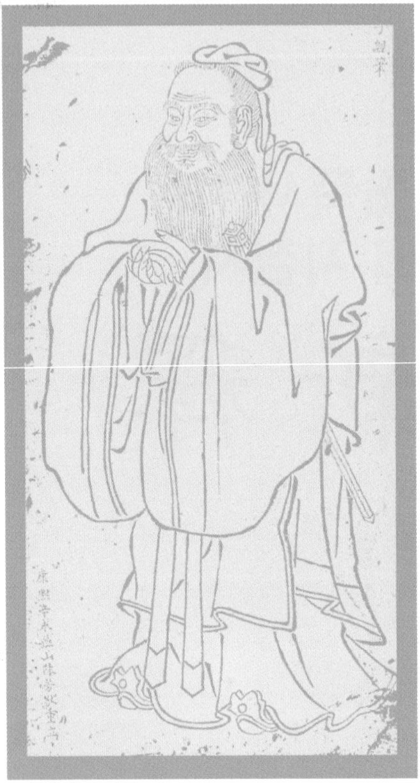

▲ 오도자(吳道子)가 그린 노자상(老子像)

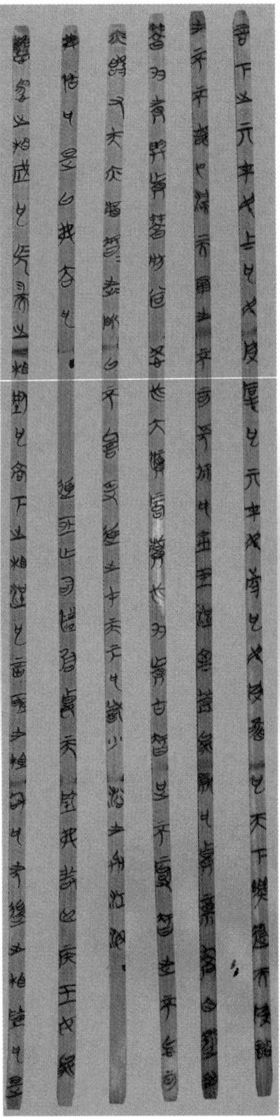

▶ 노자(老子) 죽간(竹簡)

▼ 도덕경(道德經) 석각(石刻) 조맹부(趙孟頫) 서(書)

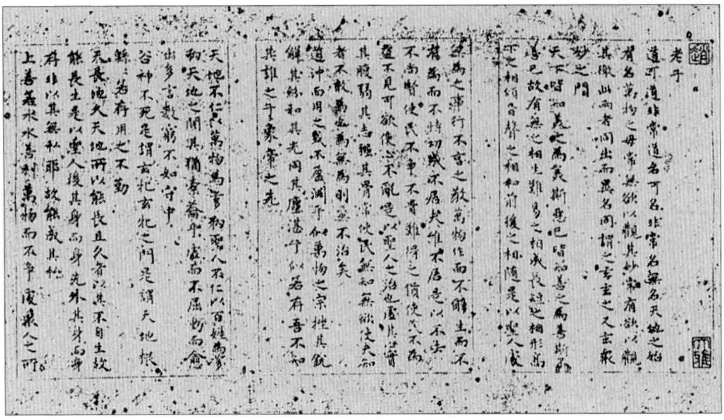

老子
道可道非常道名可名非常名無名天地之始
有名萬物之母常無欲以觀其妙常有欲以觀
其徼此兩者同出而異名同謂之玄玄之又玄衆
妙之門
天下皆知美之爲美斯惡已皆知善之爲善斯不
善已故有無之相生難易之相成長短之相形高
下之相傾音聲之相和前後之相隨是以聖人處
無爲之事行不言之教萬物作而不辭生而不
有爲而不恃功成不居夫惟不居是以不去
不尚賢使民不爭不貴難得之貨使民不爲
盜不見可欲使心不亂是以聖人之治也虛其心實
其腹弱其志强其骨常使民無知無欲使夫知
者不敢爲也爲無爲則無不治矣
道沖而用之或不盈淵乎似萬物之宗挫其銳
解其紛和其光同其塵湛兮似若存吾不知
其誰之子象帝之先
天地不仁以萬物爲芻狗聖人不仁以百姓爲芻
狗天地之間其猶橐籥乎虛而不屈動而愈
出多言數窮不如守中
谷神不死是謂玄牝玄牝之門是謂天地根
綿綿若存用之不勤
天長地久天地所以能長且久者以其不自生故
能長生是以聖人後其身而身先外其身而身
存非以其無私耶故能成其私
上善若水水善利萬物而不爭處衆人之所

▲ 노군암조상(老君巖造像) 노자를 신격화하여 노군이라 한다.

▲ 공자(孔子)와 노자(老子) 한대(漢代)의 화상전(畵像磚)

▶ 노자(老子) 갑본(甲本)

▲ 장자상(莊子像)

◀ 노자출관(老子出關) 범증(范曾) 그림

▶ 공자문례비(孔子問禮碑) 공자는 노자를 찾아가 예(禮)에 대하여 물었다고 한다.

지식인의 필독서■철학과 정치의 지침서

老子新釋

玄玉蓮齋居士 張基槿 譯著

감사합니다.

하느님과 신령님에게 감사합니다.

어려서 효도를 못한 외아들인 저를 줄곧 영적으로 돌봐주시는 친부모님께 감사합니다.

부부가 되어 간고한 삶을 살다가 먼저 승천한 이연의 교장에게 진심으로 감사합니다.

딸로 태어났다가 일찍 승천하고 하느님 곁에서 줄곧 아빠를 수호해 주는 현경이 및 옥경이의 영적 후원에 감사합니다.

모든 신령에게 이 책을 바쳐 올리고, 아울러 편히 쉬시기를 기원합니다.

2009. 4. 28.

현옥련재거사(玄玉蓮齋居士)

장기근(張基槿) 올림

추상적 서문

사람은 숭고한 정신적 삶을 살아야 한다. 속인들은 육체적 삶만을 알고 이기적 욕심을 바탕으로 세상을 혼란하게 만들고 있다. 그래서 노자는 깨우치려고 애를 썼던 것이다.

특히 노자는 악덕 정치를 심하게 꾸짖었다. 겉으로는 딴소리를 하면서 간교한 지략과 잔인한 무력으로 모든 것을 독점하려는 야생동물 같은 마음의 통치자들을 혹독하게 야단쳤던 것이다.

노자 사상의 핵심은 무위자연(無爲自然)의 도(道)이다. 우주 천지 만물의 본체를 도라고 했다. 도를 바탕으로 인류의 역사와 문화도 끝없이 이어지고 발전한다. 그래서 도를 알고 따르고 행하면 개인적으로는 바르고 착하게 살고, 공동체적으로는 진정한 평화를 누릴 수 있다. 오늘의 인류 위기를 극복하기 위해서도 노자 사상을 바르게 알아야 한다.

지식인의 정신적 지혜를 높이기 위해 책 출간을 승낙해 주신 명문당의 김동구 사장님과 어려운 교정을 담당해 주신 이은주님에게 감사한다.

2009. 7. 16. 제88회 생일

장 기 근

범 례(凡例)

1. 노자 사상의 핵심을 알고 개인적으로나 공동체적으로 바르고 착하게 살기를 바라고 저술한 책이다.
2. 진고응(陳鼓應) 선생의 「노자역주(老子譯註) : 1983년, 중화서국(中華書局)」를 저본으로 삼았다.
3. 편집 체재는 각 장(章)마다 다음같이 나누어 풀고 설명했다.
   ① 한문 원문
   ② 토 달아 읽기
   ③ 기본적 해석
   ④ 모든 어구에 대한 설명 및 주석
   ⑤ 종합적 현대적 해석
   ⑥ 끝으로 참고 보충 설명 등으로 저술했다.
4. 노자의 책이나 사상은 약 2천년이나 많은 사람에게 읽히고, 또 여러 가지 판본으로 전해졌다. 그러므로 한문 원문의 구절이나 글자도 참으로 복잡하고 다르기도 하다. 그러나 이 책에서는 고증적 학설을 제외했다.

차 례

추상적 서문 …… 4

범례(凡例) …… 5

제 1 장 …… 17

참고 보충 설명 | 무명, 천지지시 ; 유명, 만물지모(無名, 天地之始 ; 有名, 萬物之母) 20 / 도(道) 22 / 도(道)와 무(無) 23 / 노자 사상의 핵심 24

제 2 장 …… 28

참고 보충 설명 | 일단(一端)만 아는 잘못 33 / 변증법적 발전관(辨證法的 發展觀) 34 / 노자와 공자 사상의 공통점 35

제 3 장 …… 36

참고 보충 설명 | 불상현(不尙賢) 41

제 4 장 …… 45

참고 보충 설명 | 도(道)가 천제(天帝)보다 먼저이다 48

제 5 장 …… 50

참고 보충 설명 | 인(仁)과 무(無)의 깊은 뜻 54 / 공자의 극기복례(克己復禮) 56 / 도(道)에 대한 복습 57

제 6 장 …… 58

참고 보충 설명 | 시적(詩的) 표현 60

제 7 장 …… 61

참고 보충 설명 | 무사(無私)와 대아(大我) 65

제 8 장 …… 66

참고 보충 설명 | 물의 선덕(善德) 일곱 가지 69 / 상선약수(上善若水) 71 / 애매한 주어(主語) 72

제 9 장 …… 73

참고 보충 설명 | 공수신퇴(功遂身退) 76

제10장 …… 78

참고 보충 설명 | [1~6]의 뜻 복습 84

제11장 …… 85

참고 보충 설명 | 무(無)가 쓰인다 87

제12장 …… 89
참고 보충 설명 | 배를 채우는 소박한 삶 92
제13장 …… 94
참고 보충 설명 | 총욕(寵辱)과 대환(大患) 99
제14장 …… 101
참고 보충 설명 | 무적(無的) 도(道) 106
제15장 …… 108
참고 보충 설명 | 도를 터득한 사람의 태도 114
제16장 …… 116
참고 보충 설명 | 치허수정(致虛守靜) 121 / 노자의 복귀사상 122
제17장 …… 123
참고 보충 설명 | 태상(太上)의 다스림 127
제18장 …… 129
참고 보충 설명 | 대도(大道)와 유교의 도덕(道德) 131
제19장 …… 133
참고 보충 설명 | 절성기지(絶聖棄智) 136 / 절학무

우(絶學無憂)와 현실세계 138

제20장 …… 139

참고 보충 설명 | 도를 지키는 나[我] 147

제21장 …… 150

참고 보충 설명 | 도를 알고 덕을 세워야 한다 154

제22장 …… 156

참고 보충 설명 | 곡즉전(曲則全) 161 / 성인포일(聖人抱一) 162

제23장 …… 163

참고 보충 설명 | 말없는 무위자연의 다스림 168

제24장 …… 169

참고 보충 설명 | 여식췌형(餘食贅形) 171

제25장 …… 173

참고 보충 설명 | 천지인(天地人)과 도(道) 179 / 노자의 복귀사상(復歸思想) 181

제26장 …… 183

참고 보충 설명 | 무거움이 뿌리가 된다 186

제27장 …… 188

참고 보충 설명 | 요묘(要妙) 193 / 명덕(明德)의 주(註) 194

第28장 …… 195

참고 보충 설명 | 대제불할(大制不割) 200 / 오늘의 정치 201

第29장 …… 202

참고 보충 설명 | 사람도 천하신기(天下神器) 207

第30장 …… 209

참고 보충 설명 | 무력은 이내 시든다 214

第31장 …… 217

참고 보충 설명 | 이겨도 상례(喪禮)로 대한다 222

第32장 …… 223

참고 보충 설명 | 머무를 줄 알아야 한다 227

第33장 …… 229

참고 보충 설명 | 도를 지녀야 수(壽) 232

第34장 …… 234

참고 보충 설명 | 스스로 크다고 안한다 237

第35장 …… 238
참고 보충 설명 | 끝없는 도(道) 241
第36장 …… 243
참고 보충 설명 | 도를 보일 수 없다 246
第37장 …… 248
참고 보충 설명 | 천하자정(天下自正) 250
第38장 …… 252
참고 보충 설명 | 도(道)와 인의예지(仁義禮智) 259 / 노자와 유가의 차이 261
第39장 …… 262
참고 보충 설명 | 천득일이청(天得一以淸) 267
第40장 …… 269
참고 보충 설명 | 정신적(精神的) 지각(知覺) 271 / 복귀어무(復歸於無) 272 / 생사초월(生死超越) 273
第41장 …… 274
참고 보충 설명 | 대기만성(大器晩成) 280
第42장 …… 281

참고 보충 설명 | 도생일(道生一) 285
第43장 …… 288
참고 보충 설명 | 물은 다 들어간다 290
第44장 …… 291
참고 보충 설명 | 자신이 더 귀중하다 293
第45장 …… 295
참고 보충 설명 | 청정(淸靜)하면 바르게 된다 298
第46장 …… 299
참고 보충 설명 | 도(道)와 지족(知足) 301
第47장 …… 302
참고 보충 설명 | 나가지 않고도 천하를 안다 304
第48장 …… 305
참고 보충 설명 | 부정(否定)의 한계 307
第49장 …… 309
참고 보충 설명 | 백성의 마음을 마음으로 한다 312
第50장 …… 313
참고 보충 설명 | 선섭생(善攝生) 316

제51장 …… 318
참고 보충 설명 | 현덕(玄德) 321 / 엄영봉(嚴靈峯)의 현(玄) 322
제52장 …… 323
참고 보충 설명 | 어려운 단계의 습상(襲常) 327
제53장 …… 329
참고 보충 설명 | 도둑 같은 임금 332
제54장 …… 334
참고 보충 설명 | 정치적 · 역사적 도(道) 338
제55장 …… 339
참고 보충 설명 | 지화왈상(知和曰常) 344
제56장 …… 346
참고 보충 설명 | 현동(玄同) 349
제57장 …… 350
참고 보충 설명 | 아무욕이민자박(我無欲而民自樸) 354
제58장 …… 355
참고 보충 설명 | 화복상생(禍福相生) 359

제59장 …… 361
참고 보충 설명 | 사천 막약색(事天 莫若嗇) 366
제60장 …… 368
참고 보충 설명 | 약팽소선(若烹小鮮) 370
제61장 …… 371
참고 보충 설명 | 대소교류(大小交流) 375
제62장 …… 376
참고 보충 설명 | 구슬보다 도를 바쳐라 380
제63장 …… 381
참고 보충 설명 | 성인의 신중한 태도 385
제64장 …… 387
참고 보충 설명 | 성인은 자연을 따른다 393 / 도(道)가 안되는 이유 394
제65장 …… 395
참고 보충 설명 | 세속적 지능(知能)과 우매(愚昧) 399
제66장 …… 401
참고 보충 설명 | 아무도 다투지 않는다 404

제67장 …… 405
참고 보충 설명 | 아유삼보(我有三寶) 409
제68장 …… 411
참고 보충 설명 | 싸우지 않고 이긴다 413
제69장 …… 414
참고 보충 설명 | 애자승(哀者勝) 417
제70장 …… 418
참고 보충 설명 | 피갈회옥(被褐懷玉) 420
제71장 …… 422
참고 보충 설명 | 지(知)와 부지(不知) 424
제72장 …… 425
참고 보충 설명 | 외민대위지(畏民大威至) 428
제73장 …… 429
참고 보충 설명 | 천망소이불실(天網疏而不失) 432
제74장 …… 434
참고 보충 설명 | 자기 손을 다친다 437
제75장 …… 438
참고 보충 설명 | 도(道)의 삶을 높인다 440

제76장 …… 441
참고 보충 설명 | 유약처상(柔弱處上) 443
제77장 …… 444
참고 보충 설명 | 천도(天道)와 인도(人道) 447
제78장 …… 448
참고 보충 설명 | 약승강(弱勝强) 451
제79장 …… 452
참고 보충 설명 | 성인(聖人)과 선인(善人) 454
제80장 …… 456
참고 보충 설명 | 소국과민(小國寡民) 459
제81장 …… 461
참고 보충 설명 | 천도(天道)와 인도(人道) 464

후기 : 이 책을 저술한 필자의 희망 …… 467

부록 : 노자와 사상 약설 …… 468

1. 노자(老子) 전기(傳記)에 대하여 468
2. 노자(老子) 책에 대하여 470
3. 노자사상(老子思想) 약술(略述) 471

색인 …… 491

제 1 장

[1] 道可道 非常道 名可名 非常名.

도가도(이) 비상도(이오) 명가명(이) 비상명(이라)

사람이 말로 할 수 있는 도(道)는 상도(常道)가 아니다. 사람이 말로 일컬을 수 있는 이름은 상명(常名)이 아니다.

<* 상도(常道)는 우주 천지 자연 만물의 본체(本體)이고, 또 어디에나 언제나 있으면서 작용하는 도(道)이다.>

<* 상명(常名)은 우주의 본체이며, 영원히 작용하는 도(道)의 참된 이름이라는 뜻이다.>

[2] 無 名天地之始 有 名萬物之母.

무(이) 명천지지시(이오) 유(이) 명만물지모(이니라)

무(無)는 하늘과 땅의 시초가 되는 도(道)의 이름이다. 유(有)는 만물을 낳는 어머니의 이름이다.

<* [無名 天地之始 有名 萬物之母]로 읽는 설도 있다. ⇒ 어구설명>

[3] 故常無 欲以觀其妙 常有 欲以觀其徼.

고(로) 상무(이) 욕이관기묘(하고) 상유(이) 욕이관기요

(하니라)

고로 항상 무(無)를 바탕으로 <만물의> 오묘(奧妙)함을 보아야 한다. <또> 항상 유(有)를 바탕으로 <광대하고 영원히> 밝게 빛나는 자연 만물을 보아야 한다.

[4] 此兩者 同出而異名 同謂之玄 玄之又玄 衆妙之門.

차량자(이) 동출이이명(이니라) 동위지현(이며) 현지우현(이며) 중묘지문(이니라)

이 둘은 같은 <하나에서> 나왔으나 이름이 다르다. 이 둘은 다 어둡고 그윽하다[玄]. 그윽하고, 또 그윽한 도(道)가 바로 중묘(衆妙)의 문이다.

<* 둘[兩]은 무(無)와 유(有)다. *「무와 유」는 같은 도(道)에서 나왔다. 이름이 다르다.[同出而異名] *함께 현(玄)이라고 한다.[同謂之玄] * 현묘(玄妙)하고 현묘한 도가 바로 중묘(衆妙)의 문(門)이다.>

<* 중묘(衆妙)는 우주 천지 자연 만물이 무(無)에서 나와 유(有)가 되고, 또 끝없이 생육화성(生育化成)하는 「만물의 오묘(奧妙)함」을 말한 것이다.>

[어구 설명] [1] 道可道 非常道 名可名 非常名 :

○道可道(도가도) : 「말할 수 있는 도, 혹은 도라고 말할 수

있는 것.」 앞의 「도(道)」는 명사. 뒤의 「도」는 「말한다는 뜻」의 동사이다.

○非常道(비상도) : 상도(常道)가 아니다.

<* 상도(常道)는 「언제나 어디에나 있는 본체적(本體的) 도(道), 항구불변(恒久不變)의 도」라는 뜻이다.>

○道可道 非常道(도가도 비상도) : 말이나 글로 표상(表象)하는 도(道)는 본체적 도, 항구불변의 도가 아니다.

○名可名 非常名(명가명 비상명) : 말이나 글로 일컬을 수 있는 도의 이름은 상명(常名)이 아니다.

<* 즉 「언제나 어디서나 통하는 항구불변의 참다운 도(道)의 이름이 아니다.」 즉 「사람의 말로는 본체적 도의 이름을 일컬을 수 없다.」>

[어구 설명] [2] 無 名天地之始 有 名萬物之母 :

○無 名天地之始(무 명천지지시) : 「무(無)」가 「천지의 시초를 일컫는 이름이다.」

<* 「무」는 「아무것도 없다는 뜻이 아니고 무형(無形)의 도(道)라는 뜻이다.」 즉 사람의 감각으로는 감지할 수 없다는 뜻이다. 「무형의 도」에서 「천지 만물이 나타났다.」>

○有 名萬物之母(유 명만물지모) : 「유(有)」가 만물의 어머니를 일컫는 명칭이다.

<* 유(有)는 「유적(有的) 도(道)」다. 어머니가 자녀를 낳고 살게 하듯이 「유적 도」가 만물을 낳고 살게 한다는 뜻이다.>

<* 「무적(無的)·허정적(虛靜的) 도(道)」는 「체(體)」이고 「유적(有的)·활동적(活動的) 도」는 「용(用)」이다. 우주 천지 자연 만물에도 「체(體)와 용(用)이 있다.」>

참고 보충 설명 | 무명, 천지지시 ; 유명, 만물지모 (無名, 天地之始 ; 有名, 萬物之母)

왕필(王弼)의 설은 '무명(無名), 유명(有名)'으로 읽고 해석한다. 그러나 이 책에서는 '무(無), 유(有)'로 읽고 풀이했다.
<* 노자는 우주 천지 자연 만물의 근원이자 본체를 무(無)라고 했다. 따라서 '무(無)와 유(有)'라는 설이 좋다.>

[어구 설명] [3] 常無 欲以觀其妙 常有 欲以觀其徼 :

○常無 欲以觀其妙(상무 욕이관기묘) : 항상 「무적(無的) 도(道)」를 기준으로 하고, 우주 천지 자연 만물의 오묘(奧妙)한 존재와 작용 현상을 보고 살펴야 한다.

○常有 欲以觀其徼(상유 욕이관기요) : 항상 「유적(有的) 도(道)」를 기준으로 하고, 우주 천지 자연 만물이 사방으로 펴지고, 또 빛을 내는 현상을 보고 살펴야 한다.

<* 「무적(無的) 도(道)」는 미처 나타나지 않은 도(道), 「유적(有的) 도(道)」는 만물 속에 있는 자연법칙 같은 도이다.>

<* 요(徼)를 「밝을 교(皦)」로 푼다. 즉 「밝게 나타나고 빛이 나는 현상 세계 속에서 빛나는 도를 본다.」>

[어구 설명] [4] 此兩者 同出而異名 同謂之玄 玄之又玄 衆妙之門 :

ㅇ此兩者 同出而異名(차량자 동출이이명) : 무(無)와 유(有), 둘은 같은 도(道)에서 나왔으나, 이름이 다를 뿐이다.

ㅇ同謂之玄(동위지현) : 다같이 현(玄)이라 한다. 「현(玄)은 유현(幽玄)하고 심원(深遠)하다」는 뜻이다.

<* 오징(吳澄)은 「현(玄)은 그윽하고 어둡다. <그러므로> 측정으로는 알 수 없다는 뜻이다.(玄者 幽昧不可測知之意)」라고 풀었다. 즉 사람의 감관(感官)으로는 인지(認知)할 수 없다는 뜻이다.>

ㅇ玄之又玄(현지우현) : 현묘(玄妙)하고, 또 현묘하다.

ㅇ衆妙之門(중묘지문) : 모든 신묘한 형상과 변화가 나오는 문이다. <* 중묘(衆妙)는 우주 천지 자연 만물의 신묘한 모든 현상을 말한다.>

[현대적 해석] 제 1 장

[1] 사람이 말로 하거나 글로 써서 <이것이> 도(道)라고 표상하는 도는 본체의 도, 또는 항구불변의 참된 도가 아니다. 사람이 말이나 글로 표상하는 명사는 참이름이

아니다.

[2] 무(無)는 천지 만물의 시초를 일컫는 이름이다. 유(有)는 천지 만물을 낳고 있게 하는 어머니를 일컫는 말이다.

[3] 그러므로 상무(常無)를 바탕으로 오묘한 만물을 관찰해야 한다. 상유(常有)를 바탕으로 광대하고 빛나는 세계를 보고 살펴야 한다.

[4] 무(無)와 유(有)는 <하나인 도에서 나온> 같은 것이지만 이름만 다르다. 이 둘은 똑같이 유현(幽玄)하다. 유현하고, 또 유현하며 <우주 천지 자연 만물의> 신묘(神妙)의 문이다.

참고 보충 설명 | 도(道)

(1) 노자의 도(道)는 곧 「우주 천지 만물의 본체」를 말한다. 도는 형이상적(形而上的) 절대이다. 사람의 말이나 글은 유한(有限)하다. 그러므로 절대를 말로 표상할 수 없다.

(2) <그러나 사람은> 말로 표현하지 않을 수 없다. 그래서 저마다 다르게 말한다. 「하늘, 하나님, 천(天), 신(神), God, Heaven, 여호와, 혹은 알라 신, 무(無)」라 한 것이다. 이와 같은 사람의 말은 말일 뿐, 본체는 아니다.

(3) 그래서 노자는 말했다. 「도는 말로 표상할 수 없다.」 눈으로도 볼 수 없다. 즉 감각적으로는 인지(認知)할 수 없다. 오직

정신적(精神的), 혹은 영적(靈的)으로만 알 수 있다.

참고 보충 설명 | 도(道)와 무(無)

(1) 도(道)는 노자철학(老子哲學)의 핵심 용어다. 내포하고 있는 뜻이 심오하고 많다. 즉 우주 천지 만물을 창조하고 운행 발전하게 하는 본체(本體)이자 동시에 모든 현상과 변화 발전의 도리나 법칙을 다 포함한다. 동시에 우주 천지 자연 만물의 원동력이나 생명력 및 에너지 등도 다 포함한다. 이를 통합(統合)해서 한마디로 「도(道)」라 한 것이다.

(2) 한비자(韓非子)는 해로편(解老篇)에서 말했다. 「도는 만물 본연의 바탕이 되는 도리이다.(道者 萬物之所然也)」 「도는 만물 생성의 바탕이다.(道者 萬物之所以成也)」 즉 도는 감각이나 인식을 초월한 형이상적 본체(本體)이다.

(3) 그러므로 무(無)라고 한 것이다. 그러니 노자가 말한 「무(無)」는 「영(零 : nothing, emptiness)」이 아니다. 인간의 감각세계 앞에서는 없는 것 같지만 사실 없는 것이 아니다. 일단 도가 발동하여 유형화(有形化)하면 모든 만물로 나타난다. 도는 바로 만물로 나타나는 본체적・근원적 「원기(元氣), 생명력, 에너지 및 도리」 등을 다 포함한다.

(4) 따라서 도(道)를 「유상(有象), 유물(有物), 유정(有精)」이라고도 한다. <제21장> 이렇게 유형(有形)면에서 도를 볼 때는 유(有)라고 할 수 있다.

(5) 「무(無)는 도의 체(體)」이고 「유(有)는 도의 용(用)」이라 한 것이다. 음양(陰陽)으로 말하면, 무는 음이고 유는 양에 속한다. 체(體)가 용(用)에 앞선다. 따라서 무를 유보다 먼저라고 한 것이다.

(6) 서양의 기독교는 「하나님, 혹은 신(神)」이 「우주 천지의 창조주(創造主)이고, 또 자연 만물의 생성(生成)과 변화(變化)를 주재(主宰)한다」고 말한다. 아울러 「하나님, 혹은 신」은 「살아있는 인격신(人格神)」이라고 주장한다.
그러나 노자는 무신론(無神論)적으로 「무(無)」라고 한 것이다. 대체적으로 동양의 철학이나 사상은 무신론이 많다.

참고 보충 설명 | 노자 사상의 핵심

(1) 노자 사상의 핵심은 도(道)다. 제1장은 도(道)에 대한 기본적인 설명이다. 도는 형이상적 우주의 본체(本體)로 사람의 감각적 인식을 초월한 실체(實體)이다. 그러므로 도는 시간과 공간을 초월하고 자연 만물에 나타난다. 그러므로 유한(有限)한 존재인 인간의 말로 정의를 내릴 수 없다.

(2) 도의 핵심적 뜻을 다음같이 추릴 수 있다.

① 우주 · 천지 · 만물의 본체다.

② 창조 · 변화 · 발전의 원동력이다.

③ 만물의 존재와 변화의 원리다.

④ 인간이 따르고 행해야 할 준칙이다.

(3) 도는 인간의 인식을 초월한 것이다. 그러나 천지만물이 도에서 나온다. 그래서 무라고 할 수도 있고, 유라고 할 수도 있다. 말로는 유나 무가 다르다. 그러나 도는 하나다. 그래서 「현지우현(玄之又玄)」이라고 했다.

(4) 작고한 노자 연구의 대가 엄영봉(嚴靈峯) 선생은 말했다. 「현(玄)은 옛 글자로 '𠂱'이며, 이는 오늘의 세포(細胞)나 원자(原子)를 표현한 말과 같다. 옛사람들이 우주의 근원을 눈에 보이지도 않고 만질 수도 없는 초가지적(超可知的) 원자라고 직감하여 현(玄)이라 했을 것이다.」 오늘의 과학이 원자로써 우주의 신비를 푸는 것과 견주어 볼 때, 퍽 흥미로운 견해라 하겠다.

(5) 도는 인식을 초월한 실재다. 따라서 없는 것이나 마찬가지다. 그러나 도의 작용으로 만물이 생성·변화·발전·운행하고 있다. 따라서 도가 없어도 그 작용은 있다. 그러므로 형이상적인 도의 본체는 무이지만, 형이하적으로 나타난 도의 작용을 유라 한 것이다. 다시 말해서 무형인 도체(道體)가 유형(有形)인 세계로 나타난 것이다.

(6) 노자가 말한 무(無)는 영(零)이 아니다. 무한한 잠재력(potentiality)이 미발(未發)했을 뿐이다. 현상세계에 사는 인간은 나타난 것만을 있다고 한다. 그러므로 무(無)라는 용어로 부른 것이다.

(7) 유와 무는 인간의 용어로는 대립되는 표상이다. 그러나

도의 체(體)와 용(用)에 불과한 것으로 둘은 결국 하나인 도에서 나온 것이다. 이는 대립되거나 모순되는 것이 아니고 다 같은 태일(太一)의 양면일 따름이다.

(8) 기타의 설을 참고로 인용하겠다. 장자(莊子)는 천하편에서 말했다. 「노자는 상무(常無)와 상유(常有)를 내세우고, 또 태일(太一)을 주로 삼았다.(建之以常無有 主之以太一)」

(9) 일본의 학자 후쿠나카(福永光司) 교수의 설을 일부 인용하겠다. 「태초에 말이 있었다고 하는 바이블(Bible)의 그리스도교 사상과 처음부터 말[名]을 부정하는 노자사상의 대비(對比) 속에 노자철학의 특징을 이해할 수 있다.」「노자철학은 로고스(Logos)를 추구하는 철학이 아니다.」「로고스를 초월한 카오스를 문제로 삼는 철학이다.」「유럽적 이성(理性 : 合理)철학과 반대쪽에 서는 철학이다.」「바이블을 바탕으로 자라난 유럽적 사고가 어둠보다는 빛을, 무형보다는 유형을, 무보다는 유를 중하게 여기는 데 비해, 노자철학은 빛보다는 어둠을, 유형보다는 무형을, 유보다는 무를 근원적인 것으로 보고자 한다.」「밝고 화려한 세계보다는 어둡고 가라앉은 세계를, 첨예한 것보다는 둔중(鈍重)한 것을, 격심한 변동보다는 차분한 안정을 중하게 여기고, 시끄러움보다는 정적을, 문명보다는 소박을, 전진보다는 복귀를 강조한다.」「노자의 철학은 말하자면 중국역사의 진흙탕 속에 뿌리를 내린 철학이다. 그것은 유린당한 자의 강인성(强靭性), 대지에 밀착한

끈기, 중심을 아래로 내려뜨린 자만이 지닐 수 있는 힘을 지니고 살아나가겠다는 철학이며, 더는 붕괴될 수 없는 철학, 즉 모든 인간의 작위(作爲)가 무로 돌아간 데서 나의 삶을 찾는 천하무적(天下無敵)의 난세철학(亂世哲學)이다.」

(10) 노자사상은 부정정신(否定精神)으로 독단적 지능에 대해서 경고(警告)를 내린 것이다. 즉 노자는 지금으로부터 2500년 전, 중국 전국시대의 우매한 통치자가 「숭고한 정신적 무적(無的) 도(道)」를 모르고, 오직 「동물적 수심(獸心)과 육체적 본능이나 욕심만을 바탕으로 펴는 악덕정치」를 근본적으로 부정했던 것이다.

(11) 또 유교의 형식화되고, 복잡하게 엉킨 예교(禮敎)도 반대했던 것이다.

(12) 만약 노자가 오늘의 세계를 보면 무어라고 하겠는가.

제 2 장

[1] 天下皆知美之爲美 斯惡已 皆知善之爲善 斯不善已.

천하개지미지위미(이) 사악이(라) 개지선지위선(이) 사불선이(라)

천하의 사람들은 미(美)를 미라고 알지만, 이는 곧 악(惡)이다. 선(善)을 선이라고 알지만, 이는 곧 불선(不善)이다.

[2] 有無相生 難易相成 長短相形 高下相盈 音聲相和 前後相隨 恒也.

유무상생(이오) 난이상성(이오) 장단상형(이오) 고하상영(이오) 음성상화(이오) 전후상수(이) 항야(이니라)

유와 무는 상대적으로 나타나고, 어려움과 쉬움도 상대적으로 이루어지고, 길고 짧은 것도 상대적으로 형성되고, 높고 낮음도 상대적으로 있고, 음과 소리도 상대적으로 어울리고, 앞과 뒤도 상대적으로 따르게 마련이다. 항상 그렇다.

[3] 是以 聖人處無爲之事 行不言之敎 萬物作而

弗始 生而弗有 爲而弗恃 功成而弗居 夫唯弗居 是以不去.

시이(로) 성인처무위지사(이오) 행불언지교(이오) 만물작이불시(이오) 생이불유(이오) 위이불시(이오) 공성이불거(이니라) 부유불거(이라) 시이불거(이니라)

그러므로 성인(聖人)은 무위(無爲)의 경지에 처한다. 말없는 교화를 행한다. 만물로 하여금 스스로 자라게 하고 <인위적인 간섭을> 하지 않는다. 만물이 태어나도 자기의 소유로 삼지 않고, 만물을 생육화성(生育化成)하고도 자랑으로 여기지 않고, 공을 이루고도 높은 자리에 처하지 않는다. 높은 자리에 처하지 않기 때문에 언제까지나 없어지지 않는다.

[어구 설명] [1] 天下皆知美之爲美 斯惡已 皆知善之爲善 斯不善已 :

ㅇ天下皆知美之爲美 斯惡已(천하개지미지위미 사악이) : 천하의 사람들은 미(美)를 미라 하고 좋아한다. <그러나> 그것은 곧 악(惡)이다.

<* 도를 모르는 자가 인위적, 혹은 감각적으로 「이것은 미다. 저것은 추다.」라고 구분한다. 그 자체가 악(惡)이다.>

<* 심령적으로 무위자연의 도와 하나가 되어야 한다. 인위적 · 감각적 미추(美醜)나 선악(善惡)만을 논하면 안된다.>

<* 다음같이 풀기도 한다. 「미를 미라고 하는 의식이나 가치 판단에서 바로 추악(醜惡)이 나타난다.」>

○皆知善之爲善 斯不善已(개지선지위선 사불선이) : 속인들이 선이라 하고 좋아한다. 그러나 그것은 불선(不善)이다.

<* 인위적 · 감각적 차원의 선은 불선(不善)이다.>

[어구 설명] [2] 有無相生 難易相成 長短相形 高下相盈 音聲相和 前後相隨 恒也 :

○有無相生(유무상생) : 「있다, 없다」도 「상대적으로 나타나는 것이다.」

<* 앞에 「고(故)」자(字)가 있는 판본도 있다. * 상(相)은 상인(相因)이란 뜻이다. 본체적 도(道)의 입장에서는 유무(有無)도 있을 수 없다.>

○難易相成(난이상성) : 「어렵다, 쉽다」는 생각이나 구분도 상대적인 것이다.

<* 도(道)의 경지에서는 난이(難易)도 없다.>

○長短相形(장단상형) : 「길다, 짧다」는 생각이나 구분도 상대적인 것이다.

<* 도(道)와 하나가 되면 장단(長短)도 없다. * 형(形)을 현(顯)으로 본다. 왕필(王弼)은 교(較)라고 했다.>

○高下相盈(고하상영) : 「높고, 낮음」도 상대적인 개념이다.

<* 하상공이나 왕필은 당시의 황제 유영(劉盈)의 이름을 휘(諱)하여 「영(盈)」을 「경(傾)」으로 썼다고 말했다.>

○音聲相和(음성상화) : 「음악소리와 사람의 말소리」도 서로 조화를 이룬다.

<* 육체적 감각만을 아는 현대인의 음악은 시끄럽다.>

○前後相隨(전후상수) : 「앞과 뒤」도 상대적으로 따르고 서로 바뀌게 마련이다.

<* 심령적(心靈的)으로는 생(生)과 사(死)는 하나다.>

○恒也(항야) : 항(恒)은 상도(常道)와 같은 뜻이다.

<* 많은 판본에는 「항야(恒也)」가 없다. 백서본(帛書本)을 따라 보충했다.>

[어구 설명] [3] 是以 聖人處無爲之事 行不言之敎 萬物作而而弗始 生而弗有 爲而弗恃 功成而弗居 夫唯弗居 是以不去 :

○是以 聖人處無爲之事 行不言之敎(시이 성인처무위지사 행불언지교) : 그러므로 성인(聖人)은 무위(無爲)의 도(道)의 경지에서 세상사를 처리하고 말없는 교화를 한다.

<* 고형(高亨)은 주에서 말했다. 「시이(是以)」는 후인(後人)이 덧붙인 말이다. 원래 노자의 글은 분단(分段)이 없다. 후인이 「고(故), 시이(是以)」 등을 넣었다.>

○萬物作而弗始(만물작이불시) : 만물로 하여금 스스로 자라게 하고 인위적으로 하게 하지 않는다.

<*「불시(弗始)」를 「불사(不辭)」로 쓴 판본도 있다. 즉 ① 사퇴하지 않는다. ② 말하고 자랑하지 않는다. ③ 주재(主宰)하고 간섭하지 않는다.>

○生而弗有 爲而弗恃(생이불유 위이불시) : 만물이 자라도 자기의 소유로 삼지 않고, 만물이 생성(生成)해도 자기의 자랑으로 삼지 않는다.

○功成而弗居(공성이불거) : 공(功)이 이루어져도 <내가> 높은 자리에 처하지 않는다.

○夫唯弗居 是以不去(부유불거 시이불거) : 다만 <공이 있어도> 높은 자리에 처하지 않으므로 <그 공이> 언제까지나 없어지지 않는다.

<* 불시(弗恃)는 자랑하거나 자만하지 않는다. * 불거(弗居)는 자기의 공적을 내세우고 높은 자리에 앉지 않는다. *불거(不去)는 없어지지 않는다. 불후(不朽)와 같다. * 속세의 악한 통치자와 반대가 된다.>

[현대적 해석] 제 2 장

[1] <심령적(心靈的) 도를 모르고 오직 육체적 · 감각적으로만 사는> 천하의 모든 사람들이 미(美)를 미라 하고 좋아하지만 <도의 견지에서는> 곧 악(惡)이다. 또 선(善)

을 선이라고 아는 <그 자체가 도의 견지에서는> 불선(不善)이다. <속세에 사는 사람들은 자기의 감각이나 욕심이나 기호를 기준으로 선악 시비를 가린다.>

[2] <도(道)의 세계에서는> 유와 무는 상대적으로 나타나고, 어려움과 쉬움도 상대적으로 이루어지고, 길고 짧은 것도 상대적으로 형성되고, 높고 낮음도 상대적으로 대비되고, 음악과 말소리도 상대적으로 어울리고, 앞과 뒤도 상대적으로 있게 마련이다.

[3] 그러므로 성인(聖人)은 무위(無爲)의 태도로써 세상사를 처리하고 말없는 교화를 행한다. 만물로 하여금 스스로 자라게 하고 인위적인 간섭을 가하지 않는다. 만물이 자라도 자기의 소유로 삼지 않고, 만물을 생육화성(生育化成)하고도 자기의 자랑으로 여기지 않고, 모든 공업(功業)을 성취하고도 높은 자리에 처하지 않는다. 오직 유공자로써 높은 자리에 처하지 않기 때문에 공이 언제까지나 없어지지 않는다.

참고 보충 설명 | 일단(一端)만 아는 잘못

(1) 속인들은 「미추(美醜), 선악(善惡), 유무(有無), 난이(難易), 장단(長短), 고하(高下), 전후(前後) 및 자연의 소리와 인공적 음악」이 「서로 이어지고 상대적으로 위치를 바꾸고 있

다가 없고, 없다가 있는 전체적 도리」를 모른다. 「부분적 일단」만을 알고 고집한다. 그래서 다투고 싸우게 마련이다.

(2) 오늘의 사람도 같다. 돈이나 권력이나 자리를 독점하려고 한다. 그래서 개인이나 국가적 차원에서 음흉한 계략이 날뛰고, 또 잔인하고 무자비한 싸움이 성행한다. 도(道)와 하나가 되면 안정과 평화를 기대할 수 있다.

참고 보충 설명 | 변증법적 발전관(辨證法的 發展觀)

(1) 속세에서는 대립되는 두 세력이 엎치락뒤치락하면서 변증법적(辨證法的)으로 발전한다고 말하는 사상도 있다. 이를 변증법적 발전관(發展觀)이라고 한다.

(2) 인류는 백만년 이상을 지속적으로 발전해 왔다. 그러나 무력이 강한 나라가 약한 나라를 정복하고, 영토나 재물을 탈취하는 악덕한 역사는 4천년 미만이다. 그것도 한 나라가 영원히 세계를 지배할 수는 없다. 악덕한 통치자도 같다. 일시적으로 악덕한 짓을 하고 세를 과시해도 얼마 안 가서는 쇠멸한다.

(3) 과학 기술 생산 산업면에서 변증법적으로 발전한다.

(4) 그러나 노자 사상의 도(道)를 기준으로 하면 다르게 해석할 수 있다. 상대적으로 엎치락뒤치락하는 것이 아니다. 무한하게 솟아나는 생명력이 새롭고 세차게 자연 만물과 더불어 인류세계를 더욱 새롭게 향상시킨다고 볼 수 있다.

참고 보충 설명 | 노자와 공자 사상의 공통점

(1) 노자가 말하는 도(道)는 형이상적 본체(本體)이다. 그러나 형이하의 만물을 있게 하고, 또 생육화성(生育化成)하는 실제 세계의 도리이기도 하다.

(2) 인간세상, 특히 정치사회에서는 통치자가 임의적이고 자의적인 법을 내걸고 남을 구속한다. 그 이유는 통치자가 무력으로 남을 누르고 모든 것을 독점하려고 하기 때문이다.

(3) 그러나 피압박자라고 언제까지나 착취를 당하고 있지만 않는다. 뿐만 아니다. 높이 있고, 힘이 있는 자라고 영원할 수 없다. 그래서 강약(强弱), 고하(高下)가 뒤바뀐다.

(4) 그래서 노자는 처음부터 인간적 욕심을 내세우지 않고, 무적(無的) 도(道)를 강조했던 것이다. 유가(儒家)는 하늘〔天, 一大〕에 따른다고 했다. 성인(聖人)이나 성제(聖帝)도 무위(無爲), 무언(無言)으로 도를 따르고 다스린다. 즉 말없는 하늘이 생육화성(生育化成)함과 같다.

(5) 예기(禮記) 애공문(哀公問)에서 공자는 「무위하나 만물이 이루어지는 것이 천도다.(無爲而物成 是天道也)」라고 했다. 공자가 높이는 요(堯)와 순(舜)도 역시 도가적 존재로 「무위이치(無爲而治)」했다. 논어(論語)에서 공자는 말했다. 「하늘이 무슨 말을 하더냐. 아무 말도 안한다. 그러나 사시가 운행되고, 모든 것이 태어난다.(天何言哉 四時行焉 百物生焉)」

제 3 장

[1] 不尙賢 使民不爭 不貴難得之貨 使民不爲盜 不見可欲 使民心不亂.

불상현(이라야) 사민부쟁(이오) 불귀난득지화(이라야) 사민불위도(이오) 불현가욕(이라야) 사민심불란(이니라)

<속세의> 현자를 높이지 않아야 백성이 다투지 않는다. 얻기 어려운 재화를 귀하게 여기지 않아야 백성이 훔치지 않는다. 욕심을 나타내지 않아야 백성의 마음이 흐트러지지 않는다.

[2] 是以 聖人之治 虛其心 實其腹 弱其志 强其骨.

시이(로) 성인지치(는) 허기심(이오) 실기복(이오) 약기지(이오) 강기골(이니라)

<도를 터득한> 성인의 다스림은 <다음같이 한다.> 백성의 마음을 허하게 하고, 백성의 배를 실하게 하고, 백성의 뜻을 약하게 하고, 백성의 뼈를 강하게 한다.

[3] 常使民 無知無欲 使夫智者 不敢爲也 爲無

爲 則無不治.

상사민 무지무욕(하고) 사부지자 불감위야(하니라) 위무위(하니) 즉무불치(니라)

항상 백성을 무지하고 무욕하게 하고, 지자로 하여금 감히 수작을 부릴 수 없게 한다. 무위(無爲)를 행하므로 다스려지지 않는 것이 없다.

[어구 설명] [1] 不尙賢 使民不爭 不貴難得之貨 使民不爲盜 不見可欲 使民心不亂 :

ㅇ不尙賢 使民不爭(불상현 사민부쟁) : 「<도를 터득한 사람은> 세속적 현인을 높이지 않는다. 그래서 백성들을 다투게 하지 않는다.」 <* 여기서는 이 설을 따랐다.>

<* 다른 하나는 「현명한 자를 높이지 않으면 백성들도 서로 싸우지 않게 된다.」이다.>

<* 하상공(河上公)은 다음같이 풀었다. 「현(賢)은 세속적인 현명한 사람, 말 잘하고 글에 밝은 사람이다. <그러나> 도를 이탈하고 권세를 부린다. 소박한 본질을 버리고 인공적으로 꾸민다.(賢謂世俗之賢 辯口明文 離道行權 去質爲文也)」 「불상자(不尙者)는 녹(祿)이나 관(官)을 귀하게 여기지 않는다.(不尙者 不貴之以祿 不貴之以官)」 「사민부쟁(使民不爭)은 백성들로 하여금 공명(功名)을 다투지 않고 자연에 돌아가게 한다.(不爭功名 返自然也)>

<* 감산(憨山=釋德淸)은 다음같이 말했다.「상현(尙賢)은 명예(名譽)나 명성(名聲)을 좋아함이다. 명(名)이 서로 다투는 시초다.(尙賢好名也 名爭之端也)」>

○不貴難得之貨 使民不爲盜(불귀난득지화 사민불위도) : 얻기 어려운 재화(財貨)를 귀하게 여기지 않으면 백성들도 서로 다투고 싸우지 않는다. 세속적 임금도 그렇게 해야 한다.

<* 어디에나 있고, 언제나 가질 수 있는 흙이나 강물은 도둑질하지 않는다. 그러나 같은 강물도 가뭄에는 서로 다투고 뺏는다. 노자는 이를 지적한 것이다.>

<* 동서고금(東西古今)을 막론하고 돈이나 재물은 서로 다투고 쟁탈하므로 벌기 어렵다. 그러나 노자는 그와 같은 돈을 귀하게 여기지 말라고 한 것이다.>

○不見可欲 使民心不亂(불현가욕 사민심불란) : 도를 터득한 사람이나 성인은 외형적·육체적 욕심을 내보이지 않는다. 그래서 백성들도 마음을 흩트리지 않는다. <*見=現=顯>

[어구 설명] [2] 是以 聖人之治 虛其心 實其腹 弱其志 强其骨 :

○是以(시이) : 그러므로 <다음같이> 한다.

○聖人之治(성인지치) : 무위자연의 도를 터득한 성인(聖人)의 다스림. <* 치(治)를 「다스리다」로 푼다. 그러나 「치유(治癒), 바로잡다」로 풀 수도 있다. 성인이 병을 치유한다.>

<*노자도 「소국과민(小國寡民)」의 「원시적 집단사회」와 「성인지치(聖人之治)」를 인정하고 있다.>

○虛其心(허기심) : 백성의 마음을 허정(虛靜)하게 만든다.

<* 허(虛)는 「무욕(無欲), 무지(無知), 무위(無爲)」이다.>

○實其腹(실기복) : 백성들의 배를 실하게 채워준다.

<* 하상공(河上公)은 말했다. 「도를 지니고 태일(太一)을 품고, 태일을 도와주는 오신(五神)을 지킨다.(懷道抱一 守五神也)」 *엄영봉(嚴靈峰)은 말했다. 「마음이 허하면 욕심이 없고, 배가 실하면 걱정이 없다.(心虛則無欲 腹實則無憂)」>

○弱其志(약기지) : 사람들의 의욕을 약화시킨다.

<* 약(弱)은 유약(柔弱), 작고 부드럽다. * 지(志)는 의욕, 욕구. 「지는 마음의 나감이다.(心之所之也)」 즉 세속적 욕심이나 의욕을 약하게 한다.>

<* 하상공(河上公)은 말했다. 「화유겸양하고 권세에 있지 않다.(和柔謙讓 不處權也)」>

○强其骨(강기골) : 저마다 몸을 튼튼하게 하다.

<* 배를 실하게 하고 뼈를 튼튼하게 한다는 것은 자연적 생리를 따르고 무위자연의 생활을 강화한다는 뜻이다. 마치 어린아이가 배불리 먹고 자라면서 뼈가 굵어지는 것과 같다. 세속적 욕심은 분쟁의 근원이다. 이를 약화시켜야 한다.>

[어구 설명] [3] 常使民 無知無欲 使夫智者 不敢爲也 爲無爲 則無不治 :

○常使民 無知無欲(상사민 무지무욕) : 항상, 사람들로 하여금 무지(無知), 무욕(無欲)하게 해야 한다.

<* 세속적 지혜와 욕구를 없게 해야 한다.>

<* 왕필(王弼)은 「참됨을 지킨다.(守其眞也)」라고 주를 달았다. 즉 「소박한 자연으로 복귀함이다.(復歸於樸)」 * 속세의 악덕한 인간적 간교한 꾀나 지혜를 농하지 말고 자연과 하나가 되라는 뜻이다.>

○使夫智者 不敢爲也(사부지자 불감위야) : 간교한 지자(智者)로 하여금 조작을 하지 못하게 한다.

<* 범응원(范應元)은 말했다. 「교지를 부리는 자가 감히 나서서 망령된 짓을 못하게 한다.(巧智之人 不敢妄爲也)」>

○爲無爲 則無不治(위무위 즉무불치) : 무위자연의 도를 따르고 실천하면 곧 다스려지지 않음이 없다.

<* 백성들이 안락하게 된다. 이것은 바로 소박한 자연으로 되돌아가는 것이다. 인위적 사회에서 병들었던 사람들이 다시 병을 고치고 소박하고 건강한 무위자연의 도로 되돌아가는 것이다.>

[현대적 해석] 제 3 장

[1] 현자(賢者)를 높이지 않으니 백성이 다투지 않는다.

얻기 어려운 재화(財貨)를 귀하게 여기지 않으니 백성이 훔치지 않는다. 욕심(欲心)을 나타내지 않으니 백성의 마음이 흐트러지지 않는다.

[2] 고로 성인(聖人)의 치(治)는 백성의 마음을 허하게 하고, 백성의 배를 실하게 하고, 백성의 뜻을 약하게 하고, 백성의 뼈를 강하게 한다.

[3] 항상 백성을 무지(無知)하고 무욕(無欲)하게 하고, 지자(智者)로 하여금 감히 수작을 부릴 수 없게 한다. 무위(無爲)를 행하므로 다스려지지 않는 것이 없다.

<* 위의 해석은 무위자연(無爲自然)의 도를 터득한 사람이 다스리는 경우로 해석했다.>

<* 악덕한 임금에게도 이와 같이 하라고 한 말로 풀이할 수도 있다.>

참고 보충 설명 | 불상현(不尙賢)

(1) 춘추시대(春秋時代)에 이미 현인을 높이는 풍조가 있었다. 논어 자로편(子路篇)에 「현재를 높인다.(擧賢才)」라는 말이 있다. 예기(禮記) 예운편(禮運篇)에는 「현인과 능자를 뽑는다.(選賢與能)」라는 말이 있다. 노자가 말하는 현인(賢人)은 한 단계 위다. 즉 세속적 현인이 아니다. 심령적으로 도를 터득한 사람이다.

(2) 바로 앞에서 지적했듯이 인류세계의 위기나 불행은 심령의 도(道)를 모르고 오직 육체적 · 감각적 욕심에서 발생한다. 욕심이 심하면 서로 싸우고 다투게 된다.

(3) 노자만이 아니다. 유가에서도 인간의 악덕은 욕심에 있다고 했다. 기독교에서도 인간의 타락은 「눈 밝아지는 열매, 선악과(善惡果)를 따먹은 데서 비롯되었다.」고 했다.

(4) 간교한 꾀와 혼자만 잘살려는 욕심을 바탕으로 하면 서로 다투고 싸운다. 개인적으로도 육체적 쾌락에만 몰두하면 건강을 해치고 병들고 일찍 죽는다. 그래서 노자는 병든 인간세계를 도(道)에 되돌리거나 치유하고자 한 것이다. 그래서 말했다. 「건전한 자연으로 돌아가자.」 그러기 위해서는 「무지(無知), 무욕(無欲), 무위(無爲)」해야 한다.

(5) 이를 종합해서 「무위자연(無爲自然)」이라 한 것이다. 이는 우민정책(愚民政策)이 아니다. 악을 극복하라는 말이다.

(6) 일본의 후쿠나카(福永) 교수는 다음과 같이 말했다. 「이 장은 노자의 욕망론(欲望論)이나 문명 비판의 입장을 가장 기본적으로 잘 밝힌 것이다.」 「인간의 참다운 행복은 무엇이냐.」 「인간 본연의 자세와 인위적 문명이나 문화와의 관계는 어떠한 것일까.」 「이러한 여러 문제에 대해서 시사(示唆)하는 바가 많다.」 「노자는 인간을 지적 능력의 일면만으로 가치를 부여하거나, 또는 문명문화의 발달을 무조건 인간의 행복이라고 생각하는 사고방식에 대하여 근본적인 비판을 가했다.」

「아니 오히려 노자는 이른바 문명문화라는 발달 속에 도리어 인간의 타락과 생명의 쇠약현상을 보았으며, 그것을 인간 본래의 관점에서 도리어 타락이라고 부정했던 것이다.」

(7) 서양 사상은 진취적으로 물질과 과학을 발달시킬 수 있다. 그러나 지나친 외형적 물질주의 및 이기적 욕심은 결국 약육강식(弱肉强食)의 악덕으로 빠진다. 대체적으로 서양 사상은 개인주의(個人主義)와 이기주의(利己主義)를 높인다.

(8) 공자나 노자 사상은 그와 같은 무참한 짓을 배척한다. 공자는 적극적인 인정덕치(仁政德治), 노자는 공자보다 한 단계 높게 심령적(心靈的) 차원에서 무위자연(無爲自然)을 주장하고 높인 것이다.

(9) 노자 사상을 거듭 깊이 생각해보자. 크고 넓은 안목으로 보자. 욕심으로 도달하는 것은 자연의 힘으로 이루어지는 것에 비하면 사소하다. 더욱이 과학의 업적도 우주의 조화 앞에는 가소롭기 짝이 없다.

(10) 진짜로 큰 것은 역시 자연이다. 그러므로 개인적으로나 국가적으로나 우주 자연의 큰 도리를 따라야 한다. 하루살이 벌레가 마냥 욕심을 부려도 별수 없게 마련이다. 시간과 공간을 초월한 우주의 도리, 보이지 않는 형이상의 「본체적(本體的) 도(道)」를 따라야 한다. 과학의 법칙도 도에서 나온 것이다. 그래서 좋은 기계를 만들 수 있다. 그런데 사람이 나쁜 욕심을 바탕으로 기계를 악용하고 쟁탈(爭奪) 살상(殺傷)하

므로 인류 사회가 위기에 빠진 것이다.

(11) 거듭 말하겠다. 사람들은 무위자연의 도를 따라 자연만물과 호흡을 같이하고 소박하게 살아야 한다. 혼자 세계를 다 지배하고, 세계의 재물을 독점하려고 하면 안된다. 무욕(無欲)이 곧 천인합일(天人合一)이다.

(12) 노자는 다음 같은 점을 강조했다.

① 속된 현자를 높이지 말고 명리를 탐하는 마음을 단절해야 한다.(不尙賢 絶名心)

② 심령(心靈)을 순진무구하게 간직해라.

③ 지략(智略)과 욕심(慾心)이 많으면 다스리기 어렵다.

④ 지나친 외형적 욕심은 악덕에 직결된다. 오늘의 세계 인류가 혹심한 위기에 빠진 근원은 육체적 개인주의 및 이기주의이다. 「심령적 도」를 되찾아야 한다.

제 4 장

[1] 道沖 而用之 或不盈.

도충(이나) 이용지(이) 혹불영(이니라)

도는 공허하다. 그러나 그 작용은 무궁무진하다.

[2] 淵兮 似萬物之宗 [挫其銳 解其紛 和其光 同其塵].

연혜(이) 사만물지종(이니라) [좌기예(이오) 해기분(이오) 화기광(이오) 동기진(이니라)]

도는 깊은 못이다. 그러나 만물의 종주(宗主)와 같다.

[도는 만물의 예리한 끝을 꺾고, 만물의 분쟁을 풀고, 만물의 지나친 빛을 부드럽게 고르고, 만물의 더러움에 동화한다.]

<* [ ]의 4구절은 제56장에 나온다. 여기서는 착간(錯簡)으로 친다.>

[3] 湛兮 似或存 吾不知誰之子 象帝之先.

침혜 사혹존(이나) 오부지수지자(로) 상제지선(이니라)

도는 안 보인다. 옛날부터 있었을 것이다. 나는 도가 누구의 아들인지 모른다. 천제(天帝)보다 먼저 있었을 것이다.

[어구 설명] [1] 道沖 而用之或不盈 :

○ 道沖 而用之或不盈(도충 이용지혹불영) : 도는 공허하다. 그러나 그 작용은 항상 무궁무진하다.

<*「충(沖)」은「속이 비었다」는 뜻이다.「충(盅)」이라고 쓴 책도 많다. 설문(說文)에 있다.「충(盅)은 그릇이 비었다는 뜻이다. 노자는 도충이용지(道盅而用之)라고 했다.」>

<*「용지(用之)」는「도가 활용한다」는 뜻이다. *「혹(或)」은「항상[常]」의 뜻이다.>

<*하상공(河上公)은 말했다.「혹(或)은 상(常)이다.」「영(盈)은 가득히 차다.[滿]」즉「용지혹불영(用之或不盈)」은「도를 아무리 써도 충분히 다 쓸 수 없다. 혹은 도를 아무리 활용해도 끝이 없다」는 뜻이다. 즉 도의 무궁무진(無窮無盡)한 작용을 말한 것이다.>

<* 엄영봉(嚴靈峯)은「도는 무하다. 그러나 써도 역시 무궁하다.(道沖 而用之 又不盈)」로 풀었다.>

[어구 설명] [2] 淵兮 似萬物之宗 :

○淵兮 似萬物之宗(연혜 사만물지종) : 도는 심오하다. 흡사 만물의 종주(宗主) 같다.

<* 연혜(淵兮)는 심연(深淵), 정적(靜寂)의 뜻이다.>

<* 「사만물지종(似萬物之宗)」은 「도는 만물의 대본(大本)이자 종주와 같다」는 뜻이다.>

<* 감산(憨山)은 말했다. 「도는 만물을 낳고도 소유하지 않고, 모든 조화를 하면서도 주재하지 않는다. 고로 만물의 종주 같다고 한다.(但生而不有 爲而不宰 故日 似萬物之宗)」>

<* [挫其鋭 解其紛 和其光 同其塵]은 착간이다. 제56장에 나온다.>

[어구 설명] [3] 湛兮 似或存 吾不知誰之子 象帝之先 :

○湛兮 似或存(침혜 사혹존) : 「침(湛)」을 「담」 또는 「잠」으로 읽기도 한다. 뜻은 「침(沈), 몰(沒)」과 같다. 즉 도는 깊이 숨어서 보이지 않는다는 뜻이다.

<* 해동(奚侗)은 다음같이 풀었다. 「도는 보이지 않으므로 침(湛)이라 했다. 설문(說文)에 침(湛)은 몰(沒)이다라고 했다.」 ⇒ 老子集解 >

<* 사혹존(似或存)은 「도는 숨어 있으면서 항상 나타난다」는 뜻이다. * 「혹(或)은 상(常)과 같다.」>

○吾不知誰之子 象帝之先(오부지수지자 상제지선) : 나는 도가 누구의 아들인지 모른다. 아마도 천제(天帝)보다 먼저 있었을 것이다.

<* 상(象)은 사(似)와 같다. * 엄영봉(嚴靈峯)은 다음같이 풀

었다. 「도는 유, 무는 자연이다. 유는 무에서 나온다. 유는 무의 아들이다. 무는 무유(無有)다. 무엇인지 알 수 없다. 아들은 도이고 자연의 소생이다. 아들이 태어나기는 했으나 그 아버지는 알 수가 없다.(道者有也 無者自然也 有生於無 則有者無之子也 無者無有也 無有則不知誰何 子者道也 自然所生者也 子生而不知其父爲何)」 ⇒ 老子章句 新編纂解>

[현대적 해석] 제 4 장

[1] 도는 공허하다. 그러나 그 작용은 항상 무궁무진하다.

[2] 도는 심오하여 잘 알 수 없다. 그러나 만물을 생육화성하여 마치 만물의 근본인 종주 같다.

[도는 만물의 예리한 끝을 꺾고, 만물의 분쟁을 풀고, 만물의 지나친 빛을 부드럽게 고르고, 만물의 더러움에 동화한다.]

<* 제56장에 나온다. 착간(錯簡)이다.>

[3] 도는 소리없이 깊이 숨어 보이지 않는다. 그러나 만물을 생육화성함으로써 태고 때부터 영원히 있는 것 같다. 나는 도가 누구의 아들인지 모르겠다. 그러나 천제(天帝)보다도 먼저 태어난 것 같다.

참고 보충 설명 | 도(道)가 천제(天帝)보다 먼저이다

(1) 이 장은 다음같이 요약할 수 있다.

① 공허하고 깊은 물 같은 도가 시간적으로나 공간적으로나 무궁무진하게 만물을 낳고 살게 한다. 그러므로 도는 만물의 종주(宗主)라 하겠다.

② 아버지가 누구인지는 모르겠다.

③ 그러나 태어나기는 천제(天帝)보다 먼저일 것이다.

(2) 도는 인간의 인식을 초월한 본체(本體)다. 따라서 도는 눈으로 볼 수도 없고, 손으로 만질 수도 없다. 그래서 말로 일컬을 수도 없다. 그래서 무(無)라 한 것이다.

(3) 그러나 도는 우주(宇宙), 천지(天地)를 운행하고 아울러 자연 만물을 생육화성(生育化成)하고 있다.

(4) 「무적(無的) 도(道)」의 기능과 작용이 무궁무진하다. 즉 시간적으로는 영원하고, 공간적으로는 무한하다. 고로 무(無)이면서 유(有)라 한 것이다.

(5) 도(道)는 만물의 종주(宗主)와 같다. 허나 그 아버지는 모른다. 그러나 태어나기는 세상에서 말하는 천제(天帝), 상제(上帝), 천신(天神)보다 먼저일 것이다. 즉 「무적(無的) 도(道)」가 「하나님」보다 먼저 태어났을 거라고 했다. 「인격신(人格神)」은 사람이 말로 표상한 「절대신(絶對神)」이다.

제 5 장

[1] 天地不仁 以萬物爲芻狗 聖人不仁 以百姓爲芻狗.

천지(이) 불인(이라) 이만물위추구(이니라) 성인(이) 불인(이라) 이백성위추구(이니라)

하늘과 땅은 어질지 않다. 만물을 추구로 여긴다. 성인도 어질지 않다. 백성을 추구로 여긴다.

[2] 天地之間 其猶橐籥乎 虛而不屈 動而愈出.

천지지간(은) 기유탁약호(라) 허이불굴(하고) 동이유출(하니라)

하늘과 땅 사이는 마치 풀무 같다. 그러나 막히지 않고 <생기(生氣)를> 뿜어내고, 또 동하면서 더욱 <만물을> 낳는다.

[3] 多言數窮 不如守中.

다언(은) 삭궁(하니) 불여수중(이니라)

말이 많으면 자주 막힌다. 도를 지키는 것만 못하다.

[어구 설명] [1] 天地不仁 以萬物 爲芻狗 聖人不仁 以百姓 爲芻狗 :

○天地不仁(천지불인) : 「천지는 어질지 않다.」 즉 하늘과 땅은 사람처럼 감정을 품지 않는다.

<* 「불인(不仁)」은 좋은 의미로는 인애(仁愛)도 베풀지 않는다. 반대로 나쁜 의미로는 증오(憎惡)하지도 않는다는 뜻이다. 오직 무위자연(無爲自然)의 도를 따라 만물을 생성(生成) 화육(化育)할 뿐이다.>

<* 왕필(王弼)은 말했다. 「천지는 자연을 따를 뿐이다. 조작하지 않는다. 만물도 스스로 도리를 따른다. 고로 불인(不仁)이라 한다. <세속적> 인자(仁者)는 인위적으로 조작하고 사랑을 베푼다고 속인다. 따라서 참을 잃고 만물이 고르게 존재할 수 없다.(天地任自然 無爲無造 萬物自相治理 故不仁也 仁者 必造立施化 有恩有爲 造立施化 則物失其眞 有恩有爲 則物不具存)」>

<* 소철(蘇轍)은 말했다. 「천지는 자기를 내밀지 않고 만물이 제멋대로 있는 것을 허락한다. 그런 고로 만물은 제물로 나왔다가 제물로 죽어 사라진다. 죽음을 내가 미워할 것도 아니고, 삶을 내가 좋아할 것도 아니다.(天地無私 而聽萬物之自然 故萬物自生自死 死非吾虐之 生非吾仁之也)」>

<* 오징(吳澄)은 말했다. 「인(仁)은 사랑하겠다는 마음을 갖

는 것이다. 그러나 천지는 만물을 사랑하겠다는 마음을 고의적으로 갖고 있지 않다. 오직 만물이 제멋대로 나오고 자라게 내버려두고 있다.(仁謂有心於愛之也 天地無心於愛物 而任其生自成)」>

○以萬物爲芻狗(이만물위추구) : 만물을 추구로 여긴다.

<* 추구(芻狗)는 짚으로 만든 개로 제사 때 바친다. 그러나 제사가 끝나면 내다버린다.>

<* 하늘과 땅은 물리적 도리로 만물을 생육화성(生育化成)할 뿐, 사람 같은 애증(愛憎)의 감정이 없다.>

○聖人不仁(성인불인) : 노자가 말하는 성인도 애증(愛憎)의 감정을 초월한다. 고로 불인(不仁)하게 마련이다.

<* 오징(吳澄)은 말했다. 「성인의 마음은 텅 비었으며, 고집하는 바가 없다. 만약에 백성을 사랑하겠다는 마음이 있으면 마음이 텅 빈 것이 아니다.(聖人之心虛 而無所倚著 若有心於愛民 則心不虛矣)」>

○以百姓爲芻狗(이백성위추구) : 백성을 추구로 여긴다. 즉 자연의 도리대로 스스로 살다가 스스로 죽게 내버려 둔다.

<* 성인은 세속적 통치자같이 「정(情)이나 욕(欲)」에 쏠리지 않는다. 사랑도 미움에 대립되는 감정이며, 절대가 아니다. 따라서 도에서 벗어나고, 또 무위자연이 아니다.>

[어구 설명] [2] 天地之間 其猶橐籥乎 虛而不屈 動而愈出 [3] 多言數窮 不如守中 :

ㅇ天地之間 其猶橐籥乎(천지지간 기유탁약호) : 하늘과 땅 사이는 흡사 바람통 같으니라.

<* 「탁약(橐籥)은 바람통, 풀무이다.」「橐(자루 탁)=囊(주머니 낭)」「籥(피리 약)」>

<* 바람통은 속이 텅 비었다. 그러나 작용하면 무한하게 바람이 일어난다. 하늘과 땅 사이도 텅 비었다. 그러나 생기(生氣)가 나타나 퍼지고, 만물을 생육화성(生育化成)하고, 또 만물을 영원히 살게 한다. 즉 생생불식(生生不息)한다.>

ㅇ虛而不屈 動而愈出(허이불굴 동이유출) : 허(虛)하면서 막히지 않는다. 동하면 더욱 기(氣)가 솟아난다.

<* 불굴(不屈)은 곧 불갈(不竭)이다. * 유출(愈出)은 더욱 많이 나온다. 즉 공허한 하늘과 땅 사이에서 만물이 무궁무진하게 생육화성한다.>

ㅇ多言數窮 不如守中(다언삭궁 불여수중) : 말이 많으면 자주 막힌다. 중(中)의 도(道)를 지키는 것만 못하다.

<* 즉 통치자가 호령(號令)이나 정령(政令)을 번거롭게 많이 내리면 결국 막히고 만다.>

<* 삭(數)은 속(速)과 같다. 「빨리, 자주, 흔히[屢]의 뜻이다.」 ⇒ 제2장 「是以 聖人處無爲之事 行不言之教」>

<*「중(中)은 충(沖·盅)에 통한다.」 즉 허(虛)의 뜻이다. 허정(虛靜)과 충허(沖虛)의 도(道)다. * 장자(莊子)가 말하는 「수일(守一), 수진(守眞)과 같다.」>

<* 유가에서도 중용(中庸), 중정(中正)을 높인다. 단 유가는 유위(有爲)의 중정이고, 노자는 무위(無爲)의 충허다. 중(中)을 반대로 쓰고 있다. 단 중(中)이 도에 통하는 점은 같다.>

[현대적 해석] 제 5 장

[1] <무위자연의 도를 바탕으로 만물을 생육하는> 하늘과 땅은 어질지 않고 <감정을 초월한다.> 그래서 만물을 추구로 여긴다. 성인도 어질지 않게 <감정을 초월하고> 백성을 추구로 여긴다.

[2] 하늘과 땅 사이는 마치 풀무같이 공허(空虛)하다. 그러나 막히지 않고 <생기(生氣)를> 뿜어내고, 또 <시간적으로나 공간적으로나> 생생불이(生生不已)한다.

[3] 말이 많으면 자주 막힌다. 도를 지키는 것만 못하다.

참고 보충 설명 | 인(仁)과 무(無)의 깊은 뜻

(1) 노자가 말하는 도(道)는 시간과 공간을 초월한 「절대무적(絶對無的)·본체적(本體的) 도리(道理)다.」 그러므로 노자는 말했다. 「천지(天地)도 성인(聖人)도 지각과 감정을 초월하고 만물이나 백성을 추구(芻狗)로 여긴다.」

(2) 우주 천지 자연 만물은 도에서 나온 것이다. 그래서 하늘과 땅 사이를 「탁약(橐籥 : 바람통이나 풀무)」이라 한 것이다. 바람통은 속이 텅 비었다. 그러나 작용하면 무한하게 바람이 일어난다. 하늘과 땅 사이도 텅 비었다. 그러나 보이지 않는 생기(生氣)가 일어나고, 또 자연 만물을 생육(生育)한다.

(3) 따라서 도를 체휼(體恤)한 성인은 인위적인 조작을 안 할 뿐더러 유가에서 높이는 인(仁)도 초월하고자 한 것이다.

(4) 노자는 일견 비정하고 냉혹하게 보인다. 그러나 인간 세상의 격심한 대립과 투쟁을 해탈하기 위해서 「본체적 무」를 내세웠던 것이다. 사실 인간의 번뇌는 집착과 미망에서 온다.

(5) 불교도 이러한 점에서는 통한다. 유교에서 높이는 청렴결백(淸廉潔白)이나 안빈낙도(安貧樂道)도 일맥상통한다. 그러나 적극적인 면에서는 서로 다르다. 불교는 자비(慈悲)를, 유교는 인정덕치(仁政德治)를, 노자는 무위자연(無爲自然)을 강조한다. 그렇다고 어느 것이 옳고 어느 것이 그르다고 하면 안된다. 「나」만을 내세우고 「남」을 부정하면 안된다. 「유(有)」만 좋아하고 「무(無)」를 배척하면 안된다. 욕심이나 감정을 초월하고 담담해야 한다. 이러한 태도를 노자가 「만물을 추구같이 여긴다.(以萬物爲芻狗)」고 말한 것이다.

(6) 노자는 천지 사이를 큰 바람통으로 보았다. 텅 비었으나 끝없이 만물을 생성한다. 허(虛)하기 때문에 가능하다.

(7) 노자는 또 말했다.「말이 많으면 자주 막힌다. 속의 도를 지키는 것만 못하다.(多言數窮 不如守中)」이는 곧「로고스[言]보다 카오스[道]를 더 높이라는 뜻이다.」

참고 보충 설명 | 공자의 극기복례(克己復禮)

(1) 노자가 말한「천지불인(天地不仁)」은 유가(儒家)에서 강조하는 인(仁)을 반대하는 말이다. 노자는 제38장에서 말했다.「도와 덕을 잃은 다음에 인을 내세운다.」당시는 전국시대다. 간악(奸惡)한 권모술수(權謀術數)나 잔인(殘忍)한 무력정복(武力征服)이 성행하는 난세(亂世)였다. 그러므로 공자(孔子)나 유가에서 높이는 도덕이나 인의예지(仁義禮智) 등을 내세울 수가 없었다. 그래서 노자는 본체적인「도(道)」를 강조했던 것이다.

(2) 노자는 유무(有無)를 통합한 경지에서「무(無)」를 높였다. 공자는 유(有)를 높이는 경지에서 덕치를 주장했다.

(3) 유가에서 높이는 인(仁)도 절대선(絶對善)의 도(道)를 바탕으로 한 덕행이다. 뿐만 아니다. 공자나 맹자는 명리(名利)를 위해 가식적(假飾的)으로 당시의 군왕에게 인정덕치(仁政德治)나 인의예지를 강조한 것이 아니다. 공자와 맹자도 진심으로 절대선의 천도(天道)를 따르고 실천해서 좋은 세상을 구현하자고 했던 것이다.

(4) 결국 공자나 맹자가「인(仁)이나 의(義)」를 높인 것이나

노자가 「무(無)와 도(道)」를 높인 것이나 그 정신이나 목적의식은 같다.

(5) 유가(儒家)는 무신론적(無神論的) 위치에서 인정덕치(仁政德治)의 실현을 주장했다. 그러기 위해 학덕(學德)을 겸비한 군자를 배양(培養)해야 한다고 강조했다. 또 유가는 극기복례(克己復禮)를 강조했다. 즉 자기의 욕심이나 독단을 극복하고 천리에 돌아가야 한다고 주장했다. 공자가 말하는 「예(禮)」는 「내면적 천리를 따르고 행동화한다」는 뜻이다. 극기(克己)는 인간적 · 외형적 욕구를 극복하라는 뜻이다.

(6) 노자 사상은 「무적(無的) 극기복례(克己復禮)」이고, 공자 사상은 「유적(有的) 극기복례」이다.

참고 보충 설명 | 도(道)에 대한 복습

제1장 : 무 명천지지시(無 名天地之始). 유 명천지지모(有 名天地之母.). 도가도 비상도(道可道 非常道). 차량자 동출이이명 동위지현(此兩者 同出而異名 同謂之玄).

제2장 : 유무상생(有無相生) 난이상성(難易相成).

제3장 : 위무위 즉무불치(爲無爲 則無不治).

<* 관념을 말로 표현하지 않을 수 없다. 그래서 「천(天), 상제(上帝), 천신(天神), 혹은 도(道)라고 한 것이다.>

제 6 장

[1] 谷神不死 是謂玄牝.

곡신(이) 불사(이니) 시위현빈(이니라)

골짜기의 신은 죽지 않는다. 이를 현빈(玄牝)이라 한다.

[2] 玄牝之門 是謂天地根.

현빈지문(이) 시위천지근(이니라)

그윽한 현빈의 문을 바로 천지의 뿌리라 한다.

[3] 緜緜若存 用之不勤.

면면약존(이오) 용지불근(이니라)

면면히 이어지고, 또 무궁하게 작용한다.

[어구 설명] [1] 谷神不死 是謂玄牝 [2] 玄牝之門 是謂天地根 [3] 緜緜若存 用之不勤 :

○谷神不死 是謂玄牝(곡신불사 시위현빈) : 골짜기의 신(神)은 죽지 않는다. 이를 유현(幽玄)한 여신(女神)이라 한다.

<* 곡신(谷神)은 공허(空虛)하고 신비로운 신(神), 신령(神靈)이라는 뜻. * 불사(不死)는 죽지 않고 만물을 낳고 키운다

는 뜻이다.>

<* 하상공(河上公)은 「곡은 양이다. 사람이 신(神)을 키우면 죽지 않는다.(谷養也 人能養神 則不死也)」라고 풀이했다. 「신을 오장의 신(五藏之神)이라 했다.」>

<* 곡신(谷神)을 「만물을 양육하는 곡풍(谷風), 동풍(東風), 즉 신령(神靈)한 바람으로 풀이해도 된다.」>

<* 일부 학자는 「곡신(谷神)과 현빈(玄牝)」을 「여성의 생식기 및 작용」으로 풀었다. * 현(玄)은 유현(幽玄), 현묘(玄妙)의 뜻. * 빈(牝)은 암컷.>

<* 엄영봉(嚴靈峯)은 「빈(牝)을 음(陰), 신(神)은 양(陽), 현(玄)을 양, 빈(牝)을 음으로 보았다.」 * 역경(易經)에 있다. 「일음일양지위도(一陰一陽之謂道)」>

○玄牝之門 是謂天地根(현빈지문 시위천지근) : 안 보이고 신비스런 조화를 부리는 곡신의 문이 곧 하늘과 땅의 뿌리다.

<* 「현지우현 중묘지문(玄之又玄 衆妙之門)」 ⇒ 제1장. * 혹은 「여성의 생식기가 하늘과 땅의 뿌리다」로 풀 수도 있다.>

<* 천지(天地)는 하늘과 땅, 양(陽)과 음(陰), 남자와 여자 등의 뜻이 다 포함되었다.>

○緜緜若存 用之不勤(면면약존 용지불근) : 줄줄이 이어지고, 영원히 있는 듯하고, 써도 없어지지 않는다.

<* 소철(蘇轍)은 「면면(緜緜)은 미묘하면서 끊어지지 않는다는 뜻. 약존(若存)은 있으나 보이지 않는다는 뜻」이라고 풀었

다. * 근(勤)은 진(盡)과 같은 뜻이다.>

[현대적 해석] 제 6 장

[1] 골짜기의 신은 죽지 않는다. 이를 암컷의 문이라 한다.

[2] 그윽한 골짜기의 여신(女神)의 음문(陰門)이 바로 하늘과 땅 및 만물을 낳고 키우는 뿌리이다.

[3] 공간적으로나 시간적으로나 끝없이 면면히 이어지며, 또 그 작용이 무궁무진하다.

참고 보충 설명 | 시적(詩的) 표현

(1) 천지 만물의 뿌리가 되며, 또 만물을 낳고 양육하는 도(道)를 「곡신(谷神), 현빈(玄牝)」 등으로 비유했다. 이러한 표현은 다분히 문학적이고, 또 시적 표현이다. 이는 바로 그리스의 「생산과 결혼의 여신(女神) 데메테르(Demeter)」와 같다.

(2) 만물의 근원은 무(無)인 도(道)다.

(3) 무(無)인 도가 유(有)인 도가 된다. 그때의 도가 곧 아들딸을 낳는 어머니와 같은 단계다.

(4) 음양(陰陽)으로 말하면 음(陰)이다.

(5) 하늘의 천신은 무(無)이고, 자연 만물을 낳고 자라게 하는 신(神)은 곡신(谷神), 혹은 여신(女神)이다.

(6) 동물은 빈(牝)이고, 사람은 여(女)이다. 새끼나 자식이 나오는 문을 현빈지문(玄牝之門)이라 했다.

제 7 장

[1] 天長地久.

천장지구(이니라)

하늘과 땅은 끝없이 넓고 영원하다.

[2] 天地所以能長且久者 以其不自生 故能長生.

천지(이) 소이능장차구자(는) 이기부자생(이라) 고(로) 능장생(이니라)

천지가 영원무궁할 수 있는 것은 스스로를 위해 살지 않기 때문이다. 고로 능히 영원하다.

[3] 是以聖人後其身而身先 外其身而身存.

시이(로) 성인(이) 후기신이신선(이오) 외기신이신존(이니라)

그런 고로 성인은 자기 몸을 뒤로 하고 <도리어> 앞서게 된다. 자기 몸을 밖으로 함으로써 영원히 있게 된다.

[4] 非以其無私邪 故能成其私.

비이기무사야(이아) 고능성기사(이니라)

자신을 없게 하기 때문이 아니겠는가? 고로 자신을 이룩할 수가 있다.

[어구 설명] [1] 天長地久 [2] 天地所以能長且久者 以其不自生 故能長生 :

ㅇ天長地久(천장지구) : 하늘과 땅이 영원무궁하다. 즉 자연만물을 생성화육(生成化育)하는 하늘과 땅이 영원히 있으며, 또 무궁하게 기능을 발휘한다.

<* 공간적으로 무한(無限)하고 시간적으로는 장구(長久)하다. 공간과 시간을 합한 것이 우주(宇宙)다.>

ㅇ天地 所以能長且久者(천지소이능장차구자) : 천지가 장구(長久)할 수 있는 이유. 소이(所以)는 까닭, 이유, 원인.

ㅇ以其不自生(이기부자생) : 자신을 위해 사는 것이 아니므로 가능한 것이다.

<* 혹은 스스로 산다는 의식을 하지 않는다는 뜻으로 풀기도 한다.>

<* 도(道)는 피조물(被造物)이 아니다. 피조물은 한계가 있다. 천지가 영원무궁할 수 있는 이유는 천지가 산다는 의식(意識)을 갖지 않고, 또 자기를 위해 살지 않기 때문이다. 이런 태도가 바로 무심무욕(無心無欲)의 도의 경지다.>

[어구 설명] [3] 是以聖人後其身而身先 外其身而身存 :

ㅇ是以聖人(시이성인) : 그러므로 도를 터득하고 도를 따라

사는 사람.

○後其身而身先(후기신이신선) : 자신을 뒤로 했는데도 결과적으로는 남보다 앞에 있게 된다는 뜻.

<* 하상공(河上公)은 말했다.「남을 앞세우고 자기를 뒤로 하면, 결국 천하의 모든 사람이 그를 존경하고 그를 장으로 내세운다.(先人而後己者也 天下敬之 先以爲長)」>

<* 석덕청(釋德淸)은 말했다.「자신을 이기적으로 아끼지 않고 남을 앞세우면, 남이 즐겁게 자기를 추대한다.(不私其身以先人 故人樂推而不厭)」>

<* 왕회(王淮)는 말했다.「자신을 뒤로 한다는 뜻은 일종의 겸양이며, 스스로 은퇴하고 몸을 사리고 수렴하는 정신을 말한다.(所謂後其身 卽是一種謙讓 退藏與收斂的精神)」>

○外其身而身存(외기신이신존) : 외기신(外其身)은 자기 몸을 밖에 둔다. 즉 자신의 이해득실을 치지도외(置之度外)한다는 뜻. 망아(忘我)와 같다. 자신을 잊고 오직 남을 위하므로 자신의 존재가 영원하게 된다.

<* 하상공(河上公)은 말했다.「자신을 버리고 남을 앞세운다는 뜻이다. 따라서 백성들이 도리어 그를 부모나 신명같이 사랑하고, 또는 어린아이같이 받들고 보우한다. 따라서 언제까지나 있게 마련이다.(薄己而後人也 百姓愛之如父母神明祐之若赤子 故身常存)」>

[어구 설명] [4] 非以其無私邪 故能成其私 :

ㅇ非以其無私邪(비이기무사야) : 무사(無私)했기 때문이 아니겠느냐? 무사는 멸사봉공(滅私奉公), 즉 자신을 버리고 남을 위하다. 자신을 완전히 없앤 것이 도(道)이다. 도는 자신은 없다. 오직 만물만을 있게 한다.

ㅇ成其私(성기사) : 결과적으로는 자신을 영원하고 완전한 존재로 만든다.

<*도는 자신도 없고 자신을 자각하지도 않고, 또 자신을 위한다는 이기심도 없다. 오직 만물을 위해 끊임없이 생육화성(生育化成)한다. 따라서 도는 영원한 존재이자, 절대자(絶對者)가 된 것이다.>

<* 속인이나 야심가는 정반대다. 자기 혼자만 살려 하고 모든 것을 독점하려고 한다. 고로 일찍 멸망(滅亡)한다.>

[현대적 해석] 제 7 장

[1] 하늘과 땅은 시간적으로나 공간적으로나 영원히 있으면서 자연 만물을 생성화육(生成化育)한다.

[2] 천지가 영원무궁할 수 있는 것은 스스로를 위해 살지 않기 때문이다.

[3] 그런 고로 성인은 자기 몸을 뒤로 하고 <도리어> 앞서

게 된다. 자기 몸을 밖으로 함으로써 영원히 있게 된다. [4] 자신을 없게 하기 때문이 아니겠는가? 고로 자신을 이룩할 수가 있다.

참고 보충 설명 | 무사(無私)와 대아(大我)

(1) 천지의 본체(本體)인 도(道)는 무(無)다. 자신을 의식하지도 않고, 또 자신을 위하지도 않으며, 오직 만물의 생육화성을 영원히 무궁무진하게 이룩해준다. 만물을 영원히 이룩해주고자 하기 때문에 결과적으로 천지가 영원한 절대 위치에 올라서게 마련이다.

(2) 자기를 버리고 남만을 위하는 것이 도(道)이고, 천(天)이고, 또 신(神)이다. 칭호(稱號)는 달라도 다 영원한 절대자이다. 남을 위하면 영생한다. 따라서 도를 체득한 성인은 자신보다도 남을 앞세운다. 그러나 결과적으로 그는 남보다 앞서고 높이 오르고 영생을 누린다. 또 성인은 절대적인 도나 천이나 신의 경지에 들어가 자기완성을 하게 된다.

(3) 이런 경지는 유교나 그리스도교도 같다. 소아(小我)를 버리고 대아(大我)에 살며, 순간을 버리고 영원에 산다. 그러나 속인(俗人)은 성인(聖人)과 다르다. 생각이 좁다. 그런데 무한한 욕심으로 오래 살고, 또 만물을 독점하려고 한다. 그래서 일찍 멸망하는 것이다.

제 8 장

[1] 上善若水 水善利萬物而不爭 處衆人之所惡 故幾於道.

상선(은) 약수(이니라) 수(는) 선리만물 이부쟁(이오) 처중인지소오(하니라) 고(로) 기어도(이니라)

최고의 선(善)은 물과 같다. 물은 만물을 좋게, 또 이롭게 해주면서 다투지 않는다. <물은> 항상 많은 사람이 싫어하는 낮은 곳에 처한다. 그러므로 물은 도에 가깝다.

[2] 居善地 心善淵 與善仁 言善信 政善治 事善能 動善時.

거선지(이오) 심선연(이오) 여선인(이오) 언선신(이오) 정선치(이오) 사선능(이오) 동선시(이니라)

몸을 좋은 처지에 두고 마음을 깊고 침착하게 한다. 다른 사람과 잘 어울리고 말을 성실하게 한다. 바르게 다스리고 일의 효능을 착하게 하고, 때에 잘 맞게 행동한다.

[3] 夫唯不爭 故無尤.

부유부쟁(이므로) 고(로) 무우(이니라)

무릇 다투지 않는다. 고로 허물이 없다.

[어구 설명] [1] 上善若水 水善利萬物 而不爭 處衆人之所惡 故幾於道 :

ㅇ上善若水(상선약수) : 높은 선(善)은 물과 같다.

<* 가장 높은 선덕(善德)을 갖춘 성인(聖人)은 물과 같이 도를 잘 지킨다.>

<* 하상공(河上公)은 다음같이 풀었다. 「가장 착한 사람은 물 같은 성품을 지녔다.(上善之人 如水之性)」>

ㅇ水善利萬物 而不爭(수선리만물 이부쟁) : 물은 만물을 잘 자라게 하고, 또 이롭게 한다. 그러나 다투는 일이 없다.

<* 하상공은 말했다. 「물은 하늘에서는 안개나 이슬이 되고, 땅에서는 샘의 원천이 된다.(水在天爲霧露 在地爲源泉也)」 즉 하늘과 땅에서 만물을 잘살고 잘 자라게 한다.>

ㅇ處衆人之所惡 故幾於道(처중인지소오 고기어도) : 모든 사람들이 싫어하는 곳에 처한다. 그래서 도에 가깝다.

<* 물은 언제나 아래로 처지고 얕은 곳, 남이 싫어하는 낮은 곳에 조용히 있다. 이렇게 비하(卑下)하는 특성은 곧 도(道)에 가깝다.>

[어구 설명] [2] 居善地 心善淵 與善仁 言善信 政善治 事善能 動善時 [3] 夫唯不爭 故無尤 :

○居善地(거선지) : 자신을 좋은 처지에 두고 산다. 거처(居處)를 좋은 곳에 둔다.

<* 욕심스럽게 높은 자리를 탐내거나 독점하지 않는다.>

○心善淵(심선연) : 마음을 깊은 못같이 착하게 한다.

<* 선연(善淵)을「낮은 곳에 있으면서 만물을 키우는 착한 못이라는 뜻」으로 풀어도 된다.>

○與善仁(여선인) : 남과 착하게 잘 어울린다.

<* 인(仁)은「두 사람이 서로 어울려, 협동하고 함께 잘산다는 뜻이다.」* 인(仁)을 인(人)으로 쓴 판본도 많다.>

○言善信(언선신) : 말을 항상 착하고 성실(誠實)하고 신실(信實)하게 한다.

○政善治(정선치) : 바르고 착하게 다스린다.

<* 왕필(王弼)의 판본은「정(政)」으로 썼다.「정(正)」으로 쓴 판본도 많다.>

○事善能(사선능) : 사물을 착하게 능동적으로 살고 자라게 한다. <* 성인의 경우나 물의 경우나 다 통한다.>

○動善時(동선시) : 동할 때를 잘 맞게 한다.

○夫唯不爭 故無尤(부유부쟁 고무우) : 오직 다투지 않는다. 고로 허물이 없다. <*「우(尤)」를「허물」의 뜻으로 푼다.>

[현대적 해석] 제 8 장

[1] 최고의 선(善)은 물과 같다. <사람도 그렇게 해야 한다.> 물은 만물을 좋게, 또 이롭게 해주면서 다투지 않는다. <물은> 항상 남이 싫어하는 낮은 곳에 처한다. 그러므로 물은 도에 가깝다. <모든 사람도 그렇게 해야 한다. 특히 남을 다스리는 임금이나 성인은 물같이 해야 한다.>
[2] <물의 특성을 닮은 성인은> 몸을 잘 단속하고 낮은 곳에 처한다. 마음을 잘 다스려 깊고 침착하게 한다. 다른 사람과 잘 어울리고 협동한다. 말을 좋게, 또 성실하게 한다. 다스림을 좋고 바르게 한다. 일을 잘 다루어 효능을 내게 한다. 움직일 때도 때에 잘 맞게 한다.
[3] <물의 덕을 터득한> 성인은 다투지 않는다. 그러므로 허물이 없다. <* 다투지 않는 바탕은 곧 허정무위(虛靜無爲)다. 욕심을 버리고 수작을 부리지 말아야 한다.>

참고 보충 설명 | 물의 선덕(善德) 일곱 가지

(1) 제8장 [2]에 「7개의 물의 선덕(善德)」을 들었다. 「거선지(居善地), 심선연(心善淵), 여선인(與善仁), 언선신(言善信), 정선치(政善治), 사선능(事善能), 동선시(動善時)」 「선(善)」은 「도(道)를 잘 따르고 실천하라」는 뜻이다. 나누어 설명하겠다.

(2) 「심선연(心善淵)」은 마음을 심오(深奧)하고 허정(虛靜)하게 가지라는 뜻이다. 「여선인(與善仁)」의 「여(與)」를 시여(施與)로 풀 수도 있다. 설혜(薛蕙)는 다음같이 풀었다. 「겸애를 베풀고 무사하기 때문에 착한 인이다.(其施兼愛 而無私 善仁也)」 즉 성인은 남에게 은덕(恩德)을 베풀기만 하고 공리나 자리를 다투지 않는다. 이는 마치 「물이 만물을 이롭게만 하고 다투지 않음과 같다. 그러므로 좋은 인(仁)이다.」라고 한 것이다. 후세의 판본에는 「인(仁)을 인(人)」으로 쓴 것이 많다. <노자가 「인(仁)」을 배척했기 때문일 것이다.>

(3) 「언선신(言善信)」은 성인의 말은 지성불망(至誠不妄)이다. 즉 실하게 열매를 맺다. 중용(中庸)에 있다. 「성은 하늘의 도리다.(誠者 天之道也)」 이때의 성(誠)은 곧 성(成)이다. 즉 지성(至誠)은 생육화성(生育化成)을 이룬다는 뜻이다.

(4) 「정선치(政善治)」의 정(政)과 정(正)은 일치해야 한다. 즉 성인의 바른 정치는 잘 다스리는 것이다. 또는 성인이 바르게 다스리는 것이 곧 정치(政治=正治)다. 공자의 말과도 같다. 설혜(薛蕙)는 말했다. 「성인이 나라를 다스리면 청정하고 스스로 바르게 되므로 선치다.(治國則淨靜自正 善治也)」 <* 노자 제57장에도 있다. 「我無爲而民自化 我好靜而民自正 我無事而民自富 我無欲而民自樸.」

(5) 「사선능(事善能)」은 여러 가지로 풀 수 있다. 즉 성인이 하는 일이 가장 능률적이다. 또는 가장 능률적으로 일을 한다.

또는 성인이 일을 처리하니 가장 좋은 효능이 있다. 「동선시(動善時)」는 「성인이 움직일 때에는 가장 좋게 때를 맞춘다」 혹은 「물이 때맞춰 만물을 살려준다」로 풀 수도 있다.

(6) 이상에서 보듯이, 노자의 글은 주어에 따라 풀이가 약간 다르게 될 수 있다. 그러나 「무적(無的) 도(道)」에 맞게 풀이하면 「수(水)」나 「성인(聖人)」이나 기본적인 뜻은 같다.

참고 보충 설명 | 상선약수(上善若水)

(1) 상선(上善)은 최고의 선(善)이라는 뜻이다. 인간적 차원을 초월한 높은 선이다. 그러므로 물[水]과 같다고 했다. 그리고 노자는 물의 공(功)과 선덕(善德)을 대략 다음같이 암시했다.

① 물은 만물의 생명력의 근원이다. 물이 만물을 잘살게, 또 이롭게 해준다.

② 물은 자신의 가치나 공덕을 과시하거나, 또는 그 대가를 되돌려 받으려고 하지 않는다.

③ 물은 항상 낮은 곳에 처해 있다. 그러면서 남과 다투거나 싸우지도 않는다.

④ 물은 도(道)를 따라, 낮게 처하고 다투지 않기 때문에 허물이 없고, 또 상선(上善)의 경지에서 천장지구(天長地久)할 수 있다.

(2) 노자 사상의 현대적 가치를 살펴보자. 동서고금(東西古今)을 막론하고 인간사회의 비극, 악덕은 지나친 공리심(功利

心)과 이기심(利己心), 재물과 권력의 독점욕(獨占慾) 등에서 기인한다.

참고 보충 설명 | 애매한 주어(主語)

(1) 노자는 「무적(無的) 도(道)」를 기준으로 하고, 또 자연과 성인(聖人)의 덕(德)을 추상적으로 서술했다. 그러므로 글의 주어(主語)가 애매하다. 특히 노자의 글에는 고유명사(固有名詞)가 나오지 않는다.

(2) 타락하고 복잡하게 엉킨 속세(俗世)에서는 남의 이름을 대고 욕하고 배척하는 일이 많다.

(3) 그러나 노자 사상은 「시간과 공간을 초월한 우주적 견지에서, 사람도 천지 자연 만물과 하나가 되고 무적(無的) 도(道)를 따르라고 강조했다. 고로 추상적으로 서술한 것이다.」

(4) 동서고금(東西古今)을 막론하고 분쟁과 싸움은 나만을 높이고 남을 욕하는 데서 비롯된다. 특히 정치 사회에서는 서로 비방하고, 심하면 상대를 살해하기도 한다. 그래서 애매한 말로 한 것이다.

제 9 장

[1] 持而盈之 不如其已 揣而銳之 不可長保.

지이영지(이) 불여기이(이니라) 췌이예지(이) 불가장보(이니라)

<세속적 악덕(惡德)을> 계속해서 지니고, 또 가득 채우려는 생각은 그만두는 게 좋다. 두들겨 끝을 예리하게 해도 오래 가지 못한다.

[2] 金玉滿堂 莫之能守 富貴而驕 自遺其咎.

금옥만당(이) 막지능수(라) 부귀이교(이) 자유기구(이니라)

황금이나 보옥을 집에 가득히 쌓아도 잘 지킬 수 없다. 부귀를 누리고 교만하면 스스로 허물을 남기게 된다.

[3] 功遂身退 天之道也.

공수신퇴(이) 천지도야(이니라)

공을 세우면 물러나는 것이 하늘의 도리이다.

[어구 설명] [1] 持而盈之 不如其已 揣而銳之 不可長保 :

○持而盈之 不如其已(지이영지 불여기이) : 언제까지나 가득히 채워 가지겠다는 생각이나 행동은 그만두어야 한다.

<* 지(持)는 지속하다, 줄곧 간직한다는 뜻이다.>

<* 영(盈)은 가득 차다. 영만(盈滿)을 지속한다. *이(已)는 지(止)다.>

<* 왕필(王弼)은 다음같이 풀었다. 「여기서 말하는 지(持)는 악덕(惡德)을 간직한다는 뜻이다. 그와 같은 악덕을 잃지 않고 굳게 지키고, 또 채우면 세상의 형세가 반드시 기울고 위태롭게 된다. 그런 고로 처음부터 마음속에 그와 같은 악덕을 품지 않는 편이 좋다. 즉 무덕(無德), 무공(無功)이 좋다는 뜻이다.(持謂不失德也 旣不失其德 又盈之 勢必傾危 故不如已者 謂乃更不 如無德無功者也)」>

<* 세속적 악덕은 처음부터 안 가져야 한다. * 물을 철철 넘치게 가득 채운 상태는 오래 지속될 수 없다. 사람도 악덕을 마냥 채우고 자만자교(自滿自驕)하면 반드시 떨어지고 멸망한다. 처음부터 무위의 도(道)를 따라 허정(虛靜)해야 한다.>

○揣而銳之 不可長保(췌이예지 불가장보) : 쇠를 두들겨서 끝을 뾰족하게 만들어도 오래 가지 못한다.

<* 췌(揣)는 「타」라고도 읽는다. 「쇠를 두들겨서 끝을 뾰족하게 만든다」는 뜻이다.>

<* 남을 다치게 하는 칼날 같은 악덕은 오래 가지 못한다.>

[어구 설명] [2] 金玉滿堂 莫之能守 富貴而驕 自遺其咎 [3] 功遂身退 天之道 :

○金玉滿堂 莫之能守(금옥만당 막지능수) : 금이나 옥이 집에 가득히 있어도 잘 지킬 수가 없다.

<* 당(堂)을 실(室)로 쓴 판본도 있다. *「지이영지 불여기이(持而盈之 不如其已)」와 대가 된다.>

○富貴而驕 自遺其咎(부귀이교 자유기구) : 부귀하고 교만하면 스스로 허물이나 재앙을 남긴다.

<* 자취기화(自取其禍) 자초기화(自招其禍)와 같다. * 구(咎)는 허물, 재화(災禍). * 앞의「췌이예지 불가장보(揣而銳之 不可長保)」와 대가 된다.>

○功遂身退 天之道(공수신퇴 천지도) : 공을 세우고 난 다음에는 자신이 물러나는 것이 하늘의 도리다.

<* 하상공(河上公)은 다음같이 말했다.「공을 세우고 이름을 떨치고 난 후에도 물러나지 않고 자리를 피하지 않으면 해를 당한다. 이는 하늘의 상도(常道)다. 태양도 낮에만 뜬다. 달도 찼다가는 진다. 만물도 성했다가는 쇠하고, 즐거움도 극에 달하면 슬픔이 온다.(言人所爲 功成事立 名迹稱遂 不退身避位 則遇於害 此乃夫之常道也 譬如日中則移 月滿則虧 物盛則衰 樂極則哀)」>

<* 성현영(成玄英)은 소(疏)에서 말했다.「하늘은 자연을 말

한다.(天者 自然之謂也)」

[현대적 해석] 제 9 장

[1] 세속적으로 악덕(惡德)한 욕심을 끝없이 지니고, 또 악덕한 수작이나 행동을 계속해서 행하면 <종국에는 멸망한다.> 그러므로 처음부터 차라리 안 갖는 것만 못하다. 쇠를 두들겨 <칼날의> 끝을 예리하게 해도 오래 간직할 수 없다.

[2] 황금이나 보옥을 집에 가득히 쌓아두어도 잘 지킬 수가 없다. 부귀를 누리고 교만하게 하는 짓은 결국 스스로 허물을 자초하고 멸망하게 될 것이다.

[3] 공을 세운 다음에 물러나는 것이 하늘의 도리다.

참고 보충 설명 | 공수신퇴(功遂身退)

(1)「공을 세우면 물러나는 것이 하늘의 도리다.(功遂身退 天之道)」 이를 뒷받침할 말을 앞에서 했다. 이때의 공은 속세의 공이 아니다. 사람은 도(道)에 의해서 태어나 산다.

(2) 생(生)은 영원할 수 없다. 살면서 하는 일도 한결같을 수 없다. 연령(年齡)에 따라 하는 일이 다르다.

영아(嬰兒)는 젖을 먹고 자랄 뿐이다.

유아(幼兒) 시절에는 뛰고 논다.

소년(少年) 시절에는 배우고 익힌다.

청년(靑年) 시절에는 일을 한다.
성년(成年) 시절에는 사회 활동을 주체적으로 한다.
장년(壯年) 시절에는 사회적 지도자가 된다.
노년기(老年期)가 되면 점차로 은퇴한다.

(3) 도(道)를 따르는 삶에도 하는 일과 공이 다르게 마련이다.

(4) 수심(獸心)과 욕심(慾心)을 바탕으로 남을 해치는 악덕(惡德)한 짓을 오래 할 수 없다.

(5) 그래서 말한 것이다. 「언제까지나 가득히 채워 가지겠다는 생각이나 행동은 그만두어야 한다.(持而盈之 不如其已)」「쇠를 두들겨 끝을 예리하게 해도 오래 간직할 수 없다.(揣而銳之 不可長保)」「황금이나 보옥을 가득히 쌓아두어도 잘 지킬 수가 없다.(金玉滿堂 莫之能守)」「부귀를 누리고 교만하면 스스로 허물을 남기게 될 것이다.(富貴而驕 自遺其咎)」

(6) 좋은 의미에서 「공을 세우고 물러나는 것이 하늘의 도리다.(功遂身退 天之道)」라고 말한 것이다.

(7) 그러나 속인들은 하늘의 도를 잘 모른다. 그래서 고금동서(古今東西)를 막론하고 욕심 때문에 바르게 살지를 못하고, 또 서로 싸우고 빼앗기만을 하다가 쇠망하는 것이다.

제 10 장

[1] 載營魄抱一 能無離乎.

재영백 포일(이) 능무리호(아)

혼백을 타고 하나를 안고 떨어지지 않을 수 있어야 한다.

[2] 專氣致柔 能嬰兒乎.

전기치유(이) 능영아호(아)

기를 마냥 부리되 유연하고 영아 같을 수 있어야 한다.

[3] 滌除玄覽 能無疵乎.

척제현람(이) 능무자호(아)

그윽한 마음의 거울을 말끔히 닦고 때가 없을 수 있어야 한다.

[4] 愛民治國 能無爲乎.

애민치국(이) 능무위호(아)

백성을 사랑하고 나라를 다스리되 무위할 수 있어야 한다.

[5] 天門開闔 能爲雌乎.

천문개합(이) 능위자호(아)

하늘의 문을 열고 닫으면서 암컷을 위할 수 있어야 한다.

[6] 明白四達 能無知乎.

명백사달(이) 능무지호(아)

예지가 사방에 통달하되 무지할 수 있어야 한다.

[7] 生之畜之 生而不有 爲而不恃 長而不宰 是謂玄德.

생지휵지(하고) 생이불유(하고) 위이불시(하고) 장이부재(하니) 시위현덕(이니라)

낳고 키운다. 낳고도 소유하지 않는다. 일을 하고도 자만하지 않는다. 으뜸이면서도 지배하지 않는다. 이를 현덕이라 한다.

[어구 설명] [1] 載營魄抱一 能無離乎 :

○載(재) : 설이 많다. <* 육희성(陸希聲)은 「부(夫)와 같다.」고 하여 어조사(語助辭)로 보았다. * 왕필(王弼)은 「재는 처한다와 같다.(載猶處)」고 했다. * 하상공(河上公)은 「승(乘), 즉 올라타다.」로 풀었다. 이를 취한다.>

○營魄(영백) : 혼백(魂魄)이다. <* 범응원(范應元)은 다음 같이 풀었다. 「영백은 혼백이다. 내관경에 있다. 움직일 때에

육신을 지배하는 것이 혼이다. <죽어서> 허정하자, 형체를 진정시키는 것이 백이다.(營魄 魂魄也 內觀經曰 動以營身之謂魂 靜以鎭形之謂魄)」> <* 설문(說文)에 있다.「혼은 양기, 백은 음신이다.(魂陽氣也 魄陰神也)」>

<*「영(營)=혼(魂)을 정신(精神)」,「백(魄)을 형기(形氣)」로 풀기도 한다. 여기서는「혼백(魂魄)」으로 풀었다.>

<* 혹은「영혼(營魂)」을「활발하게 활동하고 살아있는 육체」=「형기(形氣)」로 풀기도 한다. 그러나 취하지 않는다.>

○抱一(포일) : 하나를 껴안고 지킨다.

<* 하나[一]는 무위자연의 도다. *「포일(抱一)」은「포도(抱道), 수도(守道)」이다. 즉「무적(無的) 도(道)」와 하나가 된다는 뜻이다.>

○載營魄抱一(재영백포일) : 학설에 따라 다르다. 혼(魂)과 백(魄)이 합하여 하나가 되다. 삶의 근원인 형기(形氣)에 올라타고 하나인 도를 지킨다.

<* 고형(高亨)은 다음같이 말했다.「일(一)」은「신(身)이다.」 즉「정신과 신체가 하나가 된다.」>

○能無離乎(능무리호) : 능히 떨어지지 않을 수 있어야 하느니라. 그래야 된다.

<* 호(乎)는 의문사다. 여기서는「할 수 있을까. 할 수 있어야 한다」는 조건으로 풀었다.>

[어구 설명] [2]專氣致柔 能嬰兒乎 [3]滌除玄覽 能無疵乎 :

ㅇ專氣(전기) : 전(專)은 결집(結集)한다. 생명의 근원이 되는 기(氣)를 결집한다. 즉 기(氣)를 지킨다.

ㅇ致柔(치유) : 마음이나 몸가짐을 부드럽게 한다.

ㅇ能嬰兒乎(능영아호) : 항상 영아같이 <순진하고 생생하게> 살아야 한다.

<* 「능여영아호(能如嬰兒乎)」라고 쓴 판본도 있다. * 영아(嬰兒)는 무지(無智), 무욕(無欲)하고 오직 무위자연의 도를 따라, 자라나는 생명체이다.>

<* 하상공(河上公)은 말했다. 「영아같이 속으로 <이것저것> 생각하지 않고, 또 밖으로 <남을 다스리려는> 정치를 없게 할 수 있으면, 즉 맑은 정신이 떠나지 않는다.(能如嬰兒 內無思慮 外無政事 則精神不去也)」>

ㅇ滌除(척제) : 말끔히 씻고 때를 없앤다.

ㅇ玄覽(현람) : 마음속에 있는 그윽한 거울. 즉 마음. <즉 마음의 때를 제거한다는 뜻. 때는 곧 세속적이고 잡스런 「지(知)와 욕(欲)」을 말한다.> *남(覽)은 감(鑑)과 같다.

ㅇ能無疵乎(능무자호) : 「자(疵)는 상처」. 즉 잡된 지욕(知欲)을 없애고도 마음이 태연자약(泰然自若)할 수 있어야 한다.

[어구 설명] [4] 愛民治國 能無爲乎 [5] 天門開闔 能爲雌乎 [6] 明白四達 能無知乎 :

○愛民治國 能無爲乎(애민치국 능무위호) : 백성을 사랑하고 나라를 다스림에 있어 무위의 도를 따라야 한다.

<* 제57장에는 「아무위이민자화(我無爲而民自化)」라고 했다.>

○天門(천문) : 천관(天官)과 같다. 즉 이목구비(耳目口鼻) 같은 하늘이 준 감관기관(感官器官). <* 다른 설도 많다.>

○開闔(개합) : 열고 닫는다. 인간의 감관(感官)을 열고 닫는다. 즉 「감각을 활동하거나, 혹은 조용히 있거나」의 뜻이다. <* 「동(動)과 정(靜)과 같다.」>

○能爲雌乎(능위자호) : 여성적이고 정적(靜的)이고 수동적으로 해야 한다는 뜻. 「雌(암컷 자)」 즉 인간의 감각적 관능활동을 무위자연에 가깝게 해야 한다. 감정이나 관능을 억세게 활동시키면 결국은 싸움과 멸망에 이어진다.

○明白四達 能無知乎(명백사달 능무지호) : 사람의 마음이 밝고 지혜가 사방에 통달하면서도 무지할 수 있어야 한다. 즉 세속적 교지(狡智)를 부리지 말아야 한다.

[어구 설명] [7] 生之畜之 生而不有 爲而不恃 長而不宰 是謂玄德 :

ㅇ生之畜之 生而不有 爲而不恃 長而不宰 是謂玄德(생지휵지 생이불유 위이불시 장이부재 시위현덕) : 낳고 키운다. 낳고도 갖지 않는다. 하고도 자만하지 않는다. 으뜸이 되고도 지배하지 않는다. 이를 현덕(玄德)이라 한다.

<* 휵(畜)은 양(養)이다. * 이 구절은 전부 제 51장에 나온다.>

[현대적 해석] 제 10 장

[1] 형기(形氣)에 올라타고 하나인 도를 지키고 이탈하지 않아야 한다.

[2] 정기(精氣)를 집중하여 흩트리지 않고 유연한 자세로 영아 같을 수 있어야 한다.

[3] 마음속의 거울을 말끔히 씻어 닦고 흠이 없게 할 수 있어야 한다.

[4] 백성을 사랑하고 나라를 다스리되 무위자연의 도를 따를 수 있어야 한다.

[5] 감관을 활용하되 여성적인 자세로 수동적이고 정적(靜的)일 수 있어야 한다.

[6] 사방에 통달하는 밝은 예지를 가지고 있으면서 무지(無知)를 지킬 수 있어야 한다.

<* [7]은 여기에서는 제외한다.>

참고 보충 설명 | [1~6]의 뜻 복습

[1]에서 [6]까지를 각각 독립된 구(句)로 해석해야 한다. 다시 복습하겠다.

[1] 載營魄抱一 能無離乎(재영백포일 능무리호) : 혼백을 타고 하나를 안고 떨어지지 않을 수 있어야 한다.

[2] 專氣致柔 能嬰兒乎(전기치유 능영아호) : 기를 마냥 부리되 유연하고 영아 같을 수 있어야 한다.

[3] 滌除玄覽 能無疵乎(척제현람 능무자호) : 그윽한 마음의 거울을 말끔히 닦고 때가 없을 수 있어야 한다.

[4] 愛民治國 能無爲乎(애민치국 능무위호) : 백성을 사랑하고 나라를 다스리되 무위할 수 있어야 한다.

[5] 天門開闔 能爲雌乎(천문개합 능위자호) : 하늘의 문을 열고 닫으면서 암컷을 위할 수 있어야 한다.

[6] 明白四達 能無知乎(명백사달 능무지호) : 예지가 사방에 통달하되 무지할 수 있어야 한다.

<* 「생지휵지(生之畜之)」는 「생육화성(生育化成)」이나 「생생불식(生生不息)」과 같은 뜻이다. 이는 노자가 주장하는 무위자연의 도뿐만이 아니라 유가의 천도와도 일치한다. 포일(抱一)은 공자(孔子)의 천인합일(天人合一)과 같은 경지다. 단 공자는 유적(有的)이고, 노자는 무적(無的)이다.>

제 11 장

[1] 三十輻 共一轂 當其無 有車之用.

삼십폭(이) 공일곡(이나) 당기무(이) 유거지용(이니라)

서른 개의 바퀴살이 하나의 바퀴통에 꽂혀 있다. <허나> 바퀴통의 복판 빈 곳이 바로 수레의 쓸모가 있는 곳이다.

[2] 埏埴以爲器 當其無 有器之用.

연식이위기(이나) 당기무(이) 유기지용(이니라)

흙을 빚어서 기물을 만든다. <허나> 기물의 텅 빈 곳에 바로 기물의 쓸모가 있다.

[3] 鑿戶牖以爲室 當其無 有室之用.

착호유이위실(이나) 당기무(이) 유실지용(이니라)

문이나 창을 뚫어 방을 만든다. <허나> 방의 공간에 바로 방의 쓸모가 있다.

[4] 故有之以爲利 無之以爲用.

고(로) 유지이위리(이오) 무지이위용(이니라)

그런 고로 유(有)의 물건이 이롭게 쓰이는 까닭은 <결국

은> 공허한 무(無)가 활용되기 때문이다.

[어구 설명] [1] 三十輻 共一轂 當其無 有車之用 :

○三十輻(삼십폭) : 서른 개의 바퀴살. 옛날에는 차륜(車輪)의 살을 30으로 했다.

<* 하상공(河上公)은 말했다. 「한 달이 30일이므로 따랐다.」 「폭(輻)」의 속음은 「복」>

○共一轂(공일곡) : 「곡(轂)」은 바퀴통, 차륜의 중심에 있는 통이다. 30개의 바퀴살이 모두 하나의 바퀴통에 집중되었다. 바퀴통 한복판은 텅 비어 차축(車軸)을 꽂게 한다.

○當其無 有車之用(당기무 유거지용) : 바퀴통 한복판의 텅 빈 곳에 바로 수레의 작용이 있게 마련이다. 바퀴통 한복판에 공간이 없다면 차축을 받을 수 없으며, 수레의 구실을 못한다.

[어구 설명] [2] 埏埴以爲器 當其無 有器之用 :

○埏埴(연식) : 흙을 반죽하고 이겨서 그릇을 만든다. 「연(埏)」을 「선」으로도 읽는다. 「식(埴)」을 「치」로도 읽는다.

○當其無 有器之用(당기무 유기지용) : <기물의> 빈 곳에 용(用)이 있다. 기물의 용도나 작용은 바로 빈 곳에 있다.

[어구 설명] [3] 鑿戶牖以爲室 當其無 有室之用 :

○鑿戶牖 以爲室(착호유 이위실) : 문이나 창을 뚫어서 방을

만든다. 「鑿(뚫을 착)」 「戶(지게문 호)」 「牖(창 유)」

ㅇ當其無 有室之用(당기무 유실지용) : 텅 빈 공간이 바로 집이나 방의 구실을 한다.

[어구 설명] [4] 故有之以爲利 無之以爲用 :

ㅇ有之以爲利 無之以爲用(유지이위리 무지이위용) : 유형(有形)적인 기물이 이로운 것은 <유형 자체가 아니라> 바로 무(無), 즉 공간(空間)이 활용되기 때문이다. <* 직역 : 유를 이롭게 여기는 까닭은 무를 활용하기 때문이다.>

[현대적 해석] 제 11 장

[1] 서른 개의 바퀴살이 하나의 바퀴통에 꽂혀 있다. 그 바퀴통 빈 곳이 곧 수레를 작용하게 한다.

[2] 흙을 이겨서 기물을 만들지만 기물의 빈 공간이 바로 기물을 쓸모있게 한다.

[3] 문이나 창을 뚫어 방을 만들지만 방의 빈 공간이 바로 방의 쓰이는 곳이다.

[4] 그런 고로 유(有)의 물건이 이롭게 쓰이는 바탕도 결국은 공허한 무(無)가 활용되기 때문이다.

참고 보충 설명 | 무(無)가 쓰인다

(1) 모든 기물(器物)은 유형(有形)이다. 그러나 기물의 용도는

무(無)의 부분, 즉 공간이다. 알기 쉬운 예가 그릇이다. 그릇은 무엇인가를 담기 위한 기물이다. 그러므로 공간이 그릇의 생명이다. 방이나 집도 공간이 없으면 무용지물이 되고 만다.

(2) 이러한 실례를 들어 유형적(有形的) 유보다는 공허 한 무(無)의 효능이 크다고 말한 것이다. 노자의 이런 주장은 특히 동양의 예술에서 높이는 경지다. 동양의 음악이나 그림은 무(無)의 효능을 잘 살렸으므로 심오하고 유현(幽玄)하다. 동양화는 서양화같이 자세하게 그려 넣지 않는다. 빈 공간을 잘 활용한다. 그래서 유현하다.

(3) 사람의 인격이나 품격도 마찬가지다. 말이 많고 시끄럽게 뛰고 노는 사람은 경솔하다고 친다. 과묵하고 몸놀림이 신중해야 한다. 도를 터득한 성인은 정신적으로도 조용하고, 또 욕심이나 감정을 잘 나타내지 않는다. 속인은 욕심과 감정에 넘쳐서 수다스럽다.

(4) 나라의 경우는 더 심하다. 욕심에 들뜬 나라는 국내적으로는 가렴주구하고, 대외적으로는 무력투쟁을 일삼는다.

(5) 유(有)는 물질세계이고, 무(無)는 정신세계이다. 오늘의 세계를 지배하는 서양사상은 물질과 무력을 바탕으로 한다. 따라서 인류 세계가 위기에 빠진 것이다. 이런 때일수록 정신적·심령적(心靈的) 도(道)를 알아야 한다.

제 12 장

[1] 五色令人目盲 五音令人耳聾 五味令人口爽 馳騁畋獵 令人心發狂 難得之貨 令人行妨.

오색(이) 영인목맹(이오) 오음(이) 영인이롱(이오) 오미(이) 영인구상(이오) 치빙전렵(이) 영인심발광(이오) 난득지화(이) 영인행방(이니라)

찬란한 오색의 빛은 사람의 시각을 멍들게 한다. 난잡한 오음의 음악소리는 사람의 청각을 혼란케 한다. 잡다한 음식의 맛은 사람의 미각을 상하게 한다. 멋대로 말을 몰고 달리며 사냥을 하는 일은 사람의 마음을 미치게 만든다. 얻기 어려운 귀중한 재물은 사람을 타락하게 한다.

[2] 是以聖人 爲腹 不爲目 故去彼取此.

시이(로) 성인(이) 위복(이오) 불위목(이니라) 고(로) 거피취차(이니라)

그러므로 성인은 오직 배를 실하게 할 뿐, 눈을 위하지 않는다. 고로 <성인은 외형적 감각을> 버리고 <내실만을> 취한다.

[어구 설명] [1] 五色令人目盲 五音令人耳聾 五味令人口爽 馳騁畋獵 令人心發狂 難得之貨 令人行妨 :

○五色(오색) : 「청(靑) · 적(赤) · 황(黃) · 백(白) · 흑(黑)」이 오색이다. <* 울긋불긋한 색깔, 외형적인 장식, 지나치게 화려하게 꾸민 옷이나, 여자의 화장 등도 포함된다.>

○令人目盲(영인목맹) : 사람의 눈을 멀게 한다. 영(令)은 사(使)와 같은 뜻이다. 맹(盲)은 눈을 멀게 한다. 또는 눈을 흐리게 만든다.

○五音(오음) : 「궁(宮) · 상(商) · 각(角) · 치(徵) · 우(羽)」가 오음이다. 여기에서는 잡다한 소리까지 포함한 뜻이다.

○令人耳聾(영인이롱) : 사람의 귀를 멀게 한다. 즉 잡음(雜音) 때문에 순수한 청각이 흐리게 된다.

○五味(오미) : 다섯 가지 음식의 맛. 「신맛[酸] · 쓴맛[苦] · 단맛[甘] · 매운맛[辛] · 짠맛[鹹]」 등이다. 여기서는 여러 가지 잡다한 음식의 맛을 다 포함해서 말한 것이다.

○令人口爽(영인구상) : 사람의 입맛을 버리게 한다. 「상(爽)은 상(傷)하게 한다는 뜻이다.」 잡다한 맛이 순수한 입맛을 버리게 한다.

○馳騁(치빙) : 말 타고 심하게 달리다.

○畋獵(전렵) : 사냥하다. 옛날에는 말 타고 종횡무진으로 뛰어 달리며 사냥하는 것을 통쾌한 스포츠로 여겼다.

ㅇ令人心發狂(영인심발광) : 사람의 마음을 미치게 한다. 즉 마음을 방탕(放蕩)하게 만들고 안정되지 못하게 한다.

ㅇ難得之貨(난득지화) : 얻기 어려운 보물이나 화폐, 혹은 지나치게 많은 재물.

ㅇ令人行妨(영인행방) : 사람의 행동을 사악(邪惡)하게 만든다. 즉 사람을 타락시킨다는 뜻. 「방(妨)은 다친다[傷]는 뜻.」

<* 하상공(河上公)은 다음같이 풀었다. 「방은 상이다. 마음이 탐욕하고 만족할 줄 모르면 행실이 잘못되고 몸을 욕되게 한다.(妨傷也 心貪意欲不知厭足 則行傷身辱也)」

[어구 설명] [2] 是以聖人爲腹 不爲目 故去彼取此 :

ㅇ爲腹 不爲目(위복 불위목) : 성인은 배를 위하지 눈을 위하지 않는다.

<* 왕필(王弼)은 다음같이 풀었다. 「배를 위하는 자는 외계의 물질로 자기를 키우지만, 눈을 위하는 자는 외계의 물질에 의해 자기가 노예로 떨어진다. 따라서 성인은 눈을 위하지 않는다.(爲腹者耳物養己 爲目者耳物役己 故聖人不爲目也)」>

<* 제3장에도 「그런 고로 성인의 다스림은 마음을 허정하게 하고 배를 실하게 채운다.」고 했다. 즉 배를 위한다는 것은 인간 생명의 근본인 배를 부르게 하여 무위자연의 도를 따라 생육화성하게 한다는 뜻이다. 눈을 위하지 않는다는 것은 감

관이나 감각적 생활, 또는 교사다욕(巧詐多欲)의 인위적 조작을 하지 않는다는 뜻이다.>

ㅇ去彼取此(거피취차) : 저것을 버리고 이것을 취한다. 즉 감각적 · 외형적(外形的) 물질생활을 버리고, 본질적 생활, 즉 소박하고 욕심없는 생활을 한다.

<*「거피(去彼)는 눈을 위하지 않음(不爲目)이다.」「취차(取此)는 본질적 생활, 소박하고 욕심없는 생활, 즉 위복(爲腹)과 같다.」>

[현대적 해석] 제 12 장

[1] 찬란한 오색의 빛은 사람의 시각을 멍들게 하며, 난잡한 오음의 음악소리는 사람의 청각을 혼란케 하며, 잡다한 음식의 맛은 사람의 미각을 상하게 한다. 멋대로 말을 몰아 달리며 사냥을 하는 일은 사람의 마음을 미치게 만들고, 얻기 어려운 귀중한 재물은 사람을 타락케 한다.

[2] 그러므로 성인은 오직 배를 실하게 할 뿐, 눈을 위하지 않는다. 고로 <성인은 외형적 감각을> 버리고 <내실만을> 취한다.

참고 보충 설명 | 배를 채우는 소박한 삶

(1) 여기서 노자는 인위적이고 외형적인 물질문명이 인간의 소박한 삶을 해치고 있음을 지적했다. 눈부시게 찬란한 빛,

시끄러운 음악소리, 잡다한 맛은 문명의 소산이다.

(2) 현대인은 이런 감각적이고 관능적 물질문명에 마비되고 있다. 특히 TV, 컴퓨터 등을 통해 사람들은 어지러울 정도로 외형적 · 감각적 · 상업적 선전문화에 마비되고 있다. 그래서 특히 청소년들은 감각마저 마비가 될 지경이다.

(3) 숭고한 심령(心靈)이나 정신(精神)이란 단어조차 알지 못할 지경이다.

(4) 뿐만이 아니다. TV, 컴퓨터는 도박 게임이나 선전 광고를 통해 돈을 벌 수 있다고 수작을 부리고 있다. 그래서 청년들은 더욱 감각적으로 타락하고 있다.

(5) 국가 정치도 오직 무력과 재물만을 강조하고 있다. 인간의 윤리 도덕은 폐물 취급을 한다.

(6) 속인들은 삶에 충실하지 않고 말초신경의 자극만을 추구한다. 창백한 도시문명, 관능적 퇴폐문화만이 문화의 전부라고 착각하고 있다.

(7) 사람들은 태양의 빛과 대자연의 건실하고 조화된 삶을 알지 못하게 되었다. 그래서 기형적 · 병적인 삶을 살다가 병들어 일찍 죽는 사람이 많다. 노자는 병든 상태에서 벗어나 소외된 인간을 되찾고 건전한 자연으로 돌아가라고 외친 것이다.

(8) 노자는 문화를 부정한 것이 아니다. 문화라고 하면서 사람을 살지 못하게 하는 병(病)을 지적한 것이다.

제 13 장

[1] 寵辱若驚 貴大患若身.

총욕(이) 약경(이니라) 귀대환(이) 약신(이니라)

남이 나를 총애하거나 모욕하거나 다 같이 놀라야 한다. <그와 같은> 큰 환난을 중시하고 <경계해야 자신을 잘 지키고> 잘 살 수 있다.

[2] 何謂寵辱若驚 寵爲下 得之若驚 失之若驚 是謂寵辱若驚.

하위총욕약경(이아) 총위하(이라) 득지약경(이오) 실지약경(이라) 시위총욕약경(이니라)

어찌해서 「남의 총애와 모욕을 놀랍게 여기고 경계해야 하나.」 <세속적> 총애는 하천한 것이다. 그러므로 이를 받아도 놀라고 경계해야 한다. 이를 잃어도 놀라고 경계해야 한다. 이를 곧 「남의 총애와 모욕을 놀랍게 여기고 경계해야 한다.」라고 말하는 것이다.

[3] 何謂貴大患若身 吾所以有大患者 爲吾有身 及吾無身 吾有何患.

하위귀대환약신(이아) 오소이유대환자(이) 위오유신(이니라) 급오무신(이면) 오유하환(이리오)

「큰 환난을 중시하고 <경계해야 자신을 잘 지키고> 잘 살 수 있다고 하는 말은 무슨 뜻인가.」「나에게 큰 환난이 있는 까닭은 바로 내가 몸을 가지고 있기 때문이다. <만약> 내가 나의 몸을 없게 할 수 있다면 나에게 어찌 환난이 있겠느냐.」

[4] 故貴以身爲天下 若可寄天下 愛以身爲天下 若可託天下.

고(로) 귀이신위천하(이) 약가기천하(이오) 애이신위천하(이) 약가탁천하(이니라)

그런 고로 <도를 따라> 몸을 귀하게 여기는 사람에게는 천하를 맡길 수 있다. 몸을 사랑하는 사람에게는 천하를 부탁할 수 있다.

[어구 설명] [1] 寵辱若驚 貴大患若身 :

○寵辱若驚(총욕약경) : <남이> 나를 사랑하거나 모욕하거나 <다같이> 놀라고 경계해야 한다.「약(若)은 즉(則)의 뜻이다.」

<* 하상공(河上公)은 말했다.「남이 나를 총애(寵愛)해도 놀라야 한다. 남이 나를 모욕(侮辱)해도 놀라야 한다.(身寵亦驚

身辱亦驚)」>

<* 왕필(王弼)은 말했다. 「총(寵)에도 반드시 욕(辱)이 있고, 영(榮)에도 반드시 환(患)이 있다. 총욕은 같으며 영환도 같다.(寵必有辱 榮必有患 寵辱等 榮患同也)」>

○貴大患若身(귀대환약신) : <남의 총욕(寵辱)에 따르는> 큰 환난을 중시하고 <경계하면> 몸을 잘 지키고 잘 살 수 있다. 「귀(貴)는 중(重)의 뜻으로 푼다.」

<* 다른 설도 있다. 「몸을 소중하게 여기고 아끼듯이 남의 총(寵)이나 욕(辱)을 크게 걱정해야 한다.」>

<* 총체적인 뜻은 다음과 같다. 사람은 몸으로 산다. 고로 몸을 소중히 여겨야 한다. 세속적 총욕(寵辱), 명리(名利), 지위(地位) 등 때문에 자신을 욕되게 하지 말아야 한다. 도를 모르는 속인은 임금에게 사랑을 받으면 좋아하고, 반대로 욕을 먹으면 실망한다. 그러한 미망(迷妄)을 초월해야 한다.>

[어구 설명] [2] 何謂寵辱若驚 寵爲下 得之若驚 失之若驚 是謂寵辱若驚 :

○何謂寵辱若驚(하위총욕약경) : 어째서 「총욕약경(寵辱若驚)」이라고 하는가. 「총욕약경」이란 무슨 뜻인가.

○寵爲下(총위하) : 사랑을 받는 것은 하천한 일이다. <속세에서는 사랑을 받으면 좋아한다. 그러나 도를 터득한 견지에서는 하천한 일로 친다. 그것이 바로 굴욕으로 이어진다.>

<*「총위상 욕위하(寵爲上 辱爲下)」로 쓴 판본도 있다.>
ㅇ得之若驚(득지약경) : <속세에서는> 총(寵)이나 욕(辱)이나 얻는 것을 놀라야 한다.
ㅇ失之若驚(실지약경) : 총(寵)이나 욕(辱)이나 잃어도 놀랍게 여겨야 한다.
ㅇ是謂寵辱若驚(시위총욕약경) : 이를 총욕(寵辱)을 놀란다고 하는 것이다.
<*「임금에게 무술이 뛰어났다고 칭찬을 받은 사람은 반드시 싸움터에서 죽게 마련이다.」 그러므로 경계해야 한다.>

[어구 설명] [3] 何謂貴大患若身 吾所以有大患者 爲吾有身 及吾無身 吾有何患 :

ㅇ何謂貴大患若身(하위귀대환약신) : 「내 몸같이 크게 걱정하라」는 뜻은 무슨 말인가. 혹은 「어째서, 왜 그렇게 말하나.」
ㅇ吾所以有大患者 爲吾有身(오소이유대환자 위오유신) : 내가 크게 걱정하는 까닭은 나의 몸이 있기 때문이다.
ㅇ及吾無身 吾有何患(급오무신 오유하환) : 만약 나의 몸이 없다면 내가 왜 걱정을 하나.

[어구 설명] [4] 故貴以身爲天下 若可寄天下 愛以身爲天下 若可託天下 :

ㅇ故貴以身爲天下 若可寄天下(고귀이신위천하 약가기천

하) : 고로 몸을 귀중히 여기는 태도로 천하를 다스리는 사람이 있으면, 그에게 천하를 맡겨도 좋다. 「약(若)은 즉(則)이다.」

○愛以身爲天下 若可託天下(애이신위천하 약가탁천하) : 몸을 사랑하듯이 천하를 사랑하고 다스리는 사람이 있으면, 천하를 다스리게 할 수 있다.

<* 학자에 따라 풀이나 설이 다르기도 하다.>

[현대적 해석] 제 13 장

[1] 남이나 임금으로부터 총애(寵愛)를 받거나 모욕(侮辱)을 받으면 크게 놀라고 경계해야 한다. <뒤에 따르> 큰 환난을 중시하고 경계하면 나의 몸이 온전하게 될 것이다.

[2] 「어째서 왜, 총애나 모욕에 놀라고 경계해야 하며, 또 그 말의 뜻은 무엇인가?」 <바로 다음 같은 뜻으로 말한 것이다.> 「총애는 하천한 것이므로 총애를 받으면 놀라야 한다. <반대로 총애를> 잃어도 놀라야 한다. 그렇게 하는 것이 곧 총애나 모욕에 놀라고 경계해야 한다는 뜻이다.」

[3] 「어째서 왜, 큰 환난을 중시하고 경계하고, 또 나의 몸을 소중히 해야 하는가. 또 그 말의 뜻은 무슨 뜻일까.」

<바로 다음 같은 뜻이다.> 나에게 큰 환난이 있을 이유는 나에게 몸이 있기 때문이다. 나의 몸이 없다면 무슨 환난이 있겠느냐. <* 속세의 위정자가 나를 칭찬한 것은 곧 나의 몸을 쓰려고 한 것이다.>

[4] 그런 고로 <도를 따라> 몸을 귀하게 여기는 사람에게는 천하를 맡길 수도 있다. 또 몸을 사랑하는 사람에게는 천하를 부탁할 수도 있다.

참고 보충 설명 | 총욕(寵辱)과 대환(大患)

(1) 사람은 몸을 가지고 산다. 그러므로 몸을 스스로 아껴야 한다.

(2) 그러나 도를 모르고 세속적 명예(名譽), 지위(地位) 및 부귀(富貴) 등만을 아는 사람은 임금에게 총애(寵愛)를 받으면 좋아하고, 반대로 모욕(侮辱)을 받으면 실망한다.

(3) 그러나 사람의 삶은 그와 같은 정치적·외형적 권력이나 형식과는 무관하다.

(4) 인간의 본연의 삶은 신체를 바탕으로 한 것이다. 그래서 몸을 아끼라고 한 것이다. 즉 귀신(貴身)을 해야 한다. 노자는 앞에서 「배를 실하게 채우라고 했다.」

(5) 그러나 도를 모르는 속인들은 세속적인 명리(名利)를 위해 자기 몸을 파는 경우가 많다. 극단적인 예를 들어 말하겠다.

칼싸움을 잘하고 임금으로부터 칭찬을 받으면 결국은 싸움터에 나가 남을 죽이거나 아니면 자신이 죽어야 한다. 이러한 일은 몸과 삶을 귀중하게 여기는 태도가 아니다.

(6) 오늘의 많은 사람들은 돈이나 쾌락만을 알고 정신적 삶이나 건전한 신체적 삶을 소홀히 한다. 그래서 술 마시고 놀거나 사기도박을 하다가 범죄를 저지르고 감옥에 간다. 그래서 결과적으로는 육체적 삶도 잘살지 못한다.

(7) 노자가 말하는 도를 따르는 바른 정치는 사람을 저마다 온전하게 잘살게 해주는 정치다. 그러므로 노자는 「자기 몸을 귀중히 여기고 사랑하는 태도로 천하를 다스리는 자에게 천하를 맡길 수 있다」고 말한 것이다.

(8) 세속적 악독한 임금이나 통치자는 도를 모른다. 오직 욕심만을 바탕으로 남을 악덕하게 이용하고 돈과 힘을 확대하고자 한다. 그들이 말하는 애국 충성은 악덕한 수작이다.

(9) 노자의 말은 이러한 수작에 넘어가지 말라는 경고다. 모든 사람은 무위자연의 도를 따라 태어나 산다. 그러므로 도를 따라 잘살게 하는 것이 바른 정치이다.

제 14 장

[1] 視之不見 名曰夷 聽之不聞 名曰希 搏之不得 名曰微 此三者 不可致詰 故混而爲一.

시지불견(이) 명왈이(라) 청지불문(이) 명왈희(라) 박지부득(이) 명왈미(라) 차삼자(이) 불가치힐(이라) 고(로) 혼이위일(이니라)

눈으로 보아도 보이지 않으므로 이(夷)라 하고, 귀로 들어도 들을 수 없으므로 희(希)라 하고, 손으로 쳐도 칠 수가 없으므로 미(微)라 한다. <우주의 본체인 도는> 이들 셋으로는 구명할 수 없다. 고로 혼돈한 하나인 것이다.

[2] 其上不皦 其下不昧 繩繩不可名 復歸於無物 是謂無狀之狀 無物之象 是謂惚恍.

기상불교(이오) 기하불매(이오) 승승불가명(이며) 복귀어무물(이니라) 시위무상지상(이며) 무물지상(이라) 시위홀황(이니라)

<우주의 본체인 도는> 위에서도 밝게 나타나지 않는다. 아래에서도 어둡지 않다. 한없이 이어지고 펼쳐지고 작용하거늘 무어라 말할 수가 없다. 그러나 <만물을> 다시

무의 상태로 복귀한다. 그러므로 <우주의 본체인 도를> 형상(形狀) 없는 형상이라 하고, 또 물체 없는 형상(形象)이라고 한다. 즉 황홀한 것이라 하겠다.

[3] 迎之不見其首 隨之不見其後.

영지불견기수(하고) 수지불견기후(니라)

<우주의 본체인 도는> 앞에서 마주보아도 머리나 시작을 볼 수가 없다. 뒤쫓아가면서 보아도 꼬리나 끝을 볼 수가 없다.

[4] 執古之道 以御今之有 能知古始 是謂道紀.

집고지도(하고) 이어금지유(하고) 능지고시(이니라) 시위도기(이니라)

<우주의 본체인 도는> 옛날부터 있는 <현상계의> 모든 도리를 꽉 잡아 쥐고, 또 오늘의 세계를 주재하고 지배하고 있다. <아울러> 태초의 시작을 알 수 있다. 그러므로 <유형 무형의 모든> 도리의 근본이라고 한다.

[어구 설명] [1] 視之不見 名曰夷 聽之不聞 名曰希 搏之不得 名曰微 此三者不可致詰 故混而爲一 :

○視之不見 名曰夷(시지불견 명왈이) : 눈으로 보아도 볼 수가 없다. 그래서 이(夷)라 한다. 「이(夷)는 무색(無色)이다.」

즉 색도 없고 형체와 형상도 없다는 뜻을 겸했다.

○聽之不聞 名曰希(청지불문 명왈희) : 귀로 들어도 안 들린다. 그래서 희(希)라 한다. 「희(希)는 무성(無聲)이다.」 즉 소리도 없고 형체나 형상도 없다는 뜻을 겸했다.

○搏之不得 名曰微(박지부득 명왈미) : 손으로 쳐도[搏 : 박] 아무것도 닿는 것이 없다. 그래서 미(微)라 한다. 「미(微)는 만질 수도 없다.」 즉 형체와 형상도 없다는 뜻을 겸했다. <* 하상공(河上公)은 말했다. 「빛이 없음을 이(夷)라 하고, 소리 없음을 희(希)라 하고, 형체 없음을 미(微)라 한다.」 즉 감각을 초월한 것이다.>

○此三者 不可致詰(차삼자 불가치힐) : 이들 셋은 구명(究明)할 수가 없다. 「치힐(致詰)은 궁구하여 밝힌다. 추궁(追窮)한다는 뜻이다.」 즉 감각적으로는 추궁하고 알 수가 없다.

○故混而爲一(고혼이위일) : 고로 <본체의 도는> 이들 셋을 혼합한 하나의 존재다. 즉 무색(無色)·무성(無聲)·무형(無形)의 혼연일체(渾然一體)다.

[어구 설명] [2] 其上不皦 其下不昧 繩繩不可名 復歸於無物 是謂無狀之狀 無物之象 是謂惚恍 :

○其上不皦(기상불교) : 그 위도 밝지 않다. 「교(皦)는 빛나다.」 <* 본체는 유현(幽玄)하다. 찬란하게 빛나지 않는다. 즉 감각을 초월했다는 뜻이다.>

○其下不昧(기하불매) :「매(昧)」는 어둡다. 아래는 어둡지 않다. <* 본체는 지상에서는 만물로 나타난다는 뜻이다.>

○繩繩(승승) : 끝없이 이어진다.

<* 본체는 유현심수(幽玄深邃)하다. 그러나 시간적으로는 영원하고, 공간적으로는 무한하게 작용을 한다.>

○不可名(불가명) : 말로 일컬을 수 없다.

○復歸於無物(복귀어무물) : <자연 만물은> 결국은 다시 무(無)에 돌아간다.「무물(無物)」은「무적(無的) 본체(本體)」,「복귀(復歸)는 다시 도(道)로 되돌아가다.」

○是謂(시위) : 그러므로「……라고」 말한다.

○無狀之狀(무상지상) : 형상(形狀)이 없는 본체(本體)에서 나타난 만물의 형상.

<* 본체는 사람의 감각적 인지(認知)를 초월한「무적(無的) 실체(實體)」다. 그래서「무상(無狀)」이라 했다.>

○無物之象(무물지상) : 앞의 「무물(無物)」은 「무적(無的) 본체(本體)」를 말한다. 위의「상(象)」은「실재하는 만물의 형상(形狀=形象)」을 말한다.

○是謂惚恍(시위홀황) : 그래서 그와 같은 현상을 황홀(恍惚)이라고 말한다.「惚(황홀할 홀), 恍(황홀할 황)」

<* 무(無)에서 유(有)의 만물이 나타난다. 그리고 만물이 다시 무로 돌아간다. 그래서 황홀이라고 한다.>

[어구 설명] [3] 迎之不見其首 隨之不見其後 [4] 執古之道 以御今之有 能知古始 是謂道紀 :

ㅇ迎之不見其首(영지불견기수) : 앞에서 마주보아도 머리를 볼 수 없다. 「영(迎)은 앞에서 마주본다.」

ㅇ隨之不見其後(수지불견기후) : 뒤따라가며 보아도 끝이 안 보인다.

<* 즉 무적(無的) 본체(本體)인 도(道)는 앞에서 보아도 머리나 시작을 볼 수 없고, 뒤에서 보아도 꼬리나 끝을 볼 수 없다. 공간적으로 앞뒤가 없고, 시간적으로 처음과 끝이 없다. 도는 우주와 더불어 무궁무진하다. 없으면서 만물을 낳는다.>

ㅇ執古之道 以御今之有(집고지도 이어금지유) : 「무적 본체」는 태고부터의 도(道)를 잡고 오늘에 있는 만물을 다스린다.

ㅇ能知古始 是謂道紀(능지고시 시위도기) : 능히 태고의 시작을 알 수 있다. 그래서 도기(道紀)라고 한다. 「고시(古始)」는 「태고 때의 만물의 시원(始源)」. 「도기」는 「도의 본질, 근본이란 뜻이다.」

[현대적 해석] 제 14 장

[1] 눈으로 보아도 보이지 않으므로 이(夷)라 하고, 귀로 들어도 들을 수 없으므로 희(希)라 하고, 손으로 쳐도 칠 수가 없으므로 미(微)라 한다. <우주의 본체인 도는> 이

들 셋으로는 구명할 수 없다. 고로 혼돈한 하나라 한다.

[2] <우주의 본체인 도는> 위에서도 밝게 나타나지 않는다. 아래에서도 어둡지 않다. 한없이 이어지고 펼쳐지고 작용하거늘 무어라 말할 수가 없다. 그러나 <만물은> 다시 무의 상태로 복귀한다. 그러므로 <우주의 본체인 도를> 형상(形狀) 없는 형상이라 하고, 또 물체 없는 형상(形象)이라고 한다. 즉 황홀한 것이라 하겠다.

[3] <우주의 본체인 도는> 앞에서 마주보아도 머리나 시작을 볼 수가 없다. 뒤쫓아가면서 보아도 꼬리나 끝을 볼 수가 없다.

[4] <우주의 본체인 도는> 옛날부터 있는 <현상계의> 모든 도리를 꽉 잡아 쥐고, 또 오늘의 세계를 주재하고 지배하고 있다. <아울러> 태초의 시작을 알 수 있다. 그러므로 <유형 무형의 모든> 도리의 근본이라고 한다.

참고 보충 설명 | 무적(無的) 도(道)

(1) 우주 천지 자연 만물을 낳고 끝없이 생육화성(生育化成)하는 본체(本體)인 도(道)를 설명했다. <* 노자가 「무적(無的)・절대적(絶對的) 도」로 한 사상은 기독교에서 하나님, 유교에서 천(天), 혹은 천도(天道)라고 한 것과 상통한다.>

(2) 「무적・절대적 도」이기 때문에 눈으로 보아도 보이지 않

으므로 이(夷)라 하고, 귀로 들어도 들을 수 없으므로 희(希)라 하고, 손으로 만져도 만질 수가 없으므로 미(微)라 했다.

(3) 「무적 · 절대적 도」는 인간적 · 감각적 인식(認識)을 초월한 것이다. 그러면서 천지만물과 하나가 된 것이다. 그래서 「혼이위일(混而爲一)」이라고 했다. 「무적 · 절대적 도」는 천지 자연 만물을 낳고 자라게 한다. 뿐만 아니다. 끝없이 이어지게 한다. 그래서 「생생불식(生生不息)」한다.

(4) 그러나 만물을 다시 무의 상태로 되돌아가게 한다. 이를 「복귀어무물(復歸於無物)」이라 했다. 「무적 · 절대적 도」는 옛날부터 모든 도리 및 진리를 총괄하고 오늘의 현상세계도 주재하고 있다.

(5) 뿐만 아니다. 도는 우주의 근원을 알고 있을 것이다. 그래서 모든 도리의 근본[道紀]이라고 한 것이다.

<* 기독교에서는 죽어도 죽지 않고, 영생(永生)한다, 또 생전에 하나님을 잘 믿으면 죽은 다음에 천당에서 하나님과 더불어 안락하게 산다고 가르친다. 불교는 윤회사상(輪廻思想)이 있다. 그러나 노자는 무(無)에서 무로 돌아간다고 했다.>

제 15 장

[1] 古之善爲道者 微妙玄通 深不可識 夫唯不可識 故强爲之容.

고지선위도자(이) 미묘현통(이나) 심불가식(이니라) 부유불가식(이라) 고(로) 강위지용(이니라)

옛날의 도를 잘 터득한 사람은 미묘하고 그윽한 경지에서 <자연 만물과> 통했다. <그러나> 그의 심오한 경지를 알 수가 없다. 고로 억지로 다음같이 형용해서 말한다.

[2] 豫兮若冬涉川 猶兮若畏四鄰 儼兮其若客 渙兮若冰之凌釋 敦兮其若樸 曠兮其若谷 混兮其若濁.

예혜약동섭천(이오) 유혜약외사린(이오) 엄혜기약객(이오) 환혜약빙지릉석(이오) 돈혜기약박(이오) 광혜기약곡(이오) 혼혜기약탁(이니라)

신중히 망설이는 품은 흡사 겨울 강을 건너가는 듯하다. 근신하고 경계하는 품은 흡사 사방에서 엿보는 듯하다. 엄숙하고 장중한 몸가짐은 마치 자신이 빈객이나 된 듯하다. 흐트러져 어울리는 품은 마치 봄에 얼음이 녹는 듯하다. 돈후하고 순박한 품은 마치 조탁하지 않은 원목과 같다. 넓게 트이고 허정한 품은 깊은 산골짜기 같다. 혼연하고 한결같은 품은 마치 혼탁한 물과 같다.

[3] 澹兮其若海 飂兮若無止.

담혜기약해(이오) 요혜약무지(이니라)

염담하고 조용한 품은 깊은 바다 같고, 표일하고 자유로운 품은 막히는 데가 없는 듯하다.

[4] 孰能濁以靜之徐淸 孰能安以動之徐生.

숙능탁이정지서청(하며) 숙능안이동지서생(하리오)

누가 능히 혼탁하고 동탕(動蕩)하는 것을 조용히 멈추고 맑게 할 수 있으랴. 누가 능히 안정되고 허정한 것을 생동시켜서 점차로 살아나게 할 수 있으랴.

[5] 保此道者 不欲盈 夫唯不盈 故能蔽而新成.

보차도자(이) 불욕영(이라) 부유불영(이라) 고(로) 능폐이 신성(이니라)

무위자연의 도를 몸에 간직하고 있는 자는 보름달같이 스스로 차고자 하지 않음과 같다. 허기는 스스로 차고자 하지 않으므로 능히 낡은 것을 버리고 새롭게 이루어질 수 있다.

[어구 설명] [1] 古之善爲道者 微妙玄通 深不可識 夫唯不可識 故强爲之容 :

ㅇ善爲道者(선위도자) : 도를 잘 터득한 훌륭한 사람. 「도(道)」를 「사(士)」로 쓴 판본도 있다.

ㅇ微妙玄通(미묘현통) : 미묘하고 그윽하게 통한다. 이러한 경지는 제48장에서 말한 「무위이 무불위(無爲而 無不爲)」와 같다.

ㅇ深不可識(심불가식) : 그의 심오한 경지를 알 수가 없다.

ㅇ夫唯不可識(부유불가식) : 허나 자세히 알 수가 없다.

ㅇ强爲之容(강위지용) : 억지로 다음같이 형용한다.

[어구 설명] [2] 豫兮若冬涉川 猶兮若畏四鄰 儼兮其若客 渙兮若冰之凌釋 敦兮其若樸 曠兮其若谷 混兮其若濁 :

ㅇ豫兮 若冬涉川(예혜 약동섭천) : 신중하고 조심성 있기가 흡사 겨울에 강을 건너가는 듯하다.

<* 예(豫)는 짐승의 이름이다. 여기서는 「<그 동물처럼> 조심성 있다는 뜻으로 쓰였다.」 * 시경(詩經 : 小旻)에 있다. 「전전긍긍, 깊은 못에 임하듯, 박빙을 밟듯(戰戰兢兢 如臨深淵 如履薄氷)」>

ㅇ猶兮 若畏四鄰(유혜 약외사린) : 경계심을 품고 함부로 나

서지 않는 품이 흡사 사방을 두려워하는 듯하다. 즉 함부로 망동(妄動)하지 않는다.

<* 유(猶)도 원래는 짐승의 이름. 여기서는 경계하고 함부로 나서지 않는 품의 뜻으로 쓰였다.>

○儼兮 其若客(엄혜 기약객) : 근엄하고 단정한 품이 마치 정장(正裝)한 빈객(賓客)이 된 듯하다.

<* 객(客)을 용(容)으로 쓴 책도 있다. 객(客)이라야 운(韻)이 맞는다. 용(容)으로 쓰고, 넓게 포용한다는 뜻으로 풀 수도 있다.>

○渙兮 若冰之凌釋(환혜 약빙지릉석) : 부드럽게 잘 풀어지는 품이 마치 얼음이 봄에 녹는 듯하다.

<* 능석(凌釋)을 「장석(將釋)」으로 쓴 판본도 있다. *「환(渙)은 잘 풀어지고, 또 융화(融和)한다는 뜻이다.」>

○敦兮 其若樸(돈혜 기약박) : 돈후하고 독실한 품이 마치 원목(原木)의 소박(素朴)함과 같다.

<* 박(樸)은 산에서 자른 원목이다. 가공하지 않은 원목.>

○曠兮 其若谷(광혜 기약곡) : 넓게 트이고 허정한 품이 깊은 골짜기 같다.

<* 도를 터득한 사람이 공허한 마음으로 겸하(謙下)하고, 또 퇴장(退藏)한다.>

○混兮 其若濁(혼혜 기약탁) : 흐린 품이 마치 혼탁한 물 같

다. 곧 혼연일체(渾然一體)를 이룬 품이 마치 혼탁한 물 같다. <* 도(道)는 있는 듯 없는 듯, 흐리멍덩하게 어디에나 엉키어 있다. 유별나게 시비선악을 면도날로 자르듯 가리지 않는다. 따라서 도를 터득한 사람도 현상계나 모든 사람과 혼연일체가 되어 혼돈하게 엉키어든다. 각별나게 초연한 자세를 취하지 않는다.>

[어구 설명] [3] 澹兮其若海 飂兮若無止 :

○澹兮 其若海(담혜 기약해) : 깊고 조용한 품이 바다 같다.

○飂兮 若無止(요혜 약무지) : 높은 바람이 끝없이 분다.

<* 담(澹)은 염정(恬靜)하고 깊다는 뜻이다. *「飂(높이 부는 바람 료)」> <* 왕필(王弼)은 말했다. 「얽매이는 바가 없다.(無所繫縶)」> < *「澹兮其若海 飂兮若無止」 두 구절은 제20장에 있다. 이를 삭제한 판본도 있다. 그러나 엄영봉(嚴靈峯)은 여기 있어야 한다고 말했다.>

[어구 설명] [4] 孰能濁以靜之徐淸 孰能安以動之徐生 :

○孰能濁以靜之徐淸(숙능탁이정지서청) : 누가 혼탁하고 동탕(動蕩)하는 것을 조용히 안정시키고 점차로 맑게 할 수 있으랴? 그렇게 할 수 있는 사람은 도를 터득한 사람이다.

○孰能安以動之徐生(숙능안이동지서생) : 누가 능히 조용히 안정된 것을 활동시켜 서서히 살아나게 할 수가 있으랴.

<* 하상공(河上公)이나 왕필(王弼) 본에는 「孰能安以久動之徐生」이라고 「구(久)」자가 있다.>

[어구 설명] [5] 保此道者 不欲盈 夫唯不盈 故能蔽而新成 :

ㅇ保此道者 不欲盈(보차도자 불욕영) : 도를 간직한 사람은 차기를 원치 않는다. 즉 자만(自滿)을 구하지 않는다.

ㅇ夫唯不盈 故能蔽而新成(부유불영 고능폐이신성) : 허기는 오직 차고자 하지 않으므로 능히 낡고 떨어진 것을 다시 새롭게 할 수 있다.

<* 왕필(王弼) 본에는 「폐불신성(蔽不新成)」이라고 했다. 「이(而)」가 옳다. 「폐(蔽)」는 「폐(敝)」가 옳다.>

[현대적 해석] 제 15 장

[1] 옛날의 도를 터득한 사람은 미묘하고 통달했으며, 그의 심오한 경지를 잘 알 수가 없다. 잘 알 수가 없으므로 억지로 다음같이 형용한다.

[2] 신중하게 망설이는 품은 마치 겨울에 강을 건너듯하고, 근신하고 경계하는 품은 마치 사방에서 엿보는 듯하고, 엄숙하고 정중한 몸가짐은 마치 자신이 빈객이나 된 듯하고, 흐트러져 어울리는 품은 마치 봄에 얼음이 녹아 풀어지는 듯하고, 돈후하고 순박한 품은 마치 조탁하지

않은 원목 같고, 넓게 트이고 허정한 품은 마치 깊은 산골짜기 같고, 혼연하고 한결같은 품은 마치 혼탁한 물 같다.

[3] 염담하고 조용한 품은 깊은 바다 같고, 표일하고 자유로운 품은 막히는 데가 없는 듯하다.

[4] 누가 능히 혼탁하고 동탕(動蕩)하는 것을 조용히 멈추어 점차로 맑게 할 수가 있으랴. 누가 능히 안정되고 허정한 것을 생동시켜서 점차로 살아나게 할 수가 있으랴.

[5] 무위자연의 도를 몸에 간직하고 있는 자는 보름달같이 스스로 차고자 하지 않음과 같다. 오직 스스로 차고자 하지 않으므로 능히 낡은 것을 버리고 새롭게 이루어질 수가 있다.

참고 보충 설명 | 도를 터득한 사람의 태도

(1) 도를 터득한 사람은 장자(莊子)나 회남자(淮南子)가 말한 진인(眞人)과 비슷하다. 그의 미묘현통(微妙玄通)한 경지를 여러 가지로 표현했다.

(2) 도를 터득한 사람은 속인들이 쉽게 알고, 또 말로 표현할 수 없다. 그래서 여러 가지로 표현한 것이다. 도를 터득한 사람은 현상세계에 살면서 현상세계를 초월하고 있다. 그는 도와 더불어 「무위이 무불위(無爲而 無不爲)」라 하겠다.

(3) 그러나 속인들은 형기(形氣)가 때 묻어 더럽고, 이욕(利

欲)에 심지(心志)가 엉키어 꽉 막혔다. 장자가 말했다. 「기욕이 깊은 사람은 천기가 얕다.(嗜欲深者天機淺)」

(4) 마지막으로 말했다. 「누가 능히 혼탁한 것을 안정시켜 맑게 할 수가 있을 것이며, 누가 능히 조용히 안정된 것을 활동시켜 서서히 살아나게 할 수가 있으랴.」

(5) 도를 터득한 사람은 혼란과 난동을 허정(虛靜)과 청정(淸靜)하게 한다. 아울러 만물에게 유동적(流動的) 생명을 부여해준다.

(6) 이런 경지는 바로 만물을 소리없이 「생육화성하는 자연과 일치한다.」 노자의 이상은 자연과 혼연일체가 되는 것이다. 따라서 그는 스스로 차고자 하지 않으면서 만물을 이루게 한다.

(7) 노자는 「옛날의 도를 터득한 사람은 미묘하고 통달했다.(古之爲善道者 微妙玄通)」라고 했다. 제1장에 있는 「현지우현 중묘지문(玄之又玄 衆妙之門)」이라 함과 같다.

제 16 장

[1] 致虛極 守靜篤.

치허(이) 극(이오) 수정(이) 독(이라)

허(虛)를 이름이 극에 이르고, 정(靜)을 지킴이 독실하다.

[2] 萬物並作 吾以觀復.

만물(이) 병작(이나) 오이관복(이니라)

만물이 다같이 생육화성(生育化成)하지만 <도를 터득한> 나는 만물이 근원에 되돌아감을 볼 수가 있다.

[3] 夫物芸芸 各復歸其根 歸根曰靜 靜曰復命 復命曰常 知常曰明 不知常 妄作凶.

부물(이) 운운(이나) 각복귀기근(이니라) 귀근왈정(이오) 정왈복명(이오) 복명왈상(이오) 지상왈명(이오) 부지상(이면) 망작흉(이니라)

만물이 무성하게 자라고 있으나 결국은 다 근원으로 되돌아간다. 근원으로 돌아가는 것을 정(靜)이라 하고, 정을 복명(復命)이라 하고, 복명을 상(常)이라 한다. 상을 아는 것을 명(明)이라고 한다. 상을 모르면 망발되게 흉악한 짓을 하게 된다.

[4] 知常容 容乃公 公乃全 全乃天 天乃道 道乃久 沒身不殆.

지(이) 상용(이오) 용(이) 내공(이오) 공(이) 내전(이오) 전(이) 내천(이오) 천(이) 내도(이라) 도(이) 내구(이면) 몰신불태(이니라)

영구불멸의 도를 알고 실천하면 관대하게 포용한다. 관대 포용하면 공평무사하게 된다. 공평무사하면 완전하다. 완전하니깐 하늘이라 한다. 하늘이 곧 도이다. 도이므로 영구하고 죽을 때까지 위태롭지 않을 것이다.

[어구 설명] [1] 致虛極 守靜篤 [2] 萬物並作 吾以觀復 :

○致虛極 守靜篤(치허극 수정독) : 치허(致虛)를 극해야 수정(守靜)을 돈독히 한다.

<* 치허극(致虛極)은 마음을 공허하게 하는 단계가 극에 달하다. 즉 지극하게 마음을 공허하게 한다는 뜻이다.>

<* 수정독(守靜篤)은 허정(虛靜)을 돈독하게 지킨다는 뜻이다. 즉 마음속의 욕심을 버리고 허정을 독실하게 지킨다.>

<* 사람의 마음은 허정(虛靜)해야 한다. 그러나 속세와 물질에 요동(擾動)되게 마련이다. 즉 세속적 명리(名利)나 욕구(欲求)에 마음이 흔들리고 눈이 가려, 허정한 도를 따르지 못

하게 된다. 단 수양과 공부를 하면 다시 허정한 본심을 되찾을 수가 있다.>

<* 범응원(范應元)은 말했다. 「마음을 비우고 허정을 지키는 것은 세상을 버리고 사람으로부터 떨어지라는 뜻이 아니다. 만물 속에 살아도 나의 본심을 흩트리지 않는 것을 참다운 허(虛)의 극, 또는 정(靜)의 독이라 한다.(致虛守靜 非謂絶物離人也 萬物無足以撓吾本心者 此眞所謂虛極 靜篤也)」>

○萬物並作 吾以觀復(만물병작 오이관복) : 만물과 어울리고 함께 작동을 해도 <나도 만물도 다같이 본체인 무적 도로> 복귀(復歸)한다는 것을 바르게 보고 알아야 한다.

<* 복귀(復歸)는 죽어 없어진다는 뜻이 아니다. 생생불이(生生不已)한다는 뜻이다.>

<* 허(虛)는 유(有)의 근본이고 정(靜)은 동(動)의 뿌리다. 모든 유는 허에서 나오고, 모든 동은 정에서 나온다. 그러나 다시 허정으로 되돌아간다. 이것이 우주의 본체적 도리다.>

[어구 설명] [3] 夫物芸芸 各復歸其根 歸根曰靜 靜曰復命 復命曰常 知常曰明 不知常 妄作凶 :

○夫物芸芸(부물운운) : 모든 만물은 <초목같이> 자라고 우거진다.

<*운운(芸芸)은 식물이 자라고 우거진다는 뜻이다.>

○各復歸其根(각복귀기근) : 모든 것이 저마다 자기 뿌리로

되돌아간다. 즉 본원(本源)인 무와 허로 되돌아간다.

<* 범응원(范應元)은 말했다. 「뿌리로 되돌아감은 곧 본심으로 되돌아가 허정을 알고, 또 행함이다.(歸根者 反本心 知虛靜也)」>

○歸根曰靜(귀근왈정) : 뿌리로 돌아감을 정(靜)이라 한다.

○靜曰復命(정왈복명) : 마음을 허정(虛靜)하게 하는 것을 복명(復命)이라 한다.

<*「복명(復命)은 본성(本性)에 복귀한다.」*「명(命)은 하늘이 준 것, 본성(本性), 천명, 생명(生命) 등의 뜻을 다 포함한다.」 그러나 여기서는 본성이나 도(道)의 뜻이 강하다.>

○復命曰常(복명왈상) : 명(命)으로 되돌아가는 것을 상(常)이라 한다.

<* 상(常)은 상도(常道), 영구불변(永久不變)하는 본체적 도(道)이다.>

○知常曰明(지상왈명) : 지상(知常)을 명(明)이라 한다.

○不知常 妄作凶(부지상 망작흉) : 상(常)을 알지 못하면, 망발되게 흉악한 짓을 저지른다. 혹은 도를 밝게 모르면 함부로 행동하여 결국은 흉화(凶禍)를 초래한다.

[어구 설명] [4] 知常容 容乃公 公乃全 全乃天 天乃道 道乃久 沒身不殆 :

○知常容 容乃公(지상용 용내공) : 상도를 알면 모든 것을 포용하게 된다. 관대하게 포용하면 곧 공평무사(公平無私)하게 된다.

○公乃全 全乃天(공내전 전내천) : 공평무사하면, 완전하다. 완전하고, 또 전체에 통하므로 바로 하늘이다.

<* 전(全)은 완전무결. 전체에 통한다는 뜻을 겸했다.>

○天乃道 道乃久 沒身不殆(천내도 도내구 몰신불태) : 하늘은 곧 도이다. 도이므로 오래 간다. 죽을 때까지 위태롭지 않다.

[현대적 해석] 제 16 장

[1] 마음의 허정을 지극하게 하고, 또 마음의 허정을 지킴을 독실하게 해야 한다.

[2] 만물이 다같이 생육화성(生育化成)하지만 나는 만물이 근원에 되돌아감을 본다.

[3] 만물이 무성하게 자라고 있으나, 저마다 뿌리로 되돌아간다. 뿌리로 돌아가는 것을 정(靜)이라 한다. 정을 복명(復命)이라 한다. 복명이 곧 상(常)이다. 상을 아는 것을 명(明)이라고 한다. 상을 모르면 허튼 짓을 저지르게 되고 흉악한 재화를 초래하게 된다.

[4] 상도(常道)를 알면 관대하게 포용한다. 관대하게 포용

하면 공평하다. 공평하면 완전하다. 완전하면 곧 하늘이다. 하늘이면 곧 도이다. 도는 영구하다. <그러므로> 죽을 때까지 위태롭지 않을 것이다.

참고 보충 설명 | 치허수정(致虛守靜)

(1) 치허(致虛)와 수정(守靜)에 힘쓸 것을 말했다. 만물만상(萬物萬象)의 근원은 무위자연의 도이며, 도는 허하고 정하다. 따라서 사람들은 허정(虛靜)의 극치에 도달하고 허정의 경지를 돈독히 지켜야 한다. 그렇게 하면 종신토록 위태롭지 않고 도와 더불어 안락할 수 있다.

(2) 사람은 자기만을 고집하고, 또 욕심을 채우기 위해서 간교한 꾀를 부리거나 악덕한 무력을 함부로 쓴다. 그래서 심령이 흐리고 우주천지의 넓은 도리와 하나가 될 수 없다. 이를 노자는 「상도(常道)를 모르면 망발된 짓을 하고 재화를 초래한다.」고 말한 것이다.

(3) 치허(致虛)하고 수정(守靜)하면 도(道)에 돌아갈 수 있다. 이를 복명(復命), 또는 복귀(復歸)라고 했다. 노자의 복귀사상에 대하여 후쿠나카(福永) 교수의 설을 인용하겠다. 「노자의 복귀사상은 송학(宋學)의 복성설(復性說)과 밀접한 관계를 갖는다. 일반적으로 이러한 사상은 현상적인 낱개의 물체의 근원에 본체적(本體的)인 도의 영원불멸을 결부시키는 데 그 특색이 있다. 즉 모든 낱개의 물체는 그 자체로서는 유한하고

불완전하지만, 그 존재가 근원적으로 무한하고 완전한 도를 바탕으로 했고, 또 도와 연속적 관계에 있으므로 이들의 말(末)은 도라는 본(本)에 돌아감으로써 스스로의 유한성과 불완전성을 탈피할 수 있다고 생각한다.」

참고 보충 설명 | 노자의 복귀사상

(1) 복귀설의 특성을 두 가지 들겠다. 하나는 복귀를 인간의 내면성(內面性)에 맞추어 주체적 · 실천적으로 생각한다. 인간의 본심은 청정원만(淸靜圓滿)한 것이다. 그러나 후천적인 욕망이나 지식에 의해서 교란(攪亂)된다. 따라서 인지(人知) · 인욕(人欲)을 버리고 본성으로 돌아가라는 설이다. 당(唐)나라 이고(李翶)나 송학의 복성설(復性說) 등이다. 중국의 불교나 도교의 수양론(修養論)도 기본적으로는 이런 입장이다.

(2) 다른 하나는 태고(太古)로 돌아가라는 설이다. <즉 현세를 타락하고 불완전하다고 본다.> 복고(復古), 또는 상고(尙古) 사상은 곧 요순우탕(堯舜禹湯) 같은 옛날의 성인의 도로 복귀하라는 유가사상이다.

(3) 노자의 복귀사상은 이들 두 가지를 원형적으로 제시해주고 있으므로 중요한 뜻을 지녔다고 하겠다.

제 17 장

[1] 太上 不知有之 其次 親而譽之 其次 畏之 其次 侮之.

태상(이) 부지유지(이오) 기차(이) 친이예지(이오) 기차(이) 외지(이오) 기차(이) 모지(이니라)

최상의 다스림은 <무치(無治)의 경지로> 백성들은 알지 못한다. 다음 단계의 다스림은 <덕치(德治)의 경지로> 백성들이 친근감을 느끼고 좋아한다. 그 다음 단계의 다스림은 <법치(法治)의 경지로> 백성들이 겁을 내고 좇는다. 마지막 단계의 다스림은 <포학무도한 학정이며> 백성들이 욕을 한다.

[2] 信不足焉 有不信焉.

신부족언(이면) 유불신언(이니라)

성실하지 못하면 백성들로부터 신임을 받지 못한다.

[3] 悠兮其貴言 功成事遂 百姓皆謂 我自然.

유혜 기귀언 공성사수(이) 백성개위(이) 아자연(이니라)

성인은 유한자적(悠閑自適)하고 말을 귀히 여기고 <함부

로 호령을 내리지 않는다. 그러면서> 공을 이루고 일들을 이룬다. <그러나> 백성들은 저마다 자기가 스스로 잘사는 것이라고 생각한다.

[어구 설명] [1] 太上 不知有之 其次 親而譽之 其次 畏之 其次 侮之 :

○太上 不知有之(태상 부지유지) : 가장 높은 경지의 다스림은 <백성들이> 알거나 느끼지 못한다.

<* 태상(太上)은 최고선의 다스림이라는 뜻이다.>

<* 왕필(王弼)은 말했다. 「태상은 대인(大人)의 뜻이다. 대인이 위에 있으므로 태상이라 한다.(太上 謂大人也 大人在上 故曰太上)」> <* 대인은 노자가 이상으로 높이는 성군(聖君)이다. * 좌전(左傳) 양공(襄公) 24년에 다음같이 있다. 「태상유립덕(太上有立德) 기차유립공(其次有立功) 기차유립언(其次有立言)」 * 입덕(立德)은 곧 황제(黃帝) · 요(堯) · 순(舜)같이 함을 말한다.>

○不知有之(부지유지) : 있는지도 모른다. 성인이 자리에 올라서 무위이치(無爲而治)하고 행불언지교(行不言之教)하기 때문에 백성들은 임금의 존재를 모른다.

<* 「불(不)」을 「하(下)」로 쓴 판본도 있다. 「부지유지(不知有之)」라야 잘 통한다.>

○其次 親而譽之(기차 친이예지) : 다음 단계의 다스림은 백성들이 친근감을 느끼고 좋아한다. 즉 유가적(儒家的) 인정덕치(仁政德治)를 말한다.

○其次 畏之(기차 외지) : 다음 단계의 다스림은 곧 법치(法治)다. 백성들이 두려워하고 따르게 마련이다.

○其次 侮之(기차 모지) : 다음은 곧 포악무도한 다스림이다. 따라서 백성들로부터 욕을 먹게 마련이다.

[어구 설명] [2] 信不足焉 有不信焉 [3] 悠兮 其貴言 功成事遂 百姓皆謂 我自然 :

○信不足焉 有不信焉(신부족언 유불신언) : 위정자가 성실하지 못하므로 백성들도 믿지 않는다.

<* 신(信)의 깊은 뜻은 「실(實)과 진(進)」이다. 실(實)은 「실기복(實其腹)」의 실(實)이다. 진(進)은 「도를 따라 끝없이 나간다는 뜻이다.」>

○悠兮(유혜) : 유한(悠閑)하다. <* 「유(悠)」를 「유(猶)」로 쓴 판본도 많다.>

<* 유(猶)는 신중하다는 뜻이다. 그러나 여기서는 유(悠)가 적절하다. 즉 무위자연의 도를 따라 유한자적(悠閑自適)한다, 또는 망연자실(茫然自失)한다는 뜻으로 푼다.>

○貴言(귀언) : 말을 잊어버린다. 즉 위정자가 명령이나 교령

을 내리지 않는다.
<* 이때에는 귀(貴)를 유(遺)로 푼 것이다. 한편 귀(貴)를 희(希)의 뜻으로 잡고 말을 안한다로 풀어도 좋다. 혹은 말을 귀중히 여긴다. ⇒ 오징(吳澄)의 설>
<* 언(言)은 호령(號令), 법령(法令) 등이다. 이런 것을 번거롭게 내리지 않는 다스림이 성인의 치(治)다. 즉 도(道)를 따른 무위이치(無爲而治)다.>
○功成事遂(공성사수) : 공이나 일을 성취한다.
<*제2장에는 「공성이불거(功成而弗居)」, 제9장에는 「공성명수 신퇴 천지도(功成明遂 身退 天之道)」라고 했다.>
○我自然(아자연) : 나는 스스로 있다. 백성들이 위정자의 존재를 의식하거나 간섭 및 압박을 받지 않는 상태에서 자연과 더불어 생육화성(生育化成)한다. 따라서 그들은 「나는 오직 스스로 자연과 더불어 살고 있다고 느끼고, 또 그렇게 말한다.」
<*제57장에 있다. 「아무위이민자화(我無爲而民自化)」>

[현대적 해석] 제 17 장

[1] 최상의 다스림은 무위이치(無爲而治)의 경지다. 백성들은 알지 못한다. 다음 단계의 다스림은 덕치(德治)의 경지다. 그래서 백성들이 친근감을 느끼고 좋아한다. 그 다음 단계의 다스림은 법치(法治)의 단계다. 그래서 백성들이 겁을 내고 따른다. 마지막 단계의 악덕한 다스림은

포학무도한 학정이다. 그래서 백성들이 욕을 한다.

[2] 성실하지 못하면 백성들로부터 신임을 받지 못하고, 또 도를 따라 더욱 발전할 수도 없다.

[3] 성인은 유한자적(悠閑自適)하고 말을 귀히 여기고 <함부로 호령을 내리지 않는다. 그러면서> 공을 이루고 일을 이룬다. <그러나> 백성들은 저마다 자기가 스스로 잘사는 것이라고 생각한다.

참고 보충 설명 | 태상(太上)의 다스림

(1) 노자는 정치의 등급을 넷으로 나누었다. 「무치(無治), 덕치(德治), 법치(法治), 포학(暴虐)」 나누어 설명하겠다.

(2) 최고의 정치는 「무위이치(無爲而治)」다. 요순지치(堯舜之治)가 바로 최고의 다스림이다. 격양가(擊壤歌)에 있다. 「임금이 나와 무슨 상관이 있느냐 한다.」

(3) 다음이 「덕치(德治)」로 두 단계가 있다.

① 대동이상(大同理想)을 구현한 경지다. 공양학파(公羊學派)의 하휴(何休)가 말한 「거난세(據亂世), 승평세(升平世), 태평세(太平世)」의 마지막 단계다. 이러한 다스림은 도가나 유가가 다 높인다.

② 다음 단계가 백성들이 친근감을 느끼는 덕치다. 즉 유가에서 내세우는 인애(仁愛)를 바탕으로 한 덕치(德治)나

교화의 왕도덕치다. 이 경지에서는 임금은 불가불 말을 하고 백성을 교화하고 도덕이나 예악(禮樂)으로 바르게 다스려야 한다. 즉 덕으로써 백성을 인도하고, 예로써 고르게 다지고, 인애(仁愛)로써 백성을 다스리고, 인덕으로써 천하를 감화하고, 바른 길, 즉 의(義)로써 백성을 바로잡아 주어야 한다. 따라서 백성들은 이러한 왕자(王者)를 사랑하고, 또 그를 칭송하게 될 것이다.

(4) 다음 단계가 바로 법치(法治)다. 백성들에게 권위를 휘둘러 따르게 하는 정치다. 법치는 일종의 패도(覇道)의 다스림이다. 형벌이나 권모술책으로 백성을 부리는 정치다. 오늘날의 세계가 채택하고 있는 정치가 바로 이러한 것이다. 그러나 노자나 유가에서 볼 때 이것은 이상적이거나 좋은 정치가 아니다. 패도에 직결된다.

(5) 마지막이 가렴주구(苛斂誅求)하는 포학무도의 학정(虐政)이다. 걸(桀)이나 주(紂) 같은 폭군은 결국 백성들의 미움을 받고 하늘의 노여움을 받아 멸망하고 만다고 말했다.

(6) 심각한 위기(危機)에 직면한 오늘의 세계 정치는 어떠한가. 특히 강대국은 심령적(心靈的)으로 높은 도(道)를 절대로 모른다. 사자나 호랑이같이 남을 잡아먹는 것을 정치의 전부라고 착각하고 있다. 그래서 도덕정치란 말조차 하지 않는다. 오직 돈과 무력만을 내세우고 있다.

제 18 장

[1] 大道廢 有仁義 智慧出 有大僞.

대도폐(이) 유인의(이오) 지혜출(이) 유대위(니라)

대도(大道)가 없어진 다음에 인의(仁義)가 나타났다. 지혜가 나타난 다음에 큰 위계(僞計)가 있게 되었다.

[2] 六親不和 有孝慈 國家昏亂 有忠臣.

육친불화(이) 유효자(이오) 국가혼란(이) 유충신(이니라)

육친(六親)이 화목하지 않게 되자 효자(孝慈)를 내세웠다. 국가가 혼란하게 되자 충신이 있게 되었다.

[어구 설명] [1] 大道廢 有仁義 智慧出 有大僞 :

ㅇ大道廢(대도폐) : <우주의 본체(本體)인> 대도를 폐하다. <* 폐(廢)는 「사람들이 타락하고, 마음이 혼탁하게 되자, 대도(大道)를 폐기하고 따르지 않았다」는 뜻이다. * 대도는 무위자연(無爲自然)의 도다.>

<* 감산(憨山)은 다음같이 풀었다. 「대도는 남을 사랑하겠다는 의식을 갖지 않지만 모든 것이 저마다 잘 자라게 마련이다. 인의의 도덕은 남을 사랑하겠다는 의식을 가지면서 친소의

구별을 세운다. 따라서 대도가 폐함으로써 인의가 있다고 한 것이다.(大道無心愛物 而物物各得其所 仁義則悠心愛物 卽有親疏區別之分 故曰 大道廢 有仁義)」>

<* 대도(大道)는 무위(無爲)고, 인의(仁義)는 유위(有爲)다. 대도는 자연이고, 인의는 조작이다. * 노자 제38장에 있다. 「실도이후덕(失道而後德) 실덕이후인(失德而後仁) 실인이후의(失仁而後義) 실의이후례(失義而後禮)」>

○有仁義(유인의) : 인의의 도덕이 나타나게 되었다.

○智慧出(지혜출) : 인간이 지혜를 짜내다. 소박한 태고 때에는 무위자연의 도를 따라 「무지(無智), 무욕(無欲), 무위(無爲)하며 소박(素朴)하게 살았다.」

<* 왕필(王弼) 본에는 혜지(慧智), 하상공(河上公) 본에는 지혜(智惠)라고 쓰였다.>

○有大僞(유대위) : 큰 위계가 있게 되었다.

<* 여기서 말하는 위계(僞計)는 「거짓된 정치라는 뜻이다.」 * 「기타의 문화나 제도도 인간들이 자의로 조작한 허구적 계책이다. 특히 노자의 입장에서는 유가에서 높이는 예악(禮樂)이나 덕치도 다 위계라고 보았다.」 * 「더욱이 법가(法家)가 주장하는 법률제도나 상벌(賞罰) 등은 위계 중에서도 가장 심한 것이다.」>

[어구 설명] [2] 六親不和 有孝慈 國家昏亂 有忠臣 :

ㅇ六親(육친) : 부자(父子)·형제(兄弟)·부부(夫婦)의 육친(肉親=六親), 즉 가족관계를 말한다.

ㅇ六親不和 有孝慈(육친불화 유효자) : 가족조차 화목하지 못하다. 서양은 나만 알고 극단적 이기주의를 주장한다. 그래서 유교에서는 효도(孝道)와 자애(慈愛)를 내세운 것이다.

ㅇ國家昏亂 有忠臣(국가혼란 유충신) : 나라가 혼란하고 흐트러지자 충신이 있게 되었다. 즉 충신을 높이게 되었다.

[현대적 해석] 제 18 장

[1] 소박했던 사람들이 타락하고 대도(大道)를 폐하고 따르지 않게 되자 인의(仁義)를 높인 것이다. 간교한 지혜와 더불어 인위적인 위계(僞計)가 있게 되었던 것이다.

[2] 부자·형제·부부 사이조차 화목하지 못하게 되자 효자(孝慈) 같은 윤리를 내세우게 되었다. 국가가 혼란하고 어둡게 흐트러지자 충신(忠臣)이 있게 된 것이다.

참고 보충 설명 | 대도(大道)와 유교의 도덕(道德)

(1) 노자는 인위적인 간교한 조작을 부리면 도리어 해롭다고 생각했다.

(2) 노자는 인간의 삶에 대한 태도를 자연과 일치시키고 되도록 인간적 문명, 인공적 조작을 멀리하라고 했다. 한마디로 말하면 노자의 주장은 비문명적(非文明的) 사상이라 하겠다.

특히 노자는 유가(儒家)에서 높이는 윤리 도덕을 상대적 타락에서 나온 것이라고 폄하했다. 그래서 노자는 인위적 조작을 버리고 소박한 상태로 돌아가라고 한 것이다.

(3) 노자는 제2장에서 말했다.「그러므로 성인은 무위의 태도로써 세상사를 처리하고, 말없는 교화를 실행한다.(聖人處無爲之事 行不言之敎)」

(4) 이 장의 요점은 다음과 같다.「인의를 강조하는 것은 대도가 쇠진했기 때문이다. 간악한 위계가 성행하는 것은 인간의 간교한 지혜가 있기 때문이다. 효자 같은 윤리를 강조하는 것은 가족관계가 문란하기 때문이다. 충신을 내세우는 것은 국가가 혼란에 빠졌기 때문이다.」

(5) 노자나 유교만이 아니다. 모든 종교 사상도 다 인류를 구제하기 위해서 나타난 것이다. 노자 사상은 상고대(上古代)의 미개한 모계사회(母系社會)를 염두에 두었을 것이다. 당시에는 동물과 같은 차원의 생활을 했을 것이다. 결혼이라는 개념도 제도도 없었을 것이다. 물론 가족제도나 정치도 없었다. 그와 같은 소박한 생활을 무위자연이라 말했을 것이다.

(6) 노자는 전국시대의 악덕을 탈피하기 위해서 도(道)를 높인 점이 더 크다. 노자는 절대로 반문화적 우매한 사상가가 아니다. 도덕 자체를 부정한 것이 아니다. 도덕을 내걸고 자행하는 악덕정치를 근본적으로 부정하려고 한 것이다.

제 19 장

[1] 絶聖棄智 民利百倍 絶仁棄義 民復孝慈 絶巧棄利 盜賊無有.

절성기지(이면) 민리백배(하고) 절인기의(이면) 민복효자(하고) 절교기리(이면) 도적무유(하니라)

총명을 끊고 지혜를 버리면 백성의 이득이 백배가 된다. 인을 끊고 의를 버리면 백성들이 효와 자로 돌아간다. 간교한 수작을 끊고 이득을 버리면 도둑이 없게 된다.

[2] 此三者 以爲文不足.

차삼자(이) 이위문부족(이니라)

이상의 셋은 <인위적으로 꾸민 것이라> 백성 다스리기에는 부족하다.

[3] 故令有所屬 見素抱樸 少私寡欲 絶學無憂.

고(로) 영유소속(이) 견소포박(하고) 소사과욕(하고) 절학무우(하니라)

그런 고로 백성들로 하여금 귀의(歸依)할 바가 있게 해야 한다. 즉 순진 소박하고 사심과 욕심을 적게 한다. 세속적 학문을 끊으면 걱정도 없게 된다.

[어구 설명] [1] 絶聖棄智 民利百倍 絶仁棄義 民復孝慈 絶巧棄利 盜賊無有 :

○絶聖棄智 民利百倍(절성기지 민리백배) : 다스림에 있어 총명하다는 사람을 끊어 버리고 간교한 지혜를 잘라 버리면 백성들의 이득이 백배가 된다.

< * 여기서 말하는 「성(聖)이나 지(智)」는 노자가 말하는 「성인(聖人)이나 지자(智者)의 뜻이 아니다.」「속세에서 말하는 성인의 경지에 도달한 총명(聰明)과 지자(智者)의 간교한 지략(智略)이라는 뜻이다.」>

<* 주례(周禮) 대사도(大司徒)에 있다. 「여섯 가지 덕은 곧 지인성의중화이다.(六德知仁聖義中和)」 * 대대례(大戴禮) 사대편(四代篇)에 있다. 「성은 지의 꽃(聖知之華也)」「신은 의의 중한 것(信義之重也)」「의는 이의 바탕이다.(義利之本也)」 즉 「성(聖)은 지혜의 꽃, 총명이다.」>

<* 노자는 이와 같은 지혜나 총명을 배척했다. 여씨춘추(呂氏春秋) 당무편(當務篇)에 있다. 「망발된 생각을 속에 지니고 있는 것이 성이다.(妄意關內中藏 聖也)」「먼저 앞서는 것이 용이다.(入先 勇也)」「뒤에 처지는 것이 의다.(出後 義也)」「때를 아는 것이 지다.(知時 智也)」「고르게 나눔이 인이다.(分均 仁也)」> <* 「성(聖)과 지(智)를 단절하고 버린다고 함」

은「바로 속세에서 높이는 철인들의 학문이나 지식, 또는 성인지치(聖人之治) 같은 것을 버린다는 뜻이다.」>

ㅇ絶仁棄義 民復孝慈(절인기의 민복효자) : 인의(仁義) 같은 <인위적(人爲的)> 도덕을 끊어 버리면, 백성들이 <무위자연의 도를 따라> 소박하게 효자(孝慈)로 돌아가게 된다.

ㅇ絶巧棄利 盜賊無有(절교기리 도적무유) : 간교(奸巧)한 수작이나 이기적 이득을 얻겠다는 욕심을 버리면 도둑이 있을 수 없다.

[어구 설명] [2] 此三者 以爲文不足 :

ㅇ此三者(차삼자) : 세 가지. 즉 성지(聖智), 인의(仁義), 교리(巧利).

ㅇ以爲文不足(이위문부족) : 이와 같은 외형적 문식(文飾)으로는 부족하다.

<* 문(文)은「인간이 계략적으로 만든 문식(文飾), 문명적인 것, 즉 쓸데없는 장식품 따위다.」그러한 문으로는 진정한 무위자연의 덕치를 할 수 없다.>

<* 하상공(河上公)은 말했다.「문으로는 백성을 교화하는 데 부족하다.(文不足以敎民)」>

[어구 설명] [3] 故令有所屬 見素抱樸 少私寡欲 絶學無憂 :

○故令有所屬(고령유소속) : 그런 고로 백성들로 하여금 귀의할 바가 있게 해야 한다.

○見素抱樸 少私寡欲 絶學無憂(견소포박 소사과욕 절학무우) : 눈이나 마음으로는 순진하고 소박한 것을 보고, 또 사심(私心)과 욕심을 적게 하고, 또 세속적 학문을 단절하면 걱정도 없게 된다.

[현대적 해석] 제 19 장

[1] 세속적 총명을 끊고 지혜를 버리면 백성의 이득이 백배가 된다. 인을 끊고 의를 버리면 백성들이 효와 자로 돌아간다. 간교한 수작을 끊고 사사로운 이를 얻으려는 욕심을 버리면 도둑도 없게 된다.

[2] 이 셋은 <조작해서 꾸민 것이라> 백성을 다스리기에 부족하다.

[3] 그런 고로 백성들로 하여금 귀의(歸依)할 바가 있게 해야 한다. 즉 순진 소박하고 사심과 욕심을 적게 한다. 세속적 학문을 끊으면 걱정도 없게 된다.

참고 보충 설명 | 절성기지(絶聖棄智)

(1) 앞장에서는 속세의 병폐를 지적했고, 이 장에서는 치유(治癒)하는 길을 밝혔다. 즉 순진 소박한 상태로 돌아가라고 한 것이다. <악덕한 통치자는 예나 지금이나 문명을 악용한

다.> 인간적 차원의 학문, 지혜, 기술만으로는 우주와 자연 만물을 생생(生生)할 수 없다. 인위적으로 꾸미고, 또 한쪽에 치우친 윤리 도덕이나 사회 제도만으로는 인류 세계를 진정으로 평화롭게 할 수 없다.

(2) 옛날의 노자는 직감적으로 말을 했다. 그러나 그의 사상은 오늘에도 통한다. 간교한 지혜나 일부만을 두둔하는 윤리 도덕이나 무력으로 자기 욕심을 채우려는 악덕(惡德)으로는 참다운 행복과 평화를 얻을 수 없다. 허무의 도를 따라 순진 소박하고 이기심과 탐욕을 버려야 사람이나 인류가 행복하게 자기의 삶을 살 수가 있다.

(3) 노자는 소박(素樸=素朴)을 중시했다. 문명의 허식(虛飾)과 허구(虛構)를 버리고 자연의 알몸으로 돌아가는 것이다. 인간의 교지(巧智)나 미망(迷妄), 독선적인 고집이나 주장, 또는 일방적인 가치 설정 등을 부인하고 허정(虛靜)과 대졸(大拙)에 돌아가는 것이다. 즉 도를 따라 살라고 한 것이다. 도의 세계는 「인위적으로 꾸민 정치도 전쟁도 없다.」 오직 「먹고 마시면서 무럭무럭 자라나는 영아(嬰兒)같이 사는 실존(實存)이 있을 뿐이다.」

(4) 물론 과학, 기술도 중요하다. 그러나 영원히 이어지고 발전하는 미래 세계에서는 오늘의 과학 기술을 최고라고 할 수 없다. 더욱이 악용하면 안된다.

참고 보충 설명 | 절학무우(絶學無憂)와 현실세계

(1) 학문을 끊어 버리면 걱정거리도 없어진다. 여기서 말하는 학문은 넓게는 인의(仁義), 충신(忠信), 효제(孝悌) 같은 윤리 도덕을 포함할 수 있다. 원래 공자는 인정덕치(仁政德治)를 위해서 만들었다. 그러나 악덕한 독재자들이 악용했으므로 노자는 근본적으로 부정(否定)한 것이다. 노자는 제48장에서 말했다. 「학문을 많이 할수록 도가 시든다.」

(2) 인간의 탐욕이나 악덕은 인간의 지혜와 더불어 늘어나게 마련이다. 따라서 선불리 배우지 않으면 그만큼 탐욕이나 악덕도 적어질 것이라는 게 노자의 입장이다.

(3) 참고로 유가의 경우를 들면 다음과 같다. 하늘이 부여해준 본성(本性) 속에 있는 천리(天理)에 눈을 뜨고 스스로 수양하여 천리에 맞게 행동함으로써 육체와 나에 엉킨 사욕(私欲)에서 벗어나 일대(一大), 즉 대동(大同)으로 향해야 한다. 따라서 사람은 적극적으로 배우고 실천해야 한다고 주장한다.

(4) 노자는 귀착점을 무(無)라고 했다. 그러나 유가는 세밀하게 대동으로 가는 길과 방법과 원리를 밝혔다. 무(無)는 인간이 행동화할 수 없다. 따라서 노자도 완전한 무위(無爲)를 주장하지 못하고 소국과민(小國寡民)을 내걸었던 것이다. 여기서는 어느 쪽이 옳고 그른가에 대해서는 논하지 않겠다. 둘 다 악덕한 정치는 반대했다.

제 20 장

[1] 唯之與阿 相去幾何 美之與惡 相去若何 人之所畏 不可不畏 荒兮其未央哉.

유지여아(이) 상거기하(이오) 미지여악(이) 상거약하(이오) 인지소외(이) 불가불외(이니라) 황혜(이) 기미앙재(이니라)

「네」나 「예」하는 대답에 무슨 차이가 있겠느냐. 「미」와 「악」이 얼마나 다르겠느냐. 남이 두려워하는 바를 두려워하지 않을 수 없다. 속세의 주장은 거칠고 잡되기가 끝이 없노라.

[2] 衆人熙熙 如享太牢 如春登臺 我獨泊兮 其未兆 沌沌兮 如嬰兒之未孩 儽儽兮 若無所歸 衆人皆有餘 而我獨若遺 我愚人之心也哉.

중인희희(이) 여향태뢰(이니라) 여춘등대(이나) 아독박혜(이오) 기미조(이) 돈돈혜(이) 여영아지미해(이니라) 내래혜(이) 약무소귀(이니라) 중인개유여(이나) 이아독약유(이니라) 아우인지심야재(이니라)

모든 사람들이 좋아하고 들떠 있는 품이 흡사 잔칫상을

받아먹는 듯하다. 많은 사람들은 봄에 높은 대에 올라가 사방을 전망하는 듯 들떠 있다. <그러나 도를 따르는> 나는 홀로 염정(恬靜)하고 담박(淡泊)하노라. <나는> 아무런 징조도 없이 흡사 웃을 줄도 모르고, 멍청함이 흡사 어린아이 같다. 피곤하고 맥이 빠진 품이 흡사 돌아갈 곳이 없는 듯하다. 속세의 모든 사람들은 지나치게 가지고, 또 누리고 있다. 그러나 나 혼자만이 부족한 듯하다. 나는 어리석은 사람 같은 마음이다.

[3] 俗人昭昭 我獨昏昏 俗人察察 我獨悶悶 [澹兮其若海 飂兮若無止] 衆人皆有以 而我獨頑且鄙 我獨異於人 而貴食母.

속인소소(이나) 아독혼혼(이라) 속인찰찰(이나) 아독민민(이라) [담혜기약해 요혜약무지] 중인개유이(이나) 이아독완차비(이나) 아독이어인(이오) 이귀식모(이니라)

속인들은 모든 것을 다 알고 영악한 척한다. 그러나 나만은 홀로 어둡고 모른 척한다. 속인들은 모든 것을 엄하게 살피고 밝게 가려낸다. 그러나 나만 홀로 순진하고 소박하게 한다. <* '담혜기약해(澹兮其若海) 요혜약무지(飂兮若無止)'는 제15장에 있다. 여기서는 삭제한다.>

중인들은 모두 유능하다. 그러나 나 혼자만 어리석고 졸렬하다. 나만 다른 사람과 다르게 유모(乳母)를 귀중하게 높인다. <즉 만물을 키워주는 도를 귀중하게 여긴다.>

[어구 설명] [1] 唯之與阿 相去幾何 美之與惡 相去若何 人之所畏 不可不畏 荒兮 其未央哉 :

○唯之與阿 相去幾何(유지여아 상거기하) : 「유(唯)」는 「네」하는 공손한 대답. 「아(阿)」는 「예」하는 예사로운 대답이다.

<* 예기(禮記) 곡례편(曲禮篇)에 있다. 「유(唯)와 아(阿)를 엄하게 가려야 한다.」 이것을 노자는 반박했다. 대답하는 데 「네」라고 하나 「예」라고 하나, 그 차이가 얼마나 되느냐고 말한 것이다.>

○美之與惡 相去若何(미지여악 상거약하) : 「미(美)」와 「악(惡)」이 얼마나 차이가 나는가.

<* 미(美)를 선(善)으로 쓴 판본도 많다.>

<* 성현영(成玄英)은 말했다. 「자기 뜻을 따르면 좋다고 한다. 거슬리면 나쁘다고 한다.(順意爲善 違心爲惡)」>

<* 세상에서 말하는 선(善)이나 미(美), 혹은 악(惡)도 결국은 자의적(恣意的) 판단에 불과하다.>

<* 제2장에 있다. 「천하개지미지위미 사악이(天下皆知美之爲美 斯惡已) 개지선지위선 사불선이(皆知善之爲善 斯不善已)」>

○人之所畏 不可不畏(인지소외 불가불외) : 남이 두려워하는 바를 두려워하지 않을 수 없다.

<* 즉 살육이나 형벌은 조심해야 한다. 무위자연의 도는 끝없이 생육화성(生育化成)한다. 형벌이나 살육은 도와 반대가 된다. 고로 두려워해야 한다. 장자(莊子) 양생주편(養生主篇)에 있다. 「악한 일은 해도 형벌에는 가까이 가지 말라.(爲惡無近刑)」>

○荒兮 其未央哉(황혜 기미앙재) : <* 학자마다 설이 다르다. 필자는 여러 설을 참고하여 다음같이 풀었다.> 「속세의 학문이나 정신적 주장이 너무 거칠고 잡스럽다. 그 한계가 넓고 끝이 없다.」 <* 규범의 황당함이 너무 광범하고 끝이 없다.>

<* 황혜(荒兮)는 「거칠고 잡스럽다는 뜻이다.」 * 미앙(未央)은 「광범위하고 끝이 없다는 뜻이다.」>

<* 고형(高亨)은 말했다. 「망망하고 끝이 없음과 같다는 뜻이다.(猶云茫茫其無極耳)」>

[어구 설명] [2] 衆人熙熙 如享太牢 如春登臺 我獨泊兮其未兆 沌沌兮 如嬰兒之未孩 儽儽兮 若無所歸 衆人皆有餘 而我獨若遺 我愚人之心也哉 :

○衆人熙熙 如享太牢(중인희희 여향태뢰) : 모든 사람들이 좋아하고 들떠 있는 품이 흡사 큰 잔칫상을 받아먹는 듯하다. 「희희(熙熙)는 좋아하며 들떠 있다는 뜻이다.」

<* 하상공(河上公)은 말했다.「희희는 곧 방탕하고 정욕에 넘친다는 뜻이다.(熙熙 放淫多情欲也)」* 왕필(王弼)은 말했다.「모든 사람들이 부귀영달에 미혹되어 내닫고자 한다.(衆人迷於美進 惑於榮利 欲進心競)」>

< *「여향태뢰(如享太牢)」는「풍성한 잔칫상을 받고 먹는 듯하다.」「향(享)을 향(饗)으로 쓴 판본도 있다.」「태뢰(太牢)」는「제사에 올리기 위한 소[牛], 양(羊), 돼지[豕] 등의 제물이다.」「여기서는 풍성한 음식을 차린 잔칫상의 뜻이다.」>

○如春登臺 我獨泊兮(여춘등대 아독박혜) : 많은 사람들은 봄에 높은 대에 올라가 사방을 전망하는 듯 들떠 있다. <도를 따르는> 나는 홀로 염정(恬靜)하고 담박(淡泊)하노라.

<* 하상공(河上公)은「여등춘대(如登春臺)」라 적었다.>

○其未兆 沌沌兮 如嬰兒之未孩(기미조 돈돈혜 여영아지미해) : <나는> 아무런 징조도 없고 바보 같다.

<* 미조(未兆)는「아무런 조짐도 없다.」「조(兆)는 징조, 조짐(兆朕)」.「沌(어두울 돈)」>

<* 미해(未孩)는 미해(未咳), 즉 어린아이같이 웃을 줄도 모른다는 뜻. 아무런 징조도 없이 멍청하게 있는 품이 흡사 어린아이 같다.>

○儽儽兮 若無所歸(내래혜 약무소귀) : 피곤하고 맥이 빠진 품이 흡사 돌아갈 곳이 없는 듯하다.

<*범응원(范應元)은 「내래혜(儽儽兮)」를 「겉에 문식이 없다.(外無文飾)」라고 풀었다.>

ㅇ衆人皆有餘 而我獨若遺(중인개유여 이아독약유) : 속세의 모든 사람들은 지나치게 가지고, 또 누리고 있다. 그러나 나 혼자만이 부족한 듯하다.

<* 하상공(河上公)은 「중인들은 여분의 재물을 가지고 사치하고, 또 지나친 지혜를 가지고 사기를 친다.(衆人餘財以爲奢餘智以爲詐)」고 풀었다. *「유(遺)는 궤(匱)와 같다. 즉 속인들이 넘치게 가지고 있는 재물이나 욕심 같은 것이, 나에게는 하나도 없다는 뜻이다.」>

ㅇ我愚人之心也哉(아우인지심야재) : 나는 어리석은 사람 같은 마음이다. 즉 세속적으로 간교한 꾀를 쓰지 않고 소박하다.

[어구 설명] [3] 俗人昭昭 我獨昏昏 俗人察察 我獨悶悶 [澹兮其若海 飂兮若無止] 衆人皆有以 而我獨頑且鄙 我獨異於人 而貴食母 :

ㅇ俗人昭昭 我獨昏昏(속인소소 아독혼혼) : 속인들은 모든 것을 다 알고 영악한 척한다. 그러나 나만은 홀로 어둡고 모른 척한다.

<* 소소(昭昭)를 왕필(王弼)은 「밝게 빛나다.(耀其光也)」라고 풀었다. * 감산(憨山=釋德淸)은 「재간을 밖에 내보인다.

(昭昭 謂智巧現於外也)」라고 풀었다.>

ㅇ俗人察察 我獨悶悶(속인찰찰 아독민민) : 속인들은 모든 것을 엄하게 살피고 밝게 가려낸다. 그러나 나만 홀로 순진하고 소박하게 한다.

ㅇ澹兮其若海 飂兮若無止(담혜기약해 요혜약무지) : 깊고 조용한 품이 바다 같다. 높은 바람이 끝없이 분다. <* 왕필(王弼) 본에는 이 구절을 제15장에 넣었다.>

ㅇ衆人皆有以 而我獨頑且鄙(중인개유이 이아독완차비) : 중인들은 모두 유능하다. 그러나 나 혼자만 어리석고 졸렬하다. 「이(以)는 용(用)과 같은 뜻이다.」「유이(有以)는 유용(有用), 즉 쓸모가 있다는 뜻.」「완차비(頑且鄙)」는 「우둔하고 비천하다는 뜻이다.」

ㅇ我獨異於人 而貴食母(아독이어인 이귀식모) : 나만 다른 사람과 다르게 유모(乳母)를 귀중하게 높인다. <즉 만물을 키워주는 도를 귀중하게 여긴다.>

<* 왕필(王弼)은 「식모는 생의 본이다.(食母 生之本也)」라고 풀었다. * 하상공(河上公)은 「식(食)은 용(用)이고, 모(母)는 도(道)다.」라고 풀었다. * 범응원(范應元)은 다음같이 주를 달았다. 「식은 사람을 키우는 것으로 없어서는 안된다. 모는 도를 말한다.(食者 養人之物 人之所不可無者也 母者 指道而言也)」 * 「식모(食母)」는 「예기(禮記) 내측편」에 보인다. 유모(乳母)라고 주했다.>

[현대적 해석] 제 20 장

[1] 「네」나 「예」하는 대답에 무슨 차이가 있겠느냐. 「미」와 「악」이 얼마나 다르겠느냐. 남이 두려워하는 바를 두려워하지 않을 수 없다. 속세의 주장이 거칠고 잡되기가 끝이 없다.

[2] 모든 사람들이 좋아하고 들떠 있는 품이 흡사 잔칫상을 받아먹는 듯하다. 많은 사람들은 봄에 높은 대에 올라가 사방을 전망하는 듯 들떠 있다. <그러나 도를 따르는> 나는 홀로 염정(恬靜)하고 담박(淡泊)하노라. <나는> 아무런 징조도 보이지 않고, 또 멍청하여 흡사 웃을 줄도 모르는 어린아이 같다. 피곤하고 맥이 없는 품이 흡사 돌아갈 곳이 없는 듯하다. 속세의 모든 사람들은 지나치게 가지고, 또 누리고 있다. 그러나 나는 부족한 듯, 또는 어리석은 사람 같은 마음이다.

[3] 속인들은 모든 것을 다 알고 영악한 척한다. 그러나 나만 홀로 어둡고 모른 척한다. 속인들은 모든 것을 엄하게 살피고 밝게 가려낸다. 그러나 나만 홀로 순진하고 소박하게 한다. 중인들은 모두 유능하다. 그러나 나 혼자만 어리석고 졸렬하다. 나만 다른 사람과 다르게 유모(乳母)를 귀중하게 높인다. <즉 만물을 키워주는 도를 귀중하게

여긴다.>

참고 보충 설명 | 도를 지키는 나[我]

(1) 노자는 제20장에서 세속적 학문 사상 및 규범 등을 부정적으로 비판했다. 우선 노자는 세속적 학문 지식을 버리라고 했다. 노자는 말했다. 속세의 학문은 막연하고 황당무계한 것이다. 그런데도 사람들은 학문지식을 내걸고 아는 척하고 자기의 주장이나 생각이 옳다고 믿고 있다.

(2) 이는 우주의 도(道)를 모르기 때문이다. 도는 시간적으로 영원하고 공간적으로 무한하다. 도에 비하면 인간의 지식은 미미하고 믿을 바가 못된다. 그렇거늘 편파적인 지식을 내걸고 오만을 떨고 있다. 그래서 모든 사람을 재난 속에 떨어지게 한 것이다.

(3) 노자는 세속적 규범을 구체적으로 비판했다. 「네」나 「예」가 얼마나 다르다고 예의(禮儀)다 범절(凡節)이다 하고 사람들을 볶아대는가? 노자는 말했다. 「인위적 가치기준을 버리고 무위자연을 따라라.」
<유교(儒敎)에서 까다롭게 말하는 예의범절을 총체적으로 부정한 것이다.>

(4) 그러나 노자는 말했다. 「죄를 짓고 형벌을 받으면 안된다. 죽음만은 두려워해야 한다.」

(5) 무위나 허무염정(虛無恬靜)을 주장하는 노자가 왜 죽음을

두려워하라고 했을까.

(6) 무위자연의 도는 만물을 스스로 있고, 스스로 살게 하는 도리다. 그러나 인간의 학문이나 주장, 또는 정치나 윤리도덕 같은 것은 인위적이고 자의적인 조작으로써 남을 구속하는 것이다. 그러므로 버리라고 한 것이다. 특히 죽음을 자초하면 안된다고 한 것이다.

(7) 인간의 학문이나 주장, 또는 정치나 윤리도덕은 선용할 수도 있고 반대로 악용할 수도 있다. 유교는 선용하는 면에서 내세우고 열심히 가르쳤다.

(8) 그러나 악덕한 임금이나 통치자 및 욕심 많은 사람들은 윤리도덕을 악용하여 남을 억제하거나 남의 재물을 탈취하는 데 악용했다. 특히 전국시대는 국가적 차원에서 백 개 이상의 나라가 분열하고 서로 싸우고 탈취하는 데 골몰했다.

(9) 그래서 노자는 근본적으로 「세속적인 학문을 끊어 버리면 근심걱정도 없을 것이다. 영원한 삶과 실존을 위해 현세적이고 가식적인 인간의 꾸밈과 규범을 버리라」고 한 것이다.

(10) 아울러 노자는 세속적 대중들도 비판했다. 「세속적인 중인(衆人)들은 들떠 있다. 잘난 척하고 현세적 성과에 자만하고 있다.」

(11) 오늘의 세계인류도 같다. 기계문명의 발달을 자만하고 좋아하는 것은 그런대로 좋다. 그러나 재물이나 과학 문명 기계가 악용되고, 사람이 죽는 것에 대한 생각이나 비판을

할 능력이 없다.

(12) 그러나 도를 터득한 나는 웃음조차 모르는 영아 같다. 아연하고 실색했다는 뜻이다. 그래서 「나는 무지, 무욕, 무위하며 혼돈 속에서 어리석게 살고 있다」고 말한 것이다.

(13) 이와 같이 노자는 중인(衆人)과 자기[我]를 대립시켰다. 이에 대해 후쿠나카(福永) 교수는 다음과 같이 말했다. 「고유명사를 쓰지 않음으로써 노자가 시공(時空)을 초월한 영원 보편적 진리, 현상적인 것보다는 근원적인 것, 인격적인 것보다는 원리적인 것을 상징하고자 했듯이 '나'라는 1인칭을 가지고 노자는 영원하고 보편적인 진리 앞에 혼자 서 있고, 혼자만 도를 체득한 각성한 인간의 기쁨과 슬픔을 상징한 것이리라. 도가 이름이 없듯이 각성한 나도 이름이 없다. 노자의 나는 어디까지나 도와 대화를 하는 나다. 세속과 대화하는 내가 아니다.」 노자는 이른바 쥐뿔만한 지식이나 과학기술이나 잔꾀를 가지고 남을 죽이는 악덕세계를 욕하고 끝으로 한마디 했다. 「나는 만물을 키우는 유모(乳母)인 도(道)를 높인다.」

제 21 장

[1] 孔德之容 惟道是從.

공덕지용(이) 유도시종(이니라)

큰 덕(德)의 형상은 오직 도(道)를 따라 나타난다.

[2] 道之爲物 惟恍惟惚 惚兮恍兮 其中有象 恍兮惚兮 其中有物 窈兮冥兮 其中有精 其精甚眞 其中有信.

도지위물(이) 유황유홀(이니라) 홀혜황혜(이) 기중유상(이니라) 황혜홀혜(이) 기중유물(이니라) 요혜명혜(이) 기중유정(이니라) 기정심진(이) 기중유신(이니라)

도가 만물이 된다. 그러나 <있는 듯, 없는 듯> 황홀하다. 황홀하면서도 그 안에 모든 형상이 있다. 황홀하면서도 그 속에 모든 것이 있다. 아득하고 유현한 속에 <생명의 근원인> 정기(精氣)가 있다. 그 정기는 매우 참되다. 그 속에 신실(信實)함이 있다.

[3] 自今及古 其名不去 以閱衆甫 吾何以知衆甫之狀哉 以此.

자금급고(이) 기명불거(이니라) 이열중보(이오) 오하이지 중보지상재(이리오) 이차(이니라)

오늘부터 옛날로 거슬러 가도 <도의> 이름은 그대로 있었다. 그래서 만물의 시작을 본다. 나는 무엇을 가지고 만물의 시초의 형상을 알 수 있는가. 역시 그 도다.

[어구 설명] [1] 孔德之容 惟道是從 :

○孔德之容 惟道是從(공덕지용 유도시종) : 도를 따르는 대덕(大德)의 모양은 도와 일치한다.

<* 혹은 「대덕을 갖춘 사람의 모습은 오직 도와 일치한다.」로 풀어도 된다.>

<* 「공덕지용(孔德之容)」은 「큰 덕의 용모나 모양이다. 즉 무형의 도가 큰 덕으로 나타난 만물의 모양이란 뜻이다.」

<* 「공(孔)」에는 「크다[大], 좋다, 아름답다는 뜻이 포함되어 있다.」 「덕(德)」은 「득(得)과 통한다. 도(道)를 따르고 행해서 얻어지는 좋은 성과가 덕이다.」 * 「용(容)을 작용으로 풀기도 한다.」>

<* 소철(蘇轍)은 말했다. 「도는 형태가 없으나 운행하여 덕을 이루면 양상이 있게 된다. 따라서 덕은 도가 표현된 것이다.(道無形也 及其運 而爲德 則有容矣 故德者 道之見也)」>

<* 한비자(韓非子)는 다음같이 말했다. 「덕은 도의 공이다.

(德者 道之功也)」>

<* 육덕명(陸德明)은 다음같이 말했다. 「덕은 도의 쓰임이다.(德者 道之用也)」>

<* 엄영봉(嚴靈峯)은 다음같이 말했다. 「덕은 도의 형식(德就是道的形式)」>

[어구 설명] [2] 道之爲物 惟恍惟惚 惚兮恍兮 其中有象 恍兮惚兮 其中有物 窈兮冥兮 其中有精 其精甚眞 其中有信 :

○道之爲物 惟恍惟惚(도지위물 유황유홀) : 보이지 않는 도가 사실로 나타나도 오직 황홀(恍惚)할 뿐이다.

<* 「황(恍)과 홀(惚)」은 「있는 듯, 없는 듯하다」는 뜻이다.>

○其中有象(기중유상) : 황홀한 속에 형상(形象)이나 현상(現象)이 있고 나타난다.

<* 제14장에 있다. 「도(道)는 이(夷), 희(希), 미(微)하다. 그러나 우주만물이 그 도에서 나오고 운행된다.」>

○窈兮冥兮 其中有精(요혜명혜 기중유정) : 아득하고 어둡고 유현(幽玄)한 속에, 생명의 근원인 정기(精氣)가 있고 나타난다.

<* 「요(窈)」는 「깊고 아득하다.」 「명(冥)」은 「어둡고 유현(幽玄)하다.」 「정(精)」은 「생명의 근원, 생명력, 생명의 본질인

정기(精氣)나 정령(精靈)을 말한다.」>

<* 관자(管子) 내업편(內業篇)에 있다. 「정은 기의 극이다. (精 氣之極也)>

ㅇ其精甚眞 其中有信(기정심진 기중유신) : 그 정기는 참으로 진실되다. 그 속에서 <만물이> 신실하게 나타난다.

[어구 설명] [3] 自今及古 其名不去 以閱衆甫 吾何以知衆甫之狀哉 以此 :

ㅇ自今及古(자금급고) : 지금은 물론 고대에서도.

<* 「자금급고(自今及古)」를 「자고급금(自古及今)」으로 쓴 판본도 있다.>

ㅇ其名不去(기명불거) : <도라는> 이름은 버리거나, 떠나지 않고.

ㅇ以閱衆甫(이열중보) : 그래가지고 만물의 시작을 보았다.

<* 도(道)로써 만물이 시작하고 나타난 것을 보았다.>

<* 중보(衆甫)를 모든 종족(種族)의 장로(長老)라고 풀기도 한다. 그러나 만물의 근원으로 푸는 것이 좋다.>

ㅇ吾何以 知衆甫之狀哉 以此(오하이 지중보지상재 이차) : 내가 어떻게 만물의 시작을 알았겠는가. 역시 이것, 즉 도(道)를 바탕으로 해서 <보고 알았다.>

[현대적 해석] 제 21 장

[1] 대덕(大德)의 모든 형상은 오직 도(道)를 따라 나타난다.

[2] 도가 만물이 된다. 그러나 <있는 듯, 없는 듯> 황홀하다. 황홀하면서도 그 안에 모든 형상이 있다. 황홀하면서도 그 속에 모든 것이 있다. 아득하고 유현한 속에 <생명의 근원인> 정기(精氣)가 있다. 그 정기는 매우 참되다. 그 속에 신실(信實)함이 있다.

[3] 오늘부터 옛날로 거슬러 가도 <도라는> 이름은 그대로 있었다. 그래서 만물의 시작을 본다. 나는 무엇을 가지고 만물의 시초의 형상을 알 수 있는가. 역시 도이다.

참고 보충 설명 | 도를 알고 덕을 세워야 한다

(1) 도(道)가 바로 우주 천지 만물의 근원이다. 도는 보이지 않지만 그 속에 생명의 근원인 정기나 정령이 있다. 도가 나타난 것이 덕(德)이다. 큰 덕을 공덕(孔德)이라고 한다.

(2) 우주의 우(宇)는 상하사방(上下四方), 즉 공간(空間)을 말하고, 주(宙)는 왕고래금(往古來今), 즉 시간을 말한다.

(3) 천지(天地)는 공간세계와 지상세계를 말한다. 단 지(地)에는 강해(江海) 및 인류세계(人類世界)가 포함된다.

(4) 그러므로 「우주 천지 자연 만물」이란 곧 시간적으로는

태고 때부터 오늘을 거쳐 끝없는 미래에 걸쳐「하늘세계, 지상세계 및 지하나 수중세계」를 다 포함한 자연 만물, 즉 식물 동물 인간만이 아니다. 아울러 인류의 역사적 문화도 다 포함된다. 이들은 다 있을 때는 실재하는 존재물이고 눈에 보인다. 그러나 오래 되면 다 사라지거나 죽고 형체가 없게 된다. 그러나 역사적 업적이나 문화적 흔적을 남긴다.

⑸ 노자의 도(道)는 현재적「자연 만물의 존재 현상」만이 아니라 생생불이(生生不已)하는 역사적 도(道)도 포함된다. 사람은 만물의 영장이다. 그러므로 사람은 도를 알고, 또 도를 따라서 살고 큰 덕을 세워야 한다.

⑹ 만물에게는 저마다 다른 특성이 있다. 꽃에는 꽃의 특성이 있고, 물에는 물의 특성이 있다. 사람이면서 도를 모르거나 따르지 않고 동물적 생존만을 하거나, 이기적 욕심만을 채우려고 하거나, 천지 만물과 조화를 이루지 못하면 안된다.

⑺ 정신적 삶을 배제하고 육신적·물질적·순간적 삶만을 살려고 하면 안된다. 그와 같은 사람은 소인(小人)이다. 그와 같은 태도를 패덕(悖德)이라고 한다.

제 22 장

[1] 曲則全 枉則直 窪則盈 敝則新 少則得 多則惑.

곡즉전(이오) 왕즉직(이오) 와즉영(이오) 폐즉신(이오) 소즉득(이오) 다즉혹(이니라)

구부러지면 도리어 온전할 수가 있다. 굽으면 도리어 곧게 뻗을 수가 있다. 움푹 패어지면 도리어 찰 수가 있다. 낡으면 도리어 새롭게 될 수가 있다. 적으면 도리어 많이 얻을 수가 있다. 많으면 도리어 망설이게 된다.

[2] 是以 聖人抱一 爲天下式 不自見 故明 不自是 故彰 不自伐 故有功 不自矜 故長.

시이 성인포일 위천하식(이니라) 부자현 고명(이오) 부자시 고창(이오) 부자벌 고유공(이오) 부자긍 고장(이니라)

그러므로 성인은 하나만을 품고 천하의 모범이 된다. 스스로 나타나지 않으므로 도리어 밝다. 스스로 옳다고 주장하지 않으므로 도리어 빛난다. 자기의 공을 자랑하지 않으므로 도리어 공이 두드러진다. 자기의 능력을 자만하지 않으므로 도리어 오래 갈 수가 있다.

[3] 夫唯不爭 故天下莫能與之爭 古之所謂 曲則全者 豈虛言哉 誠全而歸之.

부유부쟁 고(로) 천하막능여지쟁(이니라) 고지소위 곡즉전자(이) 기허언재(이리오) 성전이귀지(이니라)

성인은 오직 다투지 않는다. 그러므로 천하에서 그와 대적할 아무것도 없다. 옛사람이 「곡즉전(曲則全)」이라고 한 말이 어찌 거짓이겠는가. 참으로 그래야 온전하게 도에 복귀할 수가 있다.

[어구 설명] [1] 曲則全 枉則直 窪則盈 敝則新 少則得 多則惑 :

○曲則全(곡즉전) : 구부러지면 도리어 보전된다.

<* 장자(莊子) 산목편(山木篇)에 있다. 「곧은 나무는 먼저 잘린다. 단맛의 샘물은 먼저 마른다.(直木先伐 甘泉先竭)」「이 나무는 쓸모가 없어 천수를 다할 수 있다. (此木以不材 得終其天年)」 노자의 말과 같다.>

<* 즉 나무도 구부러져 쓸모가 없으면 사람에게 잘리지 않고 보전할 수 있다. * 특히 악덕한 정치사회에서는 자기 혼자 강직(剛直)한 척하면 일찍 멸망하게 마련이다.>

○枉則直(왕즉직) : <사람도 세상에 살 때> 굽히면 도리어

곧게 뻗을 수 있다.

<* 「왕(枉)은 굽히다[屈], 왕굴(枉屈)의 뜻이다.」>

○窪則盈(와즉영) : 우묵하게 패인 곳은 물로 채워진다.

<* 「와(窪)는 웅덩이.」 즉 땅도 우묵하면 물이 채워준다. 달[月]의 경우는 휴월(虧月)이라야 만월(滿月)이 된다.>

○敝則新(폐즉신) : 「폐(敝)」는 「옷이 낡아 해지다.」 즉 낡아야 도리어 새롭게 된다.

<* 겨울에 나무가 헐벗는다. 그것이 도리어 봄의 새 생명을 마련하기 위한 것이다.>

○少則得(소즉득) : 적으면 얻을 수가 있다.

<* 하상공(河上公)은 다음과 같이 풀이했다. 「스스로 적게 취하면 도리어 많은 것을 얻게 된다. 천도는 겸양하는 자를 돕고 신명은 허심탄회해야 깃든다.(自受取少 則得多也 天道祐謙 神明託虛)」 즉 욕심이 적어야 도리어 많은 것을 얻을 수 있다.>

○多則惑(다즉혹) : 많으면 도리어 미혹된다.

<* 하상공(河上公)은 다음과 같이 풀었다. 「재물이 많으면 지키는 데 미혹된다. 배움이 많으면 들은 바 여러 가지 말에 미혹된다.(財多者 惑於所守 學多者 惑於所聞)」>

<* 제12장에 있다. 「색은 눈을 멀게 한다.(五色令人目盲) 음악은 귀를 멀게 한다.(五音令人耳聾) 맛은 입을 시들게 한다.

(五味令人口爽)」>

[어구 설명] [2] 是以 聖人抱一 爲天下式 不自見故明 不自是故彰 不自伐故有功 不自矜故長 :

○是以 聖人抱一 爲天下式(시이 성인포일 위천하식) : 그러므로 <도를 터득한> 성인은 하나인 도(道)를 지키고 천하의 모범이나 규범(規範)이 된다.

○不自見 故明(부자현 고명) : 스스로 나타나지 않는다. 고로 도리어 밝게 빛이 난다. <*「견(見)」으로 읽고「이것저것을 보지 않는다」로 풀기도 한다.>

<*「현(見)=현(炫), 즉 빛을 내다」로 풀기도 한다.>

○不自是 故彰(부자시 고창) : 스스로 옳다고 자랑하지 않는다. 고로 도리어 밝게 나타난다.

○不自伐 故有功(부자벌 고유공) : 스스로 자랑하지 않는다. 그러므로 참으로 공을 세울 수 있다.

○不自矜 故長(부자긍 고장) : 자기의 능력을 자만하고 자랑하지 않는다. 고로 만물의 장이 되고 장수한다.

[어구 설명] [3] 夫唯不爭 故天下莫能與之爭 古之所謂 曲則全者 豈虛言哉 誠全而歸之 :

○夫唯不爭 故天下莫能與之爭(부유부쟁 고 천하막능여지쟁) : 오직 다투지 않는다. 고로 천하도 그와 다투지 않는다.

○古之所謂 曲則全者(고지소위 곡즉전자) : 옛날의 말「곡즉전(曲則全)」이라고 한 말.

○豈虛言哉 誠全而歸之(기허언재 성전이귀지) : 어찌 거짓말이겠는가. 참으로 온전하게 도에 복귀할 수가 있다.

<* 예기(禮記) 제의편(祭義篇)에 있다.「부모전이생지(父母全而生之) 자전이귀지(子全而歸之) 가위효의(可謂孝矣)」>

[현대적 해석] 제 22 장

[1] 구부러지면 도리어 온전할 수가 있고, 굽으면 도리어 곧게 뻗을 수가 있고, 움푹 패어지면 도리어 찰 수가 있고, 낡으면 도리어 새롭게 될 수가 있고, 적으면 도리어 많이 얻을 수가 있고, 많으면 도리어 망설이게 된다.

[2] 그러므로 성인은 하나인 도(道)를 품고 천하의 모범이 된다. 스스로 나타나지 않으므로 도리어 밝다. 스스로 옳다고 주장하지 않으므로 도리어 빛이 난다. 자기의 공을 자랑하지 않으므로 도리어 공이 두드러진다. 자기의 능력을 자만하지 않으므로 도리어 오래 갈 수가 있다.

[3] 성인은 오직 다투지 않는다. 그러므로 천하에서 그와 대적할 아무것도 없다. 옛사람의「곡즉전(曲則全)」이 어찌 거짓이겠는가. 참으로 그래야 온전하게 도에 복귀할 수가 있다.

참고 보충 설명 | 곡즉전(曲則全)

(1) 제22장은 겸양(謙讓)해야 온전할 수가 있다, 또 도에 복귀하고 하나인 도를 품어야 바르게 오래 살 수 있음을 강조한 것이다.

(2) 「구부러지다[曲], 굽히다[枉], 움푹 패이다[窪], 낡아 떨어지다[敝]」라고 한 「곡왕와폐(曲枉窪敝)」는 곧 「겸허(謙虛), 양보(讓步), 무용(無用), 부족(不足), 은퇴(隱退)」 등을 상징한 것이다.

(3) 그러나 이들 「곡왕와폐(曲枉窪敝)」가 도리어 「전직영신(全直盈新)」의 전제이고, 바탕이 된다는 역설적인 철리(哲理)를 말한 것이다.

(4) 노자 철학은 유보다 무, 앞에 나서는 것보다는 뒤에 처지는 것, 싸워 이기는 것보다는 싸우지 않거나 패하는 것을 주장한다.

(5) 그러나 그것은 패배주의나 멸망주의가 아니다. 오히려 더 큰 것을 얻고, 영원한 승리를 하자는 것이다.

(6) 동시에 순간적 실존에 불과한 인간을 영원한 실재와 일치시키자는 주장이기도 하다. 속인으로서는 못할 일을 가능케 하는 철학이다. 작은 것을 버리고 참으로 큰 것을 얻으라는 주장이다. 순간적 존재보다 영원한 삶을 살라는 주장이다. 물질이나 육체적 삶보다 정신적・심령적 삶을 살라는 주

장이다.

(7) 그러나 다른 종교와는 다르다. 다른 종교는 남을 굴복케 하려는 가르침이 있다. 그러나 노자는 그런 것이 없다. 이상은 특히 악덕한 정치에 나서지 말라는 뜻을 말한 것이다.

참고 보충 설명 | 성인포일(聖人抱一)

(1) 그러므로 성인은 하나만을 품고 천하의 모범이 되어야 한다. 노자는 악덕한 정치 사회에서는 우매하고 겸양하고 후퇴해야 한다고 강조했다.

(2) 성인포일(聖人抱一)은 「무적(無的) 도(道)」와 하나가 되라는 뜻이다. 유교에서 말하는 「천인합일(天人合一)」은 「유적(有的) 도(道)」와 하나가 되라는 뜻이다.

(3) 노자의 반전사상(反轉思想)은 곧 「도적(道的) 복귀사상(復歸思想)」이다. 스스로 나타나지 않으므로 도리어 밝다. 스스로 옳다고 주장하지 않으므로 도리어 빛이 난다. 자기의 공을 자랑하지 않으므로 도리어 공이 두드러진다. 자기의 능력을 자만하지 않으므로 도리어 오래 갈 수가 있다. 겸양하면 남이 받아준다.

제 23 장

[1] 希言自然.

희언(이) 자연(이니라)

말없는 것이 자연이다.

[2] 故飄風不終朝 驟雨不終日 孰爲此者 天地 天地尙不能久 而況於人乎.

고(로) 표풍부종조(하고) 취우부종일(하니) 숙위차자(이오) 천지(이니라) 천지(이) 상불능구(이어늘) 이황어인호(이아)

고로 강풍도 아침 내내 불 수가 없다. 폭우도 하루 종일 계속해서 오지 않는다. 누가 그렇게 만드는가? 바로 하늘과 땅이다. 하늘과 땅도 폭풍이나 호우를 오래 내리지 않거늘 하물며 사람이 그럴 수 있겠는가.

[3] 故從事於道者 同於道 德者 同於德 失者 同於失 同於道者 道亦樂得之 同於德者 德亦樂得之 同於失者 失亦樂得之.

고(로) 종사어도자(이) 동어도(이오) 덕자(이) 동어덕(이오) 실자(이) 동어실(이오) 동어도자(이) 도역락득지(이오) 동어덕자(이) 덕역락득지(이오) 동어실자(이) 실역락득지(이니라)

고로 일을 할 때 도를 따르면 도와 일치하고, 덕을 따르면 덕과 일치한다. 도를 잃으면 잃은 것과 같게 된다. 도와 일치하면 도 역시 즐겁게 얻을 수 있다. 덕과 일치하면 덕 역시 즐겁게 얻을 수 있다. <도와 덕을> 잃은 사람은 잃은 대로 즐거워하면서 <포악한 악덕을> 얻는다.

[4] 信不足焉 有不信焉.

신부족언(이면) 유불신언(이니라)

믿음이 부족하면 신임을 얻지 못한다.

[어구 설명] [1] 希言自然 :

○希言自然(희언자연) : 말없는 것이 자연이다. 자연은 말이 없다.

<* 희언(希言)은 무언(無言)이나 과언(寡言)과 같다.>

<* 논어(論語)에서 공자(孔子)도 말했다. 「하늘이 무슨 말을 하더냐. 말하지 않는다. 그러나 사계절이 돌아가고 백물이 살고 자란다.(天何言哉 四時行焉 百物生焉)」>

<* 노자는 제17장에서 다음같이 말했다. 「<성인은 말을 아끼고 호령을 내리지 않는다.> 그러면서 공을 세우고 일을 한다.

<그러나> 백성들은 스스로 된 것이라고 생각한다.(悠兮 其貴言 功成事遂 百姓皆謂 我自然)」 즉 자연의 도는 말없이 만물을 창조하여 발전시키고 우주를 운행하고 있다.>

<* 따라서 「희언자연(希言自然)」을 「정치도 명령이나 법령을 적게 해야 스스로 잘된다.」로 풀 수 있다.>

<* 장석창(蔣錫昌)은 다음과 같이 주를 달았다. 「다언은 호령이나 법령이 많은 정치이고, 희언은 말이 적은 다스림이다. 즉 하나는 유위이고, 하나는 무위이다.(多言者 多聲敎法令之治 希言者 少聲敎法令之治 故一卽有爲 一卽無爲也)」>

[어구 설명] [2] 故飄風不終朝 驟雨不終日 孰爲此者 天地 天地尙不能久 而況於人乎 :

○故飄風不終朝 驟雨不終日(고표풍부종조 취우부종일) : 그런 고로 폭풍도 아침 내내 불어 휩쓸지 않고, 소나기도 하루 종일 내리는 법이 없다.

<* 왕회(王淮)는 다음같이 풀었다. 「표풍(飄風)은 폭정이 천하의 백성을 호령하고, 헌령과 금법을 비유한 것이다.(飄風 以喩暴政之 號令天下 憲令法禁是也)」 「취우는 폭정이 백성을 채찍질하고, 무거운 세금과 노역을 부과함을 비유한 것이다.(驟雨 以喩暴政之 鞭策百姓 賦稅勞役是也)」>

○孰爲此者 天地(숙위차자 천지) : 누가 그렇게 만드는가? 바로 하늘과 땅이다.

○天地尙不能久 而況於人乎(천지상불능구 이황어인호) : 하늘과 땅도 바람이나 비를 오래 내리게 하지 않거늘 사람이 어찌 포악한 짓을 <오래> 할 수 있겠느냐.

[어구 설명] [3] 故從事於道者 同於道 德者 同於德 失者 同於失 同於道者 道亦樂得之 同於德者 德亦樂得之 同於失者 失亦樂得之 [4] 信不足焉 有不信焉 :

○從事於道者 同於道(종사어도자 동어도) : 도를 따라 일을 하는 사람은 도와 같게 된다.

○德者 同於德(덕자 동어덕) : 덕을 세우는 사람은 그 덕이 같게 된다.

○失者 同於失(실자 동어실) : 덕을 잃은 자는 덕을 잃은 상태와 같게 된다. 즉 도와 덕을 잃고 악덕하게 된다는 뜻.

○道亦樂得之(도역락득지) : <도와 일체가 되면> 즐겁게 도를 얻을 수 있다. 즉 도도 그러한 다스림이나 사람을 받아들이고 잘 생육화성하게 된다.

○德亦樂得之(덕역락득지) : 덕과 일체가 되면 덕도 즐거이 그를 받아들인다.

○失亦樂得之(실역락득지) : <도나 덕을 다 잃으면> 실(失)이 좋아하고 포학무도한 학정(虐政)을 얻게 해준다는 뜻.

○信不足言 有不信焉(신부족언 유불신언) : 성신(誠信)이 부

족하면 신임을 얻지 못한다.

<* 제17장과 같은 경지를 말한 것이다.>

[현대적 해석] 제 23 장

[1] 말없는 다스림이 곧 무위자연의 도리이다.

[2] 허기는 강풍도 아침 내내 불 수가 없다. 폭우도 하루 종일 계속해서 오지 않는다. 누가 그렇게 하나? 바로 하늘과 땅이다. 하늘과 땅도 오래 내리지 않거늘 하물며 사람이 그럴 수 있겠느냐?

<* 즉 오래 악덕을 할 수 있느냐?>

[3] 고로 일을 할 때 도를 따르면 도와 일치하고, 덕을 따르면 덕과 일치한다. 도를 잃으면 잃은 것과 같게 된다. 도와 일치하면 도 역시 즐겁게 얻을 수 있다. 덕과 일치하면 덕 역시 즐겁게 얻을 수 있다. <도와 덕을> 잃은 사람은 잃은 대로 즐거워하면서 <결국은 포학무도한 악덕정치를 펴게 된다.>

[4] 도를 믿고 신실하게 하지 않으면 백성의 신임을 얻지 못한다. <* 말이 많고 악덕한 법령이나 시회제도를 복잡하게 만들고 다스리면, 결국은 무위자연의 도에서 벗어나게 된다.>

참고 보충 설명 | 말없는 무위자연의 다스림

(1) 노자는 무위자연의 도리를 강조한다. 당시의 전국시대는 모든 나라가 서로 싸우며 자기만이 옳다고 떠들었다. 시끄럽고 포악한 것은 오래 가지 못한다. 폭풍(暴風)이나 소나기는 오래 계속되지 못한다. <* 제17장 참조>

(2) 자연 만물은 스스로 태어나 자라고 번식한다. 인간 세계의 시끄러운 정치와는 관계가 없다. 그러므로 사람도 저마다 자연의 도를 따라 홀로 태어나 자유롭게 살기를 바랐다.

(3) 그러나 인간은 역사적 전통이나 사회적 규제를 완전히 벗고 살 수가 없다.

(4) 그래서 태고 때의 삼황오제(三皇五帝)를 높이고, 또 윤리 도덕을 내세웠던 것이다. 그 속에는 그 나름대로의 선한 도리가 있었다. 그러나 후세의 통치자들은 역사적 전통이나 윤리 도덕을 악용하고 독재하고 자기의 야욕을 채우려고 했던 것이다. 그래서 노자는 부정(否定)을 강조했다.

(5) 정치의 이상은 「말을 아끼고[貴言], 말을 적게 하는 것[希言]이다.」 위정자가 허정(虛靜)해야 도를 따라 모든 것이 잘 다스려지고 저마다 생육화성하게 된다. 그와 같은 「무적(無的) 도」를 성실하게 믿고 따르고, 또 신실(信實)하게 열매를 맺어야 백성들이 영도자를 성실하게 믿고 따를 것이다.

제 24 장

[1] 企者不立 跨者不行.

기자(이) 불립(이오) 과자(이) 불행(이니라)

발돋움하면 제대로 설 수 없다. 가랑이를 벌리고 걸으면 제대로 걸을 수 없다.

[2] 自見者不明 自是者不彰 自伐者無功 自矜者不長.

자현자(이) 불명(이오) 자시자(이) 불창(이오) 자벌자(이) 무공(이오) 자긍자(이) 부장(이니라)

스스로 자신을 내보이는 자는 도리어 밝게 나타나지 못한다. 스스로 옳다고 하는 자는 도리어 빛나지 못한다. 자기를 자랑하는 자는 도리어 공이 없게 된다. 자기를 과시하는 자는 도리어 오래 가지 못한다.

[3] 其在道也 曰 餘食贅形 物或惡之 故有道者不處.

기재도야 왈(하노니) 여식췌형(이오) 물혹오지(이라) 고(로) 유도자(이) 불처(하니라)

도에서 볼 때는 <다음같이> 말할 수 있다. <그런 짓은> 남은밥이고 군살이므로 <모든> 사람들이 항상 미워한다. 고로 도를 터득한 사람은 그런 짓을 하지 않는다.

[어구 설명] [1] 企者不立 跨者不行 :

○企者不立(기자불립) : 「기(企)는 기(跂)와 같다.」 발뒤꿈치를 들고 발끝을 딛고 서면 제대로 오래 설 수가 없다. 「과(跨)는 다리나 가랑이를 크게 벌리고 걷는다는 뜻이다.」
<* 이런 짓은 자연스런 태도가 아니다. 억지는 무리가 따르고 따라서 제대로 될 수 없다. 곧 지략(智略)은 무가치하다.>

[어구 설명] [2] 自見者不明 自是者不彰 自伐者無功 自矜者不長 :

○自見者不明(자현자불명) : 이하 네 구절은 제22장에도 있다. 즉 「부자현 고명(不自見 故明)」과 뜻이 같다.

[어구 설명] [3] 其在道也 曰餘食贅形 物或惡之 故有道者不處 :

○其在道也(기재도야) : 도에 있어서는. 「재(在)를 어(於)로 쓴 판본도 있다.」

○餘食贅形(여식췌형) : 많이 먹으면 병이 난다.

<* 췌형(贅形)은 군살, 불필요한 형식이나 행동. 왕필(王弼)

과 하상공(河上公) 본에는 「췌행(贅行)」으로 쓰였다.>

○物或惡之(물혹오지) : 사람들이 노상 미워한다[惡].

<*「물(物)」은 「대상이 되는 사람의 뜻이다.」「혹(或)은 상(常)과 같다.」

○不處(불처) : 그런 짓을 안한다. 처(處)하지 않는다.

[현대적 해석] 제 24 장

[1] 무리하게 발돋움하면 제대로 설 수가 없다. 가랑이를 크게 벌리고 걸으면 제대로 걸을 수가 없다.

[2] 자기를 내세우는 자는 도리어 밝게 나타나지 못한다. 자기를 옳다고 주장하는 자는 도리어 빛나게 하지 못한다. 자기를 자랑하는 자는 도리어 공이 없게 된다. 자기를 과시하는 자는 도리어 오래 가지 못한다.

[3] 무위자연의 도에서 볼 때, <그런 짓은> 남은밥이나 군살이라 하겠다. <그런 짓은> 남들이 언제나 미워한다. 고로 도를 터득한 사람은 그런 짓을 하지 않는다.

참고 보충 설명 | 여식췌형(餘食贅形)

(1) 속인들은 정신적으로 높고 크게 볼 줄 모른다. 당장의 눈앞만을 보고 산다. 그래서 돈이나 물질만을 얻으려고 야단이다. 나만 잘살려고 이기적 욕심을 부린다. 육체적 쾌락에 빠져

먹고 마시고 놀기만 한다. 그러면서 오래 살려고 보약을 먹고 병원에 간다. 그 결과는 생명을 단축한다.

(2) 속인들은 온갖 범죄를 저지른다. 남을 속이고 남의 재물을 탈취한다. 심지어 늙은 부모를 살해하기도 한다. 남의 여자를 겁탈하고 살해하기도 한다. 밀수나 탈세를 예사로 한다.

(3) 속세의 정치는 더 심하다. 정치인이나 정당은 자기만을 생각하고, 궤변을 늘어놓고 남을 속인다. 그것을 지혜라고 착각하고 있다.

(4) 특히 강대국은 자기가 세계를 독점하고 지배하려는 음흉한 생각으로 온갖 간계(奸計)를 다 쓰고 있다. 그들은 겉으로 자기의 수심(獸心)이나 야심(野心)을 내보이지 않는다. 그리고 반대로 세계 인류를 위해서, 진정한 평화를 위해서라고 딴소리를 한다. 그리고 약소국을 괴롭힌다. 이에 도(道)를 모르는 우매한 사람들이나 나라들이 함께 부화뇌동(附和雷同)하고 있다.

(5) 노자는 말한다. 도(道)는 「무위자연의 도리다.」「돈과 무력과 음흉한 간계로 남을 잡아먹는 도리가 아니다.」 노자는 또 말했다. 억지를 쓰는 것은 「여식췌형(餘食贅形)이다. 도를 터득한 사람은 그런 짓을 하지 않는다.」

(6) 같은 전국시대의 맹자(孟子)도 말했다. 「왜 부국강병(富國强兵)을 논하시오. 인의(仁義)가 있을 뿐이오.」

제 25 장

[1] 有物混成 先天地生 寂兮寥兮 獨立而不改 周行而不殆 可以爲天下母.

유물혼성(이) 선천지생(이라) 적혜료혜(요) 독립이불개(이오) 주행이불태(라) 가이위천하모(이니라)

혼돈하게 <우주 천지 만물을> 이루는 무엇인가가 천지보다 먼저 있었다. 그것은 소리가 없어 들을 수도 없고 형태가 없어 볼 수도 없다. 홀로 우뚝 서 있으며 언제까지나 변하지 않고, 또 두루 어디에나 번져 나가며 절대로 멈추는 일도 없다. 그러므로 천하 만물의 어머니라 할 수 있다.

[2] 吾不知其名 强字之曰道 强爲之名曰大.

오부지기명(이라) 강자지왈도(라) 강위지명왈대(라)

나는 그 이름을 알지 못한다. 억지로 자호를 지어 도라 부르고, 또 억지로 이름을 지어 대(大)라 할 뿐이다.

[3] 大曰逝 逝曰遠 遠曰反.

대왈서(이오) 서왈원(이오) 원왈반(이라)

크므로 나간다. 나가니깐 멀어진다. 멀어지니깐 결국은 되돌아온다.

[4] 故道大 天大 地大 人亦大 域中有四大 而人居其一焉.

고(로) 도대(이오) 천대(이오) 지대(이오) 인역대(이니라) 역중유사대(이나) 이인거기일언(이니라)

고로 도는 크다. 하늘도 크다. 땅도 크다. 사람도 크다. 이 세계에는 큰 것이 네 개가 있다. 그 중에 사람도 한 자리를 차지하고 있다.

[5] 人法地 地法天 天法道 道法自然.

인법지(오) 지법천(이오) 천법도(이오) 도법자연(이니라)

사람은 땅을 법도로 삼는다. 땅은 하늘을 법도로 삼는다. 하늘은 도를 법도로 삼는다. 도는 자연을 법도로 삼는다.

[어구 설명] [1] 有物混成 先天地生 寂兮寥兮 獨立不改 周行而不殆 可以爲天下母 :

ㅇ有物混成 先天地生(유물혼성 선천지생) : 무엇인가 혼돈한 상태를 이루고 천지보다 먼저 나타났다.

<* 물(物)은 제21장에 있는 「도지위물(道之爲物)의 물(物)이다.」 그러나 여기서는 도라고 이름을 부르기 전의 근원적인

어떠한 것, 혹은 무엇이라는 뜻이다.>

<* 혼성(混成)은 「현상세계(現象世界)가 나타나기 전의 본체인 도가 혼돈한 상태를 이루고 있다는 뜻이다.」 그러나 도는 만물의 근원으로 하나이다. 고로 혼연일체를 이루고 있다.>

<* 제14장에서는 「도를 이(夷), 희(希), 미(微)」라 하고 이어 「혼이위일(混而爲一)」이라 했다.>

<*왕필(王弼)은 다음과 같이 풀었다. 「혼연하여 알 수가 없다. 그러나 만물이 거기에서 이루어지므로 혼성이라 한다.(混然不可得而知 而萬物由之以成 故曰混成)」>

<* 하상공(河上公)은 말했다. 「도는 무형이며 혼돈하면서 이룬다.(謂道無形 混沌而成)」>

○寂兮寥兮(적혜료혜) : 「적(寂)은 소리가 없고 고요하다」는 뜻이다. 「요(寥)는 형태가 없고 보이지 않는다」는 뜻이다.

<* 엄영봉(嚴靈峯)은 말했다. 「적(寂)은 조용히 소리가 없다는 뜻. 요(寥)는 움직이면서 형태가 없음이다.(寂兮 靜而無聲 寥兮 動而無形)」>

<* 도는 천지보다도 앞서서 나왔으나 소리도 없고 보이지도 않는다. 소리나 형태는 현상세계에서 인지(認知)되는 것이다. 천지보다 먼저 나온 도는 소리도 형태도 있을 수 없다. 그러나 그 도는 죽은 것이 아니다. 도에서 만물이 나왔으며, 또 도는 오늘까지 작용하고 있다.>

○獨立而不改(독립이불개) : 도는 우뚝 서 있으면서 변하지 않는다. 도는 영구불멸(永久不滅)이다. 도의 절대성과 영구성을 밝힌 말이다.

○周行而不殆(주행이불태) : 두루 어디에나 운행하면서 쉬거나 멈추는 법이 없다.

<* 앞의 「독립이불개(獨立而不改)」는 도체(道體)의 절대성과 영구성을 밝힌 말이다. 「주행이불태(周行而不殆)」는 도용(道用)의 절대성과 영구성을 밝힌 말이다.>

○可以爲天下母(가이위천하모) : 천하 만물의 어머니라 할 수가 있다.

[어구 설명] [2] 吾不知其名 强字之 曰道 强爲之名 曰大 :

○吾不知其名(오부지기명) : 나는 그 이름을 알지 못한다. 무어라고 불러야 할지 모른다.

<* 도는 절대다. 공간과 시간을 초월한 만물의 근원이다. 따라서 이름을 알 수가 없다. 이름은 현상세계에나 있는 것이다. 도는 만물의 시원(始原)이다. 피조물인 사람이 어떻게 시원을 알 것이며, 또 이름을 붙일 수 있겠는가.>

○强字之 曰道(강자지 왈도) : 억지로 자(字)를 지어 도라고 한다. <* 옛 판본에는 「강(强)」자가 빠진 것이 많다. * 부혁(傅

奕)이나 범응원(范應元)을 따라 「강(强)」을 넣었다.>

ㅇ强爲之名 曰大(강위지명 왈대) : 억지로 이름을 지어 대(大)라 한다. 「대(大)는 지대(至大)의 뜻이다.」

<* 노자는 제16장에서 「천내도(天乃道)」라 했다. 제10장과 제22장에서는 「포일(抱一)」이라 했다. 그리고 여기서는 「대(大)」라 했다. 따라서 노자의 도(道)는 <근원적인 뜻으로는> 「일(一)과 대(大)」를 합친 「천(天)」이라 하겠다.>

[어구 설명] [3] 大曰逝 逝曰遠 遠曰反 :

ㅇ大曰逝(대왈서) : 크므로 나간다. 즉 도는 광대무변하게 나간다. 「왈(曰)을 즉(則)으로 푼다.」 「逝(갈 서)」

ㅇ逝曰遠(서왈원) : 도의 유행(流行)은 무소부지(無所不至)다. 즉 도는 멀리까지 나간다.

ㅇ遠曰反(원왈반) : 끝없이 멀리 가면 다시 되돌아온다.

<* 노자에게 있어 반(反)은 두 가지 뜻으로 쓰였다. 하나는 반(返), 즉 원점으로 되돌아온다. 또 하나는 반대의 뜻. 여기서는 복귀의 뜻이다.>

<* 제16장에 있다. 「부물운운 각복귀기근(夫物芸芸 各復歸其根)」>

[어구 설명] [4] 故道大 天大 地大 人亦大 域中有四大 而人居其一焉 :

ㅇ人亦大(인역대) : 사람도 역시 크다. <* 「왕역대(王亦大)」라고 쓴 판본도 있다. 그러나 「인역대(人亦大)」가 좋다.>

<* 도(道)는 근원이며 크다. 그 큰 도(道)에서 나온 천(天), 지(地), 인(人)도 다 크게 마련이다.>

ㅇ域中有四大 而人居其一焉(역중유사대 이인거기일언) : 사해(四海) 안에 사대(四大)가 있으며, 사람도 하나를 차지한다. <* 역중(域中)은 도천지인(道天地人)으로 풀 수도 있다. 즉 인(人)도 네 가지 중의 하나다.>

[어구 설명] [5]人法地 地法天 天法道 道法自然 :

ㅇ人法地(인법지) : 사람은 땅의 법도를 따른다. 사람은 땅을 거역하고 살 수가 없다.

ㅇ道法自然(도법자연) : 도는 스스로 그렇게 된다. 또는 「도는 자연을 만물을 법도로 삼는다」로 풀 수 있다.

<* 이 말은 뒤집어서 한 말이다. 도는 우주의 운행을 주재하고 만물의 생육화성의 근원이다. 도는 절대다. 이를 뒤집어서 도가 자연을 법도로 삼았다고 한 것이다.>

<* 오징(吳澄)은 다음과 같이 주를 달았다. 「도는 스스로 되었으므로 크다고 친다. 따라서 자연을 따랐다고 한다. 도 밖에 따로 자연이 있는 것이 아니다.(道之所以大 以其自然 故曰法自然 非道之外 別有自然也)」>

[현대적 해석] 제 25 장

[1] 혼돈하면서도 만물을 이루는 무엇인가가 천지보다도 먼저 있었다. 그것은 소리가 없어 들을 수도 없고, 형태가 없어 볼 수도 없다. 그러나 홀로 우뚝 서 있으며 언제까지나 변하지 않는다. 두루 어디에나 번져 나가며 절대로 멈추는 일이 없다. 그러므로 천하 만물의 모체라 할 수 있다.

[2] 나는 그 이름을 알지 못한다. 억지로 자호를 지어 도라 부르고, 억지로 이름을 지어 대(大)라 한다.

[3] 그것은 크므로 어디에나 번져 나가고, 어디에나 번져 나가므로 안 가는 곳 없이 멀리 가고, 멀리 가므로 결국은 되돌아오게 마련이다.

[4] 그런 고로 도가 크고, 하늘도 크고, 땅도 크고, 또한 사람도 크다. 이 세계에는 큰 것이 네 개가 있는데, 그 중에 사람도 하나를 차지하고 살고 있다.

[5] 사람은 땅을 법도로 삼는다. 땅은 하늘을 법도로 삼는다. 하늘은 도를 법도로 삼는다. 도는 자연을 따라 스스로 그렇게 된 것이다.

참고 보충 설명 | 천지인(天地人)과 도(道)

(1) 노자 제25장은 도의 근본개념을 설명한 글이다. 기타 제1

장, 제4장, 제12장 및 제14장도 같다.

(2) 노자는 도를 대략 다음같이 설명했다. 도는 인식을 초월한 형이상적 본체다. 그래서 무(無)라고 말했다. 그러나 아무것도 없거나 공허하지 않다. 사람이 감각적으로 인지할 수 없을 뿐이다. 그러나 도는 우주 천지 자연 만물의 시원이다.

(3) 뿐만 아니다. 걷잡을 수 없이 혼돈하고 황홀한 상태로 우주 천지 자연 만물을 끝없이 생육화성(生育化成)한다. 도의 작용은 공간적으로 광범하고 시간적으로도 무한하다. 그래서 「혼돈 속에서 모든 것을 이루게 한다.」고 말했다.

(4) 도는 하늘과 땅보다도 먼저 있었다. 도에서 모든 현상이나 조화가 나온다. 도가 있으므로 해서 우주 천지 자연 만물이 있고, 또 변화하고, 또 모든 현상이 나타났던 것이다.

(5) 실재하는 자연만물이 바로 도는 아니다. 도는 모든 것 속에 있고, 모든 운행의 주재자이다. 그러나 모든 것에 매였거나 모든 것의 운행으로 끝나지 않는다. 항상 모든 것 속에 있으면서 시간과 공간을 초월한 절대자(絶對者)이다. 절대자이기 때문에 유한한 현상적 존재인 인간의 감관으로는 지각할 수가 없다. 그래서 「희(希) 이(夷) 미(微)」라고 했다.

(6) 도는 인식을 초월한 본체(本體)다. 그러나 영원히 변하지 않고, 또 어디에나 나타나 작용한다. 그래서 「도는 홀로 우뚝 서 있으며 언제까지나 변하지 않는다.(獨立而不改)」 혹은 「천

지의 어머니라 할 수가 있다.(可以爲天地母)」라고 했다.

(7) 도(道)라는 자(字)는 억지로 붙인 것이다. 억지로 이름을 지어 「대(大)」라고도 할 수 있다. <* 제1장에서는 「말로 표상할 수 있는 것은 항구불변의 도가 아니다」라고 했다.>

(8) 이상을 다음같이 요약할 수 있다.

① 도의 본체는 혼돈한 무엇이다.

② 현상계보다 먼저 있었다.

③ 그것은 우뚝 홀로 있으며 영원히 변하지 않는다. 즉 도체(道體)는 시간과 공간을 초월한 일원적(一元的) 절대이다.

④ 그러나 그 도용(道用), 즉 도의 작용은 영원한 태고 때부터 쉬지 않고 어디에나, 어느 것에나 미치고 있다.

<* 기독교에서 높이는 만물의 창조주이자 섭리의 주재자인 하나님과 같다. 기독교에서는 하나님을 남성적 인격신으로 높인다. 그러나 노자는 무신론이다. 천하 만물의 어머니라고 비유했다.>

<* 극단적인 비유를 들겠다. 도(道)의 작용 중 하나가 만물의 생명(生命)이다. 우주 천지 만물은 생명을 바탕으로 나타나 살다가 죽는다. 죽음이 끝이 아니다. 다시 태어나 산다.>

참고 보충 설명 | 노자의 복귀사상(復歸思想)

(1) 다음에서는 노자의 복귀사상을 대략 추려보겠다. 제16장

에 있다. 「만물이 무성하게 자란다. 결국은 근원으로 되돌아 간다. 근원으로 돌아가는 것을 정이라 하고, 정을 복명이라 한다.(夫物芸芸 各復歸其根 歸根曰靜 靜曰復命)」

(2) 노자는 말했다. 「복명(復命)을 상(常)이라 한다. 상을 아는 것을 명(明)이라 한다. 상을 모르면 망발되게 흉악한 짓을 하게 된다.(復命曰常 知常曰明 不知常 妄作凶)」

(3) 노자는 말했다. 「도는 크므로 나간다. 나가므로 멀리 간다. 멀리 가면 되돌아온다.(大曰逝 逝曰遠 遠曰反)」

(4) 노자 사상은 육체만으로는 이해할 수 없다. 정신을 바탕으로 이해해야 한다. 즉 도의 견지에서 볼 때는 무(無)가 유(有)가 된다. 유가 다시 무가 된다.

(5) 노자는 말했다. 「도는 크다. 하늘도 크다. 땅도 크다. 또한 사람도 크다.(道大 天大 地大 人亦大)」 대(大)는 곧 도(道)라는 뜻이다.

(6) 「도(道)는 스스로 그렇게 되는 것이다.(道法自然)」 이것이 노자의 복귀사상(復歸思想)이다. 「대(大)→서(逝)→원(遠)→반(反)」은 곧 도와 하나라는 뜻이다. 즉 도체(道體)와 도용(道用)이 하나임을 말한 것이다.

제 26 장

[1] 重爲輕根 靜爲躁君.

중위경근(이어) 정위조군(이라)

무거움은 가벼운 것의 뿌리가 되고, 허정(虛靜)은 조급(躁急)의 임금이 된다.

[2] 是以君子 終日行 不離輜重 雖有榮觀 燕處超然 奈何萬乘之主 而以身輕天下.

시이 군자(이) 종일행(에) 불리치중(이오) 수유영관(이나) 연처초연(이라) 내하만승지주(이) 이이신경천하(리오)

그러므로 도를 터득한 군자는 종일을 걸어도 무거운 짐차를 떠나지 않는다. <즉 도를 터득한 군자는 경솔하지 않고 신중한 태도를 취한다.> 비록 영화롭고 화려한 생활을 누릴 수 있어도 <도를 따라서> 안온(安穩)하고 초연(超然)하게 처한다. 어찌하여 만승의 나라를 다스릴 임금이 귀중한 자신의 몸을 천박하게 하는가.

[3] 輕則失根 躁則失君.

경즉실근(이오) 조즉실군(이니라)

경망하면 뿌리를 잃고, 조급하면 임금의 자리를 잃는다.

[어구 설명] [1] 重爲輕根 靜爲躁君 :

○重爲輕根(중위경근) : 무거운 것은 가벼운 것의 뿌리가 된다. <* 신중한 사람이라야 도의 뿌리로서, 경박한 사람을 다스릴 것이다. 무거운 뿌리가 생명의 근원이다.>

○靜爲躁君(정위조군) : 허정(虛靜)한 도를 지키는 사람은 초조하고 조급하게 구는 사람의 임금이 된다. 즉 그를 지배할 것이다.

[어구 설명] [2] 是以君子 終日行 不離輜重 雖有榮觀 燕處超然 奈何萬乘之主 而以身輕天下 :

○是以君子 終日行 不離輜重(시이군자 종일행 불리치중) : 그러므로 도를 터득한 군자는 종일을 걸어도 무거운 짐차를 떠나지 않는다.

<* 군자(君子)를 성인(聖人)으로 쓴 책도 많다.>

<* 치중(輜重)은 무거운 짐을 실은 수레다. 이는 곧 신중한 태도를 취한다는 뜻이다. 도(道)는 무거운 뿌리라 하겠다.>

<* 하상공(河上公)은 「치(輜)를 정(靜)」이라 주를 달았다. 즉 하루 종일 길을 가도 정(靜)과 중(重)에서 이탈하지 않는다.>

○雖有榮觀(수유영관) : 비록 영화로운 경관을 가져도. 즉 화려한 생활을 할 수 있어도.

ㅇ燕處超然(연처초연) : 안온(安穩)하고 초연(超然)하게 처한다. 즉 들떠서 좋아하거나, 또 놀아나지 않는다.

ㅇ奈何萬乘之主 而以身輕天下(내하만승지주 이이신경천하) : 어찌하여 만승의 나라를 다스릴 임금이 귀중한 자신의 몸을 천하 만인들 앞에서 가볍게 내보이겠느냐.

<* 속세의 만승지주(萬乘之主)는 전차(戰車) 만 대를 동원할 수 있는 대국(大國)의 군주다.>

<* 하상공(河上公)은 다음과 같이 주를 달았다. 「왕은 지존하거늘 자신을 경박하게 굴 수가 있겠는가. 이는 곧 당시의 왕들이 사치하고 멋대로 하고 경박하고, 또 음탕하게 한 것을 욕한 것이다.(王者至尊 而以身行輕躁乎 疾時王者 奢恣輕淫也)」>

<*소철(蘇轍)은 다음과 같이 풀었다. 「임금은 한 몸으로 천하를 맡고 있다. 그런데도 자신이 경망하게 굴면 천하를 맡길 수가 없다.(人主以身任天下 而輕其身 則不足以任天下矣)」>

[어구 설명] [3] 輕則失根 躁則失君 :

ㅇ輕則失根 躁則失君(경즉실근 조즉실군) : 가벼우면 뿌리를 잃는다. 조급(躁急)하면 임금이 될 수 없다.

<* 근(根)을 본(本)으로 쓴 판본도 있다.>

[현대적 해석] 제 26 장

[1] 무거움은 가벼운 것의 뿌리가 된다. 허정(虛靜)은 조

급(躁急)의 임금이 된다.

[2] 그런 고로 도를 터득한 군자는 하루 종일 길을 가도 무거운 짐을 실은 수레를 떠나지 않는다. 비록 화려한 생활을 누릴 수 있어도 초연하고 태연한 자세로 처한다. 그러하거늘 어찌 만승(萬乘)의 큰 나라의 임금이 자신을 천하 만민 앞에 경망하게 할 수가 있겠는가.

[3] 경박하면 깊은 뿌리가 못된다. 조급하면 임금의 자리를 잃는다.

참고 보충 설명 | 무거움이 뿌리가 된다

(1) 하상공은 「중위경근(重爲輕根)」을 다음같이 풀었다. 「임금은 무게가 없으면 존엄하지 못하다. 내 몸을 다스리는 데 신중하지 못하면 신령(神靈)함을 잃는다. 초목의 꽃은 가벼우므로 영락해 떨어진다. 그러나 뿌리는 무거우므로 언제까지나 있다.」

<* 도를 따르는 사람은 몸가짐을 경솔하게 하지 말고, 신중하게 해야 한다.>

(2) 「허정(虛靜)은 조급(躁急)을 다스리는 임금이 된다.」 이를 다음과 같이 풀었다. 「임금이 허정하지 못하면 위엄이 없고, 내 몸을 다스리는 데 허정하지 못하면 위태롭게 된다. 용은 조용하므로 능히 변화할 수가 있다. 그러나 호랑이는 조급하

므로 일찍 죽는다.」

<* 사람도 무게가 있고 신중하고 조용하게 살아야 오래 살 수 있다. 성급(性急)하게 화를 내고 싸우거나, 욕심을 누르지 못하고 마냥 놀고 마시고 방탕하면 일찍 죽는다.>

(3) 정중(靜重), 허정(虛靜), 염정(恬靜), 청정(淸靜), 정지(靜止) 및 중후(重厚), 신중(愼重), 소박(素樸) 등의 생활태도를 잘 지켜야 무위자연의 도에 가깝게 될 수 있다.

(4) 반대로 조급(躁急), 경망(輕妄)한 태도로 살거나, 또는 들뜨고 시끄럽고 혼잡한 감각적 쾌락만을 추구하는 생활을 하면, 결국은 하는 일 없이 허무하게 죽는다. 특히 상업적 광고에 홀려서는 안된다.

(5) 도를 터득한 성인이나 군자는 부귀영화를 앞에 놓고도 허정을 잃지 않고 태연자약하다. 속인들은 명리를 좇아 얼마나 경거망동하는가. 그러므로 진생(眞生)을 모른다. 천하를 다스리는 임금은 그래서는 안된다. 경거망동(輕擧妄動)하면 도(道)나 뿌리에서 멀어진다.

제 27 장

[1] 善行無轍迹 善言無瑕讁 善數不用籌策.

선행(이) 무철적(이오) 선언(이) 무하적(이오) 선수(이) 불용주책(이니라)

길을 잘 가는 사람은 자국을 남기지 않는다. 말을 잘하는 사람은 허물을 남기지 않는다. 셈을 잘하는 사람은 산가지를 쓰지 않는다.

[2] 善閉無關楗 而不可開 善結無繩約 而不可解.

선폐(이) 무관건 이불가개(이오) 선결(이) 무승약 이불가해(이니라)

잘 잠그는 사람은 문빗장없이도 열지 못하게 한다. 잘 묶는 사람은 밧줄없이도 풀지 못하게 한다.

[3] 是以 聖人常善救人 故無棄人 常善救物 故無棄物 是謂襲明.

시이(로) 성인(이) 상선구인(이) 고무기인(이오) 상선구물(이) 고무기물(이라) 시위습명(이니라)

그런 고로 도를 터득한 성인은 항상 모든 사람을 구해 주므로 아무도 버리지 않는다. 항상 모든 물건을 잘 살려 쓰므로 아무것도 버리지 않는다. 이렇게 하는 것을 곧 습명(襲明), 즉 밝은 지혜를 간직함이라고 말한다.

[4] 故善人者 不善人之師 不善人者 善人之資 不貴其師 不愛其資 雖智大迷 是謂要妙.

고(로) 선인자(이) 불선인지사(이오) 불선인자(이) 선인지자(이니라) 불귀기사(이) 불애기자(이면) 수지(라도) 대미(이니라) 시위요묘(이니라)

그런 고로 착한 사람은 착하지 못한 사람의 스승이고, 착하지 못한 사람은 착한 사람의 자료라 하겠다. 스승을 높이지 못하거나 자료를 사랑하지 않으면 비록 안다고 해도 크게 미혹된 것이다. 그러므로 이를 곧 요묘(要妙), 즉 현묘(玄妙)한 도리라 한다.

[어구 설명] [1] 善行無轍迹 善言無瑕讁 善數不用籌策 :

ㅇ善行 無轍迹(선행 무철적) : 길을 잘 가는 사람은 발자국을 남기지 않는다.

<* 「선행자(善行者)」라고 쓴 판본도 있다. 「행(行)」을 「일을 잘하다」로 풀 수도 있다.>

<* 하상공(河上公)은 「도를 잘 행하는 사람」이라 풀었다.>

<* 철(轍)은 바퀴자국, 적(迹)은 흔적. * 최고의 선행(善行)은 무위(無爲)다. 자국이 있을 수 없다.>

○善言 無瑕謫(선언 무하적) : 말 잘하는 사람은 하자(瑕疵)를 남기지 않는다.

<* 노자가 말하는 선언(善言)은 곧 무언(無言)이다. 그러므로 하자(瑕疵)가 없다. *하적(瑕謫)은 곧 하자.>

<* 범응원(范應元)은 다음과 같이 풀었다. 「하(瑕)는 옥(玉)의 티이고, 적(謫)은 벌책(罰責)이다.」>

○善數 不用籌策(선수 불용주책) : 수를 잘 헤아리는 사람은 산가지를 쓰지 않는다.

<* 수(數)는 술책의 뜻으로도 푼다. 주책(籌策)은 산가지.>

[어구 설명] [2] 善閉無關楗 而不可開 善結無繩約 而不可解 :

○善閉 無關楗 而不可開(선폐 무관건 이불가개) : 잘 잠그는 사람은 문빗장없이도 열지 못하게 한다.

<* 관건(關楗)은 문빗장. 관(關)은 가로질러 잠그는 빗장, 건(楗)은 상하로 문을 잠그는 빗장.>

○善結 無繩約 而不可解(선결 무승약 이불가해) : 잘 묶는 사람은 밧줄없이도 풀지 못하게 한다.

<* 승(繩)은 줄, 새끼줄이나 밧줄. 약(約)은 조여 묶다.>

[어구 설명] [3] 是以聖人常善救人 故無棄人 常善救物 故無棄物 是謂襲明 :

ㅇ是以 聖人常善救人 故無棄人(시이 성인상선구인 고무기인) : 그러므로 도를 터득한 성인은 항상 사람을 구해 준다. 고로 버리는 사람도 없다.

<* 원래 도는 선악의 차별이 없다. 무위자연의 도는 모든 사람이 저마다 스스로 살게 한다.>

ㅇ常善救物 故無棄物(상선구물 고무기물) : 자연 만물을 모두 잘 살려서 활용한다. 고로 아무것도 버리는 것이 없다.

ㅇ是謂襲明(시위습명) : 이를 습명(襲明)이라고 한다.

<* 습(襲)은 도습(蹈襲), 옷을 입는다. 즉 도를 간직하고 지킨다는 뜻이기도 하다. * 명(明)은 언제나 어디에나 밝게 나타나는 도(道)의 뜻이다. 명은 총명하고 밝은 지혜(知慧)의 뜻이기도 하다. 그러나 큰 뜻은 역시 도다. 이는 곧 대학(大學)에서 말하는 「명명덕(明明德)」과 같다.>

[어구 설명] [4] 故善人者 不善人之師 不善人者 善人之資 不貴其師 不愛其資 雖智大迷 是謂要妙 :

ㅇ善人者 不善人之師(선인자 불선인지사) : 착한 사람은 착하지 않은 사람의 스승이다.

ㅇ不善人者 善人之資(불선인자 선인지자) : 착하지 않은 사람은 착한 사람의 바탕이나 밑천이다. 제자는 결국 스승을 도와주는 밑천이다.

ㅇ不貴其師 不愛其資(불귀기사 불애기자) : 스승을 귀중하게 여기지 않거나, 바탕이 되는 학생을 사랑하지 않는다면.

ㅇ雖智大迷 是謂要妙(수지대미 시위요묘) : 비록 <인간적 차원의> 큰 지혜가 있다고 해도 크게 미망한 것이다. <그래서 그와 같이 도를 터득하고 남을 구해 주고, 또 잘살게 해주는 경지를> 요묘(要妙)라고 말한다.

<* 요묘는 정요현묘(精要玄妙), 요도오묘(要道奧妙)의 뜻이다. *요(要)는 긴요하다, 핵심적이라는 뜻.>

[현대적 해석] 제 27 장

[1] 길을 잘 가거나 일은 잘 처리하는 사람은 아무런 자국을 남기지 않는다. 말을 잘하는 사람은 하등의 허물도 남기지 않는다.

[2] 대문을 잘 잠그는 사람은 문빗장없이도 열지 못하게 한다. 잘 묶는 사람은 밧줄없이도 풀지 못하게 한다.

[3] 그런 고로 도를 터득한 성인은 항상 모든 사람을 잘 살려준다. 고로 아무도 버리지 않는다. 자연 만물을 모두 잘 살려서 활용한다. 고로 아무것도 버리는 것이 없다.

이러한 경지를 습명(襲明), 즉 밝게 나타나는 도와 하나가 된 상태라고 한다.

[4] 그런 고로 착한 사람은 착하지 못한 사람의 스승이고, 착하지 못한 사람은 착한 사람의 밑천이라 하겠다. 스승을 높이지 못하거나 자료를 사랑하지 않으면 비록 세상적인 지혜가 있다고 해도 크게 미혹된 것이다. 그러므로 <도를 따르고 행하는 경지를> 요묘(要妙)라고 한다.

참고 보충 설명 | 요묘(要妙)

(1) 무위자연의 도를 터득한 성인(聖人)도 무지(無知), 무언(無言), 무욕(無欲), 무위(無爲), 무행(無行)한다. 그러므로 자국이나 하자를 남기지 않는다.

(2) 도(道)는 자연 만물을 낳고 생육화성(生育化成)한다. 그러나 <사람으로서는> 알 수 없다. 또 무어라 말할 수도 없다.

(3) 그래서 도를 따라 사람도 무지(無知), 무언(無言), 무욕(無欲), 무위(無爲), 무행(無行)해야 한다.

(4) 또 성인은 항상 모든 사람을 잘 살려준다. 또 성인은 아무도 버리지 않는다. 자연 만물을 모두 잘 살려서 활용한다. 이러한 경지를 습명(襲明), 즉 밝게 나타나는 도와 하나가 된다고 한다. 이를 요묘(要妙), 현묘(玄妙)라고 한다. 즉 도(道)를 알고 행하는 것은 심오(深奧)한 진리의 밝게 나타남이다.

(5) 잘하는 말은 허물이 없다. 침묵은 금이고 웅변은 은이라고 한다. 하늘은 말하지 않고 만물을 키우고 우주를 운행한다.

(6) 그러나 속세의 정치는 말이 많다. 번거롭게 호령하고 복잡한 법령을 내린다. 뿐만 아니다. 간교한 술책으로 남이나 남의 나라를 속이고 남의 재물이나 토지를 탈취한다.

(7) 대문을 잠그거나 새끼줄을 가지고 남을 감금한다. 노자는 이와 같은 인위적인 악덕을 그만두고 도를 따라 만물과 만민을 스스로 자라게 하라고 했다. 이러한 경지가 바로 문빗장없이도 열지 못하게 하고, 밧줄없이도 풀지 못하게 하는 것이다.

참고 보충 설명 | 명덕(明德)의 주(註)

대학(大學)의 「명명덕(明明德)」을 주자(朱子)는 다음같이 주했다.

① 앞의 명(明)은 밝힌다는 뜻이다.[明者 明之也]

② 명덕(明德)은 사람이 하늘로부터 얻어 가진 것으로 허령불매하다.[明德者 人之所得於天 而虛靈不昧]

③ 그러면서 모든 도리를 갖추고 만사에 응한다.[具衆理 而 應萬事者也]

<* 주자의 사상 속에는 노자의 도(道)가 있다.>

제 28 장

[1] 知其雄 守其雌 爲天下谿 爲天下谿 常德不離 復歸於嬰兒.

지기웅(이) 수기자(이니) 위천하계(이니라) 위천하계(이) 상덕불리(이니) 복귀어영아(이니라)

남성적임을 알면서 여성적인 것을 지키므로 천하의 골짜기가 된다. 천하의 골짜기가 되므로 상덕에서 떨어지지 않고 영아같이 소박한 상태로 복귀할 수 있다.

[2] 知其白 [守其黑 爲天下式 爲天下式 常德不忒 復歸於無極 知其榮] 守其辱 爲天下谷 爲天下谷 常德乃足 復歸於樸.

지기백(이) [수기흑(이므로) 위천하식(이니라) 위천하식(이) 상덕불특(이오) 복귀어무극(이니라) 지기영(이)] 수기욕(이니) 위천하곡(이니라) 위천하곡(이니) 상덕내족(이오) 복귀어박(이니라)

청백함을 알면서도 [검고 어두운 것을 지키므로 천하의 모범이 될 수 있다. 천하의 모범이 되므로 상덕을 어기지 않고 무극으로 복귀할 수 있다. 영광을 알면서] 욕된 자리를 지킬 수 있으므로 천하의 골짜기가 될 수 있다. 천하의 골짜기가 되므로 상덕에 족하게 되고, 따라서 소박한 상태로 되돌아갈 수 있다.

[3] 樸散則爲器 聖人用之 則爲官長 故大制不割.

박산즉위기(이오) 성인용지(이니) 즉위관장(이니라) 고(로) 대제불할(이니라)

소박한 도가 흐트러져 기물이 이루어진다. 성인은 그러한 도를 써서 백관의 장이 된다. 그런 고로 위대한 정치는 깎고 자르는 일이 없다.

[어구 설명] [1] 知其雄 守其雌 爲天下谿 爲天下谿 常德不離 復歸於嬰兒 :

ㅇ知其雄(지기웅) : 남성적임을 안다.

<* 웅(雄)은 적극적이고 강하고 활동적이고 전진적이다.>

ㅇ守其雌(수기자) : 여성적인 태도를 지킨다.

<* 자(雌)는 여성적이고 소극적이고 유약하고 조용히 머물고 겸하(謙下)한다는 뜻을 다 포함한다. 특히 어머니는 만물을 낳고 양육한다.>

ㅇ爲天下谿(위천하계) : 천하의 골짜기가 된다.

<* 제6장 : 「곡신불사 시위현빈(谷神不死 是謂玄牝)」>

ㅇ知其雄 守其雌 爲天下谿(지기웅 수기자 위천하계) : 즉 남성적인 억센 힘을 지니고 있으면서도 오직 여성적인 겸허(謙虛)와 유약(柔弱)을 지켜야 한다. 그렇게 하는 것이 곧 천하의 골짜기다.

<* 천하계(天下谿)는 어둡고 깊은 골짜기로 현묘(玄妙)한 도(道)다. 알 수 없는 도에서 만물이 나타나고 실존한다.>

ㅇ爲天下谿 常德不離 復歸於嬰兒(위천하계 상덕불리 복귀어영아) : 천하의 골짜기가 되고 항상 불변하는 도를 떠나지 않으므로 영아로 돌아갈 수 있다.

<* 상덕(常德)은 항상 변하지 않는 도를 따라 세우는 덕. 이는 곧 무위자연의 덕이다. 바꾸어 말하면 무지(無知), 무욕(無欲), 무위(無爲)이면서 만물을 낳고 살게 하는 덕이다.>

ㅇ復歸於嬰兒(복귀어영아) : 천진하고 순진하고 소박한 영아의 상태로 돌아간다.

<* 노자는 제3장에서 말했다. 「허기심 실기복(虛其心 實其腹)」 제14장에서는 「복귀어무물(復歸於無物)」이라 했다.>

<* 영아(嬰兒)는 야망도 욕심도 없다. 악덕한 정치인같이 음흉하고 간악한 술수도 쓰지 않는다.>

[어구 설명] [2] 知其白 [守其黑 爲天下式 爲天下式 常德不忒 復歸於無極 知其榮] 守其辱 爲天下谷 爲天下谷 常德乃足 復歸於樸 :

○知其白 守其黑 爲天下式(지기백 수기흑 위천하식) : 명백하게 <나타난 천지 만물을> 알면서 어둡고 낮은 데, 즉 도를 지키므로 천하의 모범이 된다.

○爲天下式 常德不忒 復歸於無極(위천하식 상덕불특 복귀어무극) : 천하의 모범이 되고 상덕을 어기지 않으므로 무극(無極)인 도(道)로 복귀한다.

<* 무극(無極)은 시작도 없고, 또 공간적 · 시간적으로 끝이 없는 절대(絶對)인 도(道)라는 뜻이다.>

○知其榮 守其辱 爲天下谷(지기영 수기욕 위천하곡) : 영광이나 영화를 알고 누릴 수 있으면서 <도리어> 낮고 욕된 경지를 지키다. 그래서 천하의 골짜기가 될 수 있다.

○爲天下谷 常德乃足 復歸於樸(위천하곡 상덕내족 복귀어박) : 천하의 골짜기가 되고 상덕이 충분하므로 소박한 도로 복귀한다.

<* '명백하게 알면서 어둡고 낮은 데를 지키므로 천하의 모범이 된다. 천하의 모범이 되고 상덕을 어기지 않으므로 무극으로 복귀한다. 영화를 알고 누릴 수 있으면서.(守其黑 爲天下式 爲天下式 常德不忒 復歸於無極 知其榮)'를 전국말(戰國末)에 삽입한 구절이라는 설이 많다. 그래서 왕필(王弼) 본에는 이 구절이 없다. 그러나 넣으면 뜻이 잘 통한다.>

[어구 설명] [3] 樸散則爲器 聖人用之 則爲官長 故大制不割 :

ㅇ樸散則爲器(박산즉위기) : <눈에 보이지 않는> 소박한 도가 사방으로 분산되고 모든 기물이 된다. <즉 만물이 된다.>

ㅇ聖人用之 則爲官長(성인용지 즉위관장) : 성인은 눈에 보이지 않는 도(道)를 따르고 활용한다. 그래서 백관(百官)을 다스리는 장(長), 즉 임금이 된다. <세속적 임금이 아니다. 천지 자연 만물을 다스리는 도(道)를 말한 것이다.>

ㅇ故大制不割(고대제불할) : 고로 도를 따르는 큰 정치는 자르고 쪼개는 일을 안한다.

<* 석덕청(釋德淸)은 다음같이 풀었다. 「불할은 피차의 한계를 쪼개지 않음이다.(不割者 不分彼此界限之意)」>

<* 고형(高亨)은 다음같이 풀었다. 「대제(大制)는 모든 사물의 자연을 따른다. 따라서 자르지 않고 소박한 도를 지킬 따름이다.(大制因物之自然 故不割 各抱其樸而已)」>

< * 원문에서 '守其黑 爲天下式 爲天下式 常德不忒 復歸於無極 知其榮'을 후인이 삽입한 것이라고 하여 삭제하고, 「知其白」 다음에 「守其辱」을 붙여야 한다고 주장하는 설도 많다.>

[현대적 해석] 제 28 장

[1] 남성의 힘을 쓸 수 있으면서도 여성적인 겸허와 유약을 지키면, 천하의 물을 모아 흐르게 하는 골짜기같이 될

수 있다. 천하의 골짜기가 되므로 영구불변하는 무위의 덕에서 떨어지지 않는다. 따라서 영아같이 소박한 상태로 복귀할 수 있다.

[2] 밝게 알고 청백하면서 검고 어두운 곳을 지키므로 천하의 모범이 될 수가 있다. 천하의 모범이 되므로 영구불변하는 무위의 덕을 어기지 않고, 따라서 무궁무진한 도에 복귀할 수가 있다. 현세의 영광을 누릴 수 있으면서도 하천한 자리를 지킬 수 있으므로 천하의 골짜기가 될 수 있다. 천하의 골짜기가 되므로 영구불변하는 무위의 덕이 족하게 되고, 따라서 소박한 상태로 되돌아갈 수 있다.

[3] 소박한 도가 흐트러져 만물이 이루어진다. 성인은 그러한 도를 써서 백관의 장이 된다. 그런 고로 위대한 정치는 깎고 자르는 일 없이 혼연일체를 이루게 한다.

참고 보충 설명 | 대제불할(大制不割)

(1) 노자의 무위는 무능력하여 하는 일이 없다는 뜻이 아니다. 노자의 무위는 속세의 사람들이 말하는 유위(有爲)를 초월한 도(道)의 단계를 말한 것이다.

(2) 이 장, 즉 제28장 [1]에서 말했다. 「<도(道)는> 남성의 힘을 쓸 수 있으면서도 여성적인 겸허와 유약을 지킨다. <즉 만물을 낳고 양육한다. 그러면서도 높이 올라가 남을 지배하

거나 부려 쓰지 않는다.> 항상 골짜기같이 낮은 데에 처해 있다. 그러므로 도리어 영구불변하는 무위의 덕에서 떨어지지 않는다. 따라서 영아같이 소박한 상태로 복귀할 수 있다.」

(3) 거듭 말하겠다. 남성적인 힘이나 적극성을 행사할 능력이 있으나 도를 따라 여성적인 겸허나 유약을 지키면서 만물을 살게 해주어야 한다. 그래야 도리어 천하를 따르게 할 수 있다. 돈이나 무력으로 남을 치고 따르게 하면 남도 나도 다같이 멸망한다.

(4) 강하고 날카로운 것보다는 약하고 무딘 것이 더 오래 가고 꺾이지 않는다. 큰 정치는 자르고 쪼개는 일을 안한다.

참고 보충 설명 | 오늘의 정치

(1) 개인적으로는 너와 나를 가른다. 하나의 가족도 없다.

(2) 정당(政黨)은 극심하게 대립하고, 상대를 누르고 나만 이기고 독점하려고 한다.

(3) 강대국(强大國)은 약소국(弱小國)을 구제하지 않고 병탄(倂呑)하려고 한다.

제 29 장

[1] 將欲取 天下而爲之 吾見其不得已.

장욕취 천하이위지(이나) 오견기부득이(이니라)

천하를 취해 가지고 백성들을 강압적으로 다스리려 하지만, 내가 보기에는 불가능하다.

[2] 天下神器 不可爲也 不可執也 爲者敗之 執者失之 是以聖人無爲 故無敗 無執 故無失.

천하(는) 신기(이) 불가위야(니라) 불가집야(니라) 위자패지(이오) 집자실지(이니라) 시이성인무위(니라) 고(로) 무패(이) 무집(이라) 고(로) 무실(이니라)

천하는 신통한 기물이다. 억지로 다룰 수 없다. 움켜쥘 수도 없다. 억지로 다루려면 망가지고, 움켜쥐려면 없어진다. 따라서 성인은 무위로 처하므로 망가뜨리지 않고, 움켜쥐고자 하지 않으므로 잃지도 않는다.

[3] 夫物 或行或隨 或歔或吹 或强或羸 或載或隳 是以聖人 去甚 去奢 去泰.

부물(이) 혹행혹수(이) 혹허혹취(이) 혹강혹리(이) 혹재혹

휴(이니라) 시이성인(이) 거심 거사 거태(이니라)

무릇 천하의 만물은 <각양각색이다.> 어떤 것은 앞서가고, 어떤 것은 뒤쫓아간다. 어떤 것은 서서히 숨을 내쉬기도 하고, 어떤 것은 급하게 입김을 내뿜기도 한다. 어떤 것은 힘이 세차고, 어떤 것은 힘이 약하다. 어떤 것은 안정되었으나, 어떤 것은 위태롭다. 그러므로 성인은 <무위자연의 도를 따라> 항상 과격하지 않고, 사치를 물리치고, 교만을 삼간다.

[어구 설명] [1] 將欲取天下而爲之 吾見其不得已 :

ㅇ將欲取天下而爲之(장욕취천하이위지) : <속된 임금은> 천하를 <억지로> 취해가지고 다스리려고 한다.

<* 취(取)는 억지로 취하다. * 위(爲)를 인위적인 조작이나 무력 등으로 다스리거나 취하려고 한다는 뜻으로 본다.>

ㅇ吾見其不得已(오견기부득이) : 내가 보기에는 그럴 수 없다. 안된다.

<* 천하 만물은 도(道)에서 나온 것이다. 도를 모르는 악덕한 임금이 욕심으로 취하고 지배할 수 없다.>

[어구 설명] [2] 天下神器 不可爲也 不可執也 爲者敗之 執者失之 是以聖人無爲 故無敗 無執 故無失 :

ㅇ天下神器(천하신기) : 천하에 있는 자연 만물은 신묘하고,

또 신성한 기물들이다.

<* 만물의 하나인 사람도 신비롭고, 또 신령한 존재다.>

<* 하상공(河上公)은 다음과 같이 풀었다. 「기(器)는 물(物)이다. 사람은 즉 천하의 신물(神物)이다. 신물은 안정을 좋아한다. 유위로 다스려서는 안된다.(器物也 人乃天下之神物也 神物好安靜 不可以有爲治)」>

<* 왕필(王弼)은 다음같이 풀었다. 「신(神)은 형상도 방향도 없다. 기(器)는 합성(合成)된 것이다. 즉 무와 형이 합한 것이다. 고로 신의 기물이라고 한다.(神無形無方也 器合成也 無形以合 故謂之神器也)」>

<* 신(神)을 여러 가지로 푼다. 설문(說文)에는 「신은 천신이며 만물을 낳았다.(神 天神 引出萬物者也)」라고 했다.>

<* 주역(周易) 계사전(繫辭傳)에는 「음과 양을 측정할 수 없는 것을 신이라 한다.(陰陽不測之謂神)」라고 했다.>

<* 맹자(孟子) 진심편(盡心篇)에는 「성스럽고 알 수 없는 것을 신이라 한다.(聖而不可知之之謂神)」고 했다.>

○不可執也(불가집야) : 꽉 잡을 수 없다. 다스릴 수 없다.

<* 왕필 본에는 이 구절이 없다. 유사배(劉師培)의 설을 따라 보충했다. 그러나 이 구절을 넣는 것이 옳다. 이순정(易順鼎)은 상세히 논증했다. 참조 : 陳鼓應, 老子今註今釋>

○爲者敗之(위자패지) : 인위적으로 다스리고자 하는 자는

신기(神器)인 천하 만물을 망쳐 버린다.

ㅇ執者失之(집자실지) : 신기인 천하를 꽉 움켜잡고자 하는 자는 도리어 놓치고 잃는다.

ㅇ是以聖人無爲 故無敗 無執 故無失(시이성인무위 고무패 무집 고무실) : 그러므로 성인은 무위로 처하므로 망가뜨리지 않고, 움켜쥐고자 하지 않으므로 잃지도 않는다.

<* 해동(奚侗)의 설을 따라 '是以聖人無爲 故無敗 無執 故無失'을 보충했다. 이 구절은 제64장에도 있다.>

[어구 설명] [3] 夫物 或行或隨 或歔或吹 或强或羸 或載或隳 是以聖人 去甚 去奢 去泰 :

ㅇ夫物(부물) : 무릇 천하의 모든 사람과 만물.

<* 부(夫)를 고(故)로 쓴 판본도 있다. * 경룡본(景龍本)에는 부(夫)로 썼다.>

ㅇ或行或隨(혹행혹수) : 어떤 것은 앞서가고, 어떤 것은 뒤따라간다. <천하 만물은 각양각색이다.>

ㅇ或歔或吹(혹허혹취) : 허(歔)는 조용히, 서서히 숨을 내뿜는다. 취(吹)는 숨을 급하게 토해 낸다는 뜻.

<* 허(歔)는 구(呴)와 같다. 즉 따뜻한 숨을 뿜어내다. 취(吹)는 숨을 뿜어낸다는 뜻이다.>

ㅇ或强或羸(혹강혹리) : 어떤 것은 강하고, 어떤 것은 약하다.

<* 이(羸)는 약(弱)과 같은 뜻이다.>

○或載或隳(혹재혹휴) : 어떤 것은 안정되고, 어떤 것은 위태롭다.

<* 재(載)는 안(安), 휴(隳)는 타(墮), 혹은 위(危)의 뜻이다.>

<* 왕필 본에는 재(載)를 좌(挫)로 썼다.>

○去甚(거심) : 심하게 하지 않는다. 심(甚)을 거(去)한다.

○去奢(거사) : 사치하지 않는다. 즉 성인은 사치하지 않는다.

○去泰(거태) : 교만이나 안태(安泰)를 멀리한다.

[현대적 해석] 제 29 장

[1] 세속적 임금은 천하를 취해 가지고 백성들을 강압적으로 다스리려고 한다. 그러나 내가 보기에는 안된다.

[2] 천하는 신묘한 기물이다. 억지로 다룰 수 없고, 움켜쥘 수도 없다. 억지로 다루려면 망가지고, 움켜쥐려면 없어진다. 따라서 성인은 무위로 처하므로 망가뜨리지 않고, 움켜쥐고자 하지 않으므로 잃지도 않는다.

[3] 무릇 천하의 만물은 <각양각색이다.> 어떤 것은 앞서 가고, 어떤 것은 뒤따라간다. 어떤 것은 따뜻한 입김을 내기도 하고, 어떤 것은 찬 김을 내뿜기도 한다. 어떤 것은 힘이 세고, 어떤 것은 힘이 약하다. 어떤 것은 안정되었으나, 어떤 것은 위태롭다. 그러므로 성인은 무위자연의 도

를 따라 항상 과격한 짓을 하지 않고, 또 사치를 물리치고 교만을 삼간다.

참고 보충 설명 | 사람도 천하신기(天下神器)

(1) 노자는 「지상에 있는 식물 동물 및 사람」을 「천하신기(天下神器)」라고 말했다. <* 만물(萬物)은 무(無)의 도(道)에서 나왔으며, 또 저마다 무의 도리가 내재하고 있다.>

(2) 신기(神器)란 인간의 지능으로서는 알 수 없고, 또 다룰 수 없는 신비롭고 귀중한 사물(事物)이란 뜻이다. 이러한 생각은 기독교 사상과도 통한다. <단 노자는 무신론적 입장에서 한 말이다.>

(3) 그런데 우매하고 욕심이 많은 인간들은 자기 마음대로 다스리고 언제까지나 꽉 움켜쥐고자 한다. 특히 춘추(春秋) 및 전국(戰國)시대에는 백 개 이상으로 갈라진 나라들이 서로 싸우며, 패권을 잡으려고 했다. 그래서 무참(無慘)하게 싸우고, 또 혼란했던 것이다. <* 바로 오늘의 세계와 같다.>

(4) 유가에서는 패도(覇道)의 무력보다는 왕도(王道)의 덕치가 오래 간다는 이상주의를 내걸었다.

(5) 그러나 노자는 그것조차도 부정하고 한층 더 철저하게 「패도(覇道)와 왕도(王道)」의 차이마저 버리고, 모든 인위적 작위를 포기하고 도(道)에 복귀(復歸)하라고 말했던 것이다.

(6) 이러한 입장에서 노자는 「천하는 신통한 보물이다.」라고

말하고, 따라서 악덕하게 지배할 수 없다고 한 것이다.

(7) 그런 무모한 짓은 악덕한 욕심이나 미망에서 나온다. 따라서 노자가 말하는 「무적(無的) 도(道)」를 깨닫고 알기 위해서는 참으로 현명해야 한다.

(8) 노자 사상은 원시적이며 무지한 우인(愚人)으로 돌아가라는 사상이 아니다. 앎을 철저(徹底)하게 하라는 주장이다.

<* 이런 경종이야말로 바로 오늘의 인류에게 더욱 크게 울려져야 할 것이다.>

<* 감각적으로 지각할 수 있는 실재 세계만 알지 말고, 숭고한 심령적(心靈的)·정신적 지각에 눈을 떠야 한다.>

(9) 노자는 만물은 각양각색이라 했다. 사람들도 다양하다. 따라서 도를 터득한 성인은 일률적으로 모든 것을 자기 밑에 두고 자기에게 억지로 맞추려 하지 않는다.

(10) 도를 터득한 성인(聖人)이라야 자의적(恣意的)인 조작이나 고집을 초월할 수 있다. 그래야 남을 인정하고 나를 겸하(謙下)할 수 있다.

(11) 고금동서(古今東西)를 막론하고 수심(獸心)과 이기적(利己的) 지배욕(支配欲)을 버려야 악덕에서 벗어나게 된다.

제 30 장

[1] 以道佐人主者 不以兵强天下 其事好還 師之所處 荊棘生焉 大軍之後 必有凶年.

이도좌인주자(이) 불이병강천하(이라) 기사호환(이) 사지소처(에) 형극생언(이) 대군지후(는) 필유흉년(이니라)

무위자연의 도를 따라 임금을 보좌하는 자는 무력으로 천하를 강탈하지 않게 해야 한다. 모든 일은 되돌아오게 마련이다. <즉 무력은 악하게 되돌아온다.> 군대가 싸운 터에는 가시덤불이 자란다. 큰 전쟁이 있은 다음에는 반드시 흉년이 들게 마련이다.

[2] 善有果而已 不敢以取强 果而勿矜 果而勿伐 果而勿驕 果而不得已 果而勿强.

선유과이이(니라) 불감이취강(이라) 과이물긍(이오) 과이물벌(이오) 과이물교(이니라) 과이부득이(이니) 과이물강(하라)

반드시 어울리는 결과가 있다. <그러므로> 무모하게 <무력으로 남의 것을> 강제로 취해서는 안된다. <무력강탈을 하고> 열매를 얻어도 긍지(矜持)하면 안된다. 열매를 얻어도 자랑하면[伐] 안된다. 열매를 얻어도 교만(驕慢)하면 안된다. <맺어진 열매나> 결과는 어찌할 수 없다. <그러므로 나쁜> 열매를 맺지 않게 절대로 무력을 쓰면 안된다.

[3] 物壯則老 是謂不道 不道早已.

물장즉로(이니) 시위부도(이라) 부도(는) 조이(니라)

만물은 건장해도 곧 시들게 마련이다. <무력적 강권은> 도에서 어긋난다. 도에서 어긋나므로 이내 멸망한다.

[어구 설명] [1] 以道佐人主者 不以兵强天下 其事好還 師之所處 荊棘生焉 大軍之後 必有凶年 :

○ 以道佐人主者(이도좌인주자) : 도(道)로써 속세의 임금을 보좌하는 사람. 또는 보좌할 때, 그런 경우에는.

<* 인주(人主)는 세속적 임금. 즉 도(道)를 모르고 악덕한 짓만을 알고, 또 자행하는 임금이다. 「인주」란 말은 노자에서 여기 한 번 나올 뿐이다.>

<* 하상공(河上公)은 「임금 자신이 도(道)로써 자신을 돕게 한다.」로 풀었다. 이때의 도는 세속적인 도리라는 뜻이다.>

○ 不以兵强天下(불이병강천하) : 무력으로 천하를 강탈하지 말라. <* 세속적인 도리를 따르고 행한다 해도 절대로 무력으로 남을 죽이고 천하를 강탈하는 악한 짓은 하지 말라.>

<* 강천하(强天下)는 「천하를 강압하다. 천하의 패권을 잡다. 천하 만민을 찬탈하다」는 뜻이 다 포함되어 있다.>

○其事好還(기사호환) : 모든 일을 <자기가 한 대로> 되돌려 받게 마련이다. 착하게 잘하면 결과가 좋고, <반대로> 악하고 잘못하면 결과가 나쁘게 된다.

<* 왕필(王弼)은 다음같이 풀었다. 「도를 따라 다스리는 자는 근본인 무위자연으로 돌아가기를 좋아한다.」>

<* 다음같이 풀기도 한다. 「무력을 쓰면 반드시 무력적 보복을 받게 된다.」>

<* 이식재(李息齋)는 다음같이 풀었다. 「남의 아버지를 죽이면 자기 아버지도 죽게 한다. 남의 형을 죽이면 자기 형도 죽게 한다. 이것을 호환이라 한다.(殺人之父 人亦殺其父 殺人之兄 人亦殺其兄 是謂好還)」>

○師之所處(사지소처) : 장군이 이끄는 군대가 있는 싸움터.

○荊棘生焉(형극생언) : 가시나무나 가시덤불이 자란다. 즉 땅이 황폐한다.

○大軍之後 必有凶年(대군지후 필유흉년) : 대전을 치르고 나면 나라가 기근에 시달리고 흉년이 들게 마련이다. <* 누구나 잘 알 것이다. 그러나 승자가 되겠다는 욕심이 강하므로 비참한 전쟁을 하는 것이다. 우둔한 자들이라 하겠다.>

[어구 설명] [2] 善有果而已 不敢以取强 果而物矜 果而勿伐 果而勿驕 果而不得已 果而勿强 :

○善有果而已(선유과이이) : 이때의 「선(善)은 어김없이, 그에 해당하게」라는 뜻이다. 즉 <좋으나 나쁘나> 그에 해당하는 결과를 맺는다. <사과나무에는 사과가 영글고, 배나무에는 배가 영근다. 그것이 도(道)다. 악(惡)에는 악과(惡果)가 따르고, 선(善)에는 선과(善果)가 맺는다.>

<* 선(善)을 「잘 싸우는 자」로 풀기도 한다. 그러나 여기서는 맞지 않는다.>

<* 사마광(司馬光)은 「과(果)는 성(成)과 같다.」고 했다.>

<* 하상공(河上公)은 「잘 싸우는 자는 과감할 뿐이다.(善兵者 當果敢而已)」라 했다. * 왕필(王弼)은 「무력을 잘 쓰는 사람은 나가서 난을 구제할 뿐, 무력을 가지고 천하를 억지로 취하고자 하지 않는다.(言善用師者 趣以濟難而已矣 不以兵力取强於天下也)」고 했다.>

<* 노자는 세속적 도리로 임금을 보좌해주는 것을 근본적으로 부정했다. 그러므로 잘해도 세속적 결과를 맺을 뿐이다. 그러므로 세속적 결과에 대해서도 부정적으로 말한 것이다.>

○不敢以取强(불감이취강) : 절대로 무모하게 남의 나라를 강점(强占)해서는 안된다.

○果而物矜(과이물긍) : <설사 무력으로 남의 나라를 점령해

도> 그 결과에 대해서 긍지를 가지면 안된다.

ㅇ果而勿伐(과이물벌) : 자랑해서도 안된다.

ㅇ果而勿驕(과이물교) : 교만해서도 안된다.

ㅇ果而不得已(과이부득이) : <악덕한 도리로 행동하면> 악덕한 결과를 얻을 뿐이다.

ㅇ果而勿强(과이물강) : 끝까지 절대로 강압과 무력을 쓰면 안된다. 과(果)는 뜻이 깊다.

[어구 설명] [3] 物壯則老 是謂不道 不道早已 :

ㅇ物壯則老(물장즉로) : 만물은 장성(壯盛)하면 반드시 늙고 시들게 마련이다. <* 장(壯)은 욕심과 강한 무력이다.>

ㅇ是謂不道(시위부도) : <그러므로 도를 따르지 않고 강압적으로 싸워서 남을 점령하는> 것은 도리가 아니다.

ㅇ不道早已(부도조이) : <그와 같은 세속적 도리는> 도에 어긋나므로 이내 멸망한다.

[현대적 해석] 제 30 장

[1] 세속적 도리로써 속세의 임금을 보좌하는 자는 무력으로 천하를 강탈하게 하면 안된다. <모든 악덕한 일은> 결국 악덕한 결과를 되돌려준다. 군대가 싸운 터에는 가시덤불이 자란다. 큰 전쟁 다음에는 반드시 흉년

이 들게 마련이다.

[2] <세속적 도리는> 잘해도 그에 해당하는 결과가 있을 뿐이다. <무위자연의 도가 아닌 세속적 도리는 근본적으로 잘못된 것이다.> 그러므로 <잘해도> 나쁜 열매를 맺게 된다. <그러므로 처음부터> 강권을 휘두르게 하지 말아야 한다. <무력으로 성과를 거두어도> 긍지(矜持)를 갖지 말아야 한다. 성과를 거두어도 자랑하지 말아야 한다[勿伐]. 성과를 거두어도 교만(驕慢)하지 말아야 한다. 성과는 반드시 나타난다. 그러므로 강권을 휘두르는 일을 하지 말아야 한다.

[3] 만물은 장성(壯盛)한 다음에는 반드시 노쇠하게 마련이다. 이와 같은 무력적 강권 행사는 도에 어긋나며, 도에 어긋나므로 이내 멸망한다.

참고 보충 설명 | 무력은 이내 시든다

(1) 「천하는 신통한 보물이다.(天下神器) 함부로 다룰 수 없다.」 즉 무력으로 제패(制覇)할 수 없음을 밝힌 것이다. 「무력은 상서롭지 못한 것이다. 군자가 쓸 것이 못된다. 그러나 부득이하게 쓰기도 한다.」고 말했다. 그리고 노자는 말했다. 「절대로 무력을 행사하거나 남을 정복하면 안된다.」

(2) 노자의 강력한 반전(反戰) 사상의 가장 중요한 이유는

물론 무위자연의 도에 어긋나기 때문이다. 예나 지금이나 전쟁만큼 인위적으로 조작된 악덕은 없다. 전쟁은 가장 무도하게 대자연의 평화와 조화를 파괴하는 범죄이다. 전쟁만큼 인간의 능력과 재물과 지혜를 악덕하게 악용하는 것도 없다.

(3) 그런데도 인간들은 왜 전쟁을 하나. 나를 내밀고 남을 굴복시키고, 내가 남의 것을 다 취하려는 욕심 때문이다.

(4) 그런데 잘 생각해보자. 나를 내밀고 남을 누르고 남의 것을 다 취해 가지고 어찌하겠다는 것인가. 그래서 얼마나 흡족하고, 또 오래 가겠는가? 나 자신은 이내 스러지는 존재다. 더욱이 나의 욕심은 무엇이며, 그것을 채웠다는 사실이 뭐 그리 대단하단 말인가. 도의 끝없고 광대한 생육화성의 진리 앞에 비할 수 있을까? 그런데 왜 인간은 전쟁을 감행하는가?

(5) 무위자연의 도를 따라 우주나 자연과 크게 조화(調和)하고 생육화성(生育化成)하고, 또 물화(物化)하고 순환(循環)과 복귀(復歸)하지 않는가. 이런 것을 모르는 일보다 더 큰 미망(迷妄)이 없을 것이다.

(6) 전쟁은 도(道)를 파괴한다. 그래서 노자는 「군대가 있는 곳에는 가시덤불만이 자란다. 전쟁 다음에는 반드시 흉년이 따른다.」고 통탄했다. 무위자연의 도를 따르면 선과(善果)를 맺는다.

(7) 노자가 무위자연을 내세운 뜻은 인위적인 일시적이고

국한된 성과보다는, 대자연의 큰 창조와 끝없는 발전을 따르게 하기 위해서다. 따라서 노자 사상을 무조건 삶을 부정하고 죽음을 찬미하는 사상이라고 속단하면 안된다. 그가 현세적・순간적・한정적 삶을 부정한 것은 영원하고 무궁한 큰 삶을 찾기 위해서다.

(8) 노자의 선(善)에 대한 생각은 주역(周易)에도 있다. 유가에서도 「하늘과 땅의 큰 덕은 삶이다.(天地之大德曰生)」라고 했다. 또 「음과 양이 어울려 만물을 낳는 것이 도이다. 이를 계승한 것이 선이다. 이를 이루는 것이 사람의 본성이다.(一陰一陽謂之道 繼之者善也 成之者性也)」라고 했다.

(9) 도는 음과 양, 하늘과 땅이 어울려 만물을 생육화성(生育化成)하는 도리다. 그것을 계승하는 것이 선(善)이고, 완성하는 것이 사람의 본성(本性)이다. 남을 죽이고 남의 재물을 탈취하고 욕심을 채우는 것은 도(道)가 아니다.

(10) 도(道)는 천지 자연 만물의 생과, 또 역사적・문화 발전적 삶을 다 아우른다. 이를 생생불식(生生不息)이라고 한다. 즉 영원한 창조와 발전이 바로 생(生)이고, 또 그것이 바로 선(善)이다. 제30장 끝에서 노자는 말했다. 무위자연의 도에 어긋나는 무력은 이내 사멸한다. <이러한 생각은 유가 사상과도 같다.>

제 31 장

[1] 夫兵者 不祥之器 物或惡之 故有道者不處.

부병자(는) 불상지기(이니라) 물혹오지(이니라) 고(로) 유도자불처(이니라)

무릇 무력은 상서롭지 못하다. 사람들은 항상 미워한다. 고로 도를 지키는 사람은 무력을 쓰지 않는다.

[2] 君子居則貴左 用兵則貴右 兵者不祥之器 非君子之器 不得已而用之 恬淡爲上 勝而不美 而美之者 是樂殺人 夫樂殺人者 則不可得志於天下矣.

군자(는) 거즉귀좌(이오) 용병즉귀우(이니라) 병자(이) 불상지기(니라) 비군자지기(니라) 부득이이용지(라도) 염담위상(이오) 승이불미(니라) 이미지자(는) 시락살인(이라) 부락살인자(는) 즉불가득지어천하의(이니라)

군자는 거할 때는 왼쪽을 높인다. 무력을 쓸 때는 오른쪽을 높인다. 무력은 상서롭지 못한 기물이며 군자가 쓸 것이 못된다. 부득이 무력을 행사할 경우에도 염담하게 함을 높이 친다. 승리를 좋게 여기지 않는다. 좋게 여기는 자는 살인을 즐기는 자이다. 살인을 즐기는 자는 천하를 얻을 수 없다.

[3] 吉事尙左 凶事尙右 偏將軍居左 上將軍居右 言以喪禮處之 殺人之衆 以悲哀泣之 戰勝以喪禮處之.

길사(이) 상좌(이오) 흉사(이) 상우(이라) 편장군거좌(이오) 상장군거우(이니) 언이상례처지(이니라) 살인지중(이) 이비애읍지(이니) 전승이상례처지(이니라)

길례(吉禮)에는 왼쪽을 높이고, 흉례(凶禮)에는 오른쪽을 높인다. 편장군(偏將軍)은 왼쪽에 자리하고, 상장군(上將軍)은 오른쪽에 자리한다. 즉 <무력행사를> 상례(喪禮)로 여기고 처하게 한 것이다. 많은 사람을 살육했으므로 비애로써 울고, 전승을 상례로 처한 것이다.

[어구 설명] [1] 夫兵者 不祥之器 物或惡之 故有道者不處 :

○夫兵者 不祥之器(부병자 불상지기) : 무릇 무기나 병란(兵亂)은 상서롭지 못한 일이다.

<* 부가병자(夫佳兵者 : 무력을 좋게 여기는 사람)라고 쓴 판본도 있다. 이 책에서는 부병자(夫兵者)로 했다.>

○物或惡之(물혹오지) : 사람이 미워한다.

<* 물(物)은 사람의 뜻이다. 혹(或)은 상(常)으로 푼다.>

○故有道者不處(고유도자불처) : 고로 도를 지키는 사람은 무력이나 무기를 싫어한다.

<* 불처(不處)를 무력이나 무기를 쓰지 않는다는 뜻으로 풀었다.>

[어구 설명] [2] 君子居則貴左 用兵則貴右 兵者不詳之器 非君子之器 不得已而用之 恬淡爲上 勝而不美 而美之者 是樂殺人 夫樂殺人者 則不可得志於天下矣 :

○君子居則貴左 用兵則貴右(군자거즉귀좌 용병즉귀우) : 군자는 왼쪽 자리를 높이고, 무력을 쓸 때는 오른쪽을 높인다.
<* 사람이 남향하고 서면 왼쪽이 동(東)으로 양(陽)이 되고, 오른쪽이 서(西)로 음(陰)이 된다.>

<* 「君子居則貴左 用兵則貴右」를 연문(衍文)으로 보는 학자도 있다.>

○兵者不祥之器 非君子之器(병자불상지기 비군자지기) : 무기나 전쟁은 불길한 것이다. 그러므로 군자가 쓸 것이 못된다.

○不得已而用之 恬淡爲上(부득이이용지 염담위상) : 부득이하게 무력을 쓰되 조용하고 담담하게 하는 것이 가장 좋다.
<* 악독한 마음을 품지 않는 것이 염(恬)이다. 조용하고 편하고 담담한 것이 담(淡)이다. 위상(爲上)은 가장 좋다.>

○勝而不美(승이불미) : <부득이 싸워서> 이겨도 좋아하거나 찬미하지 않는다. <* 미(美)는 찬미하다, 자랑하다.>

○而美之者 是樂殺人(이미지자 시락살인) : 좋아하고 자랑하는 사람은 곧 살인을 좋아하는 자이다.

○夫樂殺人者 則不可得志於天下矣(부락살인자 즉불가득지어천하의) : 그와 같이 살인을 즐기는 자는 천하에 뜻을 세우거나 모든 사람의 마음을 얻을 수 없다.

[어구 설명] [3] 吉事尙左 凶事尙右 偏將軍居左 上將軍居右 言以喪禮處之 殺人之衆 以悲哀泣之 戰勝以喪禮處之 :

○吉事尙左(길사상좌) : 길사(吉事)는 길례(吉禮), 즉 관례(冠禮)나 혼례(婚禮). 상좌(尙左)는 동쪽인 양(陽)을 높인다.

○凶事尙右(흉사상우) : 흉사(凶事)는 상례(喪禮) 같은 때에는 서쪽인 음(陰)을 높인다는 뜻이다.

○偏將軍居左 上將軍居右(편장군거좌 상장군거우) : 부장군(副將軍)은 왼쪽에 있고, 최고 사령관은 오른쪽에 처한다.

○言以喪禮處之(언이상례처지) : 언(言)은 곧 다음 같은 뜻을 말한 것이다. 즉 <상장군을> 상례로 대우한다.

○殺人之衆 以悲哀泣之 戰勝以喪禮處之(살인지중 이비애읍지 전승이상례처지) : <상장군이> 많은 사람을 죽게 했으므

로 비애하고 눈물을 흘리고 우는 것은, 곧 전승을 상례와 같이 처리한다는 뜻이다.

[현대적 해석] 제 31 장

[1] 무릇 무력은 상서롭지 못하다. 사람들은 항상 미워한다. 고로 도를 지키는 사람은 무력을 쓰지 않는다.

[2] 군자는 거할 때는 왼쪽을 높인다. 무력을 쓸 때는 오른쪽을 높인다. 무는 상서롭지 못한 기물이며 군자가 쓸 것이 못된다. 부득이 무력을 행사할 경우에도 염담하게 함을 높이 친다. <설사 싸워서> 승리해도 좋게 여기지 않는다. 좋게 여기는 자는 살인을 즐기는 자이다. 살인을 즐기는 자는 천하를 얻을 수 없다.

[3] 길례(吉禮)에는 왼쪽을 높이고, 흉례(凶禮)에는 오른쪽을 높인다. 편장군(偏將軍)은 왼쪽에 자리하고, 상장군(上將軍)은 오른쪽에 자리한다. 즉 무력행사를 상례(喪禮)로 여기고 처한 것이다. <상장군이> 많은 사람을 죽였으므로 비애하고 울면서 그의 전승을 상례로 취급하는 것이다. <* 노자는 절대로 무력을 자진해서 쓰지 말라고 했다. 그러나 부득이하게 무력을 쓰는 경우를 말한 것이다. 유가 사상도 비슷하다. 단 노자는 싸우지 않고 이기라고 했다.>

참고 보충 설명 | 이겨도 상례(喪禮)로 대한다

(1) 노자는 철저한 반전사상가(反戰思想家)다. 악독한 자가 죽이려 할 때는 마지못해 무력을 쓰되 염담하게 써야 한다.

(2) 싸우는 태도도 허정무욕(虛靜無欲)해야 한다. 파괴와 사멸을 막는 한도 내에서, 그것도 적에게 손을 대지 않고 스스로 적이 쓰러지게 하는 방법이 가장 좋다. 노자가 말하는 싸움은 나가서 마주 싸우라는 뜻이 아니다. 도를 따라 보이지 않고, 또 작위도 없는 싸움이다. 이 점을 알아야 한다.

(3) 앞장에서 전쟁을 반대한 노자는 다시 여기서 무력과 무기를 배척했고, 부득이하게 싸워 이겨도 상례(喪禮)로 처리하라고 주장했다. 만물을 키우고자 하는 하늘은 절대로 무력을 쓰거나 남과 다투는 일이 없다.

(4) 유가에서는 천벌(天罰)이라 생각하고 악을 치라고 했다. 걸(桀)이나 주(紂) 같은 폭군에게 하늘은 벌을 내리고 이를 방벌(放伐)한다. 유교는 이와 같은 무력행사를 인정한다.

(5) 노자는 싸움을 일체 인정하지 않는다. 싸우지 않고 이겨야 한다. 즉 손을 대지 않고 상대가 제물로 패하고 멸하게 하는 것이다. 이것이 곧 「무위이치(無爲而治)」이다. 그러한 경우에도 전승(戰勝)했다는 의식이나 희열감을 가져서는 안된다. 하늘이 가을의 조락(凋落)을 슬퍼하듯, 싸움으로 쓰러진 전사자를 위해 상례(喪禮)로 대처해야 한다.

제 32 장

[1] 道常無名 樸 雖小 天下莫能臣 侯王若能守之 萬物將自賓.

도상무명(이) 박(이니라) 수소(이나) 천하막능신(이라) 후왕약능수지(이면) 만물장자빈(이니라)

도는 본시 이름 지을 수 없으며 원생목(原生木)의 소박 그대로다. 도는 비록 작고 은미(隱微)하지만 천하에서는 아무도 부릴 수가 없다. 만약 군왕이 도를 잘 지킬 수 있다면 만물이 스스로 귀순하게 될 것이다.

[2] 天地相合 以降甘露 民莫之令 而自均.

천지상합(이) 이강감로(라) 민막지령(이) 이자균(이니라)

하늘과 땅이 합하여 단 이슬을 내려준다. 그 감로(甘露)는 사람이 지시하지 않아도 스스로 균등하게 만물을 적신다.

[3] 始制有名 名亦旣有 夫亦將知止 知止可以不殆.

시제유명(이라) 명역기유(이) 부역장지지(라) 지지가이불태(이니라)

만물은 만들어짐으로써 이름이 있게 된다. 일단 이름이 있으면 <그 이름에 맞는> 한계에서 머물러야 한다. 머무를 줄 알아야 위태롭지 않을 것이다.

[4] 譬道之在天下 猶川谷之於江海.

비도지재천하(이) 유천곡지어강해(이니라)

천하를 주재하는 도를 비유하면 마치 골짜기의 물이 강해로 흘러들어가듯 천하의 만물이 스스로 도에 귀속된다.

[어구 설명] [1] 道常無名 樸 雖小 天下莫能臣 侯王若能守之 萬物將自賓 :

○道常無名 樸(도상무명 박) : 도는 원래 이름이 없고 원목(原木)의 소박한 그대로라 하겠다.

<* 도(道)는 무(無)이다. 그러므로 사람이 말로 이름을 지어 부를 수 없다.> <* 만물은 도에서 나온다. 그러나 본체(本體)인 도는 속 깊이 박(樸)의 상태로 있다. 박(樸)은 가공하지 않은 소박한 상태라는 뜻이다. 즉 「무적(無的) 도」를 박(樸)이라고 한 것이다.>

<* 도는 시간과 공간을 초월한 무형의 본체이다. 그러므로 사람이 말로 이름을 지을 수가 없다. ⇒ 제1장, 제25장.>

<* 석덕청(釋德淸)은 다음같이 풀었다. 「가공하여 기물을 만들지 않은 나무를 박이라 한다.(木之未制成器者 謂之樸)」>

<*「樸雖小 天下莫能臣」으로 읽기도 하나, 취하지 않는다.>

○雖小 天下莫能臣(수소 천하막능신) : 만물 속에 있는 도(道)가 비록 작아도 천하에 있는 사람은 아무도 도를 신하로 부릴 수 없다. <* 도는 우주에도 있다. 그러므로 크다고 할 수 있다. 그러나 도는 작은 나비[蝶]나 꽃[花] 속에도 있다. 그러나 그와 같은 작은 도를 사람은 지배할 수 없다.>

○侯王 若能守之(후왕 약능수지) : 후(侯)나 왕(王)이라도 작은 도를 잘 지키고 존중하면. <* 임금은 속세의 권력자다. 그러나 자연 만물의 도를 잘 지켜야 한다.>

○萬物將自賓(만물장자빈) : 자연 만물이 스스로 고귀한 손님같이 귀순하고 임금을 따르게 될 것이다. <* 임금은 자연 만물을 잘 활용할 수 있다.>

<* 빈(賓)은 복종, 순종의 뜻. 제37장에는「道常無爲 而無不爲 侯王若能守之 萬物將自化」라고 했다.>

[어구 설명] [2] 天地相合 以降甘露 民莫之令而自均 :

○天地相合 以降甘露(천지상합 이강감로) : 하늘과 땅의 양과 음의 기(氣)가 합해서 단 이슬을 내린다.

<* 천지의 기가 합해서 단 이슬이 내리듯이 천지와 자연이 화합해야 한다. 서로 싸우면 안된다.>

○民莫之令 而自均(민막지령 이자균) : 사람의 지시나 명령이 없어도 스스로 고르게 만물에게 혜택을 준다.

[어구 설명] [3] 始制有名 名亦旣有 夫亦將知止 知止可以不殆 :

○始制有名(시제유명) : <인간 세상에서는> 모든 물건은 만들어짐으로써 비로소 이름을 갖게 된다.

<* 제28장의 「박산즉위기(樸散則爲器)」와 비슷한 말이다.>

○名亦旣有(명역기유) : 일단 이름이 있게 되면.

○夫亦將知止(부역장지지) : 역시 멈출 줄 알게 된다.

<* 즉 이름에 맞는 존재로 자기의 한계 안에 머무를 줄 알아야 한다.>

○知止可以不殆(지지가이불태) : 머무를 줄 알면 위태롭지 않다.

[어구 설명] [4] 譬道之在天下 猶川谷之於江海 :

○譬道之在天下 猶用谷之於江海(비도지재천하 유용곡지어강해) : 비유하면 도가 천하에 있으면서 골짜기의 물을 강이나 바다에 다 흘러들게 함과 같다.

<* 근원인 도에 만물이 귀속한다.>

[현대적 해석] 제 32 장

[1] 도는 본시 이름 지을 수 없으며 원생목(原生木)의 소박 그대로다. 도는 비록 작고 은미(隱微)하지만 천하에서

는 아무도 부릴 수가 없다. 만약 군왕이 도를 잘 지킬 수 있다면 만물이 스스로 귀순하게 될 것이다.

[2] 하늘과 땅이 합하여 단 이슬을 내려준다. 그 감로(甘露)는 사람이 지시하지 않아도 스스로 균등하게 만물을 적신다.

[3] 만물은 만들어짐으로써 이름이 있게 된다. 일단 이름이 있으면 <그 이름에 맞는> 한계에서 머물러야 한다. 머무를 줄 알아야 위태롭지 않을 것이다.

[4] 천하를 주재하는 도를 비유하면 마치 골짜기의 물이 강해로 흘러들어가듯 천하의 만물이 스스로 도에 귀속된다.

참고 보충 설명 | 머무를 줄 알아야 한다

(1) 도는 말이나 로고스(Logos)를 초월한 무형의 존재다. 그러면서 우주의 운행과 생성(生成)을 주재하는 본체(本體)다.

(2) 도는 인간의 지각으로는 알 수가 없고, 또 인간의 힘으로는 어찌할 도리가 없다. 따라서 도는 속 깊이 내재하는 은미(隱微)하고, 또 미소하다. 그러나 사람은 아무도 지배하지 못한다.

(3) 인간도 도에 의해서 나왔고, 도를 따라 움직인다. 군왕(君王)도 마찬가지다. 도는 우주의 원리다. 따라서 인간이나 군왕

은 우주의 원리인 도를 따라야 하며, 도를 지키고 도에 따라 행동하면 온 천하의 만물을 스스로 귀복(歸服)시킬 수 있다.

(4) 만물을 양육하는 단 이슬은 천지의 기(氣), 즉 양과 음의 두 기가 화합하여 만들어지고, 모든 생물에게 스스로 고르게 혜택을 준다. 절대로 인간의 지시를 따르는 것이 아니다. 즉 도는 무위자연으로써 만물을 조화 속에서 양육한다. 인간이나 임금이 마음대로 할 수가 없다.

(5) 사람이나 임금은 피조물이다. 물론 도에서 나온 것이지만, 현상계의 존재로 이름이 있다. 이름을 가진 존재는 유한하다. 시간과 공간의 제약 속에 한정된 인간은 따라서 스스로 한도에 머무를 줄 알아야 한다.

(6) 내재(內在)하는 도(道)를 모르고 외형적(外形的)·육체적(肉體的) 욕심을 마냥 부리면 위태롭고, 종국에는 파멸을 초래할 것이다.

(7) 유가(儒家) 사상도 도덕을 높인다. 단 유가에서 높이는 도는 현세적·사회적·윤리도덕적인 도이다. 즉 효제충신인의(孝悌忠信仁義)이다. 그러나 노자가 말하는 도는 「무적(無的)·본체적(本體的)·내재적(內在的) 도이다.」

제 33 장

[1] 知人者智 自知者明 勝人者有力 自勝者强.

지인자(이) 지(이오) 자지자(이) 명(이니라) 승인자(는) 유력(이오) 자승자(이) 강(이니라)

남을 아는 것이 지(智)이다. 자신을 아는 것이 명(明)이다. 남을 이기는 자는 힘이 있다. 자신을 이기는 자는 강하다.

[2] 知足者富 强行者有志.

지족자(이) 부(이오) 강행자(이) 유지(니라)

스스로 족할 줄 아는 사람이 바로 부자(富者)다. 도를 따라 세차게 나가는 사람이라야 뜻이 바르다.

[3] 不失其所者久 死而不亡者壽.

불실기소자(이) 구(하고) 사이불망자(이) 수(하니라)

바탕이 되는 도를 잃지 않아야 오래 살고, 죽어도 도를 잃지 않아야 수(壽)한다.

[어구 설명] [1] 知人者智 自知者明 勝人者有力 自勝者强 :

○知人者智(지인자지) : <세속적 차원에서> 남을 아는 사람을 지혜롭다고 한다. <* 세속적으로 남의 시비(是非), 장단(長短), 선악(善惡) 등을 분별하는 것을 지혜라 한다.>

○自知者明(자지자명) : 스스로 도(道)를 알고 행하는 사람을 명(明)이라 한다.

<* 이때의 명(明)은 세속적 차원으로 말하는 총명이 아니다. 도(道)를 알고 실천하는 차원에서 말하는 명(明)이다. 즉 도가 밝게 나타난다는 뜻이다.>

<* 노자는 명(明)을 매우 높였다. 제16장에서는 「지상왈명(知常曰明)」이라 했다. 제53장에서는 「복귀기명(復歸其明)」이라 했다. 한편 노자는 세속적 차원의 예지(叡智)는 배척했다. 제19장에서는 「절성기지 민리백배(絶聖棄智 民利百倍)」라 했고, 제65장에서는 「고이지치국 국지적(故以智治國 國之賊)」이라 했다.>

<* 지(智)는 속인들이 겉으로 보고 판단한다는 뜻이다. 명(明)은 내성적(內省的)으로 근원인 도를 살피고 밝게 나타나게 한다는 뜻이다.>

<* 지(智)는 인간적 작위에 속하고, 명(明)은 근원적 무위(無爲), 귀근(歸根), 복명(復命)에 속한다.>

○勝人者有力(승인자유력) : <세속적으로> 남을 이기는 사람을 힘이 있다고 한다.

<* 남하고 싸워서 이기는 것은 속세의 일이다. 싸움은 속인들이 수심(獸心)과 욕심(慾心)을 채우기 위한 악덕한 짓이다. 하늘이나 도를 따르는 사람은 절대로 싸우지 않는다.>

ㅇ自勝者强(자승자강) : 자신을 이기는 사람이 참으로 강하다.

<* 즉 자기의 사리사욕을 극복하고 허정(虛靜)에 돌아감이다. * 강(强)은 제52장에서 「수유왈강(守柔曰强)」이라 한 뜻과 같다. 참으로 강한 사람은 유약과 허무를 지킨다.>

[어구 설명] [2] 知足者富 强行者有志 [3] 不失其所者久 死而不亡者壽 :

ㅇ知足者富(지족자부) : <욕심을 극복하고> 스스로 만족할 줄 아는 사람이 부자이다.

<* 욕심은 무한하다. 따라서 재물이 있어도 부족하게 느낄 것이라, 결국 가난한 자라 하겠다.>

ㅇ强行者有志(강행자유지) : 도를 강행해야 뜻이 있다.

<* 강행(强行)을 근행(勤行)으로 푼다. 즉 도를 지키고 부지런히 역행(力行)한다는 뜻이다. 제41장에 「상사문도 근이행지(上士聞道 勤而行之)」라 했다.>

<* 강행(强行)은 도를 따라 세차게 나간다. 유지(有志)는 도에 뜻을 두었다, 또는 득지(得志)의 뜻이다.>

ㅇ不失其所者久(불실기소자구) : 자기의 있을 자리, 즉 근원

적인 도를 잃지 않아야 영구할 수가 있다.

○ 死而不亡者壽(사이불망자수) : 죽어도 도를 잃지 않아야 수(壽)한다.

<* 노자 사상은 무신론(無神論)이다. 그러나 노자 사상은 생사(生死)를 초월한 사상이다. 이와 같은 사상이나 철학은 종교적 영생론(永生論)과 통한다.>

[현대적 해석] 제 33 장

[1] 세속적으로 남을 아는 것은 지(智)이다. 자신에게 내재하고 있는 도(道)를 알고 행하는 것이 명(明)이다.

[2] 속세에서 남과 싸우고 이기는 자는 힘이 있다. <그러나> 자신을 이기는 자라야 <참으로> 강하다. 스스로 족할 줄 아는 사람이 바로 부자(富者)이고, 도를 따라 세차게 나가는 사람이라야 뜻을 얻었다고 한다.

[3] 바탕이 되는 도를 잃지 않아야 오래 산다. 죽어도 도를 잃지 않아야 수한다.

참고 보충 설명 | 도를 지녀야 수(壽)

(1) 속세에서 말하는 지혜와 힘과, 도의 입장에서 말하는 명(明)과 강(强)을 구분했다.

(2) 또 참다운 부(富)는 지족(知足)이고, 또 뜻[志]은 도를 따라감이라고 말했다. 주역(周易) 건괘상전(乾卦象傳)에서 말

한 「군자는 자강불식한다.(君子以自强不息)」와 같은 말이다.

(3) 노자는 또 말했다. 「도를 잃지 않아야 영원할 수 있다. 육신은 죽어도 도와 더불어 영원히 산다.」

(4) 소크라테스도 「너 자신을 알라」고 했다. 예수도 「땅에 재물을 쌓지 말고 하늘에 쌓아두라」고 했다. 이들은 인간의 이지(理智), 혹은 신(神)을 기준으로 말한 것이다. 그러나 노자는 「허무(虛無)인 도」를 바탕으로 말한 것이다.

(5) 참고로 후쿠나카(福永) 교수의 해설을 일부 인용하겠다. 「세상 사람들의 눈은 항상 밖을 내다보고 있다. 그들은 언제나 대상세계(對象世界)를 문제로 삼고, 외계의 사물(事物)에 정신을 팔고 있다. 그들은 남의 시비선악을 말하고, 현우미추(賢愚美醜)의 가치를 부여하고, 남을 품정(品定)하는 데 뛰어난 사람을 지자(智者), 혹은 현자(賢者)라 한다.」 「혹은 남을 힘으로 누르거나 재력이나 지력(知力)으로 지배하는 자를 강자(强者), 혹은 유력자(有力者)라고 한다. 그러나 노자는 그들의 외향적 눈을 안으로 돌리고, 나 자신을 깊이 보는 눈을 가지라고 가르쳤다.」

(6) 나 자신을 깊이 보는 것은 곧 심령적(心靈的)·정신적(精神的) 차원에서 도(道)를 봄이다. 내재적 도를 알고 따라 살면 죽음도 초월할 수 있다.

제 34 장

[1] 大道氾兮 其可左右 萬物恃之以生 而不辭.

대도범혜(이) 기가좌우(이니라) 만물시지이생(이) 이불사(이니라)

큰 도는 넘치므로 좌로도 우로도 나갈 수 있다. 만물은 도를 의지해서 태어나 산다. <그래도> 도는 마다하지 않는다.

[2] 功成而不有 衣養萬物 而不爲主.

공성이불유(이오) 의양만물 이불위주(이니라)

도는 공을 이루고도 소유하지 않는다. 만물에게 옷과 음식을 주고 양육하고도 주인 노릇을 하지 않는다.

[3] 常無欲 可名於小 萬物歸焉 而不爲主 可名爲大 以其終不自爲大 故能成其大.

상무욕(이) 가명어소(라) 만물귀언(이) 이불위주(라) 가명위대(이니라) 이기종부자위대(라) 고(로) 능성기대(이니라)

항상 욕심이 없으므로 작고 은미하다고 말할 수 있다. 도는 만물을 귀속시키고도 주인 노릇을 안한다. 그래서 크다고 말할 수 있다. 도는 끝까지 자신을 크다고 하지 않는다. 그러므로 능히 클 수가 있다.

[어구 설명] [1] 大道氾兮 其可左右 萬物恃之以生 而不辭 :

◦大道氾兮 其可左右(대도범혜 기가좌우) : 대도는 어디에나 넘치고, 또 좌로 우로 갈 수 있다.

<* 우주 천지 만물은 도에서 태어나 존재하고, 또 살고 있다. 그러므로 도는 어디에 가나 있고, 또 작용한다.>

<* 제25장에 있다. 「주행이불태(周行而不殆)」>

◦萬物恃之以生 不辭(만물시지이생 불사) : 만물은 도에서 태어나고 도를 따라 산다. 그래도 도는 싫다고 하지 않는다.

<* 시(恃)는 의지하다. * 생(生)은 태어나고, 또 산다.>

<* 불사(不辭)에는 두 가지 뜻이 있다. 하나는 「싫다고 한다, 사퇴한다, 거절한다.」 다른 하나는 「말하지 않는다, 혹은 자신을 자랑하다, 혹은 주재(主宰)하다로 풀기도 한다.」>

<* 제2장에 있다. 「만물작언 이불사(萬物作焉 而不辭)」>

[어구 설명] [2] 功成而不有 衣養萬物而不爲主 :

◦功成而不有(공성이불유) : 공을 세우면서도 아무것도 취해 갖지 않는다. <* 주기만 하지 소유하지 않는다.>

ㅇ衣養萬物 而不爲主(의양만물 이불위주) : 도는 만물에게 옷과 음식을 주고 양육할 뿐, 주인인 척하지 않는다.

<* 제2장에 있다. 「위이불시 공성이불거(爲而不恃 功成而不居)」>

[어구 설명] [3] 常無欲 可名於小 萬物歸焉 而不爲主 可名爲大 以其終不自爲大 故能成其大 :

ㅇ常無欲 可名於小(상무욕 가명어소) : 도는 항상 욕심이 없다. <그래서 주인 노릇도 안하고 만물을 소유하지도 않는다.> 따라서 작고 은미하다고 말할 수 있다.

<* 도는 이(夷), 희(希), 미(微)로 유현은미(幽玄隱微)하다.>

<* 「常無欲」을 연문(衍文)으로 보고 빼야 한다고 주장하는 설도 있다.>

ㅇ萬物歸焉 而不爲主 可名爲大(만물귀언 이불위주 가명위대) : 만물이 귀속해도 주인 노릇을 안하므로 크다고 말할 수 있다.

ㅇ以其終不自爲大 故能成其大(이기종부자위대 고능성기대) : 끝내 자신이 존대(尊大)하게 하지 않으므로 능히 크게 될 수 있다.

<* 만물의 근원이고 만물을 주재하는 도(道)는 스스로 소유하지도 않고, 또 주인 노릇을 하지 않는다. 그래서 진짜로 위대하다.>

[현대적 해석] 제 34 장

[1] 큰 도는 넘치며 좌로 우로 뻗을 수 있다. 만물은 도를 의지해서 산다. <그래도> 도는 마다하지 않는다.

[2] 도는 공을 이루어도 소유하지 않는다. 만물에게 옷과 음식을 주고 양육하고도 주인 노릇을 안한다.

[3] 항상 욕심이 없으므로 작고 은미하다고 말할 수 있다. 도는 만물을 귀속시키고도 주인 노릇을 안한다. 그래서 크다고 말할 수 있다. 스스로 크게 되지 않으므로 능히 클 수가 있다.

참고 보충 설명 | 스스로 크다고 안한다

(1) 노자는 도가 왜 위대하며, 또 왜 끝까지 위대할 수 있는가를 말했다. 도는 만물을 살게 하면서 사양하지도 않고, 또 내가 주인이라고 자랑하지도 않는다. 도는 공이 크면서도 소유하지도 않는다. 만물에게 옷과 음식을 주고도 주인 노릇을 안한다. 도는 욕심이 없으므로 작고 은미한 존재로 있다.

(2) 이와 같은 겸양의 덕, 즉 불유(不有), 불사(不辭), 불위주(不爲主)하기 때문에 허무에 귀일하고, 따라서 절대무(絶對無)에 통한다. 따라서 클 수가 있다.

(3) 속세의 임금은 이와 반대다. 그래서 일찍 망한다.

제 35 장

[1] 執大象 天下往 往而不害 安平太.

집대상(이) 천하왕(이라) 왕이불해(이므로) 안평태(이니라)

대상(大象)을 지키고 행하면 천하의 사람들이 와서 귀순한다. 와서 귀순해도 해가 되지 않으므로, 즉 평화롭고 태평하다.

[2] 樂與餌 過客止 道之出口 淡乎其無味 視之不足見 聽之不足聞 用之不足旣.

악여이(이) 과객지(이라) 도지출구(이) 담호기무미(이오) 시지부족견(이오) 청지부족문(이나) 용지부족기(이니라)

음악이나 음식은 과객을 멈추게 한다. 그러나 도는 입밖에 나와도 담담하고 맛이 없다. 눈으로 보아도 안 보인다. 귀로 들어도 안 들린다. <그러나> 써도 끝없이 쓸 수 있다.

[어구 설명] [1] 執大象 天下往 往而不害 安平太 :

○執大象 天下往(집대상 천하왕) : 큰 도를 잡고 행하면, 천하

의 모든 사람이 <그에게로> 가서 따른다.

<* 집(執)은 꽉 잡다. 제14장에 있다. 「집고지도(執古之道)」>

<* 대상(大象)은 대도(大道), 혹은 도(道)에 의해서 나타난 우주 천지 만물의 형상(形象).>

<*하상공(河上公)은 「상(象)은 도(道)다.」라고 풀었다. *성현영(成玄英)은 「대상(大象)은 대도(大道)의 법상(法象)과 같다.」고 풀었다.>

<* 제41장에 있다. 「대상무형(大象無形)」 제14장에는 「시위무상지상 무물지상(是謂無狀之狀 無物之象)」이라 했다.>

<* 천하왕(天下往)을 「도가 천하 어디에나 뻗는다.」로 풀기도 한다.>

○往而不害(왕이불해) : 모든 사람들이 도에 귀의해도 해가 되지 않는다. 혹은 서로 다치거나 서로 남을 해치지 않는다.

○安平太(안평태) : 안(安)은 어조사로 내(乃), 혹은 즉(則), 또는 어시(於是)로 푼다. 평(平)은 평화, 태(太)는 태(泰)로 푼다.

<* 도(道)는 시간적으로는 과거 현재 미래, 공간적으로는 천지 자연 만물 어디에나 나타난다. 그래도 항상 「안정(安定), 평화(平和), 태연(泰然)」하다.>

<* 속인이나 악인은 수심(獸心)과 욕심(慾心)을 바탕으로 사납게 서로 싸운다.>

[어구 설명] [2] 樂與餌 過客止 道之出口 淡乎其無味 視之不足見 聽之不足聞 用之不足旣 :

ㅇ樂與餌 過客止(악여이 과객지) : 음악과 이(餌 : 먹거리)는 과객을 멈추게 한다.

< * 즉 인간의 생존 본능이나 감각적 관능을 즐겁게 해주는 음식이나 세속적 쾌락은 살다가 죽는 과객 같은 사람들을 유혹하고 멈추게 한다.>

ㅇ道之出口 淡乎無味(도지출구 담호무미) : 도를 입밖에 내고 <말로 가르치고, 또 행동으로 실천해도> 담담하고 아무런 맛도 없다.

<* 도는 정신적인 것이다. 육체적 · 감각적인 것이 아니다.>

ㅇ視之不足見(시지부족견) : 도의 나타남은 보기에도 부족하다. <* 견(見)을 현(見=現=顯)으로도 읽는다.>

ㅇ聽之不足聞(청지부족문) : 도의 나타남은 듣기에도 부족하다. <* 도는 희이미(希夷微)다.>

ㅇ用之不足旣(용지부족기) : 그러나 도는 다 쓸 수 없다.

<* 기(旣)는 진(盡)이다. 즉 도는 비감각적이지만 무궁무진하게 쓸 수 있다. * 제4장에 있다. 「도충이용지 혹불영(道沖而用之 或不盈)」 제6장에 있다. 「용지불근(用之不勤)」 제45장에 있다. 「대영약충 기용불궁(大盈若沖 其用不窮)」>

[현대적 해석] 제 35 장

[1] 큰 도(道)를 지키고 행하면, 천하의 모든 사람들이 와서 귀순한다. 와서 귀순해도 해가 되지 않으므로, 즉 평화롭고 태평하다.

[2] 음악이나 음식은 과객을 멈추게 한다. 그러나 도는 입밖에 나와도 담담하고 맛이 없다. 눈으로 보아도 안 보인다. 귀로 들어도 안 들린다. <그러나> 써도 끝없이 쓸 수 있다.

참고 보충 설명 | 끝없는 도(道)

(1) 노자는 앞장에서 도의 광대함을 말했다. 이번에는 도의 끝없는 작용을 설명했다.

(2) 광대무변한 도를 꽉 잡고 다스리면 온 천하의 모든 사람들이 귀순해 올 것이다. 그리고 모든 사람이 하나인 도에 귀의하여 안락과 평등과 태평을 누리게 될 것이다.

(3) 노자는 제34장에서 말했다.「만물은 도를 따라서 생성화육되고 있다. 그러나 도는 스스로 나서서 만물을 주관하지 않는다. 또 도는 모든 조화의 공을 이룩하면서도 스스로 취하는 것이 없다. 만물을 감싸고 사랑해 키우면서도 주재하지는 않는다.」

(4) 그러나 속세의 악덕한 사람이나 임금은 어떻게 하나. 자기

만 혼자 잘살겠다는 욕심을 바탕으로 서로 싸우고 쟁탈을 하고 있다.

(5) 그래서 동서고금(東西古今)을 막론하고 위태롭고 소란스럽고 불안하다. 그런데도 왜 도를 따르지 않는가.

(6) 심령적(心靈的)·정신적(精神的)으로 무지(無智=無知)하기 때문이다.

(7) 도(道)는 만물의 본체이다. 사람은 감각기관으로만 지각(知覺)한다. 그래서 도를 알기 어려운 것이다.

(8) 또 노자는 말했다.「무위자연의 도는 세속적인 쾌락같이 사람을 유혹하거나 유인하지 않는다. 이른바 문화나 예술 같은 것은 화려한 형식으로 인간의 감관을 자극하고 홀린다.」

(9) 오늘의 세계를 보자. 인위적·상업적 문화, 예술, TV 등은 자극적이고 병적으로 사람을 미혹한다.

(10) 그러나 도는 냉수같이 아무 맛도 없다. 눈을 자극하지도 않는다. 귀를 끌지도 않는다. 그러나 언제까지나 끝없이 만물을 생육화성(生育化成)한다.

(11) 도를 알고 따라야 소박한 대자연의 미, 동양적 예술세계에서 높이는 유현(幽玄)의 미(美)를 알고, 평안(平安)하게 영생(永生)할 수 있다.

제 36 장

[1] 將欲歙之 必固張之 將欲弱之 必固强之 將欲廢之 必固興之 將欲取之 必固與之 是謂微明.

장욕흡지(이) 필고장지(이라) 장욕약지(이) 필고강지(이라) 장욕폐지(이) 필고흥지(라) 장욕취지(이) 필고여지(라) 시위미명(이니라)

움츠리고자 하면 반드시 먼저 펴야 한다. 약하게 만들고자 하면 반드시 먼저 강하게 해야 한다. 폐하고자 하면 반드시 먼저 홍성케 해야 한다. 탈취하고자 하면 반드시 먼저 주어야 한다. 이러한 도리를 「미명(微明)」이라 한다.

[2] 柔弱勝剛强 魚不可脫於淵 國之利器 不可以示人.

유약승강강(이오) 어불가탈어연(이니) 국지리기 불가이시인(이니라)

유약(柔弱)은 반드시 억세고 강한 것을 이기게 마련이다. 물고기가 깊은 못에서 벗어날 수가 없다. 나라의 이기(利

器)를 보일 수 없다. <나라를 다스릴 심오한 도를 보일 수 없다.>

[어구 설명] [1] 將欲歙之 必固張之 將欲弱之 必固強之 將欲廢之 必固興之 將欲取之 必固與之 是謂微明 :

○將欲歙之 必固張之(장욕흡지 필고장지) : 장차 움츠리고자 하면, 반드시 먼저 펴야 한다.

<* 흡(歙)은 움츠리다, 수축(收縮)하다. 고(固)는 마땅히. 장(張)은 펼치다.>

○將欲弱之 必固強之(장욕약지 필고강지) : 장차 약하게 만들고자 하려면, 반드시 먼저 강하게 만들어야 한다.

○將欲廢之 必固興之(장욕폐지 필고흥지) : 장차 폐하게 만들고자 하면, 반드시 먼저 흥하게 해야 한다.

○將欲取之 必固與之(장욕취지 필고여지) : 장차 취하고자 하면, 반드시 먼저 주어야 한다.

○是謂微明(시위미명) : 이 같은 것이 바로 미묘한 도가 밝게 나타나는 법이다.

<* 도는 은미하고 잘 알 수 없다. 그러나 이런 식으로 밝게 나타난다.>

[어구 설명] [2] 柔弱勝剛強 魚不可脫於淵 國之利器不可以示人 :

○柔弱勝剛强(유약승강강) : 유약(柔弱)이 강강(剛强)을 이기는 것이 <도이다.>

<* 제78장 : 「약지승강 유지승강(弱之勝强 柔之勝剛)」>

○魚不可脫於淵(어불가탈어연) : 물고기는 못을 벗어나서 살 수 없다. <* 사람이나 만물은 도를 떠날 수 없다.>

○國之利器 不可以示人(국지리기 불가이시인) : 나라를 잘 다스릴 도(道)를 사람에게 보일 수 없다.

<* 이기(利器)를 여기서는 「좋은 도리」로 풀었다.>

<* 그러나 이에 대한 설이 많다. * 나라를 다스리는 사람은 함부로 날카로운 무기를 내보이면 안된다.>

<* 하상공(河上公)은 권력이나 권도(權道)로 풀었다. 즉 나라를 다스리는 권모나 술수이다.>

<* 한비자(韓非子)는 상벌(賞罰), 즉 작록(爵祿)이나 형벌로 풀었다.>

<* 유가(儒家)에서 높이는 인의도덕(仁義道德) 예악(禮樂) 같은 문물제도로도 풀기도 한다.>

<*그러나 여기서는 이기(利器)를 미묘심원(微妙深遠)한 도(道)로 풀 수 있다. 즉 「유약승강강(柔弱勝剛强)」의 도를 함부로 내보이지 않고 염담허정(恬淡虛靜)하게 한다는 뜻이다.>

<* 노자의 도(道)는 싸우지 않고 이기는 도다.>

[현대적 해석] 제 36 장

[1] 움츠리고자 하면 반드시 먼저 펴야 한다. 약하게 만들고자 하면 반드시 먼저 강하게 해야 한다. 폐하고자 하면 반드시 먼저 흥성케 해야 한다. 탈취하고자 하면 반드시 먼저 주어야 한다. 이러한 도리를 「미묘한 총명[微明]」이라 한다.

[2] 유약(柔弱)은 반드시 억세고 강한 것을 이기게 마련이다. 물고기가 깊은 못에서 벗어날 수가 없다. 나라를 잘 다스릴 수 있는 심오한 도를 <사람에게 내보이고 알게 할 수 없다.>

참고 보충 설명 | 도를 보일 수 없다

(1) 도는 변증법적(辨證法的)으로 발전한다. 그래서 노자는 말했다. 「달도 차면 이내 진다.」 즉 「물극필반(物極必反)」한다. 「세강필약(勢强必弱)」한다.

(2) 노자는 이러한 도리를 이용하여 유약(柔弱)으로써 강강(剛强)을 이기고, 천하를 허정(虛靜)으로 돌리고자 했다.

(3) 물고기가 물을 떠날 수 없듯이, 사람은 도를 떠날 수 없다. 천하를 다스리는 사람도 도를 지키지 않고는 안락과 평등과 태평을 누릴 수 없다.

(4) 그러나 도는 무위자연이다. 따라서 위정자도 경솔하게 도

를 내보이는 일 없이 염담(恬淡)하게 무위(無爲)의 치(治)를 펴야 한다. 이것이 노자의 본뜻이다.

(5) 그러나 본 장의 뜻을 전국시대의 한비자 같은 법가사상에 맞붙여서 노회(老獪)한 술책으로 풀이하는 수도 있다. 그러나 그것은 잘못이다.

(6) 예를 들면 「움츠리고자 하면 반드시 먼저 펴야 하고」를 전국시대의 전략면으로 활용할 수도 있다. 즉 한 나라를 통합해서 탄합(呑合)하고자 하면 우선 그 나라를 쪼개고 약화시켜야 한다. 즉 산개(散開)하고 분열시켜야 한다. 이는 전국시대만이 아니라 오늘의 세계에서도 강대국이 후진국, 약소국을 약화하고 점령하려는 수법과 같다. 권모술책은 간교한 것이다. 노자의 주장은 도의 차원에서 말한 것이다.

(7) 이 점을 분명히 하고 노자를 깊이 이해해야 한다. 따라서 다음과 같은 뜻으로 읽어야 한다. 「지금 벌어지고 있는 것은 합할 징조이고 ; 지금 강한 것은 장차 약해질 징조이고 ; 지금 융성한 것은 장차 폐망할 징조이고 ; 지금 주는 것은 장차 빼앗으려는 징조이다.」

(8) 즉 노자는 항상 유위(有爲)나 인간적 조작, 또는 적극적으로 나서고, 높이 오르고 강하게 덤비고, 남을 누르고 빼앗는 것을 도에 어긋난다고 질책했던 것이다.

제 37 장

[1] 道常無爲而無不爲 侯王若能守之 萬物將自化.

도상무위(이나) 이무불위(이니라) 후왕약능수지(이면) 만물장자화(이니라)

도는 항상 작위를 하지 않으면서도 이루지 않는 것이 없다. 군왕이 만약 이러한 무위자연의 도를 잘 지킬 수 있다면 만물은 스스로 잘 자라고, 변하게 할 것이다.

[2] 化而欲作 吾將鎭之 以無名之樸 無名之樸 夫亦將無欲 不欲以靜 天下將自正.

화이욕작(이니) 오장진지(이) 이무명지박(이니라) 무명지박(이면) 부역장무욕(이니) 불욕이정(이면) 천하장자정(이니라)

만물은 자라고 변화하면 욕심이 난다. <사람이나 임금이 그와 같이 욕심을 일으키고 무리한 짓을 하려고 하면> 나는 그의 욕심을 누르고 무명의 도의 소박함으로 되돌리고자 한다. 무명의 도의 소박함이 되면 역시 욕심이 없게 된다. 욕심을 일으키지 않고 허정하면 천하가 스스로 바

르게 될 것이다. <* 화이욕작(化而欲作)을 「욕심을 일으키고 무리한 짓을 하면」으로 풀었다.>

[어구 설명] [1] 道常無爲而無不爲 侯王若能守之 萬物將自化 :

○無爲而無不爲(무위이무불위) : 작위(作爲)를 하지 않지만 결국 이루지 않는 것이 없다.

<* 도는 허정(虛靜)이다. 그러나 자연을 따라 모든 조화를 이루고 만물을 생육화성(生育化成)한다.>

○侯王 若能守之 萬物將自化(후왕 약능수지 만물장자화) : 군왕이 도를 잘 지킬 수 있으면 만물이 스스로 자라고 발전할 것이다.

<* 즉 무위이치(無爲而治)의 경지다.>

[어구 설명] [2] 化而欲作 吾將鎭之 以無名之樸 無名之樸 夫亦將無欲 不欲以靜 天下將自正 :

○化而欲作 吾將鎭之 以無名之樸(화이욕작 오장진지 이무명지박) : <도를 따르지 않고 욕심을 따라> 변화하고 <무리하게> 일을 꾸미려 하면 내가 진정시키겠다. 그래서 무명(無名)의 도(道)의 박(樸)으로 되돌리겠다.

<* 박(樸)은 소박한 원생목(原生木). 즉 참되고 소박한 도(道)라는 뜻. 제32장에 있다. 「도상무명 박(道常無名 樸)」

○無名之樸 夫亦將無欲(무명지박 부역장무욕) : 무명의 박이 되면, 역시 욕심이 없게 될 것이다.

○不欲以靜 天下將自正(불욕이정 천하장자정) : 욕심없이 허정(虛靜)하면 천하가 스스로 바르게 된다. <*정(正)을 정(定)으로 쓴 판본도 있다.>

[현대적 해석] 제 37 장

[1] 도는 항상 작위하지 않으면서도 이루지 않는 것이 없다. 군왕이 만약 이러한 무위자연의 도를 잘 지킬 수 있다면 만물도 스스로 잘 자라고 변화할 것이다.

[2] 만물이 변화해서 자라면 <사람이나 임금이> 욕심을 일으키고 무리한 짓을 하려고 한다. <그러면> 나는 욕심을 누르고 무명의 도의 소박으로 되돌리고자 한다. 무명의 도의 소박함이 되면 역시 욕심이 없게 된다. 욕심을 일으키지 않고 허정하면 천하가 바르게 될 것이다.

참고 보충 설명 | 천하자정(天下自正)

(1)「허정 염담은 무위다. 하늘, 땅, 사람 및 만물이 도를 따라 운행되고 생육된다.」 그러나 현상세계에 나타난 만물은 욕구가 없을 수 없다. 그러므로 노자는「만물은 살아 자라남으로써 여러 가지 욕심이 일어나게 마련이다.」라고 말했다. 욕심이 일어나면 무리하게 채우려고 수작을 부린다.

(2) 그래서 노자는 말했다. 「이렇게 욕구가 일어나면 그때에는 다시 진박(眞朴)한 무명(無名)의 도(道)로 되돌려야 한다.」

(3) 이상은 곧 노자의 복귀사상의 일면이다. 만물은 무(無)인 도에서 나왔다. 만물은 유형적 존재이므로 욕구가 있게 마련이다. 그러므로 다시 도로 돌아가면 욕구가 없게 된다. 「무(無－道)→만물(萬物)→욕구(欲求)→도(道－無欲)」가 된다. 이렇게 도를 따라 무욕의 경지로 되돌아갈 때 천하도 스스로 안정될 것이다.

(4) 특히 제37장은 노자의 「상편(上篇) 도경(道經)의 마지막 장」이다. 그래서 노자는 강조했다.

「작위하지 않으면서도 이루지 않는 것없이 모든 조화를 이룬다.」「도를 따라 만물이 자화(自化)한다. 그러나 현상계에 있으면서도 무욕(無欲)의 경지에서 안정되어야 한다.」

(5) 무위자연의 도는 의식적이거나 자의적인 작위를 하지 않고 만물은 도를 따라 자화(自化), 즉 스스로 살고 스스로 자란다는 뜻이다. 그러나 인간은 자의적으로 조작하고 나의 주장, 나의 힘을 남에게 강요하여 강압적으로 만물을 잘 자라지 못하게 한다. 이것이 사욕(私欲), 탐욕에 의해 자연의 도를 어기고 인위적으로 자화(自化)를 파괴하고 방해하는 짓이다.

제 38 장

[1] 上德不德 是以有德 下德不失德 是以無德.

상덕(이) 부덕(이라) 시이유덕(이오) 하덕(이) 불실덕(이라) 시이무덕(이니라)

가장 높은 덕자(德者)는 스스로 덕을 의식하거나 자랑하지 않는다. 그러므로 덕이 있다. 천박한 자는 덕을 잃지 않으려고 애를 쓴다. 그런 고로 덕이 없게 된다.

[2] 上德無爲 而無以爲 下德無爲 而有以爲.

상덕(이) 무위(이) 이무이위(이니라) 하덕(이) 무위(이) 이유이위(이니라)

<도를 따른> 높은 덕자(德者)는 무위(無爲)한다. 그러므로 인위적으로 하지 않는다. 밑에 있는 덕자(德者)는 무위의 도를 따르면서 <의식적으로> 작위(作爲)한다.

[3] 上仁爲之 而無以爲 上義爲之 而有以爲 上禮爲之 而莫之應 則攘臂而扔之.

상인(이) 위지(라) 이무이위(이니라) 상의(이) 위지(라) 이유이위(이니라) 상례(이) 위지(이) 이막지응(이면) 즉양비이잉지(니라)

높은 인자(仁者)는 인위적으로 한다. 그러므로 인을 이루는 것이 없다. 가장 높은 의자(義者)는 인위적으로 한다. 그러므로 의를 이루는 것이 없다. 가장 높은 예자(禮者)는 인위적으로 한다. 그러므로 그에게 응하는 사람이 없으면 <남의> 팔을 잡고 강제로 끌어당기면서 예를 지키게 한다.

[4] 故失道而後德 失德而後仁 失仁而後義 失義而後禮.

고(로) 실도이후덕(이오) 실덕이후인(이오) 실인이후의(이오) 실의이후례(이니라)

그런 고로 무위자연의 도가 없어진 다음에 덕이 있게 되었다. 덕이 없어진 다음에 인(仁)이 있게 되었다. 인이 없어진 다음에 의(義)가 있게 되었다. 의가 없어진 다음에 예(禮)가 있게 된 것이다.

[5] 夫禮者 忠信之薄 而亂之首 前識者 道之華 而愚之始.

부례자(이) 충신지박(이오) 이란지수(이니라) 전식자(이) 도지화(이오) 이우지시(니라)

무릇 예는 충신(忠信)이 희박해짐으로써 나타난 것이며, 모든 화란(禍亂)의 시초이다. 남보다 먼저 안다는 것은 도의 외식적(外飾的) 꽃이며, 남을 우매하게 만드는 시작이다.

[6] 是以大丈夫處其厚 不居其薄 處其實 不居其華 故去彼取此.

시이(로) 대장부(이) 처기후(이오) 불거기박(이) 처기실(이오) 불거기화(이니라) 고(로) 거피취차(이니라)

그런 고로 대장부는 돈후한 도에 처한다. 얇은 인위적 예를 지키지 않으며 실질적 열매를 맺게 하고 허망한 꽃을 피우게 하지 않는다. 고로 인위적 조작을 버리고 무위자연을 취한다.

[어구 설명] [1] 上德不德 是以有德 下德不失德 是以無德 :

○上德不德 是以有德(상덕부덕 시이유덕) : <무위자연의 도를 체득한> 최고의 덕자(德者)는 스스로 도(道)나 덕(德)을 의식하지 않는다. 그러므로 참으로 덕이 있는 것이다. <* 의식하고 행하면 높은 체득자(體得者)가 아니다.>

○下德不失德 是以無德(하덕불실덕 시이무덕) : 하천한 덕자(德者)는 <의식적으로> 덕을 잃지 않고 행하려고 애를 쓴다. 그러므로 참다운 덕이 없다. <*하덕(下德)은 인위적인 덕, 형식화된 덕을 행하는 사람의 뜻이다.>

[어구 설명] [2] 上德無爲 而無以爲 下德無爲 而有以爲 :

○上德無爲 而無以爲(상덕무위 이무이위) : <도를 터득한> 높은 덕자(德者)는 인위적(人爲的)으로 조작하지 않는다. 그래서 조작하는 것이 없다[無以爲].

<* 상덕무위(上德無爲)의 무위는 인위적으로 꾸미거나 조작하지 않는다는 뜻이다.>

<* 「이무이위(而無以爲)」에 대해서는 설이 많다. 여기서는 「그러므로[而] 꾸미는 것[以爲]이 없다[無]」로 풀었다. 즉 무위자연(無爲自然)으로 이루게 한다는 뜻이다.>

<* 한편 부혁(傅奕), 엄준(嚴遵), 범응원(范應元) 및 한비자(韓非子)의 책에는 무이위(無以爲)를 무불위(無不爲)라고 고쳤다. 즉 안하는 일이 없다.>

○ 下德無爲 而有以爲(하덕무위 이유이위) : 밑에 있는 덕자(德者)는 무위의 도를 따르면서 의식적으로 행한다.

<* 임희일(林希逸)은 다음과 같이 풀었다. 「이(以)는 의식을 갖는다는 뜻이다.(以者 有心也)」>

[어구 설명] [3] 上仁爲之 而無以爲 上義爲之 而有以爲 上禮爲之 而莫之應 則攘臂而扔之 :

○ 上仁爲之 而無以爲(상인위지 이무이위) : 높은 경지에 있는 인자(仁者)라도 인위적으로 한다. 그러므로 <도에서 보면> 참다운 인을 하는 것이 아니다.

<* 노자는 유가에서 내세우는 인의(仁義)를 다 인위적으로 꾸민 것이라고 보았다.>

○ 上義爲之 而有以爲(상의위지 이유이위) : 으뜸가는 의(義)를 행하는 자도 인위적으로 꾸미고 한다. 그러므로 인위적으

로 꾸민 것이다.

○上禮爲之 而莫之應 則攘臂而扔之(상례위지 이막지응 즉양비이잉지) : 가장 높게 예를 주장하는 사람도 인위적으로 한다. 그러므로 <도에서 태어나고 도와 하나가 된 사람은> 상대하지 않는다. 그러므로 <유가적 예를 행하는 사람은> 남의 팔을 잡고 강제로 끌어당긴다. <*「攘(물리칠 양), 臂(팔비), 扔(당길 잉)」 억지로 예를 지키게 한다는 뜻이다.>

<* 상대방이 예를 안 지키면 억지로 예를 지키게 강요한다는 생각은 성악설(性惡說)을 주장한 순자(荀子)의 주장이다. 본래 성선설(性善說)을 주장한 맹자(孟子)는 인의예지(仁義禮智)는 본성에서 나오는 것이라고 했다. 그러나 노자는 모든 것을 부정하는 입장에서 말한 것이다.>

[어구 설명] [4] 故失道而後德 失德而後仁 失仁而後義 失義而後禮 :

○故失道而後德 失德而後仁(고실도이후덕 실덕이후인) : 고로 <노자가 말했다. 무위자연의> 도(道)가 없어진 다음에, 덕(德)이 나타났다. 덕이 사라진 다음에 인(仁)을 주장하고 내세우게 되었다.

○失仁而後義 失義而後禮(실인이후의 실의이후례) : 인이 사라지자 의(義)를 내세웠다. 의가 사라지자 예(禮)를 내세웠던 것이다.

[어구 설명] [5] 夫禮者 忠信之薄 而亂之首 前識者 道之華 而愚之始 :

○夫禮者 忠信之薄 而亂之首(부례자 충신지박 이란지수) : 무릇 예(禮)는 충(忠)과 신(信)이 희박하게 된 것이며, 난(亂)의 시초이다. <* 전란(戰亂), 화란(禍亂)을 다 포함한다.>

○前識者 道之華 而愚之始(전식자 도지화 이우지시) : <남보다 먼저 아는 척한 유가적(儒家的)> 선지자(先知者)나 식자(識者)는 <도(道)의> 허망한 꽃에 불과하며 세상을 우매하게 만드는 시초라 하겠다.

[어구 설명] [6] 是以大丈夫處其厚 不居其薄 處其實 不居其華 故去彼取此 :

○是以大丈夫處其厚 不居其薄(시이대장부처기후 불거기박) : 그러므로 대장부는 <무위자연(無爲自然)의> 두둑한 도(道)에 처하고, 얄팍한 지식이나 <인의예지에> 몸을 두고 살지 않는다.

○處其實 不居其華(처기실 불거기화) : 실한 곳에 처하고 허망하고 화려하기만 한 꽃에 몸을 두지 않는다.

○故去彼取此(고거피취차) : 고로 <인의예지(仁義禮智) 같은 것을> 버리고 도를 취한다.

<* 노자는 유가(儒家)에서 높이는 인의예지충신(仁義禮智忠

信)을 얄팍하다고 비방했다.>

<* 단 바르게 알아야 한다. 유가에서 높이는 인의예지충신도 역시 천도(天道)를 바탕으로 한 것이다.>

<* 처기실(處其實)은 제3장에서 말한 「허기심 실기복(虛其心 實其腹)」이다.>

<* 거피취차(去彼取此)는 곧 「화박(華薄)한 예(禮) 같은 것을 버리고 후실(厚實)한 도를 취한다.」는 뜻이다.>

[현대적 해석] 제 38 장

[1] 가장 높은 덕자(德者)는 스스로 덕을 의식하거나 자랑하지 않는다. 그러므로 덕이 있다. 천박한 자는 덕을 잃지 않으려고 애를 쓴다. 그런 고로 덕이 없게 된다.

[2] <도를 따른> 높은 덕자(德者)는 무위(無爲)한다. 그러므로 인위적으로 하지 않는다. 밑에 있는 덕자는 무위의 도를 따르면서 <의식적으로> 작위(作爲)한다.

[3] 높은 인자(仁者)는 인위적으로 한다. 그러므로 인을 이루는 것이 없다. 가장 높은 의자(義者)는 인위적으로 한다. 그러므로 의를 이루는 것이 없다. 가장 높은 예자(禮者)는 인위적으로 한다. 그러므로 그에게 응하는 사람이 없으면 <남의> 팔을 잡고 강제로 끌어당기면서 예를 지키게 한다.

[4] 그런 고로 무위자연의 도가 없어진 다음에 덕이 있게 되었다. 덕이 없어진 다음에 인(仁)이 있게 되었다. 인이 없어진

다음에 의(義)가 있게 되었다. 의가 없어진 다음에 예(禮)가 있게 된 것이다.

[5] 무릇 예는 충신(忠信)이 희박해짐으로써 나타난 것이며 모든 화란(禍亂)의 시초이다. 남보다 먼저 안다는 것은 도(道)의 외식적(外飾的) 꽃이며 남을 우매하게 만드는 시작이다.

[6] 그런 고로 대장부는 돈후한 도에 처한다. 얇은 인위적 예를 지키지 않으며 실질적 열매를 맺게 하고, 허망한 꽃을 피우게 하지 않는다. 고로 인위적 조작을 버리고 무위자연을 취한다.

참고 보충 설명 | 도(道)와 인의예지(仁義禮智)

(1) 하상공(河上公)은 도덕경(道德經)의 상편(上篇)은 주로 도(道)에 관한 것이고, 하편은 주로 덕(德)에 관한 것이라고 했다. <꼭 맞는 말은 아니다.> 허나 하편의 첫장인 이 제38장은 덕을 의식하고 쓴 글이다.

(2) 이 장에서 노자는 상덕(上德)과 하덕(下德)을 구분했다. 상덕은 무위자연의 도를 터득한 사람이나, 또는 그런 경지이다. 하덕은 인위적인 윤리도덕을 지키는 사람이나, 또는 그런 경지를 말한 것이다.

(3) 상덕은 덕을 의식하지 않으므로 덕이 언제까지나 있게 마련이다. 그러나 하덕은 덕을 의식하므로 덕이 지속되지 못한다고 했다.

(4) 노자는 다시 상인(上仁), 상의(上義), 상례(上禮)로 나누었다. 노자는 상인(上仁)도 유위적(有爲的)이지만 무위에 가깝다고 했다. 그 다음이 상의(上義), 상례(上禮)이다.

(5) 오늘의 학자는 상인을 공자의 경지, 상의를 맹자의 경지, 상례를 순자의 경지라고 풀기도 한다.

(6) 결국 노자는 도를 가장 높이고 다음이 덕이고, 그 다음이 인, 그 다음이 의, 그 다음이 예라고 보았다. 그리고 도를 상실하자 덕이 있게 되었고, 덕이 없어지자 인이 있게 되었고, 인이 없어지자 의가 있게 되었고, 또 의마저 상실하게 되자 예를 내세웠다고 했다.

(7) 예(禮)는 넓은 의미의 예의범절(禮儀凡節)과 문물제도(文物制度)를 포괄한다. <오늘의 세계는 예마저 없어졌으며, 오직 법과 정치적 통제력만으로 사람을 휘어잡는다.>

(8) 결국 인간들이 예를 지킨다, 법을 행한다, 또는 이것이 어떻고 저것이 어떻고 하며 따지고 식별하고 판단하게 된 까닭은 다름이 아니다. 인간들이 무위자연의 소박을 잃고, 간사하고 교지(巧知)를 농하며 서로 다투고 싸우기 때문이다. 그러므로 노자는 대장부는 그런 인위적인 조작을 버리고 무위자연의 도를 따라 내실(內實)을 기하라고 한 것이다.

(9) 유가에서 말하는 도와 덕과, 노자의 도와 덕의 차이를 이해하며 이 장을 음미해야 한다.

참고 보충 설명 | 노자와 유가의 차이

(1) 유가에서는 인의예지신(仁義禮智信) 같은 것을 원리로 내걸고 그것을 지키는 것을 도덕이라고 했다.

(2) 그러나 노자는 그러한 인위적 규범이나 도덕을 부정하고 오직 무위자연의 도를 따라 무지(無知)·무욕(無欲)·무위(無爲)에 처하는 것을 도나 덕으로 여겼다.

(3) 유가는 인간적인 것에서 도덕을 찾았다. 그러나 노자는 인간이나 현상 세계를 초월한 견지에서 도덕을 주장했다.

(4) 그러므로 유가에서 볼 때 노자가 주장하는 도덕은 허무맹랑한 것이 되고, 노자가 볼 때 유가적·현세적 도덕은 일시적이고 유한하고 자의적(恣意的)이라 하겠다.

(5) 유교도 송대(宋代)의 성리학(性理學)에서는 대담하게 형이상적 철학으로 발전했다. 즉 원시적 실천윤리에서 벗어나 원리적이고 사변적인 심오한 철학으로 깊어졌다.

(6) 따라서 유교는 시간과 공간을 일통하는 우주의 철학과 인간의 행동규범을 일치시키는 경지, 즉 천인합일(天人合一)의 철학으로 승화되었다.

(7) 성리학에서는 이성(理性)에 의한 천리(天理)와 천도(天道)의 파악과 실천을 강조한다. 따라서 근본적으로 노자의 사상과는 일치하지 않는다. 그러나 성리학은 천박한 사상이 아니다.

제 39 장

[1] 昔之得一者 天得一以淸 地得一以寧 神得一以靈 谷得一以盈 萬物得一以生 侯王得一以爲天下正.

석지득일자(라) 천득일이청(이오) 지득일이녕(이오) 신득일이령(이오) 곡득일이영(이오) 만물득일이생(이오) 후왕득일이위천하정(이니라)

태고 때에 <우주 천지 만물은> 하나[一]를 얻어서 있게 되었다. 하늘은 하나인 도를 얻어서 청명(淸明)하다. 땅은 하나인 도를 얻어서 영정(寧靜)하다. 신(神)은 하나인 도를 얻어서 영묘(靈妙)하다. 골짜기는 하나인 도를 얻어서 <허(虛)하므로> 채울 수 있다. 만물은 하나인 도를 얻어서 산다. 임금이 하나인 도를 얻어야 천하가 바르게 된다.

[2] 其致之也 天無以淸 將恐裂 地無以寧 將恐廢 神無以靈 將恐歇 谷無以盈 將恐竭 萬物無以生 將恐滅 侯王無以正 將恐蹶.

기치지야(라) 천무이청(이면) 장공렬(이오) 지무이녕(이면) 장공폐(오) 신무이령(이면) 장공헐(이오) 곡무이영(이면) 장공갈(이오) 만물무이생(이면) 장공멸(이오) 후왕무이정(이면) 장공궐(이니라)

<다음같이> 미루어 말하리라. 하늘이 맑지 않으면 아마도 갈라질 것이다. 땅이 영정하지 않으면 아마도 붕괴될 것이다. 신이 영묘하지 않으면 아마도 <기능이> 멈출 것이다. 골짜기가 공허하지 않으면 아마도 말라 버릴 것이다. 만물이 살고 성장하지 않으면 아마도 전멸할 것이다. 임금이 바르게 하지 않으면 아마도 넘어지고 뒤집히게 될 것이다.

[3] 故貴以賤爲本 高以下爲基 是以侯王 自稱孤寡不穀 此非以賤爲本邪 非乎.

고(로) 귀이천위본(이오) 고이하위기(라) 시이후왕(이) 자칭고과불곡(이나) 차비이천위본야(아) 비호(아)

고로 귀(貴)는 천(賤)을 바탕으로 삼고, 고(高)는 하(下)를 바탕으로 삼아야 한다. 그러므로 임금은 자기를 고(孤), 과(寡) 불곡(不穀)이라고 말한다. 이러한 것이 바로 천(賤)을 바탕으로 한 것이 아니겠는가. 안 그런가.

[4] 故致譽無譽 是故不欲琭琭如玉 珞珞如石.

고(로) 치예무예(라) 시고(로) 불욕록록여옥(이오) 낙락여석(이니라)

고로 칭찬하는 것은 칭찬이 아니다. 그러므로 옥(玉)같이 아름답기를 원하지 않고, 돌같이 데굴데굴 구르기를 바란다.

[어구 설명] [1] 昔之得一者 天得一以淸 地得一以寧 神得一以靈 谷得一以盈 萬物得一以生 侯王得一以爲天下正 :

○昔之得一者(석지득일자) : 태고 때에 <우주 천지 만물은> 하나[一]를 얻어서 있게 되었다.

<* 하나[一]는 도(道)다. 제41장에 「도생일(道生一)」이라 했다. 득일(得一)은 제10장, 제22장의 포일(抱一)과 같다.>

○天得一以淸 地得一以寧(천득일이청 지득일이녕) : 하늘은 하나인 도를 얻어서 청명(淸明)하다. 땅은 하나인 도를 얻어서 영정(寧靜)하다.

○神得一以靈 谷得一以盈(신득일이령 곡득일이영) : 신은 하나인 도를 얻어서 영묘(靈妙)하다. 골짜기는 하나인 도를 얻어서 <허(虛)하므로> 채울 수 있다.

○萬物得一以生 侯王得一以爲天下正(만물득일이생 후왕득일이위천하정) : 만물은 하나인 도를 얻어서 산다. 임금이 하나인 도를 얻어야 천하가 바르게 된다.

<* 생(生)은 생성화육(生成化育)의 뜻. * 장자(莊子) 어부편(漁父篇)에 있다. 「도는 만물이 따라야 하는 것이다. 모든 것은 도를 잃으면 죽고, 도를 얻으면 산다. 일을 하는데도 도를 거슬리면 안 되고, 도를 따르면 된다.(道者 萬物之所由也 庶物失之者死 得之者生 爲事 逆之則敗 順之則成)」 <* 정(正)을

정(貞)으로 쓴 판본도 있다.>

[어구 설명] [2] 其致之也 天無以淸 將恐裂 地無以寧 將恐廢 神無以靈 將恐歇 谷無以盈 將恐竭 萬物無以生 將恐滅 侯王無以正 將恐蹶 :

ㅇ其致之也(기치지야) : <앞의 말을 다음같이> 미루어 말할 수 있다. <* 고형(高亨)은 치(致)를 추(推)로 풀었다.>

ㅇ天無以淸 將恐裂(천무이청 장공렬) : 하늘이 맑지 않으면 아마도 갈라질 것이다.

ㅇ地無以寧 將恐廢(지무이녕 장공폐) : 땅이 영정하지 않으면 아마도 붕괴될 것이다.

ㅇ神無以靈 將恐歇(신무이령 장공헐) : 신이 영묘하지 않으면 아마도 <기능이> 멈출 것이다. 「歇(쉴 헐)」

ㅇ谷無以盈 將恐竭(곡무이영 장공갈) : 골짜기가 공허하지 않으면 아마도 말라 버릴 것이다.

ㅇ萬物無以生 將恐滅(만물무이생 장공멸) : 만물이 살고 성장하지 않으면 아마도 전멸할 것이다.

ㅇ侯王無以正 將恐蹶(후왕무이정 장공궐) : 임금이 바르게 하지 않으면 아마도 넘어질 것이다. 「蹶(넘어질 궐)」

[어구 설명] [3] 故貴以賤爲本 高以下爲基 是以侯王 自稱孤寡不穀 此非以賤爲本邪 非乎 :

○故貴以賤爲本 高以下爲基(고귀이천위본 고이하위기) : 고로 귀(貴)는 천(賤)을 바탕으로 삼아야 한다. 고(高)는 하(下)를 바탕으로 삼아야 한다.

○是以侯王 自稱孤寡不穀(시이후왕 자칭고과불곡) : 그러므로 임금은 자기를 고(孤), 과(寡), 불곡(不穀)이라고 스스로 부른다.

<* 고(孤)는 외롭다는 뜻. 과(寡)는 덕이 적다는 뜻. 불곡(不穀)은 열매를 못 맺으므로 좋지 못하다는 뜻이다.>

○此非以賤爲本邪 非乎(차비이천위본야 비호) : 이러한 것이 바로 천(賤)을 바탕으로 한 것이 아니겠는가. 안 그런가.

[어구 설명] [4] 故致譽無譽 是故不欲琭琭如玉 珞珞如石 :

○故致譽無譽(고치예무예) : 고로 칭찬을 하는 것은 칭찬이 되지 못한다. <* 칭찬은 도리어 욕이 된다.>

○是故不欲琭琭如玉　珞珞如石(시고불욕록록여옥　낙락여석) : 그러므로 옥(玉)같이 아름답기를 원하지 않고, 돌같이 막되고 이리저리 구르기를 바란다.

<* 녹록(琭琭)은 구슬이 데굴데굴 구르는 모양. 낙락(珞珞)은 낙락(落落)과 같다. 아무렇게나 구르다.>

[현대적 해석] 제 39 장

[1] 태고 때에 <우주 천지 만물은> 하나[一]를 얻어서 있게

되었다. 하늘은 하나인 도를 얻어서 청명(淸明)하다. 땅은 하나인 도를 얻어서 영정(寧靜)하다. 신(神)은 하나인 도를 얻어서 영묘(靈妙)하다. 골짜기는 하나인 도를 얻어서 <허(虛)하므로> 채울 수 있다. 만물은 하나인 도를 얻어서 산다. 임금이 하나인 도를 얻어야 천하가 바르게 된다.

[2] <다음같이> 미루어 말하리라. 하늘이 맑지 않으면 아마도 갈라질 것이다. 땅이 영정하지 않으면 아마도 붕괴될 것이다. 신이 영묘하지 않으면 아마도 <기능이> 멈출 것이다. 골짜기가 공허하지 않으면 아마도 말라 버릴 것이다. 만물이 살고 성장하지 않으면 아마도 전멸할 것이다. 임금이 바르게 하지 않으면 아마도 넘어지고 뒤집히게 될 것이다.

[3] 고로 귀(貴)는 천(賤)을 바탕으로 삼고, 고(高)는 하(下)를 바탕으로 삼아야 한다. 그러므로 임금은 자기를 고(孤), 과(寡), 불곡(不穀)이라고 말한다. 이러한 것이 바로 천(賤)을 바탕으로 한 것이 아니겠는가. 안 그런가.

[4] 고로 칭찬하는 것은 칭찬이 아니다. 그러므로 옥(玉)같이 아름답기를 원하지 않고, 돌같이 데굴데굴 구르기를 바란다.

참고 보충 설명 | 천득일이청(天得一以淸)

(1) 천지 만물은 하나인 도를 터득하고 지켜야 제대로 생육화성(生育化成)할 수 있다. 하나인 도를 잃으면 모든 것이 파탄난다. 따라서 임금도 항상 무위자연의 도, 허정(虛靜)의 도,

아래에 처져 있는 겸하(謙下)의 도를 따라야 한다.

(2) 인위적으로 조작하거나, 욕심을 내고, 높이 오를 생각을 말고 무(無)의 도(道)와 하나가 되어야 한다.

(3) 노자는 도(道)를 하나[一]라고 했다. 도는 우주 천지 자연 만물의 근원이다. 유교에서도 하늘[天]을 유일무이(唯一無二)한 절대(絶對)라고 본다.

(4) 유교에서는 천(天)을 「일(一)과 대(大)를 합친 자(字)」라고 한다. 이때의 하나[一]에는 「극소(極小)와 극대(極大)」가 다 포함되었다. 그리고 천도(天道)는 일대지도(一大之道)이다. 결국 노자의 도(道)나 하나[一]는 유가에서 말하는 천(天)이나 천도(天道)와 같다.

(5) 「하나인 도」는 바로 성리학(性理學)에서 말하는 「이(理)」이다.

(6) 예(禮)는 이(理)이다. 예기(禮記) 예운편(禮運篇)에 있다. 「예는 선왕이 하늘의 도를 받들어 사람의 정을 다스리는 바이다. 따라서 예를 잃으면 죽고, 예를 지키면 산다.(夫禮 先王以承天之道 以治人之情 故失之者死 得之者生)」

(7) 노자가 의식적으로 유가의 인의예지(仁義禮智)를 반대한 것은 형이상(形而上)의 도리가 다르기 때문이 아니다. 임금이나 통치자들이 도덕(道德)을 내걸고 악덕(惡德)을 자행하기 때문이다.

제 40 장

[1] 反者 道之動 弱者 道之用.

반자(이) 도지동(이오) 약자(이) 도지용(이니라)

반대로 돌아와 복귀하는 것이 도의 발동이다. 유약(柔弱)한 것이 도의 작용이다.

[2] 天下萬物 生於有 有生於無.

천하만물(이) 생어유(이오) 유생어무(이니라)

천하 만물은 유에서 나오고, 유는 무에서 나온다.

[어구 설명] [1] 反者道之動 弱者道之用 [2] 天下萬物 生於有 有生於無 :

○反(반) : 반(反)은 두 가지 뜻으로 쓰였다. 하나는 상반된다. 다른 하나는 되돌아가다, 복귀한다.

○反者 道之動(반자 도지동) : 되돌아가는 것이 도의 발동이나 활동이다.

<* 도(道)는 무형이다. 만물은 도에서 나오고, 또 도의 작용으로 살아 움직인다. 그러나 만물은 다시 무형의 도로 돌아가 무가 된다. 이와 같은 작용이나 활동이 곧 도지동(道之動)이

다. 만물의 입장에서도 무(無)에서 나와, 무로 돌아간다고 할 수 있다.>

○弱者 道之用(약자 도지용) : 유약(柔弱)이 도의 작용이나 효용이다. 즉 도의 용은 유약에 있다.

<*도가 속세의 임금같이 자기를 높이고 고집하면 만물을 살리고 자라게 할 수 없다. 자신을 없게 하기 때문에 만물을 살게 한다.>

<* 제36장에는 「유약승강강(柔弱勝剛强)」이라 했고, 제78장에서는 「천하막유약어수(天下莫柔弱於水)」「이공견강자막지능승(而攻堅强者莫之能勝)」이라 했다. 도는 유약하기 때문에 결국은 모든 것을 살리고, 또 이겨낼 수 있다.>

○天下萬物 生於有 有生於無(천하만물 생어유 유생어무) : 천하의 만물은 유(有)에서 나온다. 그 유는 무에서 나온다.

<* 이 유(有)는 제1장에서 「유 명만물지모(有 名萬物之母)」라고 말한 유(有)다.>

<* 그 다음 단계의 유(有)가 곧 제2장에서 「유무상생(有無相生)」이라고 한 유(有)나, 또 제11장에서 「유지이위리(有之以爲利)」라고 한 유(有)이다. 무(無)나 유(有)에도 단계가 있다.> <* 제1장에서 「무 명천지지시(無 名天地之始)」라 했다. 제2장에서는 「유무상생(有無相生)」「무지이위용(無之以爲用)」이라 했다. 무(無)에도 단계가 있다.>

[현대적 해석] 제 40 장

[1] 반대로 순환하여 복귀하는 것이 도의 활동이다. 유약(柔弱)한 것이 도의 효용이다.

[2] 천하 만물은 유에서 나오고, 유는 무에서 나온다.

참고 보충 설명 | 정신적(精神的) 지각(知覺)

(1) 본 장은 짧으면서도 노자 사상의 핵심을 수학의 기본공식같이 요약한 매우 중요한 글이다. 노자는 말했다. 「반대로 순환하여 복귀하는 것이 도의 활동이다.」

(2) 도는 시간과 공간의 제약을 받지 않는 절대이다. 눈으로 볼 수도 없고, 귀로 들을 수도 없고, 또 손으로 만져볼 수도 없다. 즉 「도는 이(夷)・희(希)・미(微)이다.」

(3) 그러나 천지 만물이 이 도에서 나오고, 또 우주의 운행이나 만물의 생성화육이 바로 이 도를 따라 이루어진다. 그러므로 형이상적인 무형의 존재인 도이지만 도의 능동적인 활동을 결과세계, 즉 현상계를 통해서 알 수가 있다.

(4) 도는 무지만 반드시 유로 나타난다. 현상계의 존재하는 자연 만물은 무와 유가 혼연일체(渾然一體)를 이룬 것이다. 사람은 감각적으로만 「있다, 없다고 한다.」

(5) 극단적인 예를 들어 말하겠다. 사람은 유(有)에 속하는 생(生)만 알고, 또 좋아한다. 무(無)에 속하는 사(死)는 모르

고, 또 싫어한다.

(6) 그러나 깊이 생각해 보자. 유(有)에 속하는 생(生)은 바로 무(無)에서 나온다. 그리고 모든 사람은 반드시 무(無)와 사(死)로 돌아간다. 그러므로 유(有)와 무(無), 생(生)과 사(死)를 혼연일체라고도 할 수 있다.

(7) 감각적(感覺的) 지각(知覺)은 유(有)와 생(生)만을 안다. 오직 정신적(精神的) 지각이라야 무(無)와 사(死)를 알 수 있다. 그러므로 노자 사상은 정신적 지각에 속하는 것이다.

참고 보충 설명 | 복귀어무(復歸於無)

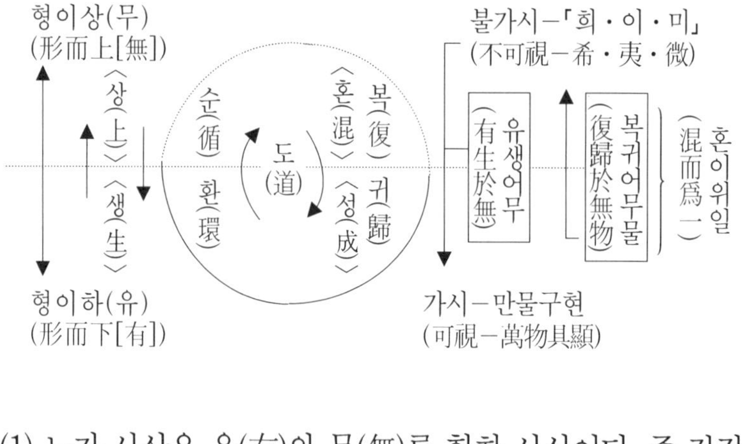

(1) 노자 사상은 유(有)와 무(無)를 합한 사상이다. 즉 감각적 유형세계(有形世界)와 정신적 무형세계(無形世界)를 하나로 통합한 사상이다.

(2) 그러면서 근본(根本), 본체(本體)를 무(無)에 두었다. 그러

므로 우주 천지 자연 만물은 무에서 나와 무로 돌아간다고 말한 것이다.

(3) 노자 제25장을 다시 복습하자. 「알 수 없는 도는 천지보다 먼저 나왔다.」 「독립이불개(獨立而不改) 주행이불태(周行而不殆)」 「가이위천지모(可以爲天地母)」 「대왈서(大曰逝) 서왈원(逝曰遠) 원왈반(遠曰反)」이라 했다.

(4) 즉 도(道)에서 나온 만물은 무(無)인 도로 복귀(復歸)한다.

참고 보충 설명 | 생사초월(生死超越)

(1) 사람의 삶은 유한(有限)하다. 시간적으로나 공간적으로나 유한하다. 그러나 사람의 욕심(慾心)은 무한하다. 그래서 모든 사람은 종말인 죽음을 무척 겁내고 두려워한다.

(2) 노자의 무사상(無思想)이나 복귀사상(復歸思想)을 가지고 죽음에 대한 공포를 극복할 수 있을 것이다.

(3) 또 노자의 무사상(無思想)을 바탕으로 내세(來世)에 대한 희망(希望)이나 역사와 문화 발전 의식을 가다듬을 수 있다.

(4) 만물은 개별적 존재다. 개별적으로 끝나면 그만이다. 그러므로 욕심과 악덕을 단절해야 한다. 그러나 도는 무한하다. 사람은 대를 이어가면서 역사적·문화적으로 더욱 발전해야 한다. 노자의 높은 정신이나 사상을 역사적·문화적으로도 활용해야 한다. 절망에 연결하면 안된다.

제 41 장

[1] 上士聞道 勤而行之 中士聞道 若存若亡 下士聞道 大笑之 不笑不足以爲道.

상사문도(이) 근이행지(니라) 중사문도(이) 약존약망(이니라) 하사문도(이) 대소지(니라) 불소(면) 부족이위도(이니라)

상급의 선비는 도를 듣고 알면 부지런히 행한다. 중간 단계의 선비는 도에 대한 말을 들으면 반신반의한다. 그러므로 애매한 태도를 취한다. 밑바닥 선비는 도에 대한 말을 들으면 <알지 못하고> 크게 웃는다. 만약에 웃지 않는다면 도라고 할 수가 없을 것이다.

[2] 故建言有之 明道若昧 進道若退 夷道若纇.

고(로) 건언유지(이니라) 명도약매(이오) 진도약퇴(이오) 이도약뢰(이니라)

그래서 다음 같은 격언이 있는 것이다. 도는 밝게 나타난다. 그러나 어둡고 흐린 것 같다. 도는 만물을 끝없이 발전시킨다. 그러나 뒤로 물러가고 있는 듯하다. 평탄한 도는 도리어 우툴두툴하게 보인다.

[3] 上德若谷 大白若辱 廣德若不足 建德若偸 質德若渝 大方無隅.

상덕약곡(이라) 대백약욕(이라) 광덕약부족(이라) 건덕약투(라) 질덕약투(라) 대방무우(이니라)

으뜸가는 덕을 터득한 성인은 허정(虛靜)한 골짜기같이 낮게 있으면서 모든 것을 받아들인다. 성인은 밝게 알고 청백(淸白)하면서도 흡사 우매하고 때가 묻은 듯 부끄럽게 한다. 덕을 넓게 베풀면서 흡사 부족한 듯이 한다. 강건(剛健)하게 덕을 행하면서 흡사 태만하듯이 자신을 반성하고 노력한다. 실질적인 덕이 있으면서 흡사 빈 것 같다. 가장 방정(方正)하면서 흡사 능각(稜角)이 없는 듯하다.

[4] 大器晩成 大音希聲 大象無形 道隱無名 夫唯道 善貸且成.

대기만성(이오) 대음희성(이오) 대상무형(이오) 도은무명(이니라) 부유도(는) 선대차성(이니라)

큰 그릇은 늦게 이루어진다. 우주적(宇宙的) 큰 음악은 소리가 들리지 않는다. 우주적 큰 형상은 형상이 없다. 도는 은미(隱微)하고, 또 이름도 없다. 다만 도는 베풀어 줌으로써 만물을 있게 할 뿐이다.

[어구 설명] [1] 上士聞道 勤而行之 中士聞道 若存若亡 下士聞道 大笑之 不笑不足以爲道 :

○上士聞道 勤而行之(상사문도 근이행지) : 으뜸가는 선비는 도를 듣고·깨달으면 부지런히 따르고 행한다.

<＊사(士)는 선비나 지식인의 뜻이다. 문도(聞道)는 배워서 깨닫고 안다는 뜻이다. ＊근이행지(勤而行之)는 부지런히 도(道)를 따르고 행한다는 뜻이다.>

<* 논어(論語)에서 공자(孔子)가 말했다. 「아침에 도를 들으면 저녁에 죽어도 좋다.(朝聞道 夕死可矣)」 이때의 문도(聞道)는 「들어서 알고 행한다」는 뜻이 다 포함되어 있다.>

○中士聞道 若存若亡(중사문도 약존약망) : 중간 단계의 선비는 도에 대한 말을 들으면 반신반의한다. 그러므로 있는 듯, 없는 듯 의아한 태도를 취한다.

○下士聞道 大笑之(하사문도 대소지) : 밑바닥 선비는 도에 대한 말을 들어도 알지 못하고 크게 웃기만 한다.

○不笑不足以爲道(불소부족이위도) : <만약에 하사(下士) 같은 무식하고 무덕(無德)한> 자가 웃지 않는다면 도라고 할 수 없을 것이다.

[어구 설명] [2] 故建言有之 明道若昧 進道若退 夷道若纇 :

○故建言有之(고건언유지) : 그래서 세상 사람들이 말했던 것이다. <* 건언(建言)은 입언(立言), 격언(格言)과 같다. 다음에 있는 「명도약매(明道若昧)에서 도은무명(道隱無名)」까지가 사람들이 한 말이다.>

<* 이 말들은 도(道)를 설명한 말이다. 그러나 도를 터득한 성인의 태도로 풀이해도 된다.>

○明道若昧(명도약매) : 도는 밝게 나타난다. 그러나 어둡고 흐린 것같이 보인다. <* 도를 터득한 사람은 내면적으로는 빛난다. 그러나 밖으로는 우매한 듯 보인다.>

○進道若退(진도약퇴) : 도는 만물을 끝없이 발전시킨다. 그러나 뒤로 물러가고 있는 듯하다. <* 겨울에는 죽은 것같이 보인다. 그러나 실은 소생(蘇生)을 준비하고 있는 것이다. 도를 터득한 성인은 생육화성(生育化成)하면서 겸퇴(謙退)한다는 뜻이다.>

○夷道若纇(이도약뢰) : 평탄한 도는 도리어 우툴두툴하게 보인다. <*이(夷)는 평탄. 뇌(纇)는 우툴두툴하다. 평탄하지 않다는 뜻이다.>

[어구 설명] [3] 上德若谷 大白若辱 廣德若不足 建德若偸 質德若渝 大方無隅 :

○上德若谷(상덕약곡) : 으뜸가는 덕을 터득한 성인은 허정(虛靜)한 골짜기같이 낮게 있으면서 모든 것을 받아들인다.

○大白若辱(대백약욕) : 성인은 밝게 알고 청백(淸白)하면서도 흡사 우매하고 때가 묻은 듯 부끄럽게 한다.

<* 이 구절이 질덕약투(質德若渝) 다음에 들어간 판본도 있다.>

○廣德若不足(광덕약부족) : 덕을 넓게 베풀면서 흡사 부족

한 듯이 한다.

○建德若偸(건덕약투) : 강건(剛健)하게 덕을 행하면서, 흡사 태만한 듯이 자신을 반성하고 노력한다. <* 투(偸)를 타(惰)로 풀이한다.>

○質德若渝(질덕약투) : 실질적인 덕이 있으면서 흡사 빈 듯하다. <*투(渝)는 유(窬)와 같으며 공(空)의 뜻이다.>

○大方無隅(대방무우) : 가장 방정(方正)하면서 흡사 능각(稜角)이 없는 듯하다. <* 사방으로 끝없이 퍼진다. 즉 모가 나거나 한계가 없는 듯이 한다.>

[어구 설명] [4] 大器晩成 大音希聲 大象無形 道隱無名 夫唯道 善貸且成 :

○大器晩成(대기만성) : 큰 그릇은 늦게 이루어진다.

<* 상덕(上德)의 대기(大器)는 「도와 하나가 된 우주천지(宇宙天地)」다. 「다음 단계의 대기는 소강(小康)의 평천하(平天下)」다.> <* 만(晩)을 면(免)으로 푸는 설도 있으나, 취하지 않는다.>

○大音希聲(대음희성) : 우주적(宇宙的) 큰 음악은 소리는 들리지 않는다. 사람의 감각을 초월한 것이다.

○大象無形(대상무형) : 우주적 큰 형상은 형상이 없다. 사람의 눈으로는 볼 수 없다.

○道隱無名(도은무명) : 도는 은미(隱微)하고, 또 이름도 없다. 사람의 감각으로는 도를 알고, 또 말할 수도 없다.

ㅇ夫唯道 善貸且成(부유도 선대차성) : 다만 도는 베풀어 줌으로써 만물을 있게 할 뿐이다.
<* 대(貸)는 시여(施與)한다는 뜻.>

[현대적 해석] 제 41 장

[1] 으뜸가는 높은 선비는 도를 듣고 알면 부지런히 따르고 행한다. 중간 단계의 선비는 도에 대한 말을 들으면 반신반의한다. 그러므로 애매한 태도를 취한다. 밑바닥 선비는 도에 대한 말을 들어도 <전적으로 믿지 않고> 크게 웃는다. 만약에 웃지 않는다면 도라고 할 수가 없을 것이다.

[2] 그래서 다음 같은 격언이 있는 것이다. 도는 밝게 나타난다. 그러나 어둡고 흐린 것 같다. 도는 만물을 끝없이 발전시킨다. 그러나 뒤로 물러가고 있는 듯하다. 평탄한 도는 도리어 우툴두툴하게 보인다.

[3] 으뜸가는 덕을 터득한 성인은 허정(虛靜)한 골짜기같이 낮게 있으면서 모든 것을 받아들인다. 성인은 밝게 알고 청백(淸白)하면서도 흡사 우매하고 때가 묻은 듯 부끄럽게 한다. 덕을 넓게 베풀면서 흡사 부족한 듯이 한다. 강건(剛健)하게 덕을 행하면서, 흡사 태만하듯이 자신을 반성하고 노력한다. 실질적인 덕이 있으면서 흡사 빈 듯하다. 가장 방정(方正)하면서 흡사 능각(稜角)이 없는 듯하다.

[4] <우주 같은> 큰 그릇은 늦게 이루어진다. 우주적(宇宙的)

큰 음악은 소리가 들리지 않는다. 우주적 큰 형상은 형상이 없다. 도는 은미(隱微)하고, 또 이름도 없다. 다만 도는 베풀어 줌으로써 만물을 있게 할 뿐이다.

참고 보충 설명 | 대기만성(大器晩成)

(1) 대기(大器)는 크게는 우주(宇宙), 혹은 성인(聖人) 같은 큰인물이다. 아울러 도를 바탕으로 이룬 공적도 포함한다.

(2) 도는 은미한 실체로 사람은 지각할 수 없다. 그러나 도는 만물의 생육화성을 위해 베풀고 있다. 비근한 예를 들겠다. 사람의 육신도 도를 따라 생육화성(生育化成)한다. 그러나 속인들은 도를 깨닫고 알지 못한다. 특히 나쁜 인간은 도를 멸시하고 조소한다. 그러나 으뜸가는 총명한 사람은 무위자연의 도를 지키고 행한다.

(3) 노자의 도는 속인들의 좁은 견식으로는 정반대로 보일 때가 있다. 밝은 것이 어둡게 보이고, 앞으로 나가는 것이 뒤로 물러가는 듯하고, 아주 평탄한 것이 몹시 복잡하고 우툴두툴하게 보일 수가 있다.

(4) 그러나 그것은 자신의 욕심을 바탕으로 하기 때문이다. 도와 하나가 된 허정(虛靜)과 염담(恬淡)한 심정으로 보면 바르게 볼 수가 있을 것이다. 따라서 덕을 갖춘 사람의 행동도 속인들 눈에는 정반대로 보일 때가 있다. 노자는 속세의 척도와 반대가 되는 예를 여러 가지 들었다.

제 42 장

[1] 道生一 一生二 二生三 三生萬物 萬物負陰 而抱陽 沖氣以爲和.

도생일(하고) 일생이(하고) 이생삼(하고) 삼생만물(하고) 만물부음이포양(하며) 충기이위화(이니라)

도는 하나에서 나온다. 하나에서 둘이 나온다. 둘에서 셋이 나온다. 셋에서 만물이 나온다. 만물은 자체 속에 음과 양의 두 기(氣)를 지니고 있으며, 음과 양의 기가 혼연일체가 되어 화합함으로써 <태어나서 살고, 또 자라는 것이다.>

[2] 人之所惡 唯孤寡不穀 而王公以爲稱 故物或 損之而益 或益之而損.

인지소오(이) 유고과불곡(이어늘) 이왕공이위칭(이니라) 고(로) 물혹손지이익(이오) 혹익지이손(이니라)

모든 사람이 싫어하는 바는 바로 「외롭다[孤], 덕이 없다[寡], 나쁘다[不穀]」는 말이다. 그러나 <속세에서는> 임금 자신이 자칭한다. 고로 세상에서는 손해를 보는 것 같으면서 이득을 보고, 이득을 얻으려고 하면 도리어 손해를 보게 마련이다.

[3] 人之所敎 我亦敎之 强梁者不得其死 吾將以爲敎父.

인지소교(이니) 아역교지(니라) 강량자(이) 부득기사(이니라) 오장이위교부(하니라)

남들이 가르치는 바를 가지고 나도 남에게 가르치고 말하겠다. 즉 강폭한 사람은 제 명에 죽지 못한다. 나도 이 말을 가르침의 바탕으로 삼겠다.

[어구 설명] [1] 道生一 一生二 二生三 三生萬物 萬物負陰而抱陽 沖氣以爲和 :

○道生一(도생일) : 도는 하나에서 나온다. <* 이 일(一)은 절대(絶對)다. 그 절대에서 도가 나온다.>

○一生二(일생이) : 하나에서 둘이 나온다. <* 이 일(一)은 하나인 기(氣)다. 이(二)는 음기(陰氣)와 양기(陽氣)다.>

<* 열자(列子)에 있다. 「혼돈한 기가 갈라져 맑은 것은 올라가 하늘이 되고, 탁한 것은 아래로 처져 땅이 되었다.」 따라서 혼돈한 기는 일(一)이고, 갈라진 두 개의 기(氣)가 이(二)이다. 즉 두 개의 기는 곧 하늘이 된 양기(陽氣)와 땅이 된 음기(陰氣)이다.>

○二生三(이생삼) : 둘에서 셋이 나온다. <* 이 삼(三)은 음과 양이 합한 것이다. 사람의 경우는 남성과 여성이 합한 자식의 씨다. 전기의 경우는 양[+]과 음[−]이 합한 열(熱)과 광(光)

의 근원이다.>

○三生萬物(삼생만물) : 삼(三)에서 만물이 나온다. <* 이 삼(三)은 음(陰)과 양(陽)이 합한 씨. 아직 성장하지 않은 씨다.>

○萬物負陰而抱陽(만물부음이포양) : 만물은 자체 속에 음과 양의 두 기를 지니고 있다.

<* 만물은 음과 양이 화합한 기를 바탕으로 태어나 살고, 또 자란다. 그러므로 만물은 음과 양이 다 있다.>

<* 부(負)는 등에 업는다는 뜻. 포(抱)는 안는다는 뜻이다.>

○沖氣以爲和(충기이위화) : <즉 만물은> 음과 양의 기가 혼연일체(渾然一體)가 되어야 태어나 자란다.

<*충(沖)을 「혼연일체가 되다」로 풀이한다. 혹은 격탕(激盪)의 뜻으로 풀기도 하나 적절하지 않다.>

<* 도(道)는 형이상의 「무적(無的) 본체(本體)」이다. 도에서 생명의 근원이 나온다. 그 생명의 근원이 바로 기(氣)로 변한다. 그 기가 음과 양으로 나뉜다. 나누어졌던 음과 양의 기가 합쳐서 하나가 된다. 그 하나가 곧 만물이 되고 자란다.>

<* 제40장에서는 「천하만물생어유 유생어무(天下萬物生於有 有生於無)」라고 했다. 무(無)와 유(有) 사이를 이상과 같이 설명한 것이다.>

[어구 설명] [2] 人之所惡 唯孤寡不穀 而王公以爲稱 故物或損之而益 或益之而損 :

○人之所惡 唯孤寡不穀(인지소오 유고과불곡) : 모든 사람

이 싫어하는 바는 바로 「외롭다[孤], 덕이 없다[寡], 나쁘다[不穀]」는 말이다. <* 제39장의 [3] 참조>
○而王公以爲稱(이왕공이위칭) : 그러나 <속세에서는> 임금 자신이 자칭(自稱)해야 한다.
○故物或損之而益 或益之而損(고물혹손지이익 혹익지이손) : 그러므로 세상 만사는 손해를 보는 것 같으면서 이득을 보고, 이득을 얻으려고 하면 도리어 손해를 보게 마련이다. <* 제58장에 있다. 「화혜복지소의(禍兮福之所倚) 복혜화지소복(福兮禍之所伏)」. 또 주역(周易)의 손괘(損卦)나 익괘(益卦)와도 비슷하다.>

[어구 설명] [3] 人之所敎 我亦敎之 强梁者 不得其死 吾將以爲敎父 :

○人之所敎 我亦敎之(인지소교 아역교지) : 남들이 가르치는 바를 가지고 나도 남에게 가르치고 말하겠다.
○强梁者不得其死(강량자부득기사) : 강폭한 사람은 제 명에 죽지 못한다. <* 주(周)나라 때의 격언(格言)이다.>
○吾將以爲敎父(오장이위교부) : 나도 이 말을 가르침의 바탕으로 삼겠다.
<* 교부(敎父)를 가르침의 근본의 뜻으로 푼다.>

[현대적 해석] 제 42 장

[1] 도는 하나에서 나온다. 하나에서 둘이 나온다. 둘에서 셋

이 나온다. 셋에서 만물이 나온다. 만물은 자체 속에 음과 양의 두 기(氣)를 지니고 있으며, 음과 양의 기가 혼연일체가 되어 화합함으로써 <태어나 살고 자라는 것이다.>

[2] 모든 사람이 싫어하는 바는 바로 「외롭다[孤], 덕이 없다[寡], 나쁘다[不穀]」는 말이다. 그러나 <속세에서는> 임금 자신이 자칭(自稱)한다. 그러므로 세상 만사는 손해를 보는 것 같으면서 이득을 보고, 이득을 얻으려고 하면 도리어 손해를 보게 마련이다.

[3] 남들이 가르치는 바를 가지고 나도 남에게 가르치고 말하겠다. 즉 강폭한 사람은 제 명에 죽지 못한다. 나도 이 말을 가르침의 바탕으로 삼겠다.

참고 보충 설명 | 도생일(道生一)

본 장의 [1]에서는 우주 · 천지 · 만물의 생성과정과 아울러 생성된 만물이 결과적으로 도와 동근(同根) · 동성(同性)임을 밝혔다.

생성과정을 그림으로 그리면 아래와 같다.

도(道)→	일(一)→	이(二)→	삼(三)→	만물(萬物)
무(無) (夷·希·微)	유(有) (陰陽未分)	음기(陰氣) 양기(陽氣)	음양(陰陽) 화합(和合) 지기(之氣)	만물자체(萬物自體) 부음포양(負陰抱陽) 이충화(以沖和)
절대(絶對)	정(正)→	분(分)→	합(合)→	반정(返正)(復歸)

도와 일(一)은 태극(太極)의 경지다. 그러나 노자는 태극을 무와 유로 나누었다. 물론 이때의 무와 유를 무형적 십(十)과 일(一)로 파악할 수도 있을 것이다. 노자가 말한 생성과정의 도표는 다음과 같이 그릴 수도 있다.

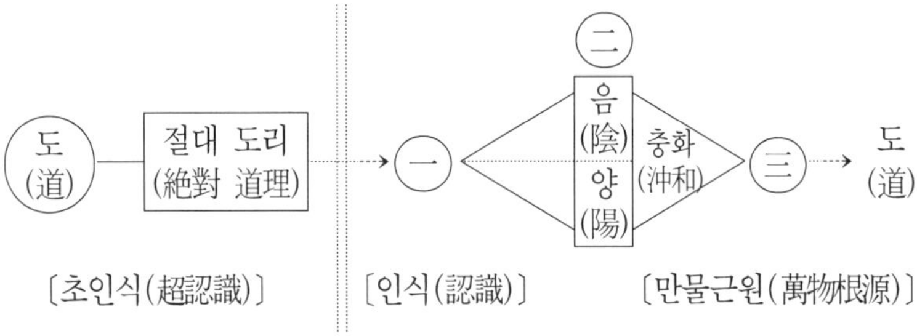

그런데 도는 어디에나 통하고 있다. 1에도, 2에도, 3에도 있다. 그리고 2의 양과 음 속에도 각각 도가 있다. 따라서 양·음 하나하나 속에 다시 도의 원리가 다음과 같이 적용되었다고 하겠다.

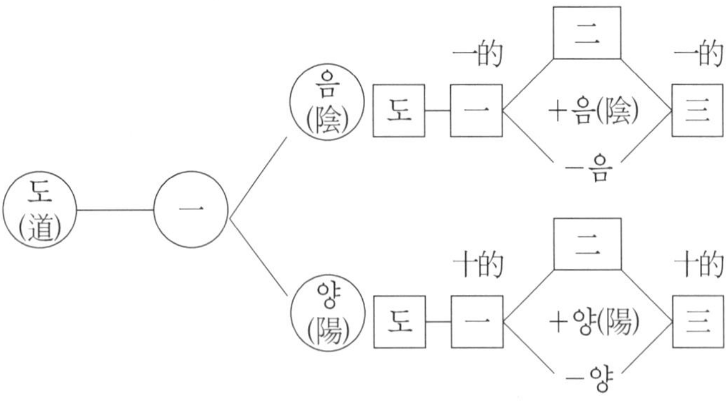

즉 '십적(十的)' 또는 '일적(一的)' 1, 2, 3이 생긴다. 그리고 만물 자체는 근원적인 도를 자체에 지니고 있다. 따라서 한 예를 들면 다음과 같이 도시할 수가 있다. 즉 도와 같은 구조이다.

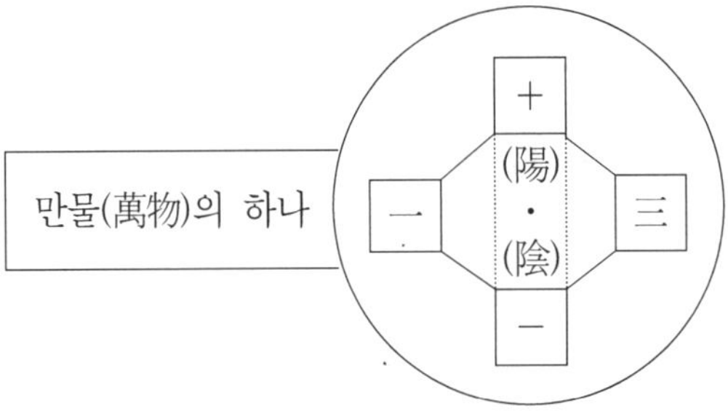

노자의 설은 오늘의 물리학에서 말하는 원자(原子)의 구조와 일치한다. 노자의 직감적 이론의 정확성에 놀라지 않을 수 없다. 이러한 것이 동양의 옛 성현(聖賢)들이 직감으로 우주의 원리를 파악한 위대한 점이라 하겠다.

[2]와 [3]은 별로 새로운 뜻이 없다. 유약과 겸허를 가르치는 말이다. 학자에 따라서는 [2]는 제39장에, [3]은 제43장에 들어갈 것이라는 의견을 내세우기도 한다.

제 43 장

[1] 天下之至柔 馳騁天下之至堅 無有入無間 吾是以知無爲之有益.

천하지지유(이) 치빙천하지지견(이오) 무유입무간(이니라) 오시이(로) 지무위지유익(이니라)

천하에서 가장 유약(柔弱)한 물이 천하에서 가장 견고(堅固)한 금석(金石)도 마음대로 부린다. <* 즉 유약한 물이 멋대로 견고한 금석 속으로 들어가 변하게 만든다는 뜻이다.> 무형(無形)의 물이 빈틈이 없는 금석 속으로 들어간다. 그래서 나는 무위의 도를 따르는 것이 유익함을 안다.

[2] 不言之敎 無爲之益 天下希及之.

불언지교(와) 무위지익(을) 천하희급지(이니라)

말없는 가르침과 조작하지 않는 이로움을 천하에서 따를 것이 없다.

[어구 설명] [1] 天下之至柔 馳騁天下之至堅 無有入無間 吾是以知無爲之有益 :

○天下之至柔(천하지지유) : 천하에서 가장 유약(柔弱)한 것. 즉 물이다. <* 제78장에 있다. 「천하유약 막과어수(天下柔弱

莫過於水)」>

○馳騁天下之至堅(치빙천하지지견) : 천하에서 가장 견고한 금석(金石)도 마음대로 부린다.

<* 치빙(馳騁)은 말이 세차게 달린다는 뜻이다. 여기서는 가장 유약(柔弱)한 물이 멋대로 견고한 금석 속으로 파고들어가 변하게 만든다는 뜻이다.>

○無有入無間(무유입무간) : 무유(無有)는 무형(無形)과 같다. 무간(無間)은 빈틈이 없는 금석이다. 즉 물이 단단한 돌 속으로 들어간다는 뜻이다.

○吾是以知無爲之有益(오시이지무위지유익) : 그래서 나는 무위의 도를 따르는 것이 유익함을 안다.

<* 제3장에는 「위무위 즉무불치(爲無爲 則無不治)」, 제37장에는 「도상무위 이무불위(道常無爲 而無不爲)」라고 있다.>

[어구 설명] [2] 不言之教 無爲之益 天下希及之 :

○不言之教 無爲之益 天下希及之(불언지교 무위지익 천하희급지) : 말없는 가르침과 조작하지 않은 이로움을 천하에서는 따를 것이 없다.<* 희(希)는 희(稀)와 같다.>

[현대적 해석] 제 43 장

[1] 천하에서 가장 유약(柔弱)한 물이 천하에서 가장 견고(堅固)한 금석(金石)도 마음대로 부린다. <* 즉 유약한 물이 멋대

로 견고한 금석 속으로 들어가 변하게 만든다는 뜻이다.>
무형(無形)의 물이 빈틈이 없는 금석 속으로 들어간다. 그래서 나는 무위의 도를 따르는 것이 유익함을 안다.

[2] 말없는 가르침과 조작하지 않은 이로움을 천하에서는 따를 것이 없다.

참고 보충 설명 | 물은 다 들어간다

(1) 앞에서 유약(柔弱)이 강강(剛强)을 이긴다고 했다. 여기서는 유약의 대표로 물[水]을 내세웠다.

(2) 제8장에서도 「최고의 선(善)은 물과 같다. 물은 만물에 혜택을 주지만 남과 지위를 다투는 일이 없어서 모두가 싫어하는 낮은 지대에 고여 있다. 그러므로 도에 가깝다고 할 수 있다」고 했다.

(3) 유약하고 겸하(謙下)하면서 만물을 이롭게 해주는 물, 거의 무형에 가까우면서 자기를 고집하지 않는 물은 결국, 견고하고 굳고, 틈없이 완고한 금석(金石) 속에 스며들어가 금석도 녹이고 헝클어뜨린다.

(4) 따라서 물은 무위자연의 도를 잘 터득한 성인(聖人) 같으며, 말없는 교화[不言之教]와 무위의 유익[無爲之益]을 상징하는 존재라 하겠다.

제 44 장

[1] 名與身孰親 身與貨孰多 得與亡孰病.

명여신숙친(이며) 신여화숙다(이며) 득여망숙병(이리오)

이름과 몸은 어느 것이 더 중요하냐. 나와 재물 중 어느 것이 더 귀중한가. <귀중한 몸과 생명을> 얻는 것과 <세속적인 명성이나 재물을> 잃는 것은 어느 쪽이 더 아프냐.

[2] 甚愛必大費 多藏必厚亡.

심애(이) 필대비(이오) 다장(이) 필후망(이라)

<세속적인 명성이나 재물을> 심하게 사랑하면 큰 것을 손상(損傷)한다. <세속적인 명성이나 재물을> 많이 쌓아두어도 반드시 <귀중한 몸이나 생명 및 재물을> 전부 잃게 된다.

[3] 故知足不辱 知止不殆 可以長久.

고(로) 지족(이) 불욕(이오) 지지(이) 불태(이오) 가이장구(이니라)

고로 지족(知足)하면 욕을 보지 않는다. 지지(知止)하면 위태롭지 않다. <도를 따라> 장구(長久)할 수 있다.

[어구 설명] [1] 名與身孰親 身與貨孰多 得與亡孰病 :

○名與身孰親(명여신숙친) : 이름과 몸을 <비교하면> 어느 것이 더 중요하냐.

<* 즉 세속적인 이름이나 명예와, 나의 몸이나 생명을 비교하면 어느 것이 더 귀중하냐.>

<* 명(名)은 이름, 세속적인 명성이나 명예의 뜻이다. 신(身)은 나의 몸, 생명의 뜻이다. 친(親)은 친근(親近), 절친(切親)하다는 뜻이다.>

○身與貨孰多(신여화숙다) : 나 자신과 재물 중 어느 것이 더 가치가 높은가, 귀중한가. <* 다(多)는 중(重)이다.>

○得與亡孰病(득여망숙병) : <귀중한 몸과 생명을> 얻는 것과 <세속적인 명성이나 재물을> 잃는 경우, 어느 쪽을 더 아프게 생각해야 하는가.

[어구 설명] [2] 甚愛必大費 多藏必厚亡 [3] 故知足不辱 知止不殆 可以長久 :

○甚愛必大費(심애필대비) : <세속적인 명성이나 재물을> 심하게 사랑하면 큰 것을 손상(損傷)한다.

<* 앞에 「시고(是故)」 두 자가 있는 판본도 있다.>

<* 비(費)는 손상(損傷), 소비(消費)의 뜻. 즉 귀중한 몸과 생명을 헛되게 만든다.>

○多藏必厚亡(다장필후망) : <세속적인 명성이나 재물을> 많이 쌓아두면 반드시 <몸이나 생명을> 다 잃게 된다.

○故知足不辱 知止不殆 可以長久(고지족불욕 지지불태 가이장구) : 고로 지족(知足)하면 욕을 보지 않는다. 지지(知止)하면 위태롭지 않다. <도를 따라> 장구(長久)할 수 있다.

[현대적 해석] 제 44 장

[1] 이름과 몸은 어느 것이 더 중요하냐. 나 자신과 재물 중 어느 것이 더 귀중한가. <귀중한 몸과 생명을> 얻는 것과 <명성이나 재물을> 잃는 것 중, 어느 쪽이 더 아프냐.

[2] <세속적인 명성이나 재물을> 심하게 사랑하면 큰 것을 손상(損傷)한다. <세속적인 명성이나 재물을> 많이 쌓아두고 <마음을 쓰면 반드시 귀중한 몸이나 생명 및 재물을> 일시에 전부 잃게 된다.

[3] 고로 지족(知足)하면 욕을 보지 않는다. 지지(知止)하면 위태롭지 않다. <도를 따라> 장구(長久)할 수 있다.

참고 보충 설명 | 자신이 더 귀중하다

(1) 속세의 거의 모든 사람들은 허망한 명예나 이득을 추구하느라고 귀중한 자기의 몸과 본성과 생명을 손상시키고 있다.

(2) 잘 생각해 보면 어처구니없는 일이 아닐 수 없다. 명예나 재물도 내 몸을 위해 있는 것인데, 내 몸을 손상시키고 잃으면서까지 명예나 이득을 얻어서 무엇에 쓰겠는가.

(3) 나의 귀중한 몸과 생명은 도(道)가 내려준 것이다. 도는

허심탄회(虛心坦懷)하게 나에게 귀중한 몸과 생명을 주고도 대금을 되돌려 받으려고 하지 않는다.

(4) 이와 반대로 속세에서 임금 자리나 명예나, 혹은 재물을 얻으려면 남들과 심하게 다투고 격렬하게 싸우고, 또 음흉한 권모술수(權謀術數)를 써야 한다.

(5) 그런데도 사람들은 가치 판단을 바르게 못하고 오직 욕심을 채우려고 한다. 그래서 맹목적으로 권력과 재물만을 추구하면서 자신의 귀중한 몸과 생명을 소모하고 있다.

(6) 그래서 노자는 말한 것이다. 온전하게 살기 위해서는 만족할 줄 알고, 멈출 줄 알아야 한다. 지족(知足)은 심리적 절제다. 명리를 지나치게 좋아하지 않는 것, 즉 심애(甚愛)하지 않는 것이다. 한편 지지(知止)는 행동상으로 절제하는 것, 즉 다장(多藏)하지 않음이다. 그래야 「크게 소모[大費]」하지도 않고, 또 「크게 잃지[厚亡]」도 않으며, 「욕을 안 보고[不辱]」, 또 「위태롭지 않고[不殆]」, 「오래 살 수 있다[可以長久]」.

(7) 유가(儒家)에서는 명예(名譽)를 높인다. 「군자는 죽을 때까지 이름 내지 못하는 것을 두려워한다.(君子疾沒世而名不稱焉)」 그러나 유가에서도 반드시 도(道)를 바탕으로 하라고 가르친다. 욕심을 바탕으로 하면 절대 안된다.

(8) 단 노자의 도(道)는 한 단계 위다. 즉 소박한 무위자연의 도를 따라 스스로 있는 상태, 스스로 만족할 줄 아는 상태에 처하라고 가르쳤다.

제 45 장

[1] 大成若缺 其用不弊 大盈若沖 其用不窮.

대성약결(이나) 기용불폐(니라) 대영약충(이나) 기용불궁(이니라)

도를 바탕으로 크게 이루어진 것은 모자라는 것 같다. 그러나 그 쓰임은 끝이 없다. <도가> 크게 차 있는 <우주나 자연은> 흡사 공허한 것 같다. 그러나 그 쓰임은 무궁하다.

[2] 大直若屈 大巧若拙 大辯若訥.

대직(이) 약굴(이라) 대교(이) 약졸(이라) 대변(이) 약눌(이니라)

도를 따른 큰 직선이 도리어 구부러진 것 같기도 하다. 큰 기술이 도리어 서투른 것 같기도 하다. 큰 웅변이 도리어 말을 더듬는 듯하다.

[3] 靜勝躁 寒勝熱 淸靜爲天下正.

정승조(하고) 한승열(이니) 청정위천하정(이니라)

조용함이 시끄러움을 이긴다. 찬 것이 열을 이긴다. 청정(淸靜)해야 천하가 바르게 된다.

[어구 설명] [1] 大成若缺 其用不弊 大盈若沖 其用不窮 :

ㅇ大成若缺 其用不弊(대성약결 기용불폐) : 도를 바탕으로 크게 이루어진 것은 모자라는 것 같다. 그러나 그 쓰임은 끝이 없다. <* 대성(大成)은 도를 따라 이루어진 큰 것, 즉 우주나 자연 만물이다. 약결(若缺)은 흡사 모자라거나, 결함이 있는 것 같다.>

ㅇ大盈若沖 其用不窮(대영약충 기용불궁) : <도가> 크게 차 있는 <우주나 자연은> 흡사 공허한 것 같다. 그러나 그 쓰임은 무궁하다. <* 영(盈)은 만(滿), 충(沖)은 허(虛).>

[어구 설명] [2] 大直若屈 大巧若拙 大辯若訥 [3] 靜勝躁 寒勝熱 淸靜爲天下正 :

ㅇ大直若屈(대직약굴) : 도를 따른 큰 직선이 도리어 구부러진 것 같기도 하다. <* 즉 도를 따라 이루어진 곧은 일이 도리어 구부러지거나 꺾어진 것같이 보이기도 한다.>

ㅇ大巧若拙(대교약졸) : 큰 기술이 도리어 서투른 것 같기도 하다. <* 즉 도를 따라 이루어진 크고 교묘한 일이 속인에게는 도리어 구부러지거나 꺾어진 것같이 느껴지기도 한다.>

ㅇ大辯若訥(대변약눌) : 큰 웅변이 도리어 말을 더듬는 듯하다. <* 도를 따라 이루어진 우주나 자연 및 만물의 음악소리가 도리어 속인들에게는 말없는 것처럼 느껴진다.>

ㅇ靜勝躁(정승조) : 조용함이 시끄러움을 이긴다. <* 도를 따

른 우주적 조용함이 인간적 욕심을 따른 세속적 시끄러움을 이긴다. 허정(虛靜)이 전란(戰亂)을 이긴다.>

ㅇ寒勝熱(한승열) : 찬 것이 열을 이긴다. 차고 냉정한 것이 뜨거운 광열(狂熱)을 이긴다.

ㅇ淸靜爲天下正(청정위천하정) : 청정(淸靜)해야 천하가 바르게 된다.

<*「靜勝躁 寒勝熱」을「躁勝寒 靜勝熱」로 쓴 판본도 있다.>

[현대적 해석] 제 45 장

[1] 도를 바탕으로 크게 이루어진 것은 모자라는 것 같다. 그러나 그 쓰임은 끝이 없다. <* 대성(大成)은 도를 따라 이루어진 큰 것, 즉 우주나 자연 만물이다. 약결(若缺)은 흡사 모자라거나, 결함이 있는 것 같다. 도가> 크게 차 있는 <우주나 자연은> 흡사 공허한 것 같다. 그러나 그 쓰임은 무궁하다.

[2] 도를 따른 큰 직선이 도리어 구부러진 것 같기도 하다. <* 즉 도를 따라 이루어진 곧은 일이 도리어 구부러지거나 꺾어진 것같이 보이거나 느껴지기도 한다.> 큰 기술이 도리어 서투른 것 같기도 하다. <* 즉 도를 따라 이루어진 크고 교묘한 일이 속인에게는 도리어 구부러지거나 꺾어진 것같이 보이거나 느껴지기도 한다.> 큰 웅변이 도리어 말을 더듬는 듯하다. <* 즉 도를 따라 이루어진 우주나 자연 및 만물의 조화된 음악소리가 도리어 속인들에게는 말없는 것처럼 느껴진다.>

[3] 조용함이 시끄러움을 이긴다. <* 도를 따른 우주적 조용함이 인간적 욕심을 따른 세속적 시끄러움을 이긴다. 허정(虛靜)이 전란(戰亂)을 이긴다.> 찬 것이 열을 이긴다. 차고 냉정한 것이 뜨거운 광열(狂熱)을 이긴다. 그러므로 청정(淸靜)해야 천하가 바르게 된다.

참고 보충 설명 | 청정(淸靜)하면 바르게 된다

(1) 대성(大成)이나 대영(大盈)은 도를 따라 이루어진다. 그러면서 혼돈한 것, 황홀한 것, 흐릿한 것, 허무한 것으로 보인다.

(2) 이러한 도를 따라 높은 경지에 오른 성인(聖人)도 어딘가 속이 비고 모자라는 듯이 보인다. 그렇지만 성인의 덕용(德用)은 무궁무진하다.

(3) 속인은 좁은 눈으로 본다. 따라서 진짜로 큰 것, 속의 생명을 보지 못한다. 그러므로 대직(大直)을 굽게 보고, 하늘이나 도의 정교한 조화[大巧]를 어리석고 졸렬한 것같이 여기고, 또 하늘이나 도의 현묘(玄妙)한 경지를 알지 못한다. 그래서 굽은 것 같고, 어리석은 것 같고, 또 말더듬이같이 착각한다.

(4) 인간의 인식이나 판단은 도(道)와는 다르다. 그러므로 천하를 바르게 다스리고자 하면 도를 따라서 청정(淸靜)과 허무 및 무위로써 스스로 이루어지도록 해야 한다. 속인들은 내면적 심오한 도리를 모른다. 반대로 시끄럽게 야단을 치고, 남을 강제로 자의적으로 조작하고자 한다.

제 46 장

[1] 天下有道 却走馬以糞 天下無道 戎馬生於郊.

천하유도(면) 각주마이분(이나) 천하무도(면) 융마생어교(하니라)

천하에 도가 행해지면 잘 달리는 병마(兵馬)를 <싸움이 아닌> 농사를 짓게 한다. <그러나> 천하에 도가 없으면 새끼 밴 암컷까지 <군마로 쓰고> 싸움터에서 새끼를 낳게 한다.

[2] 禍莫大於不知足 咎莫大於欲得 故知足之足 常足矣.

화막대어부지족(이오) 구막대어욕득(이니라) 고(로) 지족지족(이면) 상족의(이니라)

지족(知足)을 모르는 것보다 더 큰 재화(災禍)가 없고, 탐욕보다 더 큰 허물이 없다. 고로 지족하고 만족하면 항상 족하게 된다.

[어구 설명] [1] 天下有道 却走馬以糞 天下無道 戎馬生於郊 [2] 禍莫大於不知足 咎莫大於欲得 故知足之足 常足矣 :

○天下有道 却走馬以糞(천하유도 각주마이분) : 천하에 도

가 행해지면, 잘 뛰는 말을 군마로 쓰지 않고 농사를 짓게 한다.

<* 각(却)은 물리치고 내쫓다. 주마(走馬)는 잘 뛰는 말, 준마(駿馬). 분(糞)은 밭을 갈다, 농사를 짓게 한다는 뜻이다.>

○天下無道 戎馬生於郊(천하무도 융마생어교) : 천하에 도가 없어 <전란(戰亂)이 심하면> 새끼 밴 암컷까지 <군마로 징발되어> 싸움터에서 새끼를 낳게 된다.

<* 융마(戎馬)는 전마(戰馬), 군마(軍馬). 생어교(生於郊)는 싸움터에서 새끼를 낳는다는 뜻이다. 즉 전시에는 군마가 모자라 새끼를 밴 암말조차 징용해 쓰기 때문이다.>

<* 염철론(鹽鐵論) 미통편(未通篇)에 다음 같은 글이 있다. 「호(胡)나 월(越)을 치지 않았을 때는 모두가 풍족하고, 농부는 말을 농경에 썼고 누구나 말을 탔으며, 그때에는 군마를 몰아 농경에 썼다.(當此之時 卻走馬以糞)」「그러자 후에 전쟁이 자주 일어나자 군마가 부족하여 새끼 밴 암컷마저 군에서 썼으므로 싸움터에서 새끼를 낳았다.(戎馬不足 牸牝入陣 故駒犢生於戰地)」「또 가축이나 농사가 안되어 백성들이 굶주렸다고 한다.」>

○禍莫大於不知足(화막대어부지족) : 지족(知足)을 모르는 것보다 더 큰 재화(災禍)가 없다.

○咎莫大於欲得(구막대어욕득) : 탐욕보다 더 큰 죄가 없다.

○故知足之足 常足矣(고지족지족 상족의) : 고로 지족하고

만족하면 항상 만족하게 된다.
<* 지족지족(知足之足)은 지족(知足)의 경지에서 만족하고 자제하는 것. 상족(常足)은 영원한 만족, 참다운 만족.>

[현대적 해석] 제 46 장

[1] 천하에 도가 있으면 잘 달리는 말들이 밭에서 농사를 짓게 된다. <그러나> 천하에 도가 없어 <전란(戰亂)이 심하면> 새끼 밴 암컷까지 <군마로 징발되어> 싸움터에서 새끼를 낳게 된다.
[2] 지족(知足)을 모르는 것보다 더 큰 재화(災禍)가 없고 탐욕보다 더 큰 허물이 없다. 고로 지족하고 만족하면 항상 만족하게 된다.

참고 보충 설명 | 도(道)와 지족(知足)

(1) 이 장에서는 지족(知足)해야 전쟁과 황폐를 면할 수 있음을 밝혔다.
(2) 지족을 모르면 무한한 욕심을 채우고자 남을 침범하게 되고 남으로부터 빼앗을 것이다.
(3) 악덕 세상에서는 강자(强者)가 약자(弱者)를 치는 것을 당연시한다. 특히 서양 사상은 이러한 것을 적극적이고 진취적이라고 찬양한다.
(4) 그러나 남에게 빼앗기고 침해를 받는 자의 입장을 망각해서는 안된다.

제 47 장

[1] 不出戶 知天下 不窺牖 見天道.

불출호(이) 지천하(하고) 불규유(이) 견천도(이니라)

문밖에 나가지 않아도 천하를 안다. 창밖을 내다보지 않아도 하늘의 도리가 보인다.

[2] 其出彌遠 其知彌少.

기출미원(이면) 기지미소(니라)

도에서 멀어지면 앎이 더욱 적어진다.

[3] 是以聖人不行而知 不見而明 不爲而成.

시이 성인불행이지(이) 불견이명(이) 불위이성(이니라)

그런 고로 도를 터득한 성인은 가지 않고 알 수가 있고, 보지 않고 밝게 알 수가 있고, 또 하지 않고도 이룰 수가 있다.

[어구 설명] [1] 不出戶 知天下 不窺牖 見天道 [2] 其出彌遠 其知彌少 [3] 是以聖人不行而知 不見而明 不爲而成 :

○不出戶 知天下(불출호 지천하) : <도를 알면> 문밖에 나가서 <보지 않아도> 천하를 알 수 있다.

○不窺牖 見天道(불규유 견천도) : 창밖을 내다보지 않아도

하늘의 도리가 보인다. <* 규(窺)는 엿보다, 유(牖)는 창문. 견천도(見天道)는 천도를 알 수 있다는 뜻이다.>

○其出彌遠 其知彌少(기출미원 기지미소) : <도에서 벗어나> 멀리 가면 갈수록 <도에 대한> 앎이 더욱 적어진다. <* 기출미원(其出彌遠)은 욕심을 밖으로 내밀고 반대로 내면적 정신을 무시한다. 또는 외면적 물질이나 감각이나 관능만을 추구한다는 뜻이다.>

○是以聖人不行而知 不見而明 不爲而成(시이 성인불행이지 불견이명 불위이성) : 그런 고로 도를 터득한 성인은 가지 않고 알 수가 있다. 보지 않고 밝게 알 수가 있다. 조작하지 않고 이룰 수가 있다.

<* 속세에 사는 속인들은 육체적 기능이나 외형적 물질세계를 기준으로 지능을 악용하고 욕심을 채우려고 한다. 그래서 서로 싸운다. 고로 도를 알지 못한다.>

[현대적 해석] 제 47 장

[1] <도를 알면> 문밖에 나가지 않고도 천하를 안다. 창밖을 내다보지 않아도 하늘의 도리가 보인다.

[2] <도에서 벗어나> 멀리 가면 갈수록 <도에 대한> 앎이 더욱 적어진다.

[3] 그런 고로 도를 터득한 성인은 가지 않고 알 수가 있다. 보지 않고 밝게 알 수가 있다. 조작하지 않고 이룰 수가 있다.

참고 보충 설명 | 나가지 않고도 천하를 안다

(1) 사람의 기능은 크게 두 가지가 있다.

① 심령적(心靈的) · 정신적(精神的) · 도덕적(道德的) 본성(本性)과 능력

② 동물적(動物的) 생존욕구(生存欲求)로서의 식색(食色) 충족(充足), 신체적(身體的) · 감각적(感覺的) 쾌락욕구(快樂欲求)와 기능(機能 = 技能)

(2) 도(道)는 ①에서 얻어지는 것이다. 그러므로 속인들이나 육체적 삶을 사는 모든 사람들은 성인(聖人)이 될 수 없다.

(3) 노자는 인간적 삶이나 욕심을 버리고 허무에 깊이 잠기고 살라고 했다.

(4) 속인들이나 통치자의 악덕(惡德)을 버리게 하기 위해서는 그렇게 해야 한다. 그러나 현실적으로 모든 사람이 성인이 될 수 없다.

(5) 모든 사람이 현실적 삶을 도피하면 무(無)의 세계가 된다.

(6) 역시 공자 사상같이 현실적 · 육체적 삶을 살되, 도덕적으로 살고 인정덕치(仁政德治)를 구현(具現)해야 한다.

(7) 노자 사상의 악덕에 대한 부정정신(否定精神)은 좋다. 그러나 철저한 무(無)가 되라는 말은 비현실적이라 하겠다.

제 48 장

[1] 爲學日益 爲道日損 損之又損 以至於無爲.

위학일익(이오) 위도일손(이오) 손지우손(이) 이지어무위(이니라)

세속적 학문을 배우고 행동하면 세속적 지식이나 욕구가 나날이 늘어난다. 반대로 무위자연(無爲自然)의 도를 따르고 행하면 세속적 지식이나 욕구가 나날이 줄어든다. 적어지고, 또 적어져서 무위자연의 경지에 이른다.

[2] 無爲而無不爲 取天下常以無事 及其有事 不足以取天下.

무위이무불위(이니) 취천하상이무사(이니라) 급기유사(이면) 부족이취천하(이니라)

무위의 경지에 이르면 하지 못할 것이 없다. <그러므로> 천하를 다스리는 데는 항상 무사(無事)로써 해야 한다. <만약에> 복잡하게 일을 꾸미고 조작하면 천하를 다스릴 수 없다.

[어구 설명] [1] 爲學日益 爲道日損 損之又損 以至於無爲 [2] 無爲而無不爲 取天下常以無事 及其有事 不足以取天下 :

○爲學日益(위학일익) : <세속적> 학문을 배우고 행동하면 <세속적> 지식이나 욕구가 나날이 늘어난다. <*위학(爲學)은 이른바 유가적 학문을 배운다는 뜻이다. 일익(日益)은 속세의 외형적 학식이나 욕심이 늘어난다는 뜻이다.>

<* 하상공(河上公)은 말했다. 「학(學)은 정교(政敎)나 예악(禮樂)의 학문이다. 일익(日益)은 정욕(情欲)이나 문식(文飾)이 날로 많아진다는 뜻이다.」>

○爲道日損(위도일손) : <반대로 무위자연의> 도를 따르고 행하면 <세속적 지식이나 욕구가> 나날이 줄어든다.

○損之又損 以至於無爲(손지우손 이지어무위) : <세속적 학식이나 욕구가> 적어지고, 또 적어진다. 그래가지고 무위자연(無爲自然)의 경지에 이른다.

○無爲而無不爲(무위이무불위) : 무위의 경지에 이르면 하지 못할 것이 없다. <모든 것을 다하게 된다.>

○取天下常以無事(취천하상이무사) : 천하를 다스리는 데는 항상 무사(無事)로써 해야 한다. 즉 도를 따라 무위자연해야 한다.

○及其有事 不足以取天下(급기유사 부족이취천하) : <만약에> 복잡하게 일을 꾸미고 조작하면 천하를 다스릴 수 없다. <* 급(及)을 약(若)으로 풀기도 한다. 유사(有事)는 유위(有爲), 즉 교령(敎令)이나 형벌(刑罰) 같은 것을 가지고 다스린

다는 뜻이다.>

[현대적 해석] 제 48 장

[1] <세속적> 학문을 배우고 행동하면 <세속적> 지식이나 욕구가 나날이 늘어난다. <반대로 무위자연의> 도를 따르고 행하면 <세속적 지식이나 욕구가> 나날이 줄어든다. <세속적 학식이나 욕구가> 적어지고, 또 적어진다. 그래가지고 무위자연(無爲自然)의 경지에 이른다.

[2] 무위의 경지에 이르면 하지 못할 것이 없다. <모든 것을 다하게 된다.> 천하를 다스리는 데는 항상 무사(無事)로써 해야 한다. 즉 도를 따라 무위자연해야 한다. <만약에> 복잡하게 일을 꾸미고 조작하면 천하를 다스릴 수 없다.

참고 보충 설명 | 부정(否定)의 한계

(1) 바로 앞에서 「밖으로 멀리 가면 갈수록 바르게 아는 것이 적게 마련이다」라고 한 노자가 이번에는 「학문을 배우면 지식이나 욕구가 나날이 늘고, 반대로 무위자연의 도를 따라 허정(虛靜)을 지키면 지욕(知欲)이 날로 줄어들어 마침내는 무위자연의 경지에 들게 되며, 그렇게 되면 도와 더불어 못 이루는 것이 없을 것이라」고 말했다.

(2) 제20장에서 「학문을 버리면 걱정이 없어진다」고 했듯이 노자는 유가에서 가장 높이는 학문이나 지식을 간교한 꾀의

발단이라 간주했으며, 따라서 학문을 배우지 말고 원시적 소박(素樸)으로 돌아가라고 주장했다.

(3) 인간 사회가 타락하는 까닭은 이기적 욕심과 간교한 꾀를 농하기 때문이다. 따라서 도를 따라 욕심과 꾀를 없게 하면 온 천하가 잘 다스려질 것이라고 했다.

(4) 제14장에서 노자는 말했다.「다시 무(無)로 돌아가는 것이다.」제22장에서 말했다.「지극히 허정(虛靜)한 입장에 서고 어디까지나 허정을 돈독히 지킬 수 있다면, 만물이 발생하여 움직이고 있는 이 모습이 기실은 그 근본인 무(無)로 돌아가는 작용임을 인식하게 된다.」

(5) 악덕한 욕심이나 간교한 학문 지식 및 음흉한 권모술수(權謀術數)를 악용하고, 또 가렴주구(苛斂誅求)하거나 포악한 무술로 살인하고, 남의 재물이나 영토를 탈취하는 것은 용서 받지 못할 악덕이다. 그러므로 그런 것을 근절해야 한다. 그러한 입장에서는 노자의 부정정신을 찬동할 수 있다.

(6) 그러나 유가의 시조 공자(孔子)의 숭고한 학문정신을 모르거나, 도덕정치의 깊은 뜻을 모르고 무조건 부정하는 것은 옳지 못하다. 도덕정치는 역시 유(有)의 세계다.

제 49 장

[1] 聖人常無心 以百姓心爲心.

성인(이) 상무심(이오) 이백성심위심(이니라)

성인은 항상 무심(無心)하고, 백성들의 마음을 마음으로 삼는다.

[2] 善者吾善之 不善者吾亦善之 德善.

선자(이) 오선지(하고) 불선자(이) 오역선지(하야) 덕선(이니라)

선량한 사람에게도 나는 선량하게 대하고, 선량하지 못한 사람에게도 나는 선량하게 대한다. 그래서 <백성들로 하여금> 선을 얻게 한다.

[3] 信者吾信之 不信者吾亦信之 德信.

신자(이) 오신지(하고) 불신자(이) 오역신지(하야) 덕신(이니라)

신실(信實)한 사람에게도 나는 신실하게 대하고, 신실하지 않은 사람에게도 나는 신실하게 대한다. 그래서 <모든 사람으로 하여금> 참다운 신실을 얻게 한다.

[4] 聖人在天下 歙歙焉 爲天下渾其心 百姓皆注其耳目 聖人皆孩之.

성인(이) 재천하(할새) 흡흡언(이니) 위천하혼기심(이오) 백성개주기이목(이오) 성인개해지(이니라)

성인은 천하를 다스리는 자리에서는 <자신의 마음을> 오므라들게 하고, 천하 만민으로 하여금 마음을 도(道)와 혼연일체가 되게 한다. 백성들이 모두 귀나 눈을 도나 성인에게 집중하므로, 성인은 백성들을 순진하고 소박한 어린아이같이 양육한다.

[어구 설명] [1] 聖人常無心 以百姓心爲心 :

○聖人常無心 以百姓心爲心(성인상무심 이백성심위심) : 성인은 항상 무심(無心)하다. 백성의 마음을 마음으로 삼는다.

<* 상무심(常無心)은 항상 사심(私心)이 없다는 뜻.>

<* 무상심(無常心)으로 쓴 판본도 있다. 그러나 엄영봉(嚴靈峯)의 설을 따라 상무심(常無心)으로 했다.>

[어구 설명] [2] 善者吾善之 不善者吾亦善之 德善 [3] 信者吾信之 不信者吾亦信之 德信 :

○善者吾善之 不善者吾亦善之(선자오선지 불선자오역선지) : 선량한 사람에게도 나는 선량하게 대하고, 선량하지 못한 사람에게도 나는 선량하게 대한다.

○德善(덕선) : <백성들로 하여금> 선을 얻게 한다. <* 덕(德)을 득(得)으로 푼다.>

○信者吾信之 不信者吾亦信之 德信(신자오신지 불신자오역신지 덕신) : 신실(信實)한 사람에게도 나는 신실하게 대하고, 신실하지 않은 사람에게도 나는 신실하게 대한다. 그래서 <모든 사람으로 하여금> 참다운 신실을 얻게 한다.

[어구 설명] [4] 聖人在天下 歙歙焉 爲天下渾其心 百姓皆注其耳目 聖人皆孩之 :

○ 聖人在天下 歙歙焉(성인재천하 흡흡언) : 성인은 천하를 다스리는 자리에 있으면 <자신의 마음을> 오므라들게 한다. <* 흡(歙)은 움츠리다, 수축(收縮)한다는 뜻이다. 제36장의 장욕흡지(將欲歙之)와 같다.>

○爲天下渾其心(위천하혼기심) : 천하 만민으로 하여금 마음을 도(道)와 혼연일체가 되게 한다.

○百姓皆注其耳目(백성개주기이목) : 백성들이 모두 귀나 눈을 도나 성인에게 집중한다.

○聖人皆孩之(성인개해지) : 성인은 백성들을 순진하고 소박한 어린아이같이 양육한다.

[현대적 해석] 제 49 장

[1] 성인은 항상 무심(無心)하다. 백성들의 마음을 마음으로 삼는다.

[2] 선량한 사람에게 나는 선량하게 대하고, 선량하지 못한 사람에게도 나는 선량하게 대한다. <백성들로 하여금> 선을 얻게 한다.
[3] 신실(信實)한 사람에게도 나는 신실하게 대하고, 신실하지 않은 사람에게도 나는 신실하게 대한다. 그래서 <모든 사람으로 하여금> 참다운 신실을 얻게 한다.
[4] 성인은 천하를 다스리는 자리에 있으면 <자신의 마음을> 오므라들게 한다. 천하 만민으로 하여금 마음을 도(道)와 혼연일체가 되게 한다. 백성들이 모두 귀나 눈을 도나 성인에게 집중한다. 성인은 백성들을 순진하고 소박한 어린아이같이 양육한다.

참고 보충 설명 | 백성의 마음을 마음으로 한다

(1) 도를 터득한 성인은 고정관념(固定觀念)이나 독단에 사로잡히는 일이 없다. 항상 백성들과 같은 마음으로 생성화육을 스스로 하게 만든다.
(2) 성인은 모든 사람을 큰 눈으로 동등하게 본다. 속세의 통치자같이 자기에게 잘하면 좋다 하고, 자기에게 반대하면 나쁘다고 하는 일이 없다. 주관적 가치 평가나 선악으로 백성을 분별하는 일이 없다.
(3) 그리고 성인은 자기나 백성의 의욕을 제거하여 순진하고 소박한 어린아이의 상태로 돌아가게 한다. 이것이 이상적인 무위지치(無爲之治)다.

제 50 장

[1] 出生入死.

출생(아오) 입사(이니라)

<사람이나 자연 만물은> 나와서 살다가 들어가 죽는다.

[2] 生之徒十有三 死之徒十有三 人之生 動之於 死地 亦十有三 夫何故 以其生生之厚.

생지도(이) 십유삼(이오) 사지도(이) 십유삼(이오) 인지생(이) 동지어사지(이) 역십유삼(이니라) 부하고(이오) 이기생생지후(이니라)

장수(長壽)하는 사람들이 10분의 3이 된다. 일찍 죽는 사람들이 10분의 3이 된다. <* 사람의 경우는 때와 장소 및 환경에 따라 오래 살기도 하고, 반대로 일찍 죽기도 한다.> 특히 사람의 경우는 야단을 떨며 사지(死地)에 들어가는 자들이 10분의 3이 된다. 허기는 왜 그런가. 오직 삶만을 살겠다고 지나치게 욕심을 부리기 때문이다.

[3] 蓋聞善攝生者 陸行不遇兕虎 入軍不被甲兵 兕無所投其角 虎無所用其爪 兵無所容其刃

夫何故 以其無死地.

개문선섭생자(는) 육행불우시호(이오) 입군불피갑병(이오) 시무소투기각(이오) 호무소용기조(이오) 병무소용기인(이니라) 부하고(이아) 이기무사지(이니라)

대개 <도(道)를 따라> 섭생을 잘하는 사람은 육지를 가도 코뿔소[兕]나 호랑이[虎]를 만나지 않는다. 전쟁터에 들어가도 살상되지 않고, 코뿔소도 그의 뿔로 찌르지 못한다. 호랑이도 그의 발톱으로 할퀴지 못하고, 무기도 예리한 날로 베지 못한다. 왜 그런가. 그런 사람은 죽는 지경에 들어가는 일이 없기 때문이다.

[어구 설명] [1] 出生入死 [2] 生之徒十有三 死之徒十有三 人之生 動之於死地 亦十有三 夫何故 以其生生之厚 :

○出生入死(출생입사) : 나와서 살다가 들어가 죽는다.

<* 왕필(王弼)은 「땅에 태어나 살다가 죽어 땅으로 들어간다.(出生地 入死地)」로 풀었다. 자연 만물을 다 포함한다.>

○生之徒十有三 死之徒十有三(생지도십유삼 사지도십유삼) : 장수(長壽)하는 사람들이 10분의 3이 된다. 일찍 죽는 사람들이 10분의 3이 된다.

○人之生 動之於死地 亦十有三(인지생 동지어사지 역십유삼) : 특히 사람의 경우는 야단을 떨며 사지(死地)에 들어가는 자들이 10분의 3이 된다.

ㅇ夫何故 以其生生之厚(부하고 이기생생지후) : 허기는 왜 그런가. 오직 삶만을 살겠다고 욕심을 부리기 때문이다.

<* 「이기(以其)」는 「…하기 때문이다.」 「생생(生生)은 곧 탐생(貪生), 구생(求生)이다.」 「생생지후(生生之厚)」는 「삶만을 살겠다고 욕심을 부린다는 뜻이다.」 도를 따르지 않고 오직 육체적 삶을 마냥 살려고 욕심을 부린다는 뜻이다.>

[어구 설명] [3] 蓋聞善攝生者 陸行不遇兕虎 入軍不被甲兵 兕無所投其角 虎無所用其爪 兵無所容其刃 夫何故 以其無死地 :

ㅇ蓋聞善攝生者 陸行不遇兕虎(개문선섭생자 육행불우시호) : 대개 <도(道)를 따라> 섭생을 잘하는 사람은 육지를 가도 코뿔소[兕]나 호랑이[虎]를 만나지 않는다.

ㅇ入軍不被甲兵 兕無所投其角(입군불피갑병 시무소투기각) : 전쟁터에서도 살상되지 않고, 코뿔소도 그의 뿔로 찌르지 못한다. <* 입군불피갑병(入軍不被甲兵) : 전란 속에 들어가도 살상(殺傷)되지 않는다. 불피갑병(不被甲兵)은 무기의 피해를 받지 않는다.> <*시무소투기각(兕無所投其角)은 코뿔소도 뿔로 박고 덤벼들지 않는다.>

ㅇ虎無所用其爪 兵無所容其刃(호무소용기조 병무소용기인) : 호랑이도 그의 발톱으로 할퀴지 못하고, 무기도 예리한 날로 베지 못한다.

ㅇ夫何故 以其無死地(부하고 이기무사지) : 왜 그런가. 그런 사람은 죽는 지경에 들어가는 일이 없기 때문이다. <*무사지(無死地)는 죽음의 경지에 들어가지 않기 때문이다, 혹은 죽음을 의식하지 않기 때문이다.>

[현대적 해석] 제 50 장

[1] <사람이나 자연 만물은> 나와서 살다가 들어가 죽는다.

[2] 장수(長壽)하는 사람들이 10분의 3이 된다. 일찍 죽는 사람들이 10분의 3이 된다. <* 사람의 경우는 때와 장소 및 환경에 따라 오래 살기도 하고, 반대로 일찍 죽기도 한다.> 특히 사람의 경우는 야단을 떨며 사지(死地)에 들어가는 자들이 10분의 3이 된다. 허기는 왜 그런가. 오직 삶만을 살겠다고 지나치게 욕심을 부리기 때문이다.

[3] 대개 <도(道)를 따라> 섭생을 잘하는 사람은 육지를 가도 코뿔소[兕]나 호랑이[虎]를 만나지 않는다. 전쟁터에 들어가도 살상되지 않고, 코뿔소도 그의 뿔로 찌르지 못한다. 호랑이도 그의 발톱으로 할퀴지 못하고, 무기도 예리한 날로 베지 못한다. 왜 그런가. 그런 사람은 죽는 지경에 들어가는 일이 없기 때문이다.

참고 보충 설명 | 선섭생(善攝生)

(1) 무위자연의 도를 따르면 제물로 언제까지나 살 수가 있고, 또 물화(物化)할 것이다.

(2) 그러나 사람들은 도를 따른 영생(永生)을 마다하고, 오직 육신적(肉身的)이고 현세적이고 순간적인 생(生)에만 집착하여 온갖 무리한 짓을 다하고 있다.
(3) 즉 속인들은 육신적 생(生)만 알고 정신적 삶을 모른다. 식색(食色)의 본능적 삶에만 집착하고, 정신적·도덕적 삶을 모른다. 육체적 쾌락에만 몰두하고 정신적·도덕적 수양을 하지 않는다. 그 결과는 어떻게 되나.
(4) 노자는 [2]에서 다음같이 말했다. 「장수(長壽)하는 사람들이 10분의 3이 된다. 일찍 죽는 사람들이 10분의 3이 된다. 특히 사람의 경우는 야단을 떨며 사지(死地)에 들어가는 자들이 10분의 3이 된다. 허기는 왜 그런가. 오직 삶만을 살겠다고 지나치게 욕심을 부리기 때문이다.」 오늘의 사람들도 지나치게 병원이나 보약에 의존하다가 해를 보는 수가 많다. 정신과 육신의 삶을 잘 조화(調和)되게 해야 한다.
(5) 사람들은 미망에서 벗어나지 못하고 참 삶의 길에서 벗어나 죽음의 길로 들어가고 있다. 잘사는 사람은 항상 허정(虛靜)하고 염담(恬淡)하다. 그러므로 위험한 곳에 들어갈 이유도 없고, 생과 사의 대립관념도 없으며, 또 죽음을 겁내지도 않는다. 따라서 죽음을 초극(超克)할 수가 있다.

제 51 장

[1] 道生之 德畜之 物形之 勢成之.

도생지(하고) 덕흌지(하고) 물형지(하고) 세성지(하니라)

도(道)는 만물을 낳고 살게 한다. 덕(德)은 잘 양육(養育)하고 높이 쌓는다. <다음 단계에는> 만물의 형상이 만들어진다. 또 형세(形勢)에 따라 성장하고 완성된다.

[2] 是以 萬物 莫不尊道而貴德.

시이(로) 만물(이) 막부존도이귀덕(이니라)

그러므로 <하늘과 땅에 있는> 만물이 도(道)를 높이고 덕(德)을 귀하게 여기지 않을 수 없다.

[3] 道之尊 德之貴 夫莫之命而常自然.

도지존(과) 덕지귀(는) 부막지명이상자연(이니라)

존엄한 도나 귀중한 덕은 곧 <만물에 대해서> 명을 내리는 것이 아니고, 항상 스스로 살고 자라게 하는 것이다.

[4] 故道生之 德畜之 長之育之 亭之毒之 養之覆之 生而不有 爲而不恃 長而不宰 是謂玄德.

고(로) 도생지(하고) 덕휵지(하야) 장지육지(하고) 정지독지(하고) 양지복지(하니라) 생이불유(이오) 위이불시(이오) 장이부재(라) 시위현덕(이니라)

고로 도(道)는 낳기만 한다. 덕(德)은 양육하기만 한다. <즉 도와 덕이 만물을> 자라고 키우고 안정되고 독실하게 하고, 또 양육하고 보호한다. 또 낳고도 소유하지 않는다. 만들고도 자랑하지 않는다. 자라게 하고도 주재하지 않는다. 그래서 현덕(玄德)이라고 한다.

[어구 설명] [1] 道生之 德畜之 物形之 勢成之 [2] 是以萬物莫不尊道而貴德 [3] 道之尊 德之貴 夫莫之命而常自然 :

○道生之 德畜之(도생지 덕휵지) : 도(道)는 만물을 낳고 살게 한다. 덕(德)은 더욱 양육(養育)하고 높이 쌓는다. 도는 하늘에 속하고 덕은 땅에 속한다.

○物形之 勢成之(물형지 세성지) : <다음에는> 만물의 형상이 만들어진다. 또 형세(形勢)에 따라 성장하고 완성된다. <*물(物)은 음양(陰陽) 이기(二氣)가 합해서 형성된다. 세(勢)는 형세(形勢), 즉 환경이나 계절 및 기후 등을 말한다.>

○是以萬物(시이만물) : 그러므로 <하늘과 땅에 있는> 만물.

○莫不尊道而貴德(막부존도이귀덕) : 도(道)를 높이고 덕(德)을 귀하게 여기지 않을 수 없다.

○道之尊 德之貴(도지존 덕지귀) : 도의 존엄함이나 덕의 귀

중함은 곧 <다음과 같다.>

○夫莫之命而常自然(부막지명이상자연) : <만물에게> 명을 내리는 것이 아니고 항상 스스로 살고 자라게 함이다.

[어구 설명] [4] 故道生之 德畜之 長之育之 亭之毒之 養之覆之 生而不有 爲而不恃 長而不宰 是謂玄德 :

○故道生之 德畜之(고도생지 덕흌지) : 고로 도(道)는 낳기만 한다. 덕(德)은 양육하기만 한다.

○長之育之 亭之毒之 養之覆之(장지육지 정지독지 양지복지) : <즉 도와 덕이 만물을> 자라고 키우고 안정되고 독실하게 하고, 또 양육하고 보호한다.

<*정(亭)은 안정(安定)되게 한다. 독(毒)은 독실(篤實)하게 한다는 뜻이다.>

○生而不有 爲而不恃 長而不宰 是謂玄德(생이불유 위이불시 장이부재 시위현덕) : 낳고도 소유하지 않는다. 만들고도 자랑하지 않는다. 자라게 하고도 주재하지 않는다. 그래서 현덕(玄德)이라고 한다.

[현대적 해석] 제 51 장

[1] 도(道)는 만물을 낳고 살게 한다. 덕(德)은 잘 양육(養育)하고 높이 쌓는다. <다음 단계에는> 만물의 형상이 만들어진다. 또 형세(形勢)에 따라 성장하고 완성된다.

[2] 그러므로 <하늘과 땅에 있는> 만물이 도(道)를 높이고 덕(德)을 귀하게 여기지 않을 수 없다.

[3] 존엄한 도나 귀중한 덕은 곧 <만물에 대해서> 명을 내리는 것이 아니고 항상 스스로 살고 자라게 함이다.

[4] 고로 도(道)는 낳기만 한다. 덕(德)은 양육하기만 한다. <즉 도와 덕이 만물을> 자라고 키우고 안정되고 독실하게 하고, 또 양육하고 보호한다. 또 낳고도 소유하지 않는다. 만들고도 자랑하지 않는다. 자라게 하고도 주재하지 않는다. 그래서 현덕(玄德)이라고 한다.

참고 보충 설명 | 현덕(玄德)

(1) 무위자연의 도가 만물을 생육화성(生育化成)하는 위대한 공덕을 높여 현덕(玄德)이라고 했다. 즉 제2장, 제10장, 제32장, 제34장과 같은 내용이다.

(2) 만물의 성장 과정을 다음같이 말했다.

① 만물은 도에서 나온다.

② 도는 내재(內在)하고 있으므로 만물의 본성은 바로 도다. 만물은 바로 도의 분화된 형상이다. 무형의 도가 이렇듯 형상화된 것을 덕이라고 한다.

③ 만물은 각자의 본성과 형상에 따라 독특한 존재로 있게 마련이다.

④ 만물은 자연의 환경에 따라 저마다 달리 생육화성한다.

(3) 도덕은 타력(他力)에 의해서 지배되는 것이 아니다. 따라서 도가 현묘(玄妙)하듯이 덕을 현덕(玄德)이라 한다.

참고 보충 설명 | 엄영봉(嚴靈峯)의 현(玄)

(1) 엄영봉(嚴靈峯) 선생은 그의 논문 「노장철학(老莊哲學)과 Darwinism」에서 대략 다음같이 말했다.

(2) 고대 문자 「현(玄), 요(幺)」는 「」와 같다. 즉 「세포(細胞) : Cell」 또는 「전자(電子) : Electron」와 같다.

(3) 노자는 우주(宇宙)의 오묘(奧妙)함을 「현지우현 중묘지문(玄之又玄 衆妙之門)」이라 했다.

(4) 천지 자연 만물이 무(無)에서 나와 저마다 형상을 갖추고 유적(有的) 실재로 존재하고, 또 작용하다가 다시 무(無)로 돌아간다.

(5) 사람도 같다. 음양(陰陽)의 결합으로 태어나 살고 활동하다가 다시 무(無)로 돌아간다.

(6) 인류가 지구상에 나타나 산 지가 백만 년 이상이 된다. 오늘에도 60억 이상의 사람이 살고 활동하고 있다.

(7) 사람의 모양, 성질, 기능이 다 다르다. 그러나 저마다 욕심을 채우려고 다투고 싸운다. 얼마나 복잡다단한가.

(8) 노자는 모든 것의 근원을 도(道)라고 말한 것이다.

<* 고대의 노자는 인류의 역사 문화 발전에 대해서는 말이 적었다.>

제 52 장

[1] 天下有始 以爲天下母 旣得其母 以知其子 旣知其子 復守其母 沒身不殆.

천하유시(이) 이위천하모(이니라) 기득기모(이) 이지기자(이오) 기지기자(이) 복수기모(이면) 몰신불태(니라)

천하 만물에는 시원(始原)이 있다. 그것을 천하의 어머니라고 한다. 먼저 어머니를 알아야 그의 아들인 만물을 알 수가 있다. 그의 아들을 알고 다시 그의 어머니에 돌아가 지켜야 종신토록 위태롭지가 않다.

[2] 塞其兌 閉其門 終身不勤 開其兌 濟其事 終身不救.

색기태(이) 폐기문(이라야) 종신불근(이니라) 개기태(이) 제기사(이) 종신불구(이니라)

입을 막고 문을 닫으면 종신토록 피곤하지 않을 것이다. <반대로 욕심스럽게> 관능이나 정욕의 입을 열고 마냥 채우고자 하면 종신토록 구제될 수 없다.

[3] 見小曰明 守柔曰强 用其光 復歸其明 無遺

身殃 是謂襲常.

견소왈명(이오) 수유왈강(이니라) 용기광(이) 복귀기명(이라야) 무유신앙(이니) 시위습상(이니라)

은미(隱微)한 도(道)를 보고 알고, 또 나타나게 하는 것이 명(明)이다. 유약(柔弱)한 도를 따르고 행하는 것이 도리어 강(强)이다. 도의 빛을 써서 <만물을 잘살게 하되> 다시 밝은 도로 복귀해야 자신에게 재앙이 오지 않는다. 이를 습상(襲常)이라 한다.

[어구 설명] [1] 天下有始 以爲天下母 旣得其母 以知其子 旣知其子 復守其母 沒身不殆 :

○天下有始 以爲天下母(천하유시 이위천하모) : 천하 만물에는 시원(始原)이 있다. 그것을 천하의 어머니라고 한다.

<*시(始)는 곧 도(道)를 말한다. 도는 만물의 시원이다. * 제25장에 있다. 「가이위천하모(可以爲天下母)」 또 제42장에 있다. 「도생일 일생이 이생삼 삼생만물(道生一 一生二 二生三 三生萬物)」>

○旣得其母 以知其子(기득기모 이지기자) : 먼저 어머니를 알아야 그의 아들인 만물을 알 수 있다.

○旣知其子 復守其母 沒身不殆(기지기자 복수기모 몰신불태) : 그의 아들을 알고 다시 그의 어머니에 돌아가 지켜야 종신토록 위태롭지가 않다.

<* 즉 도(道)에 돌아가 굳게 지켜야 죽을 때까지 위태롭지 않다. * 복수기모(復守其母)는 만물의 어머니인 도(道)에 복귀하고 지킨다는 뜻이다. 제10장에는 「포일(抱一)」이라 했다. 제5장에는 「수중(守中)」이라 했다.>

[어구 설명] [2] 塞其兌 閉其門 終身不勤 開其兌 濟其事 終身不救 [3] 見小曰明 守柔曰强 用其光 復歸其明 無遺身殃 是謂襲常 :

ㅇ塞其兌 閉其門 終身不勤(색기태 폐기문 종신불근) : 입을 막고 문을 닫으면 종신토록 피곤하지 않을 것이다.

<* 색기태(塞其兌)는 관능적 구멍을 폐쇄(閉鎖)한다. 색(塞)은 막는다. 태(兌)는 입이나 구멍. 즉 이목구비(耳目口鼻)를 말한다. * 폐기문(閉其門)은 관능적 쾌락이나 정욕이 드나드는 문을 닫는다. * 근(勤)은 피(疲), 혹은 우(憂)나 노(勞)와 같은 뜻이다. 불근(不勤)은 시들지 않는다는 뜻이다.>

ㅇ開其兌 濟其事 終身不救(개기태 제기사 종신불구) : <반대로 욕심스럽게> 관능이나 정욕의 입을 열고 마냥 채우고자 하면 종신토록 구제될 수 없다.

<* 제기사(濟其事)는 관능적 쾌락이나 정욕을 채우기 위해서 복잡하게 일을 꾸민다. 정치적으로는 복잡다단하게 법령이나 제도를 만든다는 뜻이기도 하다.>

ㅇ見小曰明 守柔曰强(견소왈명 수유왈강) : 은미(隱微)한 도

(道)를 보고 알고, 또 나타나게 하는 것이 명(明)이다. 유약(柔弱)한 도(道)를 따르고 행하는 것이 도리어 강(强)이다.

<* 강(强)에는 자강불식(自强不息)의 뜻이 포함되었다. * 견소왈명(見小曰明)을 제34장에서는 「소(小)라고 이름할 수 있다.(可名於小)」고 했다.>

<* 「수유왈강(守柔曰强)」을 제43장에서는 다음같이 말했다. 「천하지지유 치빙천하지지견 무유입무간(天下之至柔 馳騁天下之至堅 無有入無間)」 제36장에는 「유약승강강(有弱勝剛强)」 제76장에는 「견강자사지도 유약자생지도(堅强者死之徒 柔弱者生之徒)」라고 했다.>

○用其光 復歸其明 無遺身殃 是謂襲常(용기광 복귀기명 무유신앙 시위습상) : 도(道)의 빛을 써서 <만물을 잘살게 하되> 다시 밝은 도(道)로 복귀해야 자신에게 재앙이 오지 않는다. 이를 습상(襲常)이라 한다.

<* 용기광(用其光)은 곧 「빛을 써서 현상계를 참되게 인식한다」는 뜻이다. 광(光)은 명(明)의 용(用)이다. 명(明)은 은미하고 미소한 도를 밝게 아는 것이다. 즉 내심(內心)에 있는 총명을 밖에 밝게 비춰내어 만물의 사리를 안다는 뜻이다.>

<* 복기명(復其明)은 용기광(用其光)하여 외계의 현상세계를 밝게 알지만 언제나 내면의 총명, 즉 은미(隱微)한 도를 터득한 경지로 되돌아가야 한다는 뜻이다. * 명(明)은 광(光)의 체(體)다. 용기광(用其光)은 기지기자(旣知其子)이고, 복

기명(復其明)은 복수기모(復守其母)이다.>

<* 무유신앙(無遺身殃)은 「자신에게 재앙을 미치게 하지 않는다는 뜻이다.」 * 습상(襲常)은 항상 변하지 않는 도를 익히고 따른다는 뜻이다. 습(襲)을 습(習)으로도 쓴다.>

[현대적 해석] 제 52 장

[1] 천지 만물에는 시원(始原)이 있다. 그것을 천하의 어머니라고 한다. 천하의 시원인 어머니를 알면 그의 아들인 천하 만물을 알 수가 있다. 그의 아들을 알고 다시 그의 어머니인 도에 돌아가 지켜야 종신토록 위태롭지 않다.

[2] 정욕(情欲)의 입을 막고, 문을 닫으면 종신토록 피로하지 않을 것이다. 그러나 정욕의 입을 열고, 정욕을 채우고자 하면 종신토록 구제될 수 없게 된다.

[3] 은미(隱微)한 도를 볼 수 있어야 참으로 총명하다 하고, 유약한 도를 따라 지킬 수 있어야 참으로 강하다고 한다. 빛을 가지고 밖의 현상계를 밝게 비추되, 다시 속으로 돌아가 은미한 도를 보는 총명을 간직해야 자신에게 재앙을 이끌어 오지 않을 수 있다. 이를 상도(常道)를 익히는 것이라 한다.

참고 보충 설명 | 어려운 단계의 습상(襲常)

(1) 도는 천지 만물에 앞서 있는 절대이며, 동시에 만물의 시초이다. 따라서 천하의 어머니라고 한다. 어머니인 도를 알아야 피조물인 아들, 즉 천지 자연 만물도 바르게 알 수 있다.

즉 도를 알아야 우주, 천지, 자연 만물도 알 수 있다.

(2) 그러나 도(道)는 「무적(無的) 본체(本體)」이다. 그러므로 사람은 「감각적(感覺的) 지능」으로는 알 수가 없다. 오직 정신적으로 알고 내면적으로 터득할 뿐이다. 그러므로 도를 행한다는 것은 어려운 일이다.

(3) 그러므로 사람들은 도(道) 같은 것은 없다고 친다. 그리고 외형적으로 보이는 것에만 집착한다. 더욱이 욕심을 바탕으로 서로 싸우고 탈취하려고 한다. 그러므로 「무적 본체」인 도(道)를 어머니로 하고 태어난 사람이 무(無)와 반대가 되는 유(有)의 세계에서 몸부림치므로 온전하게 살 수가 없는 것이다. <이는 알 수가 있다. 그러나 다음 단계는 참으로 알기 어렵다.>

(4) 노자는 계속해서 강조했다. 무(無)에 복귀(復歸)해야 한다. 이러한 복귀 사상은 다른 곳에서도 말했다. 노자는 또 말했다. 참으로 총명하다는 것은 깊이 숨어 있는 은유(隱幽)하고 미소(微小)한 도를 알고 행하는 것이다. 이것이 곧 습상(襲常)이다. 습(襲)은 이어받고 익힌다는 뜻이다. 욕심을 버리라는 것을 알 수 있다. 그러나 무(無)의 도와 덕을 실천하는 일은 참으로 어려운 단계의 일이다.

제 53 장

[1] 使我介然有知 行於大道 唯施是畏.

사아개연유지(하야) 행어대도(이니) 유이시외(이니라)

나로 하여금 약간의 총명을 지니고 대도(大道)를 가게 하므로 <나는> 오직 사악을 두려워할 것이다.

[2] 大道甚夷 而人好徑.

대도(는) 심이(이어늘) 이인(은) 호경(이니라)

대도는 매우 평탄하고 쉽게 갈 수가 있다. <그런데 도를 보지 못하는> 인군(人君)은 좁은 사로(邪路)를 좋아한다.

[3] 朝甚除 田甚蕪 倉甚虛 服文綵 帶利劍 厭飮食 財貨有餘 是謂盜夸 非道也哉.

조심제(하고) 전심무(하고) 창심허(하고) 복문채(하고) 대리검(하고) 염음식(하고) 재화유여(하니) 시위도과(이니라) 비도야재(이니라)

조정이 매우 부패하였다. 전답이 황폐하고 창고가 텅텅 비었다. <그러나 임금이나 귀족들은> 아름다운 비단옷을 입고, 날카로운 칼을 차고, 맛있는 음식을 먹고, 재물을 쌓아놓고 있다. <그들은> 바로 도둑의 괴수라 하겠다. 얼마나 도에서 벗어난 짓이냐.

[어구 설명] [1] 使我介然有知 行於大道 唯施是畏 [2] 大道甚夷 而人好徑 :

ㅇ使我介然有知 行於大道 唯施是畏(사아개연유지 행어대도 유이시외) : 나로 하여금 약간의 총명을 지니고 대도(大道)를 가게 하면 오직 사악을 두려워할 것이다.

<*개연(介然)은 「약간, 미소(微小)의 뜻이다.」>

<*유이시외(唯施是畏)는 「오직 사악(邪惡)함을 두려워한다」는 뜻이다. 이(施)는 이(夷), 이(迤)로 사도(邪道)의 뜻이다. 외(畏)는 두려워한다. 즉 계신(戒愼), 계구(戒懼)의 뜻이다.>

< * 전대근(錢大昕)은 이(施)의 고음(古音)은 사로서, 사(邪)와 통한다고 했다.>

ㅇ大道甚夷 而人好徑(대도심이 이인호경) : 대도는 매우 평탄하고 쉽게 갈 수가 있다. <그런데> 인군(人君)은 좁은 사로(邪路)를 좋아한다.

<* 이(夷)는 평탄하다.>

<* 인(人)을 민(民)으로 쓴 판본도 있다. 인(人)은 「임금」의 뜻으로 푼다. 민(民)은 맹(氓=盲)과 같다. 눈이 먼 임금의 뜻이다. 임금, 즉 인군(人君)의 뜻을 강조하기 위해서 인(人)으로 함이 좋다.>

<* 엄가균(嚴可均)은 「인호경(人好徑)」이 옳다고 했다. ⇒ 老子唐本考異> <* 경(徑)은 바르지 못한 길, 부정(不正)한 사로(邪路)의 뜻이다.>

[어구 설명] [3] 朝甚除 田甚蕪 倉甚虛 服文綵 帶利劍 厭飮食 財貨有餘 是謂盜夸 非道也哉 :

○朝甚除 田甚蕪 倉甚虛(조심제 전심무 창심허) : 조정이 매우 부패하였다. 전답이 황폐하고 창고가 텅텅 비었다.

○服文綵 帶利劍 厭飮食 財貨有餘(복문채 대리검 염음식 재화유여) : <그러나 임금이나 귀족들은> 아름다운 비단옷을 입고, 날카로운 칼을 차고, 맛있는 음식을 먹고, 재물을 쌓아 놓고 있다.

○是謂盜夸 非道也哉(시위도과 비도야재) : 바로 도둑의 괴수라 하겠다. 얼마나 도에서 벗어난 짓이냐.

<* 조심제(朝甚除)는 조정이 매우 부패했다. 제(除)를 오(汚)나 폐(廢)의 뜻으로 푼다.>

<* 왕필(王弼)은 말쑥하다고 풀었으나 적절하지 못하다.>

<* 전심무(田甚蕪)는 백성들의 전답이 황폐했다는 뜻이다. * 창심허(倉甚虛)는 나라의 창고나 백성들의 집이 텅텅 비었다는 뜻이다. *복문채(服文綵)는 임금이나 귀족들은 아름다운 비단옷을 입는다는 뜻이다. * 대리검(帶利劍)은 날카로운 칼을 차고 전쟁을 좋아한다는 뜻이다. * 염음식(厭飮食)은 음

식을 물리도록 먹는다. 염(厭)은 염(饜)과 같다.>

<*재화유여(財貨有餘)는 임금이나 귀족들은 재물이 남아돈다. *시위도과(是謂盜夸)는 이를 곧 도둑의 괴수라고 한다는 뜻이다. * 비도야재(非道也哉)는 참으로 도가 아니다, 참으로 비도라고 하겠다.>

[현대적 해석] 제 53 장

[1] 나로 하여금 약간의 총명을 지니고 대도(大道)를 가게 하므로 <나는> 오직 사악을 두려워할 것이다.

[2] 대도는 매우 평탄하고 쉽게 갈 수가 있다. <그런데 도를 보지 못하는> 인군(人君)은 좁은 사로(邪路)를 좋아한다.

[3] 조정이 매우 부패하였다. 전답이 황폐하고 창고가 텅텅 비었다. <그러나 임금이나 귀족들은> 아름다운 비단옷을 입고, 날카로운 칼을 차고, 맛있는 음식을 먹고, 재물을 쌓아놓고 있다. <그들은> 바로 도둑의 괴수라 하겠다. 얼마나 도에서 벗어난 짓이냐.

참고 보충 설명 | 도둑 같은 임금

(1) 무위자연의 도를 따라 무욕(無欲)을 주장한 노자가 이번에는 이른바 악덕한 통치자를 격렬하게 매도(罵倒)했다. <* 제9장과 제30장에도 당시의 위정자들을 공박한 글이 있다.>

⑵ 도를 모르는 우매하고 욕심이 많은 임금이나 귀족들은 평탄하고 좋은 길을 가지 않는다. 반대로 악덕한 길을 간다.

⑶ 임금이나 귀족은 욕심을 채우려고 가렴주구(苛斂誅求)한다. 그래서 백성들의 재물을 강탈한다. 뿐만 아니다. 다른 나라와 전쟁을 한다. 그래서 백성을 죽이고 국가를 황폐하게 만든다.

⑷ 그들의 잘못을 노자는 다음같이 열거했다. 「조정이 매우 부패하였다. 전답이 황폐하고 창고가 텅텅 비었다. <그러나 임금이나 귀족들은> 아름다운 비단옷을 입고, 날카로운 칼을 차고, 맛있는 음식을 먹고, 재물을 쌓아놓고 있다.」

⑸ 그리고 노자는 덧붙였다. 「그들은 바로 도둑의 괴수라 하겠다.」 조금이라도 도가 무엇인지 안다면 무위자연의 대도를 따를 것이다. 그렇게 되면 옆길을 가장 두려워하게 될 것이다. 옆길, 즉 사로(邪路)는 바로 유위(有爲)의 길이다. 욕심을 바탕으로 백성을 착취하고, 또 남의 나라를 침범하는 악덕한 정치이다. 노자는 전국시대의 비참하고 악덕한 정치에서 벗어나기 위해서 무위자연의 도를 내세웠던 것이다.

⑹ 노자가 오늘의 세계를 보면 무어라 말하겠는가. 오늘의 인류세계는 진정한 평화를 누리고 있는가. 참으로 평등한 경제적 부(富)를 누리고 있는가. 지나친 욕심을 바탕으로 악덕한 짓을 하고 있지 않은가.

제 54 장

[1] 善建者不拔 善抱者不脫 子孫以祭祀不輟.

선건자(이) 불발(이오) 선포자(이) 불탈(이오) 자손(이) 이제사불철(이니라)

도가 잘 세워지면 뽑히지 않는다. 도를 잘 품으면 빠지지 않는다. 자손도 <도를 따르므로, 선조나 부모에 대한> 제사를 끝없이 지낼 것이다.

[2] 修之於身 其德乃眞 修之於家 其德乃餘 修之於鄕 其德乃長 修之於邦 其德乃豊 修之於天下 其德乃普.

수지어신(이) 기덕내진(이니라) 수지어가(이) 기덕내여(이니라) 수지어향(이) 기덕내장(이니라) 수지어방(이) 기덕내풍(이니라) 수지어천하(이) 기덕내보(이니라)

도를 바탕으로 몸을 수양하면 그 몸의 덕이 진실하게 된다. 도를 바탕으로 집안을 다스리면 그 집안의 덕이 남음이 있게 된다. 도를 바탕으로 향리(鄕里)를 다스리면 그 향리의 덕이 으뜸이 되고 <모든 사람에게> 존경을 받게 된다. 도를 바탕으로 나라를 다스리면 그 나라의 덕이 풍성(豊盛)하게 된다.

도를 바탕으로 천하를 다스리면 덕이 세계적으로 넓게 퍼질 것이다.

[3] 故以身觀身 以家觀家 以鄕觀鄕 以邦觀邦 以天下觀天下 吾何以知天下然哉 以此.

고(로) 이신관신(하고) 이가관가(하고) 이향관향(하고) 이방관방(하고) 이천하관천하(하니라) 오하이지천하연재(리오) 이차(이니라)

고로 몸을 다스리는 도(道)를 바탕으로 몸을 살펴야 한다. 도를 바탕으로 집안이나 향리를 살펴야 한다. 도를 바탕으로 나라나 천하를 살펴야 한다. 내가 어떻게 천하가 잘 되는지 아닌지를 알겠나. 도를 기준으로 할 뿐이다. <다른 것으로 천하를 알거나 평하면 안된다.>

[어구 설명] [1] 善建者不拔 善抱者不脫 子孫以祭祀不輟 :

ㅇ善建者不拔(선건자불발) : 도가 잘 세워지면 뽑히지 않는다. <*불발(不拔)은 확고부동(確固不動)과 같은 뜻이다.>

ㅇ善抱者不脫(선포자불탈) : 도를 잘 품으면 빠지지 않는다.

ㅇ子孫以祭祀不輟(자손이제사불철) : 자손도 <도를 따르므로, 선조나 부모에 대한> 제사를 끝없이 지낼 것이다.

<* 즉 자자손손(子子孫孫) 집안이 이어지고, 또 발전한다는 뜻이다. 「輟(그칠 철)」 좌전(左傳 : 定公四年)에 있다. 「종묘

를 없애고 제사를 끊으면 효(孝)가 아니다.」 도(道) 속에는 역사적(歷史的) 발전관(發展觀)도 포함되어 있다.>

[어구 설명] [2] 修之於身 其德乃眞 修之於家 其德乃餘 修之於鄕 其德乃長 修之於邦 其德乃豊 修之於天下 其德乃普 :

○修之於身 其德乃眞(수지어신 기덕내진) : 도를 바탕으로 몸을 수양하면 그 몸의 덕이 진실하게 된다.

○修之於家 其德乃餘(수지어가 기덕내여) : 도를 바탕으로 집안을 다스리면, 그 집안의 덕이 넘치게 된다.

○修之於鄕 其德乃長(수지어향 기덕내장) : 도를 바탕으로 향리(鄕里)를 다스리면, 그 향리의 덕이 으뜸이 되고 <모든 사람에게> 존경을 받게 된다.

○修之於邦 其德乃豊(수지어방 기덕내풍) : 도를 바탕으로 나라를 다스리면 그 나라의 덕이 풍성(豊盛)하게 된다.

<* 방(邦)을 국(國)으로 쓴 판본도 많다.>

○修之於天下 其德乃普(수지어천하 기덕내보) : 도를 천하적으로 닦으면 덕이 세계적으로 넓게 퍼질 것이다.

[어구 설명] [3] 故以身觀身 以家觀家 以鄕觀鄕 以邦觀邦 以天下觀天下 吾何以知天下然哉 以此 :

○故以身觀身(고이신관신) : 고로 몸을 다스리는 도(道)를 바탕으로 몸을 살펴야 한다. <* 즉 욕심이나 재물이나 힘을 기

준으로 사람을 살피고 평가하면 안된다.>

○以家觀家 以鄕觀鄕(이가관가 이향관향) : 도를 바탕으로 집안을 보고, 도를 바탕으로 향리를 살펴야 한다.

○以邦觀邦 以天下觀天下(이방관방 이천하관천하) : 도를 바탕으로 나라를 살펴야 하고, 도를 바탕으로 천하를 살펴야 한다.

○吾何以知天下然哉(오하이지천하연재) : 내가 어떻게 천하가 잘 되는지 아닌지를 알겠나.

○以此(이차) : <오직> 도를 기준으로 할 뿐이다. <다른 것으로 천하를 알거나 평하면 안된다.>

[현대적 해석] 제 54 장

[1] 도가 잘 세워지면 뽑히지 않는다. 도를 잘 품으면 빠지지 않는다. 자손도 <도를 따르므로, 선조나 부모에 대한> 제사를 끝없이 지낼 것이다.

[2] 도를 바탕으로 몸을 수양하면 그 몸의 덕이 진실하게 된다. 도를 바탕으로 집안을 다스리면 그 집안의 덕이 남음이 있게 된다. 도를 바탕으로 향리(鄕里)를 다스리면 그 향리의 덕이 으뜸이 되고 <모든 사람에게> 존경을 받게 된다. 도를 바탕으로 나라를 다스리면 그 나라의 덕이 풍성(豊盛)하게 된다. 도를 바탕으로 천하를 다스리면 덕이 세계적으로 넓게 퍼질 것이다.

[3] 고로 몸을 다스리는 도(道)를 바탕으로 몸을 살펴야 한다. 도를 바탕으로 집안이나 향리를 살펴야 한다. 도를 바탕으로 나라나 천하를 살펴야 한다. 내가 어떻게 천하가 잘 되는지 아닌지를 알겠나. 도를 기준으로 할 뿐이다. <다른 것으로 천하를 알거나 평하면 안된다.>

참고 보충 설명 | 정치적 · 역사적 도(道)

(1) 이 장에서 노자는 도(道)를 바탕으로 다스려야 한다고 강조했다. 이때의 도는 「무적(無的) 도(道)」보다 한 단계 실용화된 「도덕정치적(道德政治的) 도」라 하겠다.

(2) 도를 잘 지키면 모든 것이 잘되고 역사적으로도 번성할 것이다. 따라서 자손도 대를 이어가면서 잘살고 번성한다. 그래서 제사도 잘 지내게 될 것이다.

(3) 이 장에서 말하는 도(道)는 세세대대(世世代代)로 이어가는 「역사적(歷史的) 도」다. 「도덕정치적 도」와 「역사적 도」는 「무적(無的) 도」와 차원이 다르다. <그러나 노자는 이에 대해서는 자세히 말하지 않았다. 다만 다음같이 그 효과에 대해서 말했을 뿐이다.>

(4) 도를 가지고 수양해야 진실한 덕을 얻고, 또 내가 참다운 도덕을 갖추면, 집안이나 고을이나 나라나 천하에 도덕이 펴진다고 했다. 이러한 생각은 수신(修身)→제가(齊家)→치국(治國)→평천하(平天下)를 내세운 유가사상과도 흡사하다. <* 단 노자는 그 이상 조직적으로 이론을 말하지 않았다.>

제 55 장

[1] 含德之厚 比於赤子 毒蟲不螫 猛獸不據 攫鳥不搏.

함덕지후(이) 비어적자(이니라) 독충불석(하고) 맹수불거(하고) 확조불박(이니라)

덕을 두텁게 품으면 어린아이와 같다. 독벌레도 쏘지 않고, 맹수도 할퀴지 않고, 사나운 새도 치지 않는다.

[2] 骨弱筋柔而握固 未知牝牡之合而全作 精之至也 終日號而不嗄 和之至也.

골약근유(이) 이악고(이며) 미지빈모지합(이) 이전작(이니) 정지지야(이니라) 종일호이불애(이니) 화지지야(이니라)

뼈가 약하고 근육이 유하지만 오므리는 힘이 굳다. 암과 수의 결합을 모르면서도 발기하니 정기가 넘친다. 종일 울어도 목이 쉬지 않으니 기가 잘 조화되어 있다.

[3] 知和曰常 知常曰明.

지화왈상(이오) 지상왈명(이라)

화(和)를 아는 것을 상(常)이라 하고, 상(常)을 아는 것을 명

(明)이라 한다.

[4] 益生曰祥 心使氣曰强 物壯則老 謂之不道 不道早已.

익생왈상(이오) 심사기왈강(이라) 물장즉로(하니) 위지부도(라) 부도(이) 조이(니라)

삶을 무리하게 탐내는 것이 재앙이다. 욕심으로 정기를 부리는 것을 억지라 한다. 만물은 억지와 포악을 부리면 노쇠한다. 이는 도가 아니다. 도에 어긋나면 일찍 사멸한다.

[어구 설명] [1] 含德之厚 比於赤子 毒蟲不螫 猛獸不據 攫鳥不搏 :

○含德之厚 比於赤子(함덕지후 비어적자) : 덕을 속에 두텁게 품고 있는 사람을 적자(赤子 : 어린아이)에 비한다.

○毒蟲不螫(독충불석) : 독벌레도 쏘지 않는다. 「螫(쏠 석)」 <* 왕필(王弼) 본에는 독충(毒蟲)을 「봉채훼사(蜂蠆虺蛇)」라고 썼다. 「蜂(벌 봉), 蠆(전갈 채), 虺(살무사 훼), 蛇(뱀 사)」>

○猛獸不據(맹수불거) : 호랑이나 표범 같은 맹수도 할퀴지 않는다. <* 거(據)는 거(豦)로 발톱으로 할퀸다는 뜻이다.>

○攫鳥不搏(확조불박) : 사나운 새들도 날개로 치지 않는다. <* 확조(攫鳥)는 독수리나 새매 같은 사나운 새들도 치거

나 쪼지 않는다. * 박(搏)은 날개나 발톱으로 친다는 뜻이다. 「攫(붙잡을 확), 搏(잡을 박)」>

<* 여기서 말하는 적자(赤子)는 갓 태어난 아이란 뜻이 아니다. 악덕한 욕심을 버리고 도와 하나가 된 사람의 뜻이다. 그러면 속세의 악독한 임금이나 통치자도 해치지 않는다.>

[어구 설명] [2] 骨弱筋柔 而握固 未知牝牡之合 而全作 精之至也 終日號而不嗄 知之至也 :

○骨弱筋柔 而握固(골약근유 이악고) : 뼈가 약하고 근육이 유하지만 오므리는 힘이 굳다. <* 무위자연의 도를 터득한 사람은 유약하면서 생명력이 넘친다. * 악고(握固)는 주먹을 굳게 쥔다는 뜻이다.>

○未知牝牡之合 而全作 精之至也(미지빈모지합 이전작 정지지야) : 암과 수의 결합을 모르면서도 발기하니 정기가 가득 차 있다. <* 순진무구(純眞無垢)한 아이나 도를 터득한 사람은 육체적・감각적 삶을 초월하고 도(道)와 하나가 된 경지에서 생명력을 마냥 발휘한다.>

○終日號而不嗄 知之至也(종일호이불애 지지지야) : 종일 울어도 목이 쉬지 않으니 기가 잘 조화되어 있기 때문이다. <* 빈모지합(牝牡之合)은 암과 수의 결합. * 전작(全作)은 발기한다는 뜻이다. 전(全)을 최(朘)로 쓴 책도 있다. * 애(嗄)는 목이 쉬다. 아(啞)로 쓴 책도 있다.>

[어구 설명] [3] 知和曰常 知常曰明 :

○知和曰常(지화왈상) : 화(和)를 아는 것을 상(常)이라 한다.

<*「지화(知和)」는 뜻이 깊다. 「화(和)를 알고 실천한다」는 뜻이다. * 이때의 「화(和)」는 곧 「무위자연(無爲自然)의 도(道)」와 하나가 된다는 뜻이다. 이는 곧 「포일(抱一)이나 복귀(復歸)」와 같다.>

<* 「상(常)」의 뜻도 깊다. 일차적인 뜻은 「항상(恒常) 불변(不變)하고 살 수 있다」는 뜻이다. 이차적으로 확대된 뜻은 「영구불변하게 대(代)를 이어가면서 역사적으로 오래 살 수 있다」는 뜻이다.>

<* 우주적 도와 하나가 되어야 개인적으로나 공동체적(共同體的)으로나 광대무변(廣大無邊)하고, 또 영원히 살고, 또 발전한다.>

○知常曰明(지상왈명) : 상(常)을 알고 실천하는 것을 명(明)이라 한다.

<* 「명(明)」의 뜻도 깊고 많다. 일반적으로는 「명지(明知=明智)」로 푼다. * 그러나 이 책에서는 한 단계 높은 경지에서 다음같이 풀이했다.> <* 도(道)를 알고 실천하면 우주적 차원에서 현묘(玄妙)한 도를 밝게 나타낸다. 즉 만물을 밝히고, 또 밝게 나타낼 수 있다. 도와 하나가 되면 만물을 생육화성(生育化成)하고, 또 생생불식(生生不息)한다.>

[어구 설명] [4] 益生曰祥 心使氣曰强 物壯則老 謂之不道 不道早已 :

ㅇ益生曰祥 心使氣曰强(익생왈상 심사기왈강) : 삶을 무리하게 탐내는 것은 재앙이다. 욕심으로 정기를 부리는 것을 억지라 한다.

<* 익생(益生)은 탐생(貪生)과 같다. 상(祥)은 요괴(妖怪)의 뜻이다. 곧 상(祥)은 불상(不祥)의 뜻이다.>

ㅇ物壯則老 謂之不道 不道早已(물장즉로 위지부도 부도조이) : 만물은 억지와 포악을 부리면 노쇠한다. 이를 도가 아니라고 말한다. 도에 어긋나면 일찍 사멸한다.

<* 제42장에 있다. 「양강자부득기사(梁强者不得其死)」>

<* 이상의 해석은 여러 학자의 설을 따랐다. 그러나 필자의 생각으로는 꼭 적합하지 않다.>

[현대적 해석] 제 55 장

[1] 속에 덕을 두텁게 품으면 어린아이와 같게 된다. 그래서 독벌레도 쏘지 않고, 맹수도 할퀴지 않고, 사나운 새도 치지 않는다.

[2] 뼈가 약하고 근육이 유하지만 잡는 힘이 굳다. 암과 수의 결합을 모르면서도 발기하니 정기가 넘치기 때문이다. 종일 울어도 목이 쉬지 않으니 기가 잘 조화되어 있기

때문이다.

[3] 화(和)를 아는 것을 상(常)이라 하고, 상(常)을 아는 것을 명(明)이라 한다.

[4] 삶을 무리하게 탐내는 것이 재앙이다. 욕심으로 정기를 부리는 것을 억지라 한다. 만물은 억지와 포악을 부리면 노쇠한다. 이는 도가 아니다. 도에 어긋나면 일찍 사멸한다.

참고 보충 설명 | **지화왈상**(知和曰常)

(1) 이 장의 핵심은 「지화왈상(知和曰常)」이다. 직역하면 「화(和)를 아는 것을 상(常)이라 한다.」이다. 그러나 속뜻이 깊고 넓다.

(2) 「지화(知和)는 화(和)를 알고 실천한다」는 뜻이다. 「화(和)는 곧 무위자연(無爲自然)의 도(道)와 하나가 된다는 뜻이며, 이는 포일(抱一)이나 복귀(復歸)와 같다.」

(3) 「상(常)」의 뜻도 깊다. 일차적인 뜻은 「항상(恒常) 불변(不變)하고 살 수 있다」는 뜻이다. 이차적으로 확대된 뜻은 「영구히 대(代)를 이어가면서 역사적으로 오래 살고, 또 발전할 수 있다」는 뜻이다.

(4) 우주적 도와 하나가 되어야 개인적으로나 공동체적(共同體的)으로나 광대무변(廣大無邊)하고, 또 영원히 살고, 또 발

전한다.

(5) 상(常)을 알고 실천하는 것을 명(明)이라 한다. 명(明)의 뜻을 보통 명지(明智)로 풀지만 필자는 다음같이 풀이했다.

(6) 도(道)를 알고 실천하면 우주적 차원에서 현묘(玄妙)한 도(道)를 밝게 나타낸다. 즉 만물을 밝히고, 또 빛나게 생육화성(生育化成)하고, 또 생생불식(生生不息)하게 한다.

(7) 속에 도(道)와 덕(德)을 품은 사람을 적자(赤子)에 비유했다. 이때의 어린아이는 갓 태어난 아이란 뜻이 아니다. 성인(成人)이라도 악덕한 욕심을 버리고 도와 하나가 된 사람이란 뜻이다. 즉 포일(抱一)하고 복귀(復歸)한 어른도 순진무구(純眞無垢)한 아이같이 된다는 뜻이다. 그러면 속세의 악독한 임금이나 통치자도 해치지 않는다.

(8) 만물은 대자연 속에서 조화를 이루어야 자랄 수가 있다. 인위적인 조작은 대자연의 조화를 파괴한다. 인위적인 조작은 혹은 일시적으로는 효능이 있고 소득이 있는 것 같다. 그러나 전체나 영원한 경지에서 볼 때는 결국은 스스로 멸망하게 마련이다.

제 56 장

[1] 知者不言 言者不知.

지자(이) 불언(이오) 언자(이) 부지(니라)

도를 터득한 사람은 말을 함부로 하지 않는다. 함부로 말하는 자는 도를 바르게 알지 못한다.

[2] 塞其兌 閉其門 挫其銳 解其紛 和其光 同其塵 是謂玄同.

색기태(이) 폐기문(이) 좌기예(이) 해기분(이) 화기광(이) 동기진(이니) 시위현동(이니라)

욕심의 입을 막고 정욕의 문을 닫는다. 예리함을 무디게 하고 분쟁을 풀어헤친다. 밝은 빛으로 화합하고 진세(塵世)와 동화한다. 이러한 경지를 현동이라고 한다.

[3] 故不可得而親 不可得而疏 不可得而利 不可得而害 不可得而貴 不可得而賤 故爲天下貴.

고(로) 불가득이친(하고) 불가득이소(하고) 불가득이리(하고) 불가득이해(하고) 불가득이귀(하고) 불가득이천(하니라) 고(로) 위천하귀(이니라)

고로 자기들끼리만 친애할 수 없고, 또 남을 함부로 소원히 대하면 안된다. 나만을 이롭게 하거나, 반대로 남을 해롭게 하면 안된다. 자기만을 귀중하게 여기고, 반대로 남을 천시하면 안된다. 그러므로 도를 따르는 사람을 천하가 귀중하게 여긴다.

[어구 설명] [1] 知者不言 言者不知 :

○知者不言(지자불언) : 도를 터득한 사람은 <세속적인> 말을 함부로 하지 않는다. <* 도를 터득한 임금은 야단스럽게 정령(政令)을 내리지 않는다.>

○言者不知(언자부지) : 함부로 말하는 자는 <참다운> 도를 알지 못하는 사람이다.

<*지(知)를 지혜(智慧)로 풀 수도 있다. 즉 말하기 좋아하는 사람은 지혜롭지 못하다.>

[어구 설명] [2] 塞其兌 閉其門 挫其銳 解其紛 和其光 同其塵 是謂玄同 :

○塞其兌 閉其門(색기태 폐기문) : 욕심의 입을 막고 정욕의 문을 닫는다. <* 제52장에도 있다.>

○挫其銳 解其紛(좌기예 해기분) : 예리함을 무디게 하고 분쟁을 풀어헤친다. <* 제4장에도 있다. 즉 싸우거나 분쟁을 하려는 악덕한 생각이나 마음을 억제한다.>

○和其光 同其塵(화기광 동기진) : 밝은 빛으로 화합하고 진세(塵世)와 동화한다. <*제4장에 이미 나왔다.>

○是謂玄同(시위현동) : 이러한 경지를 현동(玄同)이라고

한다.

<* 현동은 은미(隱微)한 도를 따라 만물과 함께 어울린다는 뜻이다. 즉 터득한 사람은 만물과 하나가 된다.>

[어구 설명] [3] 故不可得而親 不可得而疏 不可得而利 不可得而害 不可得而貴 不可得而賤 故爲天下貴 :

○故不可得而親 不可得而疏(고불가득이친 불가득이소) : 고로 자기들끼리만 친애할 수 없고, 또 남을 함부로 소원히 대하면 안된다. 즉 도는 화동한다.

○不可得而利 不可得而害(불가득이리 불가득이해) : 나만을 이롭게 하거나 반대로 남을 해롭게 하면 안된다.

○不可得而貴 不可得而賤(불가득이귀 불가득이천) : 자기만을 귀중하게 여기고 반대로 남을 천시하면 안된다. <도를 따라 스스로 저마다 살게 해야 한다.>

○故爲天下貴(고위천하귀) : 그러므로 도를 따르는 사람을 천하가 귀중하게 여긴다.

[현대적 해석] 제 56 장

[1] 도를 터득한 사람은 말을 함부로 하지 않는다. 함부로 말하는 자는 도를 모른다.

[2] 욕심의 입을 막고 정욕의 문을 닫는다. 예리함을 무디게 하고 분쟁을 풀어헤친다. 밝은 빛으로 화합하고 진세(塵世)와

동화한다. 이러한 경지를 현동이라고 한다.

[3] 고로 자기들끼리만 친애할 수 없고 또 남을 함부로 소원하게 대하면 안된다. 나만을 이롭게 하거나, 반대로 남을 해롭게 하면 안된다. 자기만을 귀중하게 여기고, 반대로 남을 천시하면 안된다. 고로 도를 따르는 사람을 천하가 귀중하게 여긴다.

참고 보충 설명 | 현동(玄同)

(1) 앞에서는 덕을 속에 지닌 사람이 영아(嬰兒)같이 무심한 상태로 대자연과 조화를 한다고 말했다. 여기서는 도를 터득한 성인(聖人)이 진세(塵世)와 하나가 되는 현동(玄同)을 한다고 말했다.

(2) 현동(玄同)은 장자(莊子)에도 보인다. 특히 서진(西晋)의 노장학자 곽상(郭象)이 강조한 후로 노장철학의 근본적 개념으로 후세에 널리 알려졌다.

(3) 도는 혼돈하면서 만물을 창조하고 만물의 발전을 주재하고 있다. 따라서 성인(聖人)도 만물과 혼연일체가 되어 있으면서 전혀 존재나 공적을 나타내지 않는다. 이러한 경지를 현동(玄同)이라 한다. 즉 속세의 관념으로 지식이나 공적이나 의욕이나 심지어는 자신의 존재조차 내세우지 않는 경지다. 현동의 경지에서는 친소(親疏), 이해(利害), 귀천(貴賤)도 있을 수 없다. 이렇듯 인간 속세를 초월했으므로 결국 천하의 모든 사람들이 높이게 마련이다.

제 57 장

[1] 以正治國 以奇用兵 以無事取天下.

이정치국(이오) 이기용병(이오) 이무사취천하(이니라)

바른 도리로써 나라를 다스려야 한다. <도를 따른> 기발한 술책으로 <속인들의> 무력에 대처해야 한다. <도를 바탕으로 한> 무위(無爲)로써 천하를 다스려야 한다.

[2] 吾何以知其然哉 以此.

오하이지기연재(이오) 이차(이니라)

내가 무엇으로 그래야 함을 알고, 또 <말하는가.> 바로 다음과 같은 말이 있기 때문이다.

[3] 天下多忌諱 而民彌貧 人多利器 國家滋昏 人多伎巧 奇物滋起 法令滋彰 盜賊多有.

천하다기휘(면) 이민미빈(이라) 인다리기(면) 국가자혼(이라) 인다기교(면) 기물자기(라) 법령자창(이면) 도적다유(이니라)

천하에 금기(禁忌)가 많으면 백성들이 더욱 가난하게 된다. 임금이 지략이나 권모를 많이 쓰면 나라가 더욱 어둡고 혼란하게 된다. 사람들이 간교한 기교를 많이 부리면 괴상한 일들이 더욱 많이 나타난다. 법령을 많이 내세우면 <도리어> 도둑이 많아진다.

[4] 故聖人云 我無爲 而民自化 我好靜 而民自正 我無事 而民自富 我無欲 而民自樸.

고(로) 성인운(이라) 아무위 이민자화(이오) 아호정 이민자정(이오) 아무사 이민자부(이오) 아무욕 이민자박(이니라)

고로 성인이 말했다. 내가 무위(無爲)하므로 백성들이 스스로 화육(化育)한다. 내가 허정(虛靜)을 좋아하니 백성들이 스스로 바르게 된다. 내가 무사(無事)하니 백성들이 스스로 부를 누린다. 내가 욕심이 없으니 백성들이 스스로 소박하게 된다.

[어구 설명] [1] 以正治國 以奇用兵 以無事取天下 [2] 吾何以知其然哉 以此 :

○ 以正治國(이정치국) : 바른 도리로써 나라를 다스린다.
<* 바른 도리는 무위이치(無爲而治)하는 도(道)다.>

○ 以奇用兵(이기용병) : 여기서 말하는 기(奇)는 세속적인 무력이 아니다. 도를 바탕으로 한 기궤(奇詭)한 계략(計略)이다.
<* 즉 허정(虛靜)과 유약(柔弱)이다. 속세의 무력과 정반대가 된다. 그래서 기(奇)라고 했다.>

○ 以無事取天下(이무사취천하) : 아무 일도 하지 않고 천하를 다스리거나 모든 사람의 마음을 따르게 한다.
<* 세속적 전술(戰術)이나 지배(支配)의 도리와 정반대다.>

ㅇ吾何以知其然哉(오하이지기연재) : 내가 어떻게 그래야 함을 알겠느냐. <왜 그래야 한다고 말하는가.>

ㅇ以此(이차) : 다음과 같은 <역사적 사실을> 알기 때문이다.

[어구 설명] [3] 天下多忌諱 而民彌貧 人多利器 國家滋昏 人多伎巧 奇物滋起 法令滋彰 盜賊多有 :

ㅇ天下多忌諱 而民彌貧(천하다기휘 이민미빈) : 천하에 금기(禁忌)가 많아서 백성들이 더욱 가난하게 되었다. <* 기휘(忌諱)는 금지하는 법령, 즉 금령(禁令)>

ㅇ人多利器 國家滋昏(인다리기 국가자혼) : 조정의 통치자가 날카로운 <지략이나 권모술수가> 많아서 나라가 더욱 어둡고 혼란하게 되었다.

<* 인다리기(人多利器)는 조정의 통치자가 날카롭고 예리한 기물이나 권모술수(權謀術數)를 만들고 쓴다는 뜻이다.>

<* 인(人)을 조(朝)나 민(民)으로 쓴 판본도 있다.>

ㅇ人多伎巧 奇物滋起(인다기교 기물자기) : <임금 밑에서 통치에 참여하는> 자들이 간교한 꾀를 많이 부리므로 <도리어> 괴상한 일들이 더욱 많이 나타났던 것이다.

<*기(伎)는 기(技)와 같다. 꾸밈이 많으면 사기를 친다. * 기물(奇物)은 사악한 일이다.>

ㅇ法令滋彰 盜賊多有(법령자창 도적다유) : 법령이 더욱 많고 엄하므로 도리어 도둑이 많이 나타났던 것이다.

[어구 설명] [4] 故聖人云 我無爲 而民自化 我好靜 而民自正 我無事 而民自富 我無欲 而民自樸 :

○故聖人云(고성인운) : 그런 고로 <도를 터득하고 하나가 된> 성인이 <다음같이> 말했다.

○我無爲 而民自化(아무위 이민자화) : 내가 아무 일도 하지 않아도 백성들이 스스로 화육한다.

○我好靜 而民自正(아호정 이민자정) : 내가 잘 허정(虛靜)하므로 백성들이 스스로 바르게 된다.

○我無事 而民自富(아무사 이민자부) : 내가 일을 꾸미지 않으므로 백성들이 스스로 부를 누린다.

○我無欲 而民自樸(아무욕 이민자박) : 내가 욕심이 없으므로 백성들이 스스로 소박하게 된다.

[현대적 해석] 제 57 장

[1] 바른 도리로써 나라를 다스려야 한다. <도를 따른> 기발한 술책으로 <속인들의> 무력에 대처해야 한다. <도를 바탕으로 한> 무위(無爲)로써 천하를 다스려야 한다.

[2] 내가 왜 그래야 함을 알고, 또 <말하는가.> 바로 다음과 같은 말이 있기 때문이다.

[3] 천하에 금기(禁忌)가 많으면 백성들이 더욱 가난하게 된다. 통치자가 지략이나 권모를 많이 쓰면 나라가 더욱 어둡고

혼란하게 된다. 사람들이 간교한 기교를 많이 부리면 괴상한 일들이 더욱 많이 나타난다. 법령을 많이 내세우면 <도리어> 도둑이 많이 나타난다.

[4] 고로 성인이 말했다. 내가 무위(無爲)하므로 백성들이 스스로 화육(化育)한다. 내가 허정(虛靜)을 좋아하니 백성들이 스스로 바르게 된다. 내가 무사(無事)하니 백성들이 스스로 부를 누린다. 내가 욕심이 없으므로 백성들이 스스로 소박하게 된다.

참고 보충 설명 | 아무욕이민자박(我無欲而民自樸)

(1) 이 장에서 노자는 정치(政治)에 대해서 말했다.

(2) 노자는 유가사상(儒家思想)과 병가사상(兵家思想) 및 도가사상(道家思想)의 차이를 상징적으로 말했다.

(3) 유가에서 내세우는 정도(正道)는 고작해야 한 나라를 다스릴 수 있을 것이다. 한편 병가에서 주장하는 임기응변적 기발한 전술은 전쟁에나 적용될 것이다.

(4) 이들은 우주나 천하를 영원히 평화롭게 다스릴 수 없다. 특히 노자는 말했다.「유가적 유위(有爲)의 정치는 백성이나 나라를 더욱 혼란과 가난 속에 빠뜨리고, 인간적 기교를 농하면 더욱 사기(詐欺)가 조장되고, 또 법령이 엄하면 그만큼 큰도둑이 많아진다.」

제 58 장

[1] 其政悶悶 其民醇醇 其政察察 其民缺缺.

기정민민(이) 기민순순(이오) 기정찰찰(이) 기민결결(이라)

다스림을 도(道)에 따라 허정(虛靜)하고 무위(無爲)하게 하면 백성들이 순박하게 된다. 정치가 까다로우면 백성들이 빈털터리가 된다.

[2] 禍兮福之所倚 福兮禍之所伏.

화혜복지소의(이오) 복혜화지소복(이니라)

화(禍) 속에 복(福)이 깃들어 있고, 복 안에 화가 숨어 있다.

[3] 孰知其極 其無正 正復爲奇 善復爲妖 人之迷 其日固久.

숙지기극(이오) 기무정(이라) 정복위기(이) 선복위요(이나) 인지미(이) 기일고구(이니라)

누가 극(極)을 알겠는가. 그 극은 일정하지가 않다. 바른 것이 부정으로 변하고, 착한 것이 악한 것으로 된다. 사람들은 너무나 오랜 세월 그것을 모르고 미혹되었다.

[4] 是以 聖人 方而不割 廉而不劌 直而不肆 光而不耀.

시이 성인(이) 방이불할(이오) 염이불귀(요) 직이불사(이오) 광이불요(이니라)

그러므로 성인은 <다음같이 했다.> 자기는 방정하면서도 남을 자르지 않았다. 자신은 날카로우면서도 남을 상하거나 다치게 하지 않았다. 자신은 솔직하면서도 남에게 방자하거나 억지를 부리지 않았다. 자신은 밝게 빛나면서도 남을 눈부시게 홀리지 않았다.

[어구 설명] [1] 其政悶悶 其民醇醇 其政察察 其民缺缺 :

○ 其政悶悶 其民醇醇(기정민민 기민순순) : 다스림을 도에 따라 허정(虛靜)하고 무위(無爲)하게 하면 백성들이 순박하게 된다.

<* 민민(悶悶)의 뜻을 여러 가지로 풀 수 있다. 속이 깊다, 어둡다, 넓고 크다, 혹은 홀리다 등이다. 즉 다스림을 허정무위(虛靜無爲)하게 한다는 뜻이다. * 제20장에서 「아독민민(我獨悶悶)」이라 한 것과 같다.>

<* 순순(醇醇)은 순진(純眞)하고 박실(樸實)하다는 뜻이다.>

○ 其政察察 其民缺缺(기정찰찰 기민결결) : 정치가 까다로우면 백성들이 빈털터리가 된다.

<*찰찰(察察)은 까다롭게 따지고 밝힌다는 뜻이다. * 제20장

에는 「속인찰찰(俗人察察)」이라 했다.>

[어구 설명] [2] 禍兮福之所倚 福兮禍之所伏 :

○禍兮福之所倚(화혜복지소의) : 화(禍) 속에 복(福)이 깃들어 있다. 화가 있으면 나중에 복이 온다.

○福兮禍之所伏(복혜화지소복) : 복 안에 화가 숨어 있다.

<*의(倚)는 의지하다, 깃들고 있다. 복(伏)은 숨어 있다.>

[어구 설명] [3] 孰知其極 其無正 正復爲奇 善復爲妖 人之迷其日固久 :

○孰知其極 其無正(숙지기극 기무정) : 누가 극(極)을 알겠는가. 그 극은 일정하지가 않다.

<* 극(極)은 끝, 종국(終局)이다. * 기무정(其無正)은 정해진 기준이 없다. 정(正)을 정(定)의 뜻으로 풀었다.>

○正復爲奇 善復爲妖(정복위기 선복위요) : 바른 것이 부정으로 변하고, 착한 것이 악한 것으로 된다.

<* 정복위기(正復爲奇)의 기(奇)는 사(邪)다. 정(正)의 반대다. 바른 것이 다시 사악한 것이 된다.>

<* 선복위요(善復爲妖)는 착한 것이 다시 요사한 것으로 되돌아간다.>

<* 변증법적(辨證法的) 변화를 말한 것이다.>

○人之迷 其日固久(인지미 기일고구) : 사람들은 너무나 오

랜 세월 그것을 모르고 미혹되었다. 즉 사람들이 오랫동안 미혹되었다.

<* 「화복(禍福), 정부정(正不正), 선불선(善不善)」이 변증법적으로 서로 반전(反轉)하고, 또 전생(轉生)함을 모르고 오직 「복(福), 정(正), 선(善)」만을 얻고자 한다.>

[어구 설명] [4] 是以 聖人 方而不割 廉而不劌 直而不肆 光而不耀 :

○是以 聖人(시이 성인) : 그러므로 성인은 <다음같이 했다.>

○方而不割 廉而不劌(방이불할 염이불귀) : 자기는 방정(方正)하면서도 남을 자르지 않았다. 자신은 날카로우면서도 남을 상하거나 다치게 하지 않았다. <* 염(廉)은 이(利), 귀(劌)는 해(害)나 상(傷)의 뜻이다.>

<* 방이불할(方而不割)은 자기는 방정하지만, 남을 억지로 잘라서 모나게 하지 않는다. 속인들은 남을 자기에게 맞추려고 무리하게 자른다.>

<*염이불귀(廉而不劌)는 자기는 예리하지만 남을 상하거나 다치게 하지 않는다.>

○直而不肆 光而不耀(직이불사 광이불요) : 자신은 솔직하면서도 남에게 방자하거나 억지를 부리지 않았다. 자신은 밝게 빛나면서도 남을 눈부시게 홀리지 않았다.

<* 직이불사(直而不肆)는 자기는 곧고 솔직하지만 방자하지

않았다. * 사(肆)는 방자하다. *광이불요(光而不耀)는 밝은 덕의 빛을 가지고 남을 눈부시게 현혹시키지 않는다.>

[현대적 해석] 제 58 장

[1] 다스림을 도에 따라 허정(虛靜)하고 무위(無爲)하게 하면 백성들이 순박하게 된다. 정치가 까다로우면 백성들이 빈털터리가 된다.

[2] 화(禍) 속에 복(福)이 깃들어 있다. 복 안에 화가 숨어 있다.

[3] 누가 극(極)을 알겠는가. 그 극은 일정하지가 않다. 바른 것이 부정으로 변하고, 착한 것이 악한 것으로 된다. 사람들은 너무나 오랜 세월 그것을 모르고 미혹되었다.

[4] 그러므로 성인은 <다음같이 한다.> 자기는 방정하면서도 남을 자르지 않았다. 자신은 날카로우면서도 남을 상하거나 다치게 하지 않았다. 자신은 솔직하면서도 남에게 방자하거나 억지를 부리지 않았다. 자신은 밝게 빛나면서도 남을 눈부시게 홀리지 않았다.

참고 보충 설명 | 화복상생(禍福相生)

(1) 속세나 속인들은 「유무(有無), 선악(善惡) 및 화복(禍福)」 등을 엄격하게 분별한다. 그리고 「유(有) 선(善) 복(福)」만을 취하려고 한다.

(2) 그와 같은 것을 기준으로 하고 정치도 신상필벌(信賞必

罰)을 내세우고 있다.

(3) 그러나 그와 같은 일은 어디까지나 좁고, 또 자의적(恣意的)인 조작이다. 우주의 본체(本體)인 도(道)에 맞는 일이 아니다.

(4) 그래서 소인(小人)의 정치는 까다롭게 따진다.[察察] 따라서 백성들이 순박하게 살지 못하고 도리어 교활해지고 빈털터리가 된다.[其民缺缺]

(5) 그러므로 도를 터득한 성인은 설사 자신이 방정하고, 염정예리하고, 솔직하고 빛이 난다 해도 절대로 남에게 자기의 척도를 강요하거나 남을 미혹시키지 않고, 스스로 자라게 내버려둔다. 속인은 화(禍)를 피하고 복(福)만을 찾고자 한다. 도의 입장에서 보면 화에 복이 있고, 또 복이 바로 화가 된다.

(6) 노자의 이런 생각은 일종의 변증법적(辨證法的) 사상이며 논리다. 그러나 치밀하지 못하다. 이에 대하여 풍우란(馮友蘭)은 그의 저서 중국철학사(中國哲學史)에서 비평을 했다.
「노자의 변증법 사상은 결점이 있다. 우주 만물의 운동 변화의 순환(循環)은 말했으나, 상승(上昇)과 전진(前進)에 대한 생각이 부족하다. 또 무(無)와 정(靜)을 너무 중시하고 역사적 문화발전(文化發展)에 대한 생각이 부족하다.」

제 59 장

[1] 治人事天 莫若嗇.

치인사천(이) 막약색(이니라)

사람을 다스리고 하늘을 섬김에 있어서는 아끼는 것이 가장 귀중하다.

[2] 夫唯嗇 是謂早服 早服 謂之重積德 重積德 則無不克 無不克 則莫知其極 莫知其極 可以有國.

부유색(이) 시위조복(이오) 조복(이) 위지중적덕(이오) 중적덕(이) 즉무불극(이오) 무불극(이) 즉막지기극(이오) 막지기극(이) 가이유국(이니라)

오직 <하늘이 내려준 몸과 마음을> 수렴하여 빨리 도를 따르고 복귀해야 한다. 빨리 복귀하는 것이 곧 덕을 많이 쌓는 것이다. 덕을 많이 쌓으면 이기지 못할 것이 없다. 이기지 못할 것이 없으므로 곧 끝을 알지 못할 만큼 끝없이 살고 뻗는다. 도를 따라 극(極)을 알지 못할 경지에 들어가야 비로소 나라를 지니고 다스릴 수 있다.

[3] 有國之母 可以長久 是謂 深根固柢 長生久視之道.

유국지모(이) 가이장구(하니라) 시위심근고저(이오) 장생구시지도(이니라)

나라를 지니고 다스릴 도(道)를 낳아준 어머니를 <잘 모시고 지켜야> 장구(長久)할 수 있다. 이를 바로 깊고 굳은 뿌리라 한다. 이는 곧 오래 살고 멀리 보는 도리이다.

[어구 설명] [1] 治人事天 莫若嗇 :

○治人事天 莫若嗇(치인사천 막약색) : 사람을 다스리고 하늘을 섬김에 있어서는 색(嗇)보다 더할 것이 없다.

<* 치인(治人)을 치민(治民)으로 쓴 판본도 있다.>

<* 사천(事天)에 대해서는 설이 많다. 재래의 관념으로는 천제(天帝), 상제(上帝), 즉 하느님을 잘 섬긴다는 뜻이다.>

<* 색(嗇)은 색(穡)이다. 즉「농사를 지어 수확하고, 또 절약한다는 뜻이다.」>

<* 그러나 노자의 경우는 무위자연(無爲自然)의 도(道)를 잘 따르고 지킨다는 뜻이다.>

<* 그러나 여기서는「천(天)」을「하늘이 내려준 귀중한 몸[身], 생명(生命), 혹은 본성(本性)」으로 푼다. 또 사천(事天)을 치신(治身), 보신(保身)으로 풀이한다.>

<* 왕순보(王純甫)는 다음과 같이 풀었다.「사천(事天)은 하

늘이 부여해준 것을 온전하게 함이다. 바로 수신(修身)의 뜻이다.(事天 謂全其天之所賦 卽修身之謂也)」>

<* 엄영봉(嚴靈峯)은 다음같이 풀었다 「천(天)은 곧 몸과 성(性)이다. 몸과 성을 온전하게 함이다. 사천(事天)은 바로 몸을 잘 다스린다는 뜻이다.(天猶身性 以全其天也 事天猶治身也)」>

<* 한비자(韓非子)는 다음같이 말했다.「총명예지는 천이고, 동정사려가 인이다.(聰明睿智 天也 動靜思慮 人也)」>

<* 임희일(林希逸)은「치인(治人)은 치국(治國), 사천(事天)을 양생(養生)」으로 풀었다.>

<* 맹자(孟子) 진심편(盡心篇)에 있다.「본심을 간직하고 본성을 보양하는 것이 하늘을 잘 섬김이다.(存其心 養其性 所以事天也)」>

<* 이상을 종합하여 이 책에서는「사천(事天)」을「영명(靈明)한 몸과 마음으로 도(道)를 실천함이다.」라고 풀었다.>

<* 여기서는 하늘이 내려준 영명(靈明)하고 귀중한 몸과 마음을 잘 간직하고 악덕하게 살지 말라는 뜻이다.>

<* 한비자(韓非子)는「정신을 아끼고 지식을 절약하다.(嗇之者 愛惜情神 嗇其智識也)」로 풀었다.>

<* 하상공(河上公)은 다음같이 풀었다.「색(嗇)은 탐(貪)이다.」「나라를 다스리는 자는 마땅히 백성을 사랑하고, 자기 몸을 다스리는 자는 마땅히 정신을 아낀다.(治國者 當愛民

治身者 當愛精神)」>

[어구 설명] [2] 夫唯嗇 是謂早服 早服謂之 重積德 重積德 則無不克 無不克 則莫知其極 莫知其極 可以有國 :

○夫唯嗇 是謂早服(부유색 시위조복) : 오직 <하늘이 내려준 몸과 마음을> 수렴하고 빨리 도를 따르고 복귀해야 한다. <*조복(早服)은 일찍 도에 순복(順服)한다는 뜻이다. 단 복(服)을 복(復)이나 반(返)으로 쓴 판본도 있다. 그러므로 도에 복귀한다는 뜻을 겸할 수 있다. 즉 도를 따르고 도에 복귀해야 한다는 뜻이다.>

○早服謂之 重積德(조복위지 중적덕) : 빨리 도를 따르고 복귀함은 곧 덕을 많이 쌓는다는 뜻을 말한 것이다.

○重積德 則無不克(중적덕 즉무불극) : 덕을 많이 쌓으면 즉 이기지 못할 것이 없다. <속세의 모든 악덕을 극복한다.>

○無不克 則莫知其極(무불극 즉막지기극) : 이기지 못할 것이 없게 되어야 곧 <도와 더불어> 끝을 알지 못할 만큼 <넓고 장구하게 살 수 있다.>

○莫知其極 可以有國(막지기극 가이유국) : <도(道)를 따라> 극(極)을 알지 못할 경지에 들어가야 <비로소> 나라를 지니고 다스릴 수 있다.

[어구 설명] [3] 有國之母 可以長久 是謂深根固柢 長生久視之道 :

○有國之母 可以長久(유국지모 가이장구) : 나라를 다스릴 도(道)의 어머니를 따르고 지켜야 장구(長久)할 수 있다.

○是謂深根固柢 長生久視之道(시위심근고저 장생구시지도) : 이를 바로 깊고 굳은 뿌리라 하고, 아울러 오래 살고 멀리 보는 도리라 한다.

<* 유국지모(有國之母)는 곧 나라를 지니고 다스릴 도(道)의 어머니는 곧 도다. 도가 바로 만물의 어머니이다.>

<* 고저(固柢)는 굳은 뿌리. 저(柢)는 근(根)이다.>

[현대적 해석] 제 59 장

[1] 사람을 다스리고 하늘을 섬김에 있어서는 색(嗇)보다 더 귀중할 것이 없다. <* 하늘이 내려준 영명(靈明)하고 귀중(貴重)한 몸과 마음을 잘 간직하고 악덕하게 살지 말라는 뜻이다.> <*「나라를 다스리는 자는 마땅히 백성을 사랑하고, 자기 몸을 다스리는 자는 마땅히 정신을 아껴야 한다」는 뜻을 겸하기도 한다.>

[2] 오직 <하늘이 내려준 귀중한 몸과 마음을> 수렴하여 빨리 도를 따르고 복귀해야 한다. 빨리 도를 따르고 복귀함은 곧 덕을 많이 쌓는다는 뜻을 말한 것이다. 덕을 많이 쌓으면 즉 이기지 못할 것이 없다. <즉 속세의 모든 악덕을 극복한다.> 극복하지 못할 것이 없으므로 곧 <도와 더불어> 끝을 알지 못할 만큼 오래 살 수 있다. 끝을 알지 못할 만한 경지가

되어야 나라를 지니고 다스릴 수 있다.

[3] 나라를 지니고 다스릴 도(道)의 어머니를 따르고 지켜야 장구(長久)할 수 있다. 이를 곧 깊고 굳은 뿌리라 하고, 아울러 오래 살고 멀리 보는 도리라 한다.

참고 보충 설명 | 사천 막약색(事天 莫若嗇)

(1) 색(嗇)은 곧 색(穡)이다. 농부가 부지런히 경작(耕作)하고 수확한 곡물을 창고에 저장하고, 아껴서 먹고 쓴다는 뜻이다. 즉 하늘의 도리를 따라 농사를 짓고, 하늘이 내려준 곡물을 아껴서 먹고 쓴다는 뜻이다.

(2) 그러나 속세의 악덕한 임금이나 욕심 많은 악인들은 무위자연의 도를 따르지 않고 가렴주구(苛斂誅求)하거나 무력으로 남의 나라를 치고 남의 나라의 영토나 재물을 강탈한다. 한편 악인은 음흉(陰凶)하고 간악(奸惡)한 수를 써서 악독한 욕심을 채운다. 그래서 세상이 험악해지는 것이다. <이러한 악덕은 무에서 자연 만물을 생산하고 스스로 잘살게 하는 도(道)와 정반대가 되는 짓이다.>

(3) 이 장에서 노자는 「치인사천 막약색(治人事天 莫若嗇)」이라고 했다. 일차적인 뜻은 「사람을 다스리고 하늘을 섬김에 있어서는 색(嗇)보다 더 귀중할 것이 없다」이다.

(4) 그러나 더 깊은 뜻은 다음과 같다. 즉 「하늘이 내려준 영명(靈明)하고 귀중(貴重)한 몸과 마음을 잘 간직하고 악덕하게

살지 말아야 한다.」

(5) 사람에게 귀중한 것은 바로 자신의 신체와 영명(靈明)한 품성(稟性)이다.

(6) 「사람의 신체와 품성」은 바로 「무(無)인 도(道)에서 나온 것이다.」 그러므로 귀중하게 여겨야 한다. 다른 것 때문에 소홀하게 쓰면 안된다.

(7) 그러나 동서고금(東西古今)을 막론하고 속인들은 악덕한 욕심이나 돈 때문에 악덕한 삶을 살다가 악덕하게 스러진다. <이러한 사람을 지옥으로 떨어진다고 한다.>

(8) 그래서 노자는 조복(早服)하라고 말한 것이다. 「조복」은 곧 「순복(順服), 복귀(復歸), 또는 포일(抱一)한다」는 뜻을 겸한다.

(9) 「도(道)와 하나가 되어야 덕을 쌓는다.」 「도를 따르고 덕을 많이 쌓는다 함은 곧 속세의 모든 악덕을 극복한다는 뜻이다.」 「덕을 많이 쌓으면 즉 이기지 못할 것이 없다. <즉 속세의 모든 악덕을 극복한다.>」 「극복하지 못할 것이 없으므로 곧 <도와 더불어> 끝을 알지 못할 만큼 오래 살 수 있다.」 「끝을 알지 못할 만한 경지가 되어야 나라를 다스릴 수 있다.」

(10) 「도(道)의 어머니를 따르고 지켜야 장구(長久)할 수 있다. 곧 깊고 굳은 뿌리를 바탕으로 오래 살 수 있다.」

제 60 장

[1] 治大國 若烹小鮮.

치대국(이) 약팽소선(이니라)

큰 나라 다스리기를 흡사 작은 생선을 지지듯 해야 한다.

[2] 以道莅天下 其鬼不神 非其鬼不神 其神不傷人 非其神不傷人 聖人亦不傷人 夫兩不相傷 故德交歸焉.

이도리천하(이니) 기귀불신(이오) 비기귀불신(이니) 기신불상인(이니라) 비기신불상인(이오) 성인역불상인(이니라) 부량불상상(이므로) 고덕교귀언(이니라)

도(道)로써 천하에 임(臨)하면 음귀(陰鬼)도 조화를 안 부린다. 비단 음귀만이 조화를 안 부릴 뿐만 아니라 사람을 상하게 하지 않는다. 양신(陽神)도 사람을 상하게 하지 않으며, 또 성인 역시 사람을 상하게 하지 않는다. 그러므로 신이나 성인이 상하게 하지 않으며, 따라서 덕이 도에 복귀하고 백성에게 돌아간다.

[어구 설명] [1] 治大國 若烹小鮮 :

○治大國 若烹小鮮(치대국 약팽소선) : 큰 나라 다스리기를

흡사 작은 생선을 지지듯 해야 한다.

<* 팽(烹)은 삶고 지진다는 뜻이다. 작은 생선을 요리할 때는 고스란히 냄비에 넣고 삶아야 한다. 칼로 자르고 토막을 치거나 속을 뽑아내고 이리저리 뒤집으면 부서진다.>

<* 나라를 다스릴 때도 모든 백성을 고르게 평안하게 살게 하고 다스려야 한다. 모든 사람은 도(道)가 주인이다. 도에서 나와 스스로 살고 있는 것이다. 임금이나 통치자가 함부로 볶아대면 안된다.>

[어구 설명] [2] 以道莅天下 其鬼不神 非其鬼不神 其神不傷人 非其神不傷人 聖人亦不傷人 夫兩不相傷 故德交歸焉 :

○以道莅天下 其鬼不神(이도리천하 기귀불신) : 도(道)로써 천하에 임하면 음귀(陰鬼)도 조화를 안 부린다.

○非其鬼不神 其神不傷人 非其神不傷人 聖人亦不傷人(비기귀불신 기신불상인 비기신불상인 성인역불상인) : 비단 음귀만이 조화를 안 부릴 뿐만 아니라 사람을 상하게 하지 않는다. 양신(陽神)도 사람을 상하게 하지 않으며, 또 성인 역시 사람을 상하게 하지 않는다.

○夫兩不相傷 故德交歸焉(부량불상상 고덕교귀언) : 모든 신들이 서로 상하게 하지 않으므로 따라서 덕이 서로 도에 복귀한다.

<* 귀(鬼)를 음신(陰神), 신(神)을 양신(陽神)으로 풀었다. 양(兩)은 신(神)과 성인(聖人) 둘이다. 이(莅)는 이(蒞)로, 임

(臨)과 같다. 덕교귀언(德交歸焉)은 모든 덕이 다 백성에게 돌아간다, 또는 도(道)에 복귀한다는 뜻을 겸한다.>

[현대적 해석] 제 60 장

[1] 큰 나라 다스리기를 흡사 작은 생선을 지지듯 해야 한다. <즉 무위자연의 도를 따라 백성들을 못살게 굴면 안된다.>

[2] 도(道)로써 천하에 임하면 음귀(陰鬼)도 조화를 안 부린다. 비단 음귀만이 조화를 안 부릴 뿐만이 아니다. 양신(陽神)도 사람을 상하게 하지 않으며, 또 성인 역시 사람을 상하게 하지 않는다. 그러므로 신이나 성인이 상하게 하지 않으며, 따라서 덕이 도에 복귀하고 백성에게 돌아간다.

참고 보충 설명 | 약팽소선(若烹小鮮)

(1) 정치를 작은 생선 지지듯 하라.(治大國 若烹小鮮)

(2) 모든 사람은 도(道)에서 태어났다. 스스로 잘살고, 또 대를 이어가면서 역사적으로나 문화적으로 발전한다.

(3) 그러나 악덕한 임금이나 통치자들은 백성을 들볶고 못살게 한다. 도를 모르기 때문에, 그와 같은 악덕을 당연시하고 있는 것이다. 예나 지금이나, 동양이나 서양이 같다.

(4) 이상적인 정치는 바로 무위자연의 도(道)를 따르는 것이다. 도(道)는 음(陰)이나 양(陽)보다도 앞선 것이다. 따라서 도를 지키면 음귀(陰鬼)도 양신(陽神)도 어찌하지 못한다. 또 성인도 도 앞에서는 굴복하게 마련이다.

제 61 장

[1] 大邦者下流 天下之牝 天下之交也 牝常以靜勝牡 以靜爲下.

대방자(이) 하류(이오) 천하지빈(이) 천하지교야(이니라) 빈상이정승모(이니) 이정위하(이니라)

큰 나라는 강물의 하류같이 <모든 강물을 받아들여야> 한다. 또 천하의 암컷같이 <부드럽게 해야 한다. 그러면> 천하의 모든 나라와 어울리게 된다. 암컷은 항상 허정으로써 수컷을 이기고, 또 허정으로써 밑에 처한다.

[2] 故大邦以下小邦 則取小邦 小邦以下大邦 則取大邦 故或下以取 或下而取 大邦不過欲兼畜人 小邦不過欲入事人 夫兩者各得所欲 大者宜爲下.

고(로) 대방이하소방(이) 즉취소방(이오) 소방이하대방(이) 즉취대방(이니라) 고(로) 혹하이취(이오) 혹하이취(이) 대방불과욕겸휵인(이오) 소방불과욕입사인(이니라) 부량자(이) 각득소욕(이) 대자의위하(이니라)

고로 큰 나라가 겸하(謙下)한 태도로 작은 나라 밑에 처져 있으면 작은 나라들이 모여들 수 있다. 작은 나라가 겸하한 태도로 큰 나라 밑에 있으면 큰 나라와 함께 어울릴 수 있다. <즉 서로 모이고 합할 수 있다.> 그러므로 <큰 나라도> 항상 겸하하고 <작은 나라와 어울리고, 작은 나라도> 항상 겸하하고 <큰 나라와> 어울려야 한다. 큰 나라는 오직 모든 나라를 합하여 다같이 모든 사람을 잘 양육하고자 원할 뿐이다. 작은 나라도 다만 큰 나라와 합하고, 모든 사람을 잘 섬기고 잘살게 할 뿐이다. 서로가 다 소원을 달성하기 위해서는 <우선> 큰 나라가 모름지기 아래에 처해야 한다.

[어구 설명] [1] 大邦者下流 天下之牝 天下之交也 牝常以靜勝牡 以靜爲下 :

ㅇ大邦者下流 天下之牝 天下之交也(대방자하류 천하지빈 천하지교야) : 큰 나라는 강물의 하류같이 <모든 강물이 흘러들게 한다.> 또 천하의 암컷같이 <순하게 밑에 처하면> 천하의 모든 나라와 어울리고 교류하게 된다.

<* 큰 나라는 강의 하류같이 작은 나라를 다 합해야 한다. 또 암컷이 허정으로써 수컷을 이기듯 밑에 처해야 한다.>

ㅇ牝常以靜勝牡 以靜爲下(빈상이정승모 이정위하) : 암컷은 항상 허정으로써 수컷을 이기고, 또 허정으로써 밑에 처해야 한다.

<*정(靜)은 동(動)의 반대. 허정(虛靜), 유약(柔弱), 퇴하(退

下) 등의 뜻을 겸한다. 즉 암컷은 허정으로 수컷을 이긴다.>

<*「大邦者下流 天下之牝 天下之交也」를「大國者下流 天下之交也 天下之牝 牝常以靜勝牡 以靜爲下」라고 쓴 판본도 있다. 이 책은 진고응(陳鼓應)의 책을 따랐다.>

[어구 설명] [2] 故大邦以下小邦 則取小邦 小邦以下大邦 則取大邦 故或下以取 或下而取 大邦不過欲兼畜人 小邦不過欲入事人 夫兩者各得所欲 大者宜爲下 :

○故大邦以下小邦 則取小邦(고대방이하소방 즉취소방) : 고로 큰 나라가 겸하(謙下)한 태도로 작은 나라 밑에 처져 있으면 작은 나라와 함께 어울리게 된다.

<* 취(取)는 취(聚)다. 즉 서로 모이고, 또 함께 어울린다.>

○小邦以下大邦 則取大邦(소방이하대방 즉취대방) : 작은 나라가 겸하한 태도로 큰 나라 밑에 있으면, 즉 큰 나라와 어울릴 수 있다. <즉 서로 하나가 될 수 있다.>

<* 이(以)를 능(能)으로 푼다.>

○故或下以取 或下而取(고혹하이취 혹하이취) : 그러므로 <큰 나라도> 항상 겸하(謙下)하고 <작은 나라와 어울리고, 작은 나라도> 항상 겸하하고 <큰 나라와 어울려야 한다.>

○大邦不過欲兼畜人(대방불과욕겸휵인) : 큰 나라는 오직 모든 나라와 하나가 되어도 모든 사람을 잘 양육하고자 할 뿐이다. <정벌을 위해서 어울리는 것이 아니다.>

○小邦不過欲入事人(소방불과욕입사인) : 작은 나라가 큰 나라와 어울리고 들어가서 하나가 되어도 오직 모든 사람을 잘 섬기고 잘살게 할 뿐이다.

<* 욕겸휵인(欲兼畜人)은 모든 나라를 합치고 모든 사람을 다같이 양육한다는 뜻이다. 욕입사인(欲入事人)은 큰 나라와 합하고, 모든 사람을 잘 섬긴다는 뜻이다.>

○夫兩者各得所欲 大者宜爲下(부량자각득소욕 대자의위하) : 서로가 다 소원을 달성하기 위해서는 <우선> 큰 나라가 모름지기 아래에 처해야 한다.

[현대적 해석] 제 61 장

[1] 큰 나라는 강물의 하류같이 하고, 또 천하의 암컷같이 하면 천하의 모든 나라와 어울리게 된다. 암컷은 항상 허정으로써 수컷을 이기고, 또 허정으로써 밑에 처해야 한다.

[2] 고로 큰 나라가 겸하(謙下)한 태도로 작은 나라 밑에 처져 있으면 작은 나라와 어울려 하나가 될 수 있다. 작은 나라가 겸하한 태도로 큰 나라 밑에 있으면, 즉 큰 나라와 어울리고 하나가 될 수 있다. <즉 서로 어울리고 합할 수 있다.> 그러므로 <큰 나라도> 항상 겸하하면 <작은 나라와 어울리고, 작은 나라도> 항상 겸하하면 <큰 나라와 어울릴 수 있다.> 큰 나라는 오직 모든 나라를 합하여 다같이 모든 사람을 잘 양육하고자 원할 뿐이다. 작은 나라도 큰 나라와 합하고 모든 사람을

잘 섬기고 잘살게 할 뿐이다. 서로가 다 소원을 달성하기 위해서는 <우선> 큰 나라가 아래에 처해야 한다.

참고 보충 설명 | 대소교류(大小交流)

(1) 노자는 저마다 도(道)를 따라 각자가 무위자연(無爲自然)하기를 바랐다. 그러므로 임금이 강한 힘으로 백성을 억압통치하는 것을 반대했다. 아울러 대국(大國)이 무력으로 소국(小國)을 점령 지배하는 것을 반대했다.

(2) 그러나 사람은 혼자서는 살지 못한다. 공동생활을 해야 한다. 그래서 노자는 소국과민(小國寡民)을 높였던 것이다.

(3) 그러나 현실적으로는 큰 나라[大國]와 작은 나라[小國]가 없을 수 없다.

(4) 그래서 노자는 큰 나라가 강의 하류같이 모든 작은 나라를 합쳐야 한다고 말했다.

(5) 작은 물줄기가 개천이 되고, 개천이 강물이 되고, 강물이 큰 강이 되듯이 작은 나라와 큰 나라가 하나가 되어야 한다.

(6) 큰 나라가 무력으로 작은 나라를 점령하는 것이 아니다. 큰 나라가 겸하(謙下)해서 작은 나라들이 스스로 와서 융합하게 해야 한다. 그래야 모든 백성들이 잘살 수 있다.

(7) 이는 곧 인류가 하나가 되려는 대동이상(大同理想)이다.

제 62 장

[1] 道者萬物之奧 善人之寶 不善人之所保.

도자(이) 만물지오(이오) 선인지보(이며) 불선인지소보(이니라)

도(道)는 만물의 속 깊이 있는 오묘한 것이다. 착한 사람에게는 보배이다. 착하지 않은 사람도 보호해 준다.

[2] 美言可以市尊 美行可以加人 人之不善 何棄之有 故立天子 置三公 雖有拱璧 以先駟馬 不如坐進此道.

미언(이) 가이시존(이오) 미행(이) 가이가인(이니라) 인지불선(인들) 하기지유(이오) 고(로) 입천자(이) 치삼공(이) 수유공벽(이오) 이선사마(라도) 불여좌진차도(이니라)

도를 터득한 착한 말은 존경을 받을 수 있고, 좋은 행동은 남을 높이 올린다. 착하지 않은 사람도 왜 버리느냐? 고로 천자를 세우고 삼공(三公)을 두고 <나라를 다스릴 때에는 임금에게> 큰 구슬을 바치고, 또 사두마차를 바치는 것보다, <먼저> 무릎을 꿇고 임금에게 도를 올리는 것이 좋을 것이다.

[3] 古之所以貴此道者何 不曰 求以得 有罪以免

邪 故爲天下貴.

고지소이귀차도자(이) 하(이오) 불왈(이오) 구이득(이오) 유죄이면야(라) 고(로) 위천하귀(이니라)

옛날에 도를 귀하게 여기는 이유는 어째서인가? <다음같이> 말하지 않는가. 「도를 얻으면, 비록 죄가 있어도 <도로써> 면할 수 있다.」 고로 천하에서 귀하게 여긴다.

[어구 설명] [1] 道者萬物之奧 善人之寶 不善人之所保 :

○道者萬物之奧(도자만물지오) : 도(道)는 만물 속 깊이 있는 오묘한 것이다.

○善人之寶(선인지보) : 착한 사람에게는 보배이다.

○不善人之所保(불선인지소보) : 착하지 않은 사람도 보호해 주는 것이다.

<* 오(奧)는 속 깊이 있는 만물의 근본이나 주체다. 보(保)는 간직해야 할 것, 혹은 보호해 주는 것이란 뜻이다.>

[어구 설명] [2] 美言可以市尊 美行可以加人 人之不善 何棄之有 故立天子 置三公 雖有拱璧 以先駟馬 不如坐進此道 :

○美言可以市尊 美行可以加人(미언가이시존 미행가이가인) : 도를 터득한 좋은 말은 존경을 받을 수 있고, 좋은 행동은 남을 높이 올린다.

<* 시존(市尊)은 존경을 산다, 얻는다. 시(市)는 사다, 얻는다

는 뜻이다. * 가인(加人)은 남을 높은 경지에 올려준다. 또는 가(加)를 시(施), 즉 베풀 수 있다는 뜻으로 푼다.>

○人之不善 何棄之有(인지불선 하기지유) : 착하지 않은 사람도 왜 버리겠는가.

<* 하기지유(何棄之有)는 왜 버리는가. 착하지 못한 사람도 역시 도에서 나왔고, 또 도를 따라 살고 있다. 따라서 도의 경지에서는 착하지 못한 사람도 버리지 않는다. 도의 세계에서는 선과 악의 대립이나 차별이 없다.>

<* 제27장에 있다. 「聖人常善救人 故無棄人 常善救物 故無棄物.」 제49장에도 있다. 「善者吾善之 不善者吾亦善之 德善」>

○故立天子 置三公(고립천자 치삼공) : 고로 천자를 세우고 삼공(三公)을 두고 <나라를 다스릴 때에는.>

○雖有拱璧 以先駟馬 不如坐進此道(수유공벽 이선사마 불여좌진차도) : 큰 구슬을 바치고, 또 사두마차를 바치는 것보다, <먼저> 무릎을 꿇고 임금에게 도를 올리는 것이 좋을 것이다.

<* 삼공(三公)은 태사(太師), 태부(太傅), 태보(太保)이다. * 공벽(拱璧)은 두 손으로 구슬을 받쳐 올린다. 옛날에는 먼저 가벼운 예물을 보내고, 다음에 귀중한 사마(駟馬), 즉 네 마리의 말이 끄는 수레를 바쳤다. * 좌(坐)는 궤(跪)의 뜻이다.>

[어구 설명] [3] 古之所以貴此道者何 不日 求以得 有罪以免邪 故爲天下貴 :

○古之所以貴此道者何(고지소이귀차도자하) : 옛날에 도를 귀하게 여기는 이유는 어째서인가?

○不日 求以得 有罪以免邪(불왈 구이득 유죄이면야) : <다음 같이> 말하지 않는가. 「도를 얻으면, 비록 죄가 있어도 <도로써> 면할 수 있다.」

<* 구이득(求以得)은 도를 구하면 얻는다. 도를 지키고 구하면 무엇이든지 이루어진다. * 유죄이면(有罪以免)은 죄가 있어도 <도로써> 면할 수 있다.>

○故爲天下貴(고위천하귀) : 고로 천하에서 귀하게 여긴다.

[현대적 해석] 제 62 장

[1] 도(道)는 만물의 속 깊이 있는 오묘한 도리다. 착한 사람에게는 보배이고, 착하지 않은 사람도 보호해 준다.

[2] 도를 터득한 좋은 사람의 말은 존경을 받을 수 있다. 또 좋은 행동은 남을 높게 올려준다. 착하지 않은 사람도 버리지 않고 구해준다. 고로 천자를 세우고 삼공(三公)을 두고 <나라를 세웠을 때는> 큰 구슬을 바치고, 또 사두마차를 바치는 것보다는 차라리 무릎을 꿇고 임금에게 도를 올리는 것이 좋을 것이다.

[3] 옛날에 도를 귀하게 여긴 이유는 왜일까? <다음같이>

말하지 않는가. 「도를 구하면 얻을 수 있다. 비록 죄가 있어도 <도로써> 면할 수 있다.」 고로 천하에서 귀하게 여긴다.

참고 보충 설명 | 구슬보다 도를 바쳐라

(1) 도는 만물의 시원(始源)이며, 절대(絶對)이다. 따라서 도는 인간들이 내세우는 이름이나 가치 판단을 초월한 실재이다. 따라서 도는 자기가 낳은 모든 사람, 모든 것을 포괄하고 모든 것이 제멋대로 있게 포섭한다.

(2) 도를 따르면 좋고, 안 따르면 나쁘다. 개인이나 국가도 선(善)을 좋아하고 악(惡)을 미워한다. 그러나 도는 오묘(奥妙)하다. 외형적 · 육체적 · 감정적 차원으로 도에 맞고 안 맞고를 판단할 수 없다.

(3) 그러나 도는 세속적인 선악시비(善惡是非)를 초월한 경지에서 모든 사람을 잘살게 해준다. 그러므로 오묘한 도의 경지에서는 속세의 인간들이 말하는 선이나 악도 있을 수 없고, 또 악인이라 할지라도 잘 구제해 준다.

(4) 그러므로 위정자(爲政者)도 도를 따라 만민을 다 포섭하고, 또 사람들을 선인이다 악인이다 하고 자의적(恣意的)으로 구분, 차별해서는 안된다.

(5) 도는 만물을 생육화성(生育化成)한다. 그러므로 도를 지키고 따르면 모든 것을 구하여 얻을 수 있고, 설사 인간적인 차원에서 죄를 범했다 해도, 도에 의해 구제된다. 이 경지는 종교적 구원에 가깝다.

제 63 장

[1] 爲無爲 事無事 味無味.

위무위(이오) 사무사(이오) 미무미(이니라)

<도를 따르면> 무위(無爲)로써 행동하고, 무사(無事)로써 일하고, 무미(無味)로써 음식을 먹는다.

[2] 大小多少 報怨以德.

대소다소(이) 보원이덕(이니라)

큰 것은 작은 데서 나오고, 많음은 적음에서 생긴다. <도를 터득한 성인은> 덕으로써 원한에 보답한다. <즉 성인은 남들이 원망해도 덕으로써 교화시켜 준다. 덕으로써 원한에 보답한다.>

[3] 圖難於其易 爲大於其細 天下難事 必作於易 天下大事 必作於細 是以聖人終不爲大 故能成其大.

도난어기이(하고) 위대어기세(하고) 천하난사(이) 필작어이(하고) 천하대사(이) 필작어세(하니라) 시이 성인(이) 종불위대(라) 고(로) 능성기대(이니라)

어려운 일을 꾸밀 때도 쉬운 일에서 시작하고, 거대한 일을 할 때도 세밀한 데서 시작해야 한다. 천하의 난사(難事)도 반드시 쉬운 데서 일어난다. 천하의 대사(大事)도 반드시 작은 데서 일어난다. 그러므로 성인은 끝까지 스스로 크다고 자처하지 않는다. 고로 큰일을 이룩할 수가 있다.

[4] 夫輕諾必寡信　多易必多難　是以聖人猶難之 故終無難矣.

부경낙필과신(이오) 다이필다난(이니라) 시이 성인유난지(이니라) 고종무난의(이니라)

무릇 쉽사리 가볍게 승낙한 사람은 신의가 적다. 많은 것을 안이하게 처리하면 반드시 다난하게 된다. 그러므로 성인은 어디까지나 모든 일을 어렵게 여긴다. 따라서 결국 어려움이 없게 마련이다.

[어구 설명] [1] 爲無爲 事無事 味無味 [2] 大小多少 報怨以德 :

○爲無爲 事無事 味無味(위무위 사무사 미무미) : <도를 따라> 무위(無爲)로써 행동하고, 무사(無事)로써 일하고, 무미(無味)로써 음식을 든다. <* 위(爲)는 다스리다, 사(事)는 일을 처리하다, 미(味)는 맛으로 여긴다.>

<* 왕필(王弼)은 주를 달았다.「염담을 맛으로 여기니, 최고의 정치다.(以恬淡爲味 治之極也)」>

<* 속인들은 정치를 복잡하게 꾸며서 하고 일을 간교한 수법으로 처리하고 음식을 감각적 · 자극적으로 만들어 먹는다.>

○大小多少(대소다소) : 큰 것은 작은 데서 나오고, 많음은 적음에서 생긴다.

<* 엄영봉(嚴靈峯)의 설을 따랐다. 「대(大)는 소(小)에서 나오고, 다(多)는 소(少)에서 나온다.(大生於小 多生於少)」>

<* 다른 설도 있다. 「성인은 작은 속에서 큰 것을 보고, 적은 속에서 많은 것을 본다.」 즉 은미(隱微)한 도가 만물을 창조했기 때문이다.>

○報怨以德(보원이덕) : <도를 터득한 성인은> 덕으로써 원한에 보답한다.

<* 성인은 남들이 원망해도 덕으로써 교화시켜 준다. 덕으로써 원한에 보답한다.>

<* 대소다소(大小多少)를 석덕청(釋德淸)은 다음같이 풀었다. 「세상 사람들은 명예나 지위를 크게 생각하고 재물이나 녹(祿)을 많이 취하려고 한다. 그러나 성인은 공명(功名)이나 이록(利祿)을 멀리하는 것을 도리어 대다(大多)로 여긴다.」>

[어구 설명] [3] 圖難於其易 爲大於其細 天下難事 必作於易 天下大事 必作於細 是以聖人終不爲大 故能成其大 :

○圖難於其易 爲大於其細(도난어기이 위대어기세) : 어려운 일을 꾸밀 때도 쉬운 일에서 시작하고, 거대한 일을 할 때도

세밀한 데서 시작해야 한다.

○天下難事 必作於易(천하난사 필작어이) : 천하의 난사(難事)도 반드시 쉬운 데서 일어난다.

○天下大事 必作於細(천하대사 필작어세) : 천하의 대사(大事)도 반드시 작은 데서 일어난다.

○是以聖人 終不爲大 故能成其大(시이성인 종불위대 고능성기대) : 그러므로 성인은 끝까지 스스로 크다고 자처하지 않는다. 고로 큰일을 이룩할 수가 있다.

[어구 설명] [4] 夫輕諾必寡信 多易必多難 是以聖人猶難之故終無難矣 :

○夫輕諾必寡信(부경낙필과신) : 무릇 쉽사리 가볍게 승낙한 사람은 신의가 적다.

○多易必多難(다이필다난) : 많은 것을 안이하게 처리하면 반드시 다난하게 된다.

○是以聖人猶難之 故終無難矣(시이성인유난지 고종무난의) : 그러므로 성인은 어디까지나 모든 일을 어렵게 여긴다. 따라서 결국 어려움이 없게 마련이다.

[현대적 해석] 제 63 장

[1] <도를 따라> 무위(無爲)로써 행동하고, 무사(無事)로써 일하고, 무미(無味)로써 음식을 든다.

[2] 큰 것은 작은 데서 나오고, 많음은 적음에서 생긴다. <도를 터득한 성인은> 덕으로써 원한에 보답한다. <즉 성인은 남들이 원망해도 덕으로써 교화시켜 준다. 덕으로써 원한에 보답한다.>

[3] 어려운 일을 꾸밀 때도 쉬운 일에서 시작하고, 거대한 일을 할 때도 세밀한 데서 시작해야 한다. 천하의 난사(難事)도 반드시 쉬운 데서 일어난다. 천하의 대사(大事)도 반드시 작은 데서 일어난다. 그러므로 성인은 끝까지 스스로 크다고 자처하지 않는다. 고로 큰일을 이룩할 수가 있다.

[4] 무릇 쉽사리 가볍게 승낙한 사람은 신의가 적다. 많은 것을 안이하게 처리하면 반드시 다난하게 된다. 그러므로 성인은 어디까지나 모든 일을 어렵게 여긴다. 따라서 결국 어려움이 없게 마련이다.

참고 보충 설명 | 성인의 신중한 태도

(1) 도를 터득한 성인(聖人)의 신중한 태도를 말했다.

(2) 「위무위(爲無爲)」: 도를 터득한 사람은 「무위이치(無爲而治)」해야 한다. 세속적 임금은 인위적으로 복잡하게 법률제도를 꾸미고 백성을 못살게 만든다.

(3) 「사무사(事無事)」: 일처리나 다스림을 도를 따라 허정(虛靜)하게 한다. 욕심을 채우기 위해 전쟁을 하는 것은 무사(無事)가 아니다. 다난다사(多難多事)이며, 또 멸망(滅亡)을

독촉함이다.

(4) 「미무미(味無味)」 : 담박(淡泊)한 음식을 맛있게 먹어야 한다. 자극이 심한 음식을 먹거나, 항상 술에 취하거나, 또는 마약을 하면 일찍 죽는다.

(5) 특히 오늘의 상업문화는 자극적 광고를 가지고 소박한 삶을 파괴(破壞)하는 데 앞장서고 있다. 그런 것은 유익한 문화가 아니다.

(6) 오늘의 세계에는 심각한 문제가 많다. 자연 파괴, 자원 고갈, 지구의 온난화 및 대기 오염 등이다.

(7) 노자가 강조한 「무위자연(無爲自然)의 도(道)」의 뜻을 심각하게 생각해야 한다.

(8) 「무적(無的) 도(道)」를 높이는 노자는 「보원이덕(報怨以德)」이라 했다. 그러나 공자(孔子)는 논어 헌문편(憲問篇)에서 말했다. 「직으로써 원한에 보답하고, 덕으로써 덕에 보답해야 한다.(以直報怨 以德報德)」

(9) 이 장의 [3]에서 노자는, 도를 지키는 성인은 겸허(謙虛) 처하(處下)하고, 모든 일은 은미(隱微) 세밀(細密)한 데서부터 풀어나가야 한다고 말했다.

(10) 우주의 조화는 눈에 보이지 않는 도의 조화에 불과하다. 그러므로 성인은 눈에 보이는 큰 것보다는 눈에 보이지 않는 은미한 것에 더 중점을 두라고 한 것이다.

제 64 장

[1] 其安易持 其未兆易謀 其脆易泮 其微易散 爲之於未有 治之於未亂.

기안이지(이오) 기미조이모(이오) 기취이반(이오) 기미이산(이오) 위지어미유(이) 치지어미란(이니라)

편안해야 지니기 쉽다. 징조가 나타나기 전에는 꾸미기 쉽다. 취약한 것은 풀어지기 쉽고, 세미한 것은 흐트러지기 쉽다. <문제가> 있기 전에 처리해야 한다. 흐트러지기 전에 다스려야 한다.

[2] 合抱之木 生於毫末 九層之臺 起於累土 千里之行 始於足下.

합포지목(이) 생어호말(이오) 구층지대(이) 기어루토(이오) 천리지행(이) 시어족하(이니라)

두 팔로 껴안을 만큼 큰 나무도 털끝 같은 싹에서 자라고 큰 것이다. 9층 높이의 궁전이나 누대(樓臺)도 흙을 쌓아올리는 것으로 시작한다. 천리의 먼 길도 발 밑의 한 걸음에서 시작된다.

[3] 爲者敗之 執者失之 是以聖人無爲 故無敗 無

執 故無失.

위자패지(하고) 집자실지(하니라) 시이성인무위(이니라) 고(로) 무패 무집(하니라) 고(로) 무실(이니라)

일을 하거나 나라를 다스리는 사람은 결국은 패망한다. 잡고 지니고 있어도 결국은 잃는다. <* 우주적으로 무궁무진한 도의 견지에서 본 것이다.> 그러므로 <도와 하나가 된> 성인은 도(道)를 따라 무위자연(無爲自然)한다. 고로 <잃고 망하고> 패하는 일이 없다. 잡고 지니지도 않는다. 고로 잃지도 않는다.

[4] 民之從事 常於幾成而敗之 愼終如始 則無敗事.

민지종사(이) 상어기성이패지(이니라) 신종여시(이) 즉무패사(이니라)

속세의 사람들은 <도를 모르고, 또 따르지 않는다.> 그래서 항상 일이 다 될 무렵에 실패를 한다. 처음부터 끝까지 한결같이 <도를 따르면> 일을 망치지 않을 것이다.

[5] 是以聖人欲不欲 不貴難得之貨 學不學 復衆人之所過 以輔萬物之自然 而不敢爲.

시이성인욕불욕(이오) 불귀난득지화(이오) 학불학(이오) 복중인지소과(이) 이보만물지자연(이오) 이불감위(이니라)

그런 고로 성인은 무욕(無欲)하기를 바란다. 얻기 어려운 재물을 귀하게 여기지 않고, 또 <속세의 지혜를> 배우지 않는 것을 배움으로 삼는다. 세속적 모든 사람들의 지나친 <학식이나 꾸밈, 지혜 등을 소박한 도의 상태로> 되돌려준다. 그래서 만물을 무위자연하게 하고, 함부로 억지를 부리지 않게 보도(輔導)한다.

[어구 설명] [1] 其安易持 其未兆易謀 其脆易泮 其微易散 爲之於未有 治之於未亂 :

ㅇ其安易持 其未兆易謀(기안이지 기미조이모) : <나라가> 편안해야 지니기 쉽다. 징조가 나타나기 전에는 꾸미기 쉽다.

ㅇ其脆易泮 其微易散(기취이반 기미이산) : 취약한 것은 풀어지기 쉽고, 세미한 것은 흐트러지기 쉽다.

ㅇ爲之於未有 治之於未亂(위지어미유 치지어미란) : 있기 전에 처리해야 한다. 흐트러지기 전에 다스려야 한다.

<* 기안이지(其安易持)를 여러 가지로 풀 수 있다. 「나라나 가정이나 지위나 몸이, 혹은 수명(壽命)이 평안(平安)하고 안정(安定)되어야 잘 보유(保有)하고, 또 지킨다[守].」>

<* 기미조(其未兆)는 「징조가 나타나지 않은 상태다. 즉 도(道)의 상태다.」 *이모(易謀)는 도모(圖謀)하기 쉽다. 즉 도(道)와 하나인 상태의 일을 도로 처리한다는 뜻이다.>

<*기취이반(其脆易泮)의 취(脆)는 취약하다는 뜻. 즉 도(道)와 하나인 상태로, 미처 굳어지거나 형성되지 않았으므로 취

약하고, 또 부서지기 쉽다는 뜻이다. * 반(泮)은 용해(容解)나 분해(分解)의 뜻이다. 반(泮)을 판(判), 분(分), 파(破)로 푼다.>

[어구 설명] [2] 合抱之木 生於毫末 九層之臺 起於累土 千里之行 始於足下 :

○合抱之木 生於毫末(합포지목 생어호말) : 두 팔로 껴안을 만큼 큰 나무도 털끝 같은 싹에서 자라고 큰다.

○九層之臺 起於累土(구층지대 기어루토) : 9층 높이의 궁전이나 누대(樓臺)도 흙을 쌓아올리는 것으로 시작한다.

○千里之行 始於足下(천리지행 시어족하) : 천리의 먼 길도 발 밑의 한 걸음에서 시작된다.

[어구 설명] [3] 爲者敗之 執者失之 是以聖人無爲 故無敗 無執 故無失 :

○爲者敗之 執者失之(위자패지 집자실지) : 일을 하거나 나라를 다스리는 사람은 결국은 패망한다. 잡고 지니고 있어도 결국은 잃는다.

<* 우주적으로 무궁무진한 도의 견지에서 본 것이다.>

○是以 聖人無爲 故無敗(시이 성인무위 고무패) : 그러므로 <도와 하나가 된> 성인은 도(道)를 따라 무위자연(無爲自然)한다. 고로 <잃고 망하고> 패하는 일이 없다.

○無執 故無失(무집 고무실) : 잡고 지니지도 않는다. 고로 잃지도 않는다.

<*「爲者敗之 執者失之」는 제29장에 나왔다. 이를 착간(錯簡)이라고 말하는 학자도 있다.>

[어구 설명] [4] 民之從事 常於幾成而敗之 愼終如始 則無敗事 :

○民之從事 常於幾成而敗之(민지종사 상어기성이패지) : 속세의 사람들은 <도를 모르고, 또 따르지 않는다.> 그래서 항상 일이 다 될 무렵에 실패를 한다.

○愼終如始 則無敗事(신종여시 즉무패사) : 처음부터 끝까지 한결같이 <도를 따르면> 일을 망치지 않을 것이다.

[어구 설명] [5] 是以聖人欲不欲 不貴難得之貨 學不學 復衆人之所過 以輔萬物之自然 而不敢爲 :

○是以聖人欲不欲(시이성인욕불욕) : 그런 고로 성인은 무욕(無欲)하기를 바란다.

○不貴難得之貨 學不學(불귀난득지화 학불학) : 얻기 어려운 재물을 귀하게 여기지 않고, 또 <속세의 지혜를> 배우지 않는 것을 배움으로 삼는다.

○復衆人之所過(복중인지소과) : 세속적 모든 사람들의 지나친 <학식이나 꾸밈, 지혜 등을 소박한 도의 상태로> 되돌

려준다.

ㅇ以輔萬物之自然 而不敢爲(이보만물지자연 이불감위) : 그래서 만물을 무위자연하게 하고, 함부로 억지를 부리지 않게 보도한다.

<* 욕불욕(欲不欲)은 불욕(不欲)하기를 원한다. * 복(復)은 도(道)로 복귀하게 한다. 보(輔)는 보도(輔導)한다.>

[현대적 해석] 제 64 장

[1] <나라가> 편안해야 지니기 쉽다. 징조가 나타나기 전에는 꾸미기 쉽다. 취약한 것은 풀어지기 쉽고, 세미한 것은 흐트러지기 쉽다. <문제가> 있기 전에 처리해야 한다. 흐트러지기 전에 다스려야 한다.

[2] 두 팔로 껴안을 만큼 큰 나무도 털끝 같은 싹에서 자라고 큰 것이다. 9층 높이의 궁전이나 누대(樓臺)도 흙을 쌓아올리는 것으로 시작한다. 천리의 먼 길도 발 밑의 한 걸음에서 시작된다.

[3] 일을 하거나 나라를 다스리는 사람은 결국은 패망한다. 잡고 지니고 있어도 결국은 잃는다. <* 우주적으로 무궁무진한 도의 견지에서 본 것이다.> 그러므로 <도와 하나가 된> 성인은 도(道)를 따라 무위자연(無爲自然)한다. 고로 <잃고 망하고> 패하는 일이 없다. 잡고 지니지도 않는다. 고로 잃지도 않는다.

[4] 속세의 사람들은 <도를 모르고, 또 따르지 않는다.> 그래서 항상 일이 다 될 무렵에 실패를 한다. 처음부터 끝까지 한결같이 <도를 따르면> 일을 망치지 않을 것이다.

[5] 그런 고로 성인은 무욕(無欲)하기를 바란다. 얻기 어려운 재물을 귀하게 여기지 않고, 또 <속세의 지혜를> 배우지 않는 것을 배움으로 삼는다. 세속적 모든 사람들의 지나친 <학식이나 꾸밈, 지혜 등을 소박한 도의 상태로> 되돌려준다. 그래서 만물을 무위자연하게 하고, 함부로 억지를 부리지 않게 보도한다.

참고 보충 설명 | 성인은 자연을 따른다

(1) 역시 도를 터득한 성인의 신중한 태도 중에 가장 중요한 것은 곧 다음과 같은 태도다. 성인은 무욕(無欲)하기를 바란다. 얻기 어려운 재물을 귀하게 여기지 않고, 또 <속세의 지혜를> 배우지 않는 것을 배움으로 삼는다. 세속적 모든 사람들의 지나친 학식이나 지혜 등을 도의 상태로 되돌려준다.

(2) 시발점에서 잘 처리해야 한다. 처음에는 미소하나 나중에는 커지게 마련이다. 그러나 미소한 처음을 소홀히 하면 나중에도 크게 될 수가 없다. 한편 처음에 잘 시작했으면 끝까지 신중하게 일을 지속해야 유종의 미가 있게 마련이다.

참고 보충 설명 | 도(道)가 안되는 이유

(1) 노자는 말했다. 흐트러지기 전에 다스려야 한다.

(2) 궁전이나 누대(樓臺)도 흙을 쌓아올리는 것으로 시작한다. 천리의 먼 길도 한 걸음에서 시작된다.

(3) 처음부터 끝까지 한결같이 <도를 따르면> 일을 망치지 않을 것이다.

(4) 그런 고로 성인은 무욕(無欲)하기를 바란다. 얻기 어려운 재물을 귀하게 여기지 않고, 또 <속세의 지혜를> 배우지 않는 것을 배움으로 삼는다. 세속적 모든 사람들의 지나친 <학식이나 꾸밈, 지혜 등을 소박한 도의 상태로> 되돌려준다. 그래서 만물을 무위자연하게 하고, 함부로 억지를 부리지 않게 보도한다.

(5) 노자는 2500년 전 사람이다. 그가 한 말은 다 좋은 말이다. 그런데 오늘의 세계에서는 노자의 말이나 공자의 말이 이루어지지 않고 있다. <노자만이 아니다. 세계의 모든 종교사상(宗教思想)이 실현되지 않고 있다.>

(6) 이를 어떻게 해석해야 하는가? 필자는 다음같이 생각한다. 인류의 역사 문화는 발전한다. 그러나 아직은 심령적(心靈的) 정신문화(精神文化)의 꽃이 필 단계에 도달하지 않았을 것이다. 반드시 때가 올 것이다.

제 65 장

[1] 古之善爲道者 非以明民 將以愚之.

고지선위도자(이) 비이명민(이니라) 장이우지(이니라)

옛날의 도를 지키고 나라를 잘 다스린 사람, 즉 성인은 백성들을 <세속적으로> 현명하게 만들지 않고, 도리어 우매(愚昧)하고 소박(素朴)하게 만들었다.

[2] 民之難治 以其智多 故以智治國 國之賊 不以智治國 國之福.

민지난치(이) 이기지다(이니라) 고(로) 이지치국(이) 국지적(이오) 불이지치국(이) 국지복(이니라)

속세에서 백성들을 다스리기 어려운 까닭은 그들이 지나치게 <도와 반대되고 세속적으로> 지혜롭기 때문이다. 고로 교지(巧智)를 가지고 나라를 다스리면 나라를 해친다. 교지가 아닌 <진박(眞樸)한 도로써> 나라를 다스리면 나라를 복(福)되게 한다.

[3] 知此兩者亦稽式 常知稽式 是謂玄德 玄德深矣 遠矣 與物反矣 然後乃是大順.

지차량자역계식(이오) 상지계식 시위현덕(이니라) 현덕심의 원의(이면) 여물반의(니라) 연후내시대순(이니라)

이 둘을 알고 행하는 것이 역시 법도(法道)이다. 이와 같은 격식을 알고 행하는 것을 현덕(玄德)이라 한다. 현덕은 심오(深奧)하고 원대(遠大)하다. 속세의 <방식이나 격식과> 정 반대다. 그런 다음에 비로소 크게 도를 따르고 하나가 될 수 있다. <* 혹은 「만물과 같이 도에 복귀할 수 있다.」>

[어구 설명] [1] 古之善爲道者 非以明民 將以愚之 :

○古之善爲道者(고지선위도자) : 옛날의 도를 지키고 나라를 잘 다스린 사람.

○非以明民 將以愚之(비이명민 장이우지) : 백성들을 <세속적으로> 영악하게 만들지 않고 도리어 우매(愚昧)하고 소박(素朴)하게 만들었다.

<* 고지선위도자(古之善爲道者)는 옛날의 성인(聖人)은 도(道)를 따라서 나라를 잘 다스렸다.>

<* 명(明)은 세속적인 뜻으로 지혜(智慧)롭고, 또 총명(聰明)하다는 뜻이다.>

<* 이 명(明)은 제16장이나 제55장에 나오는 「지상왈명(知常曰明)」과는 다르다.>

<* 우지(愚之)는 백성들을 어리석게 만든다. 즉 순진하고 소박한 상태로 되돌린다는 뜻이다. 즉 속세에서 말하는 우매와

는 반대가 된다.>

[어구 설명] [2] 民之難治 以其智多 故以智治國 國之賊 不以智治國 國之福 :

○民之難治 以其智多(민지난치 이기지다) : 속세에서 백성들을 다스리기 어려운 까닭은 그들이 지나치게 <도와 반대가 되게> 영악하고 간악하기 때문이다.

<* 지다(智多)를 왕필(王弼)은 「다지교사(多智巧詐)」라고 풀었다.>

○故以智治國 國之賊(고이지치국 국지적) : 고로 교지(巧智)를 가지고 나라를 다스리면 나라를 해친다.

○不以智治國 國之福(불이지치국 국지복) : 교지가 아닌 <진실소박(眞實素樸)한 도로써> 나라를 다스리면 나라를 복(福)되게 한다.

[어구 설명] [3] 知此兩者亦稽式 常知稽式 是謂玄德 玄德深矣 遠矣 與物反矣 然後乃是大順 :

○知此兩者亦稽式(지차량자역계식) : 이 둘을 알고 행하는 것이 역시 법도(法道)이다.

<*계식(稽式)은 법칙(法則), 법도, 격식(格式) 등의 뜻을 다 포함한다.>

○常知稽式 是謂玄德(상지계식 시위현덕) : 이와 같은 격식

을 항상 알고 행하는 것을 현덕(玄德)이라 한다.

○玄德深矣 遠矣(현덕심의 원의) : 현덕은 심오(深奧)하고 원대(遠大)하다.

<* 현덕(玄德)은 오묘한 도를 터득하고 실천하여 얻은 공덕(功德). 제51장에도 보인다.>

○與物反矣 然後乃是大順(여물반의 연후내시대순) : 속세의 <방식이나 격식과> 정반대다. 그런 다음에 비로소 크게 도를 따르고 하나가 될 수 있다.

<* 여물반의(與物反矣)을 「만물과 같이 도에 복귀할 수 있다」로 풀기도 한다.>

<* 여물반의에는 두 가지 뜻이 있다. 반대의 뜻과, 되돌아가다[返], 복귀(復歸)의 뜻이다. 즉 현덕(玄德)은 세속적인 사람과 반대된다.>

<* 하상공(河上公)은 다음같이 풀었다. 「현덕을 지닌 사람은 만물과 반대다. 만물은 자기만을 위하려 하지만 현덕은 남에게 주고자 한다.(玄德之人 與萬物反異 萬物欲益己 玄德施與人也)」>

<* 왕필(王弼)은 「순진 소박한 근원으로 되돌아감이다.(反其眞也)」라고 풀었다. 즉 현덕이 만물과 함께 소박한 도에 복귀한다는 뜻이다.>

<* 대순(大順)은 「대도에 순종한다.」 「모든 것이 크게 순리롭

게 된다.」>

[현대적 해석] 제 65 장

[1] 옛날의 도를 지키고 나라를 잘 다스린 사람, 즉 성인은 백성들을 <세속적으로> 영악하게 만들지 않고, 도리어 우매(愚昧)하고 소박(素朴)하게 만들었다.

[2] 속세에서 백성들을 다스리기 어려운 까닭은 그들이 지나치게 <도와 반대되게> 영악하게 하기 때문이다. 고로 교지(巧智)를 가지고 나라를 다스리면 나라를 해친다. 교지가 아닌 <진박(眞樸)한 도로써> 나라를 다스리면 나라를 복(福)되게 한다.

[3] 이 둘을 알고 행하는 것이 역시 법도(法道)이다. 이와 같은 격식을 알고 행하는 것을 현덕(玄德)이라 한다. 현덕은 심오(深奧)하고 원대(遠大)하다. 속세의 <방식이나 격식과> 정반대다. 그런 다음에 비로소 크게 도를 따르고 하나가 될 수 있다. <* 혹은 「만물과 같이 도에 복귀할 수 있다.」>

참고 보충 설명 | 세속적 지능(知能)과 우매(愚昧)

(1) 이상적인 정치는 인간의 교활한 지능이나 간교한 농간을 배제해야 한다. 즉 모든 사람이 순진하고 소박한 도를 따라야 이루어질 수 있다.

(2) 극단적 예를 들겠다. 오늘의 세계에는 비행기나 자동차가

있다. 그렇다고 사람들이 도덕적으로 발전하고 향상되었나. 오히려 반대가 아닌가.

(3) 기계문명이 발달했다고 사람이 착하게 되는 것이 아니다. 외형적 물질문명보다 내면적 정신이나 도덕성이 높아져야 한다. 노자는 악덕한 물질이나 무력보다, 차라리 무지(無知), 무욕(無欲), 무위(無爲)를 바탕으로 할 때 인간사회는 자연과 더불어 평화와 안락을 누릴 수 있다고 믿었다.

(4) 노자의 이런 경지를 속세에서는 암우(暗愚)나 우둔(愚鈍)이라 한다. 반대로 교지나 협잡을 지혜라고 착각하고 있다.
(5) 노자의 무지나 우(愚)를 완전한 공(空)으로 보아서는 안된다. 노자는 어디까지나 절대인 도(道)를 따라 자연과 더불어 생육화성하기를 주장했고, 또 그렇게 하는 것이 바로 덕(德)이라 했다.

(6) 우주 천지 만물의 도를 따르고 얻은 덕이 바로 현덕(玄德)이다. 도를 무어라 말할 수 없듯이 현덕도 심오한 것이다. 현덕이라야 도에 귀일(歸一)하고, 크게 순[大順]할 수 있다.

(7) 거듭 말하겠다. 이러한 사상을 우민정책(愚民政策)이라고 곡해해서는 안된다. 인간의 본성은 도(道)이다. 세속적 간교(奸巧)는 악(惡)이다. 오늘의 사람들은 악덕(惡德)하게 하는 것을 지혜롭다고 착각하고 있다.

제 66 장

[1] 江海所以能爲百谷王者 以其善下之 故能爲百谷王.

강해(이) 소이능위백곡왕자(이) 이기선하지(이니라) 고(로) 능위백곡왕(이니라)

강이나 바다가 백곡(百谷)의 왕이 될 수 있는 까닭은 스스로 낮은 곳에 처하기 때문이다. 고로 능히 백곡왕(百谷王)이 될 수 있다.

[2] 是以聖人 欲上民 必以言下之 欲先民 必以身後之.

시이성인욕상민(이) 필이언하지(하고) 욕선민(이) 필이신후지(하니라)

그런 고로 <도를 터득한> 성인은 백성 위에 오르고자 할 때는 반드시 말을 겸하한다. 백성들 앞에 서고자 할 때는 반드시 자신을 뒤처지게 한다.

[3] 是以聖人 處上而民不重 處前而民不害 是以天下樂推而不厭 以其不爭 故天下莫能與之爭.

시이성인처상(이) 이민부중(이오) 처전(이) 이민불해(이오) 시이천하락추(이) 이불염(이오) 이기부쟁(이라) 고(로) 천하막능여지쟁(이니라)

그런 고로 성인이 백성 위에 있어도 백성들이 귀찮게 여기지 않는다. <성인이 백성들> 앞에 있어도 백성들이 해롭다고 생각지 않는다. 고로 온 천하가 즐거운 마음으로 추대하고 언제까지나 싫어하지 않는다. 다투지 않으므로 천하가 아무도 그와 다툴 수가 없다.

[어구 설명] [1] 江海所以能爲百谷王者 以其善下之 故能爲百谷王 :

○江海所以能爲百谷王者(강해소이능위백곡왕자) : 강이나 바다가 백곡(百谷)의 왕이 될 수 있는 까닭은.

<* 백곡왕(百谷王)은 모든 골짜기의 물이 강이나 바다로 흘러든다. 따라서 강이나 바다를 백곡의 왕이라 한다. 설문(說文)에 있다.「왕은 천하의 모든 사람이 귀순해 오는 바이다. (王 天下所歸往也)」>

○以其善下之 故能爲百谷王(이기선하지 고능위백곡왕) : 스스로 낮은 곳에 처하기 때문이다. 고로 능히 백곡왕(百谷王)이 될 수 있다.

[어구 설명] [2] 是以聖人欲上民 必以言下之 欲先民 必以身後之 :

○是以聖人欲上民　必以言下之(시이성인욕상민　필이언하지) : 그런 고로 <도를 터득한> 성인은 백성 위에 오르고자 할 때는 반드시 말을 겸하한다.

<* 왕필(王弼) 본에는 「성인(聖人)」 두 자가 없다. 하상공(河上公) 기타의 판본에는 있다.>

○欲先民 必以身後之(욕선민 필이신후지) : 백성들 앞에 서고자 할 때는 반드시 자신을 뒤처지게 한다.

[어구 설명] [3] 是以聖人處上 而民不重 處前 而民不害 是以天下樂推 而不厭 以其不爭 故天下莫能與之爭 :

○是以聖人處上 而民不重(시이성인처상 이민부중) : 그런 고로 성인이 백성 위에 있어도 백성들이 귀찮게 여기지 않는다.

○處前 而民不害(처전 이민불해) : <성인이 백성들> 앞에 있어도 백성들이 해롭다고 생각지 않는다.

○是以天下樂推 而不厭(시이천하락추 이불염) : 고로 온 천하가 즐거운 마음으로 추대하고 언제까지나 싫어하지 않는다.

○以其不爭　故天下莫能與之爭(이기부쟁　고천하막능여지쟁) : 다투지 않으므로 천하가 아무도 그와 다툴 수가 없다.

[현대적 해석] 제 66 장

[1] 강이나 바다가 백곡(百谷)의 왕이 될 수 있는 까닭은 스스로 낮은 곳에 처하기 때문이다. 고로 능히 백곡왕(百谷王)이

될 수 있다.

[2] 그런 고로 <도를 터득한> 성인은 백성 위에 오르고자 할 때는 반드시 말을 겸하한다. 백성들 앞에 서고자 할 때는 반드시 자신을 뒤처지게 한다.

[3] 그런 고로 성인이 백성 위에 있어도 백성들이 귀찮게 여기지 않는다. <성인이 백성들> 앞에 있어도 백성들이 해롭다고 생각지 않는다. 고로 온 천하가 즐거운 마음으로 추대하고 언제까지나 싫어하지 않는다. 다투지 않으므로 천하가 아무도 그와 다툴 수가 없다.

참고 보충 설명 | 아무도 다투지 않는다

(1) 강이나 바다는 낮은 곳에 처해 있으므로 모든 골짜기나 냇물이 흘러들어 결과적으로 모든 골짜기나 내를 통합한 왕자가 될 수 있다.

(2) 나라를 다스리는 자도 스스로 백성보다 낮게 자처하고 자신을 백성보다 뒤에 있게 해야 한다.

(3) 그래야 백성들의 추앙을 받고 언제까지나 백성들의 마음을 귀속시킬 수가 있다.

(4) 그러나 춘추(春秋) 전국(戰國)시대나 그후에는 무력으로 남을 치고 지배했다. 오늘의 세계는 원자탄이 있으므로 쉽사리 무력을 쓸 수 없다. 그러나 욕심 또한 없는 것이 아니다.

제 67 장

[1] 天下皆謂我道大 似不肖 夫唯大 故似不肖 若肖 久矣其細也夫.

천하개위 아도대(이) 사불초(이니라) 부유대(이) 고사불초(이니라) 약초 구의(면) 기세야부(이니라)

천하의 사람은 내가 <우주 만물의 근원이며 본체라고> 말하는 도가 너무 크므로 같을 수 없다고 한다. 허나 <우주 만물의 근원이며 본체인 도는> 오직 크게 마련이다. <그러므로 세상에 있는 만물과는> 같을 수가 없다. 만약에 <만물을> 닮으면 벌써 옛날에 사소하게 되었을 것이다.

[2] 我有三寶 持而保之 一曰慈 二曰儉 三曰不敢爲天下先 慈故能勇 儉故能廣 不敢爲天下先 故能成器長.

아유삼보(이) 지이보지(니라) 일왈자(이오) 이왈검(이오) 삼왈불감위천하선(이니라) 자고능용(이오) 검고능광(이오) 불감위천하선(이) 고능성기장(이니라)

나에게는 세 가지 보배가 있다. 언제나 지니고 보존하고 있다. 첫째는 자애이다. 둘째는 검약이다. 셋째는 감히 천하의 앞에 나서지 않는 것이다. 자애로우므로 용감할 수가 있다. 검약하므로 넓게 펼 수가 있다. 감히 천하의 앞에 나서지 않으므로 만물의 으뜸이 되어 다스릴 수 있다.

[3] 今舍慈且勇 舍儉且廣 舍後且先 死矣 夫慈以戰則勝 以守則固 天將救之 以慈衛之.

금사자차용(하고) 사검차광(하고) 사후차선(이) 사의(이니라) 부자 이전즉승(이오) 이수즉고(이) 천장구지(이오) 이자위지(이니라)

그러나 오늘의 속인들은 자애를 버리고 용맹을 취하고, 검약을 버리고 재물을 넓게 취하고, 뒤처지기를 마다하고 나서기만을 한다. 그래서 결국 사멸하는 것이다. <*차(且)는 취(取)의 뜻이다.> 자애로우면 싸워도 이긴다. 지키고 굳게 지키면, 하늘이 그를 구해준다. 자애로워야 자기도 나라도 지킨다.

[어구 설명] [1] 天下皆謂我道大 似不肖 夫唯大 故似不肖 若肖 久矣 其細也夫 :

ㅇ天下皆謂我道大 似不肖(천하개위아도대 사불초) : 천하의 사람은 내가 <우주 만물의 근원이며 본체라고> 말하는 도가 너무 크므로 같을 수 없다고 한다.

ㅇ夫唯大 故似不肖(부유대 고사불초) : 허나 <우주 만물의 근원이며 본체인 도는> 오직 크게 마련이다. <그러므로 세상에 있는 만물과는> 같을 수가 없다.

ㅇ若肖 久矣 其細也夫(약초 구의 기세야부) : 만약에 <만물을> 닮으면 벌써 옛날에, 사소하게 되었을 것이다.

<* 사불초(似不肖)는 「닮지 않은 것 같다」는 뜻이다. 즉 「내가 내세우는 도가 턱없이 크다. 그래서 존재하는 만물과는 닮지 않았다」는 뜻이다. * 구의(久矣)는 벌써 옛날에 시들고 없어졌다는 뜻이다.>

<* 천지 만물은 실재(實在)한다. 그런데 본체적(本體的) 도를 무(無)라고 했다. 그래서 닮지 않았다고 말하는 것이다.>

<* 엄영봉(嚴靈峯)은 [1]은 제34장에 들어가야 한다고 말했다. * 허기는 [1]과 [2] [3]은 어울리지 않는다.>

[어구 설명] [2] 我有三寶 持而保之 一曰慈 二曰儉 三曰不敢爲天下先 慈故能勇 儉故能廣 不敢爲天下先 故能成器長 :

ㅇ我有三寶 持而保之(아유삼보 지이보지) : 나에게는 세 가지 보배가 있다. 언제나 지니고 보존하고 있다.

ㅇ一曰慈 二曰儉 三曰不敢爲天下先(일왈자 이왈검 삼왈불감위천하선) : 첫째는 자애이다. 둘째는 검약이다. 셋째는 감히 천하의 앞에 나서지 않는 것이다.

ㅇ慈故能勇 儉故能廣 不敢爲天下先 故能成器長(자고능용 검고능광 불감위천하선 고능성기장) : 자애로우므로 용감할 수가 있다. 검약하므로 넓게 펼 수가 있다. 감히 천하의 앞에 나서지 않으므로 만물의 으뜸이 되어 다스릴 수 있다.

<* 삼보(三寶)는 세 가지 보배. 불교에서는 「불(佛)·법(法)·승(僧)」을 삼보라 한다. 노자의 삼보는 다르다. 「자(慈)·검(儉)·불감위천하선(不敢爲天下先)」이다.>

<* 자애(慈愛)는 사랑으로 유가의 인애(仁愛)와 비슷하다. 검(儉)은 절약으로 제59장에서 말한 색(嗇)과 같다. 불감위천하선(不敢爲天下先)은 감히 천하 만민 앞에 나서지 않는다는 뜻이다.>

<* 자고능용(慈故能勇)은 자애로우므로 용맹할 수가 있다. 맹자(孟子)에 있는 인자무적(仁者無敵)과 비슷하다.>

<* 기장(器長)은 만물의 으뜸으로 다스린다는 뜻이다. 이때의 기(器)는 만물(萬物)이란 뜻이다.>

[어구 설명] [3] 今舍慈且勇 舍儉且廣 舍後且先 死矣 夫慈以戰則勝 以守則固 天將救之 以慈衛之 :

○今舍慈且勇 舍儉且廣 舍後且先 死矣(금사자차용 사검차광 사후차선 사의) : 그러나 오늘의 속인들은 자애를 버리고 용맹을 취하고, 검약을 버리고 재물을 넓게 취하고, 뒤처지기를 마다하고 나서기만을 한다. 그래서 결국 사멸하는 것이다.

○夫慈 以戰則勝 以守則固 天將救之 以慈衛之(부자 이전즉승 이수즉고 천장구지 이자위지) : 자애로우면 싸워도 이긴다. 지켜도 굳게 지킨다. 하늘이 장차 그를 구해준다. 자애로워야 자기도, 나라도 지킨다.

[현대적 해석] 제 67 장

[1] 천하의 사람은 내가 <우주 만물의 근원이며 본체라고> 말하는 도가 너무 크므로 같을 수 없다고 한다. 허나 <우주 만물의 근원이며 본체인 도는> 오직 크게 마련이다. <그러므로 세상에 있는 만물과는> 같을 수가 없다. 만약에 <만물을> 닮으면 벌써 옛날에 사소하게 되었을 것이다.

[2] 나에게는 세 가지 보배가 있다. 언제나 지니고 보존하고 있다. 첫째는 자애이다. 둘째는 검약이다. 셋째는 감히 천하의 앞에 나서지 않는 것이다. 자애로우므로 용감할 수가 있다. 검약하므로 넓게 펼 수가 있다. 감히 천하의 앞에 나서지 않으므로 만물의 으뜸이 되어 다스릴 수 있다.

[3] 그러나 오늘의 속인들은 자애를 버리고 용맹을 취하고, 검약을 버리고 재물을 넓게 취하고, 뒤처지기를 마다하고 나서기만을 한다. 그래서 결국 사멸하는 것이다. 자애로우면 싸워도 이긴다. 지키고 굳게 지키면 하늘이 그를 구해준다. 자애로워야 자기도, 나라도 지킨다.

참고 보충 설명 | 아유삼보(我有三寶)

(1) 이 장의 글은 크게 두 개로 나눌 수 있다. [1]은 도(道)가 큼을 말한 것이다.「천하의 사람은 내가 <우주 만물의 근원이며 본체라고> 말하는 도가 너무 크므로 같을 수 없다고 한다. 허나 <우주 만물의 근원이며 본체인 도는> 오직 크게 마련이

다. <그러므로 세상에 있는 만물과는> 같을 수가 없다. 만약에 <만물을> 닮으면 벌써 옛날에 사소하게 되었을 것이다.

[2] [3]에서는 삼보(三寶)에 대해서 말했다. 삼보는 「자애(慈愛), 검약(儉約), 겸양(謙讓)」이다. 나누어 설명을 하겠다.

(2) 자애(慈愛) : 만물을 사랑하고 자육(慈育)하는 것이다. 유가(儒家)에서 말하는 인애(仁愛)와 비슷하다. 그러나 노자는 다음같이 말했다. 자애로우므로 용감할 수가 있다. 그러나 오늘의 속인들은 자애를 버리고 무모하게 싸우고 취하기만을 좋아한다. 그래서 일찍 쇠망한다. 즉 개인적으로나 국가적으로나 죽고 망한다.

(3) 검약(儉約) : 생명이나 건강이나 기능이나 힘은 다 하늘이 준 것이다. 그것을 아껴 쓰지 않고 악덕하게 사는 데 낭비한다. 그러면 개인도 일찍 죽고, 나라도 일찍 망하게 마련이다.

(4) 특히 겸양해야 한다. 우주 천지 만물은 하늘의 도를 따라 생육화성(生育化成)한다. 나도 그 중의 하나다. 그런데 악덕한 사람은 자기가 만물을 다 차지하고 지배하는 듯 착각한다. 그래서 역시 쇠망하게 마련이다.

제 68 장

[1] 善爲士者不武 善戰者不怒 善勝敵者不與 善用人者爲之下.

선위사자(이) 불무(이오) 선전자(이) 불노(이오) 선승적자(이) 불여(이오) 선용인자(이) 위지하(이니라)

병사를 잘 지휘하는 장군은 무력을 쓰게 하지 않는다. 잘 싸우는 사람은 노한 기색을 내보이지 않는다. 잘 이기는 사람은 함부로 다투지 않는다. 사람을 잘 쓰는 사람은 항상 사람 밑에 처진다.

[2] 是謂不爭之德 是謂用人之力 是謂配天古之極.

시위부쟁지덕(이오) 시위용인지력(이오) 시위배천고지극(이니라)

이를 다투지 않는 덕이라 한다. 이를 남의 힘을 씀이라 한다. 이를 하늘의 옛 도리에 잘 맞는다고 한다.

[어구 설명] [1] 善爲士者不武 善戰者不怒 善勝敵者不與 善用人者爲之下 :

○善爲士者不武(선위사자불무) : 병사를 잘 부리는 지휘관은 <병사들로 하여금> 무력으로 싸우게 하지 않는다.

○善戰者不怒(선전자불노) : 잘 싸우는 사람은 노한 기색을 내보이지 않는다.

○善勝敵者不與(선승적자불여) : 잘 이기는 사람은 함부로 다투지 않는다.

○善用人者爲之下(선용인자위지하) : 사람을 잘 쓰는 사람은 항상 사람 밑에 처진다.

<* 사(士)는 장수(將帥)나 지휘관의 뜻이다. * 불무(不武)는 무력을 내보이지 않는다는 뜻이다. *불여(不與)는 <남하고> 싸우지 않는다는 뜻이다. *여(與)를 투(鬪), 혹은 쟁(爭)으로 푼다.>

<*「위지하(爲之下)」를「용인지력(用人之力)」이라 한다.>

[어구 설명] [2] 是謂不爭之德 是謂用人之力 是謂配天古之極 :

○是謂不爭之德(시위부쟁지덕) : 이를 다투지 않는 덕이라 한다.

<*「불무(不武), 불노(不怒), 불여(不與)」를 합해서「부쟁지덕(不爭之德)」이라 한다.>

○是謂用人之力(시위용인지력) : 이를 남의 힘을 씀이라 한다.

○是謂配天古之極(시위배천고지극) : 이를 하늘의 옛 도리에 잘 맞는다고 한다. <* 고(古)가 없는 판본도 있다.>

[현대적 해석] 제 68 장

[1] 병사를 잘 부리는 지휘관은 무력을 쓰게 하지 않는다. 잘 싸우는 사람은 노한 기색을 내보이지 않는다. 잘 이기는 사람은 함부로 다투지 않는다. 사람을 잘 쓰는 사람은 항상 사람 밑에 처진다.

[2] 이를 다투지 않는 덕이라 한다. 이를 남의 힘을 씀이라 한다. 이를 하늘의 옛 도리에 잘 맞는다고 한다.

참고 보충 설명 | 싸우지 않고 이긴다

(1) 도를 따르고 행하는 성인(聖人)은 속세의 악덕한 사람과 반대가 된다.

(2) 속세의 장군은 병사를 잘 싸우게 한다. 그러나 성인은 싸우지 않고 이기게 한다.

(3) 즉 유약(柔弱)을 지키고 남과 싸우지 않는 것[不爭]이 도리어 이기는 길이며, 남의 밑에 처하는 것[處下]이 도리어 남을 활용하고 남의 위에 올라서는 길이다. 이러한 것이 바로 「무위이치(無爲而治)의 도(道)」이다.

(4) 이와 같은 「부쟁(不爭)과 처하(處下)의 덕(德)」을 여러 장에서 말했다.

제 69 장

[1] 用兵有言 吾不敢爲主 而爲客 不敢進寸 而退尺 是謂行無行 攘無臂 扔無敵 執無兵.

용병유언(이라) 오불감위주 이위객(이라) 불감진촌 이퇴척(이라) 시위행무행(이오) 양무비(이오) 잉무적(이오) 집무병(이니라)

병법(兵法)에 관하여 다음과 같은 말이 있다. 내가 싸움을 거는 사람이 되지 말고, 부득이하게 마주하는 상대가 되어라. 한 치도 공격해 나가지 말고, 한 자를 후퇴하라. 이렇게 하는 것을 안 나가는 듯하면서 나가고, 안 보이는 팔을 흔들고, 없는 적을 꺾어 누르고, 안 보이는 무기를 든다고 하느니라.

[2] 禍莫大於輕敵 輕敵幾喪吾寶.

화막대어경적(이오) 경적기상오보(이니라)

적을 경시하는 것보다 더 큰 화가 없을 것이다. 적을 경시하면 나의 보배를 잃게 될 것이다.

[3] 故抗兵相加 哀者勝矣.

고(로) 항병상가(이면) 애자승의(니라)

그런 고로 무기를 들고 맞싸울 때에는 전쟁을 슬프게 여기는 자가 이기게 마련이다.

[어구 설명] [1] 用兵有言 吾不敢爲主 而爲客 不敢進寸 而退尺 是謂行無行 攘無臂 扔無敵 執無兵 :

ㅇ用兵有言(용병유언) : 병법(兵法)을 쓸 때에는 <다음같이 하라는> 말이 있다.

ㅇ吾不敢爲主 而爲客(오불감위주 이위객) : 내가 감히 나서서 공격하는 주전자(主戰者)가 되지 말고, 마지못해 수비하는 대상이 되어라.

<* 객(客)은 부득이 적을 맞아 싸우는 수비자의 뜻.>

ㅇ不敢進寸 而退尺(불감진촌 이퇴척) : 싸움에서는 한 치라도 공격해 나가지 말고 차라리 한 자를 후퇴하라.

ㅇ是謂行無行(시위행무행) : 이렇게 하는 것을 곧 무행(無行)을 한다고 한다.

<* 안 가지만 결과적으로는 간다. 가지만 안 가는 척한다는 뜻이다.>

ㅇ攘無臂(양무비) : 팔을 안 휘두르지만 실제로는 휘두르는 것과 같은 효과를 거둔다.

ㅇ扔無敵(잉무적) : 적과 싸우지 않고 적을 꺾어 놓는다. 없는 적과 싸워 이긴다. 잉(扔)을 적과 대결하다, 맞부딪다로 풀기도 한다.

ㅇ執無兵(집무병) : 보이지 않는 무기를 잡는다. 또는 무기를

잡으면서도 마치 없는 것 같다. <* 도를 무기로 하므로 싸우지 않고 이긴다.>

[어구 설명] [2] 禍莫大於輕敵 輕敵幾喪吾寶 :

○禍莫大於輕敵(화막대어경적) : 경적(輕敵)보다 더 큰 재화가 없다. <* 속세에서는 적을 경시하고 마구 싸우고 죽인다. 그래서 속세가 비참하게 되고 멸망하는 것이다.>

○輕敵幾喪吾寶(경적기상오보) : 적을 경시하는 것이 곧 나의 보물, 즉 도(道)를 상실하는 것이다. <* 기상(幾喪)은 상실함에 가깝다. 잃게 될 것이다.>

[어구 설명] [3] 故抗兵相加 哀者勝矣 :

○故抗兵相加(고항병상가) : 고로 양쪽이 무기를 들고 서로 마주 싸운다.

<* 항병(抗兵)은 거병(擧兵)과 같은 뜻. 병(兵)은 무기, 가(加)는 서로 싸운다는 뜻이다.>

○哀者勝矣(애자승의) : 전쟁을 슬프게 여기는 자가 승리를 할 것이다.

<* 애(哀)를 애(愛), 즉 「도(道)를 따라 자애(慈愛)하는 사람이 이길 것이다」라고 풀기도 한다.>

[현대적 해석] 제 69 장

[1] 병법(兵法)에 관하여 다음과 같은 말이 있다. 내가 싸움을

거는 사람이 되지 말고, 부득이하게 마주하는 상대가 되어라. 한 치도 공격해 나가지 말고, 한 자를 후퇴하라. 이렇게 하는 것을 안 나가는 듯하면서 나가고, 안 보이는 팔을 흔들고, 없는 적을 꺾어 누르고, 안 보이는 무기를 든다고 하느니라.

[2] 적을 경시하는 것보다 더 큰 화가 없을 것이다. 적을 경시하면 나의 보배를 잃게 될 것이다.

[3] 그런 고로 무기를 들고 맞싸울 때에는 전쟁을 슬프게 여기는 자가 이기게 마련이다.

참고 보충 설명 | 애자승(哀者勝)

(1) 제31장에서 노자는 「무력은 상서롭지 못한 것, 군자가 쓸 것이 못된다. 부득이 무력을 행사할 경우에도 염담한 심정으로 하는 것이 가장 좋다. 승리해도 자랑하지 말아야 한다. 전승(戰勝)을 자랑하는 자는 살인을 즐기는 자라 하겠다. 전승해도 상례(喪禮)로 대한다.」라고 말했다.

(2) 여기에서도 부득이하게 싸울 때의 태도를 풀었다. 공격적・침략적 싸움은 절대로 안된다. 수비를 위한 방비전에 있어서도 항상 후퇴하면서, 또 싸우지 않고 이기는 길을 택하라고 가르치고 있다.

(3) 도(道)를 따르는 애자(哀者)가 이긴다.

제 70 장

[1] 吾言 甚易知 甚易行 天下 莫能知 莫能行.

오언(이) 심이지(이오) 심이행(이라) 천하(이) 막능지(이) 막능행(이니라)

나의 말하는 도(道)는 매우 알기도 쉽고, 또 매우 행하기도 쉽다. <그러나> 천하의 모든 사람들은 알지 못하고, 또 행하지 못한다.

[2] 言有宗 事有君 夫唯無知 是以不我知.

언유종 사유군(이나) 부유무지(라) 시이불아지(이니라)

말에는 근본이 있고, 일에는 중심이 있다. 허나 모르기 때문에 <근본이며 중심이 되는 도(道)인> 나를 모르는 것이다.

[3] 知我者希 則我者貴 是以聖人被褐懷玉.

지아자희(이) 칙아자귀(이라) 시이성인피갈회옥(이니라)

나를 아는 사람이 거의 없으므로 나를 귀하게 <법도로 삼는 사람이> 거의 없다. 그래서 <도를 터득한> 성인이 굵은 베옷을 입는다. <그러나> 속에는 구슬을 품고 있는 것이다.

[어구 설명] [1] 吾言甚易知 甚易行 天下莫能知 莫能行 :

○吾言甚易知 甚易行(오언심이지 심이행) : 나의 말하는 도(道)는 매우 알기도 쉽고, 또 매우 행하기도 쉽다.

○天下莫能知 莫能行(천하막능지 막능행) : <그러나> 천하의 모든 사람들이 <도를> 알지도 못하고, 또 행하지도 않는다.

[어구 설명] [2] 言有宗 事有君 夫唯無知 是以不我知 :

○言有宗 事有君(언유종 사유군) : 말에는 근본이 있고 일에는 주체가 있다.

<* 언유종(言有宗)의 종(宗)은 큰 뿌리다. 즉 무위자연의 도(道)이다.>

<* 사유군(事有君)의 군(君)은 주재자(主宰者), 통솔자(統率者) 및 중심(中心)의 뜻이다.>

○夫唯無知 是以不我知(부유무지 시이불아지) : 허나, 모르기 때문에 그래서 나도 모른다.

<* 그래서 뿌리이며 중심이 될 나, 즉 도(道)를 모른다.>

[어구 설명] [3] 知我者希 則我者貴 是以聖人被褐懷玉 :

○知我者希 則我者貴(지아자희 칙아자귀) : 나를 아는 사람이 거의 없으므로, 나를 법도로 삼는 사람이 거의 없다.

<* 희(希)는 희(稀)와 같다. 칙아(則我)는 「나를 법도로 삼고 따른다」는 뜻으로 푼다. 귀(貴)는 궤(匱)로 「적다, 거의 없다」는 뜻이다.>

○是以聖人被褐懷玉(시이성인피갈회옥) : 그래서 <도를 터득한> 성인이 굵은 베옷을 입는다. <그러나> 속에는 귀중한 구슬을 품고 있는 것이다.
<* 피갈회옥(被褐懷玉)은 「굵은 베옷을 입고 있으나, 그러나 속에는 귀중한 구슬을 품고 있다.」 즉 도를 터득한 성인은 세속적으로는 하천(下賤)하게 산다. 그러나 가슴속에는 만물을 생성화육하는 보배로운 도를 지니고 있다.>

[현대적 해석] 제 70 장

[1] 내가 말하는 도(道)는 매우 알기도 쉽고, 또 매우 행하기도 쉽다. <그러나> 천하의 모든 사람들은 알지도 못하고, 또 행하지도 못한다.
[2] 말에는 뿌리가 있어야 하고, 또 일에는 중심이 있어야 한다. 오직 모르기 때문에 <그래서 뿌리이자 중심인> 나를 모르는 것이다.
[3] 나를 아는 사람이 거의 없다. <그래서> 나를 법도로 삼는 사람이 거의 없다. <그래서 도를 터득한> 성인(聖人)이 굵은 베옷을 입고 <천하게 산다. 그러나> 속에는 귀중한 구슬을 품고 있는 것이다.

참고 보충 설명 | 피갈회옥(被褐懷玉)

(1) 동서고금(東西古今)을 막론하고 속인들은 도(道)를 알지 못한다.

(2) 알지 못할 뿐만 아니라 음흉(陰凶)하고 악덕(惡德)하고, 또 간교(奸巧)한 지략(智略)으로 모든 것을 독점하고 혼자만 즐기려고 한다.

(3) 그러나 절대로 안된다. 그래서 고대로부터 오늘에 이르기까지 모든 사람, 임금 및 세속적 지자(智者)들의 말이나 주장은 「무위자연의 도」에 맞지 않는다.

(4) 뿐만 아니다. 지금도 많은 사람들이 말한다. 「그러한 도(道)는 없다. 공자의 윤리도덕이나 노자의 도는 옛날에 말한 어리석은 주장이다. 오늘에는 맞지 않는다.」 「사람은 육신적 삶을 바탕으로 잘살아야 한다.」

(5) 그래서 오늘의 인류는 오직 악덕하고 자의적(恣意的)이고 이기적(利己的)이고 순간적(瞬間的)인 삶을 위해 재물과 과학 기술을 악용하는 것을 당연시하고 있다. 노자가 「천하 막능지 막능행(天下 莫能知 莫能行)」이라 한 대로다.

(6) 허정(虛靜), 유화(柔和), 자검(慈儉), 부쟁(不爭) 등은 모두가 무위자연의 도에서 나온 덕행이다. 누구나 쉽게 행할 수 있다.

(7) 그러나 속인들은 무지(無智)와 욕심(慾心) 때문에 뿌리와 중심을 잃고 악덕한 삶만을 살고 있다. 따라서 성인이 누추한 옷차림으로 살게 마련이다. 그러나 속에는 보배로운 도(道)가 살아 있다. 악덕은 쇠멸한다. 선덕만이 살아 번성한다. 모든 지식인들이 깨어나야 한다.

제 71 장

[1] 知不知尙矣 不知知病也.

지부지(이) 상의(이라) 부지지(이) 병야(이니라)

자기의 부지(不知)를 <스스로> 알아야 좋다. 알아야 할 것을 모르는 것이 병이다.

[2] 聖人不病 以其病病 夫唯病病 是以不病.

성인불병(이오) 이기병병(이니라) 부유병병(이라) 시이불병(이니라)

도를 터득한 성인은 그런 결함이나 병폐(病弊)가 없다. 잘못이나 병폐를 병으로 여긴다. 오직 병폐를 병으로 여기기 때문에 그러므로 병폐가 없는 것이다.

[어구 설명] [1] 知不知尙矣 不知知病也 :

○知不知尙矣(지부지상의) : 내가 도를 알지 못함을 스스로 아는 것은 좋다.

<* 지부지(知不知)의 앞의 「지(知)」는 동사다. 다음의 「부지(不知)」가 목적어다. 즉 「내가 도를 모른다는 사실을 안다는 뜻이다.」 * 상(尙)은 상(上)이다. 상(上)으로 쓴 책도 있다.>

<* 다른 학설도 있다. 즉「천지 만물의 근본이 되는 도(道)를 알 수 없다. 그러나 사람들은 엉뚱한 소리를 하고 아는 척한다.」 그러나 여기서는 취하지 않는다.>

○不知知病也(부지지병야) : 알아야 할 것을 모르는 것이 병이다.

<* 모르면서 아는 척하는 것이 병이고 흠이다. 그러나 여기서는 취하지 않는다.>

[어구 설명] [2] 聖人不病 以其病病 夫唯病病 是以不病 :

○聖人不病(성인불병) : 도를 터득한 성인은 그런 결함이나 병폐(病弊)가 없다.

○以其病病(이기병병) : 잘못이나 병폐를 병으로 여긴다.
<* 이(以)는 그러므로.>

○夫唯病病(부유병병) : 오직 병을 병으로 여길 뿐이다.

○是以不病(시이불병) : 그러므로 병폐가 없는 것이다.

<* 회남자(淮南子) 도응훈(道應訓)에「지이부지 상의 지이지 병야(知而不知 尙矣 知而知 病也)」라는 말이 있다. 즉「알면서 모른 척하는 것은 위다. 알고 아는 척하는 것이 병이다.」>

<*「부유병병 시이불병(夫唯病病 是以不病)」은 중복되므로 삭제하라는 설이 있다. ⇒ 장석창(蔣錫昌)의 설>

[현대적 해석] 제 71 장

[1] 자기의 부지(不知)를 <스스로> 알아야 좋다. 알아야 할 것을 모르는 것이 병이다.

[2] 도를 터득한 성인은 그런 결함이나 병폐(病弊)가 없다. 잘못이나 병폐를 병으로 여긴다. <오직 병폐를 병으로 여기기 때문에> 그러므로 병폐가 없는 것이다.

참고 보충 설명 | 지(知)와 부지(不知)

(1) 알아야 할 도(道)를 알고 행해야 한다. 현대적으로 풀면 다음 같다.

(2) 사람은 숭고한 정신적 본성이 있다. 그러므로 공자나 노자가 말하는 도(道)를 알고 실천해서 덕(德)을 세워야 한다.

(3) 그런데 오늘의 속인들은 그런 것을 모를 뿐만 아니라 근본적으로 부정하고, 반대로 동물적 수심(獸心)만을 바탕으로 서로 싸운다. 그러면서 당연하게 생각한다. 그래서 오늘의 세계가 심각한 위기에 빠진 것이다. 그래도 모른다.

(4) 노자가 말하는 도는 차원이 높다. 감각적 인식을 초월한 것이다. 그래서 알기 어렵다. 그래도 알고 따르고 실천해야 한다.

(5) 공자도 논어에서 「모르는 것을 모른다고 해라.(無知爲無知)」고 말했다.

제 72 장

[1] 民不畏威 則大威至.

민불외위(이니) 즉대위지(이니라)

백성을 겁주고 위협(威脅)하면 안된다. <그런데 통치자가 계속해서> 크게 위협하면 <도리어 백성들로부터> 크게 위협을 받게 될 것이다.

[2] 無狎其所居 無厭其所生 夫唯不厭 是以不厭.

무압기소거(이오) 무염기소생(이니라) 부유불염(이면) 시이불염(이니라)

<통치자나 임금은> 백성들의 거처나 거동을 속박하지 말고, 또 백성들의 삶과 생업을 압박하지 말아야 한다. 오직 압박하지 않으면 따라서 백성들도 미워하지 않을 것이다.

[3] 是以聖人 自知不自見 自愛不自貴 故去彼取此.

시이성인(이) 자지부자현(이오) 자애부자귀(라) 고(로) 거피취차(이니라)

그러므로 <도를 따르는> 성인은 스스로 도를 잘 알기 때문에 자신을 내보이고 자만하지 않는다. 자신을 사랑하므로 자신이 <세속적으로 높이는> 귀한 자리에 오르지 않는다. 따라서 위압적 악덕정치를 버리고 청정 무위자연의 도를 따른다.

[어구 설명] [1] 民不畏威 則大威至 :

○民不畏威 則大威至(민불외위 즉대위지) : <통치자는> 백성을 겁주고 위협(威脅)하면 안된다. <그런데 통치자가 계속해서> 크게 위협하면 <도리어 백성들로부터> 크게 위협을 받게 될 것이다.

<*「즉대위지(則大威至)」는 <임금이나 통치자가 계속해서 압박을 가하면> 큰 위협을 받게 된다. 즉 화란(禍亂)이 일어난다는 뜻이다.>

<*왕필(王弼)은 다음같이 풀었다.「위협으로는 백성을 제어할 수 없다. 백성은 위협에 못견디고, 결국은 상하가 크게 궤멸(潰滅)하게 된다.(威不能復制民 民不能堪其威 則上下大潰矣)」>

[어구 설명] [2] 無狎其所居 無厭其所生 夫唯不厭 是以不厭 :

○無狎其所居 無厭其所生(무압기소거 무염기소생) : <통치자나 임금은> 백성들의 거처나 거동을 속박하지 말고, 또 백성들의 삶과 생업을 압박하지 말아야 한다.

<* 압(狎)은 속박하다, 구속한다는 뜻. 압(壓)과 같다. 거(居)는 기거행동(起居行動), 즉 백성의 거처나 거동이란 뜻.>

<*무염기소생(無厭其所生)의 염(厭)도 압(壓)과 같다. 백성들의 생활이나 생업을 압박하지 말라는 뜻이다.>

○夫唯不厭 是以不厭(부유불염 시이불염) : 오직 압박하지 않으면 따라서 백성들도 미워하지 않을 것이다.

<* 앞의 염(厭)은 압박(壓迫), 뒤의 염(厭)은 미워하다는 뜻이다.>

[어구 설명] [3] 是以聖人 自知不自見 自愛不自貴 故去彼取此 :

○是以聖人(시이성인) : 그러므로 <도를 따르는> 성인은.

○自知不自見(자지부자현) : 스스로 도를 잘 알기 때문에 자신을 내보이고 자만하지 않는다.

○自愛不自貴(자애부자귀) : 자신을 사랑하므로 자신이 <세속적으로 높이는> 귀한 자리에 오르지 않는다.

○故去彼取此(고거피취차) : 따라서 위압적 악덕정치를 버리고 청정 무위자연의 도를 따른다.

[현대적 해석] 제 72 장

[1] <통치자는> 백성을 겁주고 위협(威脅)하면 안된다. <그런데 통치자가 계속해서> 크게 위협하면 <도리어 백성들로

부터> 크게 위협을 받게 될 것이다.

[2] <통치자나 임금은> 백성들의 거처나 거동을 속박하지 말고, 또 백성들의 삶과 생업을 압박하지 말아야 한다. 오직 압박하지 않으면 따라서 백성들도 미워하지 않을 것이다.

[3] 그러므로 <도를 따르는> 성인은 스스로 도를 잘 알기 때문에 자신을 내보이고 자만하지 않는다. 자신을 사랑하므로 자신이 <세속적으로 높이는> 귀한 자리에 오르지 않는다. 따라서 위압적 악덕정치를 버리고 청정 무위자연의 도를 따른다.

참고 보충 설명 | 외민대위지(畏民大威至)

(1) 노자는 통치자들이 인위적으로 백성을 못살게 구는 것을 전면적으로 반대했다. 그리고 말했다.

(2) 백성을 겁주고 위협(威脅)하면 도리어 백성들로부터 크게 위협을 받게 될 것이다.

(3) 오늘의 정치는 엄한 법이나 형벌을 내세우는 법가(法家)나 패도(覇道)의 사상이다. 통치자가 백성들의 안락과 발전을 막는다면 백성들의 반항이나 위협을 받을 것이다.

제 73 장

[1] 勇於敢則殺 勇於不敢則活 此兩者 或利或害 天之所惡 孰知其故 是以聖人猶難之.

용어감즉살(하고) 용어불감즉활(하니라) 차량자(이) 혹리혹해(하니라) 천지소오(이) 숙지기고(이오) 시이성인유난지(이니라)

과감하게 <악덕을 따르는> 자는 곧 죽는다. 용감하게 <도를 따르고 악덕을> 따르지 않는 사람은 곧 산다. 이 둘은 항상 이롭기도 하고, 반대로 해롭기도 하다. 하늘이 미워하는 바, 그 이유를 누가 알겠는가. <사람은 알지 못한다.> 그러므로 성인도 역시 어렵게 여긴다.

[2] 天之道 不爭而善勝 不言而善應 不召而自來 繟然而善謀.

천지도(는) 부쟁이선승(이오) 불언이선응(이오) 불소이자래(이오) 천연이선모(이니라)

하늘의 도는 다투지 않고 잘 이긴다. 말하지 않아도 잘 응한다. 오라고 부르지 않아도 스스로 온다. 무심해도 잘 꾸며진다.

[3] 天網恢恢 疏而不失.

천망(이) 회회(이나) 소이불실(이니라)

하늘의 그물은 엉성하면서도 새거나 놓치지 않는다.

[어구 설명] [1] 勇於敢則殺 勇於不敢則活 此兩者 或利或害 天之所惡 孰知其故 是以聖人猶難之 :

○勇於敢則殺(용어감즉살) : 용감하게 <속세의 악덕을 행하고, 또 악덕정치를 따르는> 자는 <결국> 죽는다.

○勇於不敢則活(용어불감즉활) : 용감하게 <도를 따르고 속세의 악덕정치를> 따르지 않는 사람은 산다.

○此兩者 或利或害(차량자 혹리혹해) : 이 둘은 항상 이롭기도 하고, 반대로 해롭기도 하다.

○天之所惡 孰知其故(천지소오 숙지기고) : <절대자인> 하늘이 미워하는 바, 그 이유를 누가 알겠는가.

○是以聖人猶難之(시이성인유난지) : 그러므로 성인도 역시 어렵게 여긴다.

<* 용어감즉살(勇於敢則殺)을 「형벌 집행을 과감하게 하는 자는 죄인을 죽인다」, 용어불감즉활(勇於不敢則活)을 「형벌 집행을 과감히 하지 않는 자는 죄인을 살린다」로 풀기도 한다. 그러나 맞지 않는다. *용(勇)은 「속에서 솟아난다」는 뜻이다.>

<* 양자(兩者)는 다음과 같다. ①무위자연의 도를 따르는 사람은 이(利)를 본다. ②도를 따르지 않고 세속적 악덕이나 악덕정치를 따르는 사람은 해(害)를 본다. 자기도 해롭고 남도 해친다.>

<* 천지소오 숙지기고(天之所惡 孰知其故) : 우주 천지 만물 및 도(道)의 본체(本體)인 절대자(絶對者) 하늘이 왜 미워하는지 그 이유나 도리를 사람은 알 수 없다.>

<* 고로 성인도 어렵게 여긴다.>

[어구 설명] [2] 天之道 不爭而善勝 不言而善應 不召而自來 繟然而善謀 :

ㅇ天之道 不爭而善勝(천지도 부쟁이선승) : <하늘의 도는> 현실적으로 다투지 않아야 선하고, 또 이긴다.

ㅇ不言而善應 不召而自來(불언이선응 불소이자래) : 말하지 않아도 잘 응한다. 오라고 부르지 않아도 스스로 온다.

ㅇ繟然而善謀(천연이선모) : 무심해도 잘 꾸며진다.

<* 천연(繟然)은 태연자약(泰然自若)하다, 안연(安然)하다는 뜻이다. 「繟(띠 늘어질 천)」>

[어구 설명] [3] 天網恢恢 疏而不失 :

ㅇ天網恢恢 疏而不失(천망회회 소이불실) : 하늘의 그물, 즉 자연의 법망(法網), 법도(法度), 도리(道理)는 엉성하면서도

놓치거나 새게 하지 않는다. 즉 선악을 분별하고, 또 생성화육(生成化育)한다.

[현대적 해석] 제 73 장

[1] 과감하게 <악덕을 따르는> 자는 곧 죽는다. 용감하게 <도를 따르고 악덕을> 따르지 않는 사람은 곧 산다. 이 둘은 항상 이롭기도 하고, 반대로 해롭기도 하다. 하늘이 미워하는 바, 그 이유를 누가 알겠는가. <사람은 알지 못한다.> 그러므로 성인도 역시 어렵게 여긴다.

[2] 하늘의 도는 다투지 않고 잘 이긴다. 말하지 않아도 잘 응한다. 오라고 부르지 않아도 스스로 온다. 무심해도 잘 꾸며진다.

[3] 하늘의 그물은 엉성하면서도 놓치지 않는다.

참고 보충 설명 | 천망소이불실(天網疏而不失)

(1) 앞에서는 통치자가 위압적으로 백성을 누르지 말라고 했다. 이번에는 자의(恣意)로 백성을 벌주는 것을 탓했다.

(2) 속세에서 사람들이 말하는 선이나 악은 상대적인 것이다. 따라서 악인이라 낙인 찍고 처형한다는 것은 도의 입장에서 보면 옳지 못하다. 때로는 악한 자가 악한 권력을 가지고 착한 사람을 처벌하고 죽이는 경우가 많다.

(3) 그러나 사람들은 도(道)를 모른다. 그러므로 선악(善惡)의

기준을 정할 수 없다.

(4) 악덕한 사람도 권력을 잡고 통치를 하면 모든 것을 선이라고 주장할 수 있다. 뿐만 아니다. 진짜로 착한 사람도 자기에게 반대하면 무조건 악인으로 몰고 처형한다. 이러한 일은 고금동서(古今東西)를 막론하고 언제나 어디서나 있었다.

(5) 뿐만 아니다. 과학이 발달한 오늘의 세계 정치도 마찬가지다. 그러면서 오늘의 지식인들도 잘 알지 못한다. 알지 못할 뿐 아니라 과학적 무기를 악용하는 것을 당연시한다.

(6) 그러나 잘 생각해보자. 가난한 사람이 부자가 되었다고 반드시 먹고 놀고 사치하고 낭비하고, 또 남을 괴롭히거나 착취해야 하는가. 악덕은 옛날에만 있고 오늘에는 없는가? 아니다. 돈이 많고 과학이 발달하면 더 악덕이 많아지게 마련이다. 특히 오늘의 사람들은 돈과 물질문명에 현혹되어 선악시비(善惡是非)를 분간하지 못한다.

(7) 그러므로 하늘이 미워하는 바와 이유도 알지 못한다. 오직 동물처럼 뛰고 놀기만 한다. 그러나 하늘은 만물을 생육화성하면서도 나쁜 것은 스스로 스러지게 한다.

(8) 그래서 노자는 말했다. 「하늘의 그물은 큼직하고 엉성하지만 놓치지 않는다.(天網恢恢 疏而不失)」

(9) 하늘은 죽이지 않는다. 오직 물화(物化)하는 것이다. 이것을 사람은 죽음이라 하고 무서워한다. 미망(迷妄)이다.

제 74 장

[1] 民不畏死 奈何以死懼之 若使民常畏死 而爲奇者 吾得執而殺之 孰敢.

민불외사(이니) 내하이사구지(이리오) 약사민상외사(이) 이위기자(이) 오득집이살지(이나) 숙감(이리오)

백성은 <원래 도를 따라 태어나 살기 때문에> 죽음을 겁내지 않는다. <그런 백성을> 어찌 <악덕한 임금이나 통치자가> 죽음을 가지고 겁을 주겠는가. <그러나 속세의 통치자는 백성들을 공갈 협박하고 있다.> 만약 백성으로 하여금 항상 죽음을 겁나게 하고, 또 사악하고 괴상한 짓을 하는 악덕한 자가 있으면 나라도 그와 같은 <악덕한 자를> 잡아서 죽일 것이다. <하지만> 누가 감히 그런 짓을 하겠는가. <악덕한 자라도 사람이 사람을 죽일 수 없다.>

[2] 常有司殺者殺 夫代司殺者殺 是謂代大匠斲 夫代大匠斲者 希有不傷其手矣.

상유사살자살(이니라) 부대사살자살(을) 시위대대장착(이니라) 부대대장착자(는) 희유불상기수의(이니라)

하늘이나 도(道)는 남을 죽이는 악덕한 자를 다스리고 죽게 한다. 그런데 <악덕한 임금이> 자기가 하늘을 대신하여 살인자를 죽인다고 하면서 사람을 죽인다. 이러한 일은 말하자면 <생소한 사람이> 대장(大匠), 즉 큰목수를 대신해서 나무를 깎고 베는 격이라 하겠다. 허기는 대장을 대신해서 나무를 깎고 베면 자기 손을 상하지 않을 수가 없느니라.

[어구 설명] [1] 民不畏死 奈何以死懼之 若使民常畏死 而爲奇者 吾得執而殺之 孰敢 :

ㅇ民不畏死(민불외사) : 백성은 <원래 도를 따라 태어나 살기 때문에> 죽음을 겁내지 않는다.

ㅇ奈何以死懼之(내하이사구지) : <그런 백성을> 어찌 <악덕한 임금이나 통치자가> 죽음을 가지고 겁을 주겠는가. <그러나 속세의 통치자는 백성들을 공갈 협박하고 있다.>

ㅇ若使民常畏死 而爲奇者(약사민상외사 이위기자) : 만약 백성으로 하여금 항상 죽음을 겁나게 하고, 또 사악하고 괴상한 짓을 하는 <악덕한> 자가 있으면.

ㅇ吾得執而殺之 孰敢(오득집이살지 숙감) : 나도 그와 같은 <악덕한 자를> 잡아서 죽일 것이다. <하지만> 누가 감히 그런 짓을 하겠는가. <악덕한 자라도 사람이 사람을 죽일 수는 없다.>

[어구 설명] [2] 常有司殺者殺 夫代司殺者殺 是謂代大匠斲 夫代大匠斲者 希有不傷其手矣 :

○常有司殺者殺(상유사살자살) : <절대인> 하늘이나 도(道)는 남을 죽이는 악덕한 자를 다스리고 죽게 한다.

<* 하늘이 살인자를 도법(道法)으로 다스려 죽게 한다. 하늘이나 자연은 도에 어긋나는 악인을 죽게 한다.>

○夫代司殺者殺(부대사살자살) : 그런데 <악덕한 임금이> 자기가 하늘을 대신하여 살인자를 죽인다고 하면서 사람을 죽인다.

○是謂代大匠斲(시위대대장착) : 이러한 일은 말하자면 <생소한 사람이> 대장(大匠), 즉 큰목수를 대신해서 나무를 깎고 베는 격이라 하겠다. <* 斲(깎을 착). 도끼질하다.>

○夫代大匠斲者 希有不傷其手矣(부대대장착자 희유불상기수의) : 허기는 대장(大匠)을 대신해서 나무를 깎고 베면 자기 손을 상하지 않을 수가 없다.

<* 희(希)=희(稀). 희유(希有)는 거의 없다.>

[현대적 해석] 제 74 장

[1] 백성은 <원래 도를 따라 태어나 살기 때문에> 죽음을 겁내지 않는다. <그런 백성을> 어찌 <악덕한 임금이나 통치자가> 죽음을 가지고 겁을 주겠는가. <그러나 속세의 통치자는 백성들을 공갈 협박하고 있다.> 만약 백성으로 하여금 항상 죽음을 겁나게 하고, 또 사악하고 괴상한 짓을 하는 악덕한 자가 있으면 나라도 그와 같은 <악덕한 자를> 잡아서 죽일

것이다. 하지만 누가 감히 그런 짓을 하겠는가.
<* 이 세상에 사는 모든 사람은 무위자연의 도를 따라 태어나 살고 있다. 그러므로 악덕한 자라도 사람이 사람을 죽일 수는 없다.>
[2] 하늘이나 도(道)는 남을 죽이는 악덕한 자를 다스리고 죽게 한다. 그런데 <악덕한 임금이> 자기가 하늘을 대신하여 살인자를 죽인다고 하면서 사람을 죽인다. 이러한 일은 말하자면 <생소한 사람이> 대장(大匠), 즉 큰목수를 대신해서 나무를 깎고 베는 격이라 하겠다. 허기는 대장을 대신해서 나무를 깎고 베면 자기 손을 상하지 않을 수가 없다.

참고 보충 설명 | 자기 손을 다친다

(1) 통치자는 제멋대로 남을 처형한다. 그것을 공갈의 수단으로 삼고 백성을 억압하고 있다. 그러나 백성은 무위자연의 도를 따르므로 죽음도 두려워하지 않는다. 그래서 통치자라도 형벌을 가지고 협박할 수 없을 것이다.
(2) 통치자는 자기가 하늘을 대신하여 벌을 내린다고 궤변을 토한다. 그러나 그것은 마치 재주없는 사람이 뛰어난 목수 대신 나무를 깎는 격이다. 반드시 자기 손을 다치고 말 것이다.
(3) 하늘은 항상 모든 것을 생성화육하고, 또 그렇게 하는 것 자체가 바로 착한 도리라 하겠다. 그러나 하늘도 악한 것을 늘 제거하고 있다. 즉 도(道)의 생화작용(生化作用)이다. 그래서 무(無)에 복귀(復歸)하면서 다시 태어난다.

제 75 장

[1] 民之饑 以其上食稅之多 是以饑 民之難治 以其上之有爲 是以難治 民之輕死 以其上求生之厚 是以輕死.

민지기(이) 이기상식세지다(이니라) 시이기(이니라) 민지난치(이) 이기상지유위(이니라) 시이난치(이니라) 민지경사(이) 이기상구생지후(이니라) 시이경사(이니라)

백성들이 굶주리고 있다. 그것은 위정자가 많은 세금을 거둬서 먹어치우기 때문이다. 그래서 백성들이 굶주리는 것이다. 백성들을 잘 다스리지 못하고 있다. 위정자가 권모술책을 농하기 때문에 잘 다스리지 못하는 것이다. 백성들이 가볍게 죽는다. 위정자가 자기네 육신을 지나치게 봉양하기 때문에 백성들은 가볍게 죽는 것이다.

[2] 夫唯無以生爲者 是賢於貴生.

부유무이생위자(이) 시현어귀생(이니라)

살고자 안달하지 않는 자가 오히려 육신을 귀중히 여기는 자보다 현명하다.

[어구 설명] [1] 民之饑 以其上食稅之多 是以饑 民之難治 以

其上之有爲 是以難治 民之輕死 以其上求生之厚 是以輕死 :

ㅇ民之饑 以其上食稅之多 是以饑(민지기 이기상식세지다 시이기) : 백성들이 굶주리고 있다. 그것은 위정자가 많은 세금을 거둬서 먹기 때문이다. 그래서 백성들이 굶주린다.

ㅇ民之難治 以其上之有爲 是以難治(민지난치 이기상지유위 시이난치) : 백성들을 잘 다스리지 못한다. 위정자가 권모술책을 농하기 때문이다. 그래서 잘 다스리지 못하는 것이다. <* 「유위(有爲)」를 임희일(林希逸)은 다음같이 풀었다. 「곧 통치자가 지나치게 지혜와 술책을 쓴다는 뜻이다.(有爲言爲治者過用智術也)」>

ㅇ民之輕死 以其上求生之厚 是以輕死(민지경사 이기상구생지후 시이경사) : 백성들이 가볍게 죽는다. 위정자가 자기네 삶만을 지나치게 봉양하기 때문이다. 그래서 백성들은 가볍게 죽는 것이다.
<* 이기상구생지후(以其上求生之厚)는 「위정자가 삶을 너무나 찾기 때문이다. 위정자가 자기 육신을 봉양하기 위해 지나치게 사치한다」이다.>

[어구 설명] [2] 夫唯無以生爲者 是賢於貴生 :

ㅇ夫唯無以生爲(부유무이생위) : 허기는 <욕심스럽게> 오직 육신적 삶을 잘살고자 야단을 떨지 않는다.

ㅇ是賢於貴生(시현어귀생) : 그런 태도가 귀생(貴生)보다 현

명하다. <* 즉 육체적 삶을 높이는 것보다 현명하다.>

[현대적 해석] 제 75 장

[1] 백성들이 굶주리고 있다. 그것은 위정자가 많은 세금을 거둬서 먹어치우기 때문이다. 그래서 백성들이 굶주리는 것이다. 백성들을 잘 다스리지 못하고 있다. 위정자가 권모술책을 농하기 때문에 잘 다스리지 못하는 것이다. 백성들이 가볍게 죽는다. 위정자가 자기네 육신을 지나치게 봉양하기 때문에 백성들은 가볍게 죽는 것이다.

[2] 살고자 안달하지 않는 자가 오히려 육신을 귀중히 여기는 자보다 현명하다.

참고 보충 설명 | 도(道)의 삶을 높인다

(1) 위정자는 백성을 배불리 먹게 하고, 안락하게 살게 하고, 또 그들의 수명을 보장해 주어야 한다. 그러나 현실적으로는 정반대다.

(2) 위정자 때문에 백성은 굶주리고, 권모술책을 농하기 때문에 편안히 살 수가 없고, 또 위정자가 자기 몸만 귀한 줄 알기 때문에 백성들은 쉽게 죽는다.

(3) 노자는 말했다. 혼자 잘살려는 임금보다 도를 따라 사는 백성이 더 현명하다.

제 76 장

[1] 人之生也柔弱 其死也堅强 萬物草木之生也柔脆 其死也枯槁 故堅强者死之徒 柔弱者生之徒.

인지생야(이) 유약(이나) 기사야(이) 견강(이니라) 만물초목지생야(이) 유취(이나) 기사야(이) 고고(이니라) 고(로) 견강자(이) 사지도(이오) 유약자(이) 생지도(이니라)

사람은 태어났을 때는 유약하다. 그러나 죽으면 굳고 단단하게 된다. 만물과 초목도 갓 자랄 때는 부드럽지만, 죽은 다음에는 마르고 굳게 된다. 고로 억세고 굳은 것은 죽음의 무리이고, 부드럽고 약한 것은 삶의 무리라 하겠다.

[2] 是以兵强則不勝 木强則兵 强大處下 柔弱處上.

시이병강즉불승(이오) 목강즉병(이오) 강대처하(이) 유약처상(이니라)

그런 고로 무력이 강하면 결국 이기지 못하고, 나무도 억세면 결국은 잘리고 만다. 강하고 큰 것은 결국 밑에 깔리게 마련이고, 유약한 것이 결국은 위로 오르게 마련이다.

[어구 설명] [1] 人之生也柔弱 其死也堅强 萬物草木之生也柔脆 其死也枯槁 故堅强者死之徒 柔弱者生之徒 :

○人之生也柔弱 其死也堅强(인지생야유약 기사야견강) : 사람은 태어났을 때는 유약하다. 그러나 죽으면 굳고 단단하게 된다.

○萬物草木之生也柔脆 其死也枯槁(만물초목지생야유취 기사야고고) : 만물이나 초목도 갓 자랄 때는 부드럽지만, 죽은 다음에는 마르고 굳게 된다.

<* 판본에 따라서는 만물(萬物) 두 자가 없다.>

○故堅强者死之徒 柔弱者生之徒(고견강자사지도 유약자생지도) : 고로 억세고 굳은 것은 죽음의 무리이고, 부드럽고 약한 것은 삶의 무리라 하겠다.

[어구 설명] [2] 是以兵强則不勝 木强則兵 强大處下 柔弱處上 :

○是以兵强則不勝(시이병강즉불승) : 그런 고로 무력이 강하면 결국 이기지 못하고 <결국은 싸우다가 지쳐서 죽는다.>

○木强則兵(목강즉병) : 나무도 자라서 단단하고 굳으면 결국은 잘리고 만다.

<* 병(兵)은 어떤 판본에는 공(共)으로 되었다. 즉 잘려서 쓰인다. 공여(供與)된다는 뜻이다.>

○强大處下 柔弱處上(강대처하 유약처상) : 강하고 큰 것은

결국 밑에 깔리게 마련이고, 유약한 것이 결국은 위로 오르게 마련이다.

[현대적 해석] 제 76 장

[1] 사람은 태어났을 때는 유약하다. 그러나 죽으면 굳고 단단하게 된다. 만물과 초목도 갓 자랄 때는 부드럽지만, 죽은 다음에는 마르고 굳게 된다. 고로 억세고 굳은 것은 죽음의 무리이고, 부드럽고 약한 것은 삶의 무리라 하겠다.

[2] 그런 고로 무력이 강하면 결국 이기지 못하고, 나무도 억세면 결국은 잘리고 만다. 강하고 큰 것은 결국 밑에 깔리게 마련이고, 유약한 것이 결국은 위로 오르게 마련이다.

참고 보충 설명 | 유약처상(柔弱處上)

(1) 태어나 살아있을 때는 유약하다. 그러나 죽으면 굳고 단단하게 된다. 초목도 갓 자랄 때는 부드럽지만, 죽은 다음에는 마르고 굳게 된다.

(2) 그래서 노자는 부드럽고 약한 것[柔弱者]은 삶의 상징이고, 굳고 강한 것[堅强者]은 죽음의 상징이라고 말했다.

(3) 물을 내세워 유약(柔弱)과 처하(處下)를 높이기도 했다. 이유는 다름이 아니다. 그렇게 하는 것이 삶과 승리를 획득하는 길이기 때문이다. 노자의 철학은 결코 패배와 후퇴와 사멸을 위한 것이 아니다. 영생과 승리의 철학이다.

제 77 장

[1] 天之道 其猶張弓與 高者抑之 下者擧之 有餘者損之 不足者補之.

천지도(이) 기유장궁여(이아) 고자억지(하고) 하자거지(하고) 유여자손지(하고) 부족자보지(하니라)

천도(天道)는 마치 활시위를 메기는 것과 같다. 높은 데는 누르고, 낮은 데는 돋는다. 남아도는 것은 줄이고, 모자라는 것은 보충해 준다.

[2] 天之道 損有餘而補不足 人之道 則不然 損不足以奉有餘.

천지도(는) 손유여이보부족(이오) 인지도(는) 즉불연(이니라) 손부족이봉유여(이니라)

하늘의 방식은 남는 것을 줄이고, 모자라는 것을 보충해 준다. 그러나 인간의 방식은 그렇지 않다. 모자라는 것을 축내어 남는 것을 받들게 한다.

[3] 孰能有餘以奉天下 唯有道者 是以聖人爲而不恃 功成而不處 其不欲見賢.

숙능유여이봉천하(이오) 유유도자(이니라) 시이성인위이불시(하고) 공성이불처(하고) 기불욕현현(하니라)

남는 것으로 천하를 받들게 할 수 있는 사람은 누구일까? 오직 도를 터득한 사람이니라. 그런 고로 성인은 이루고도 자랑하지 않고, 공을 세우고도 자리에 처하지 않고, 자신의 현명을 내보이려 하지 않는다.

[어구 설명] [1] 天之道 其猶張弓與 高者抑之 下者擧之 有餘者損之 不足者補之 :

○天之道 其猶張弓與(천지도 기유장궁여) : 하늘의 도리는 마치 활을 잡아당기는 것과 같다.

○高者抑之 下者擧之(고자억지 하자거지) : 높은 데는 누르고, 낮은 데는 높이 돋아준다.

○有餘者損之 不足者補之(유여자손지 부족자보지) : 남아도는 것은 줄이고, 모자라는 것은 보충해 준다.

[어구 설명] [2] 天之道 損有餘而補不足 人之道 則不然 損不足以奉有餘 :

○天之道 損有餘而補不足(천지도 손유여이보부족) : 하늘의 도리는 남는 것을 줄이고, 모자라는 것을 보충해 준다.

○人之道 則不然 損不足以奉有餘(인지도 즉불연 손부족이봉유여) : 그러나 사람의 도리는 그렇지 않다. 모자라는 것을 더욱 축내어서, 남는 것을 받들고 더 많게 한다.

<* 즉 가난한 백성의 것을 빼앗아다가 남아도는 자, 즉 임금이나 귀족들을 더욱 풍성하게 해준다.>

[어구 설명] [3] 孰能有餘以奉天下 唯有道者 是以聖人爲而不恃 功成而不處 其不欲見賢 :

○孰能有餘以奉天下(숙능유여이봉천하) : 누가 능히 남는 것으로 천하를 받들게 할 수 있을까?

○唯有道者(유유도자) : 오직 도를 지닌 사람뿐이다.

○是以聖人爲而不恃(시이성인위이불시) : 그런 고로 성인은 이루고도 자랑하지 않는다.

○功成而不處(공성이불처) : 공을 세우고도 높은 자리에 처하지 않는다.

○其不欲見賢(기불욕현현) : 자신의 현명을 내보이려 하지 않는다.

<* [3]에 있는 [是以聖人爲而不恃 功成而不處]는 제2장에 나왔다. 앞뒤의 뜻과 맞지 않는다. 착간(錯簡)일 것이다.>

[현대적 해석] 제 77 장

[1] 천도(天道)는 마치 활시위를 메기는 것과 같다. 높은 데는 누르고, 낮은 데는 돋는다. 남아도는 것은 줄이고, 모자라는 것은 보충해 준다.

[2] 하늘의 방식은 남는 것을 줄이고, 모자라는 것을 보충해 준다. 그러나 인간의 방식은 그렇지 않다. 모자라는 것을 축내

어 남는 것을 받들게 한다.

[3] 남는 것으로 천하를 받들게 할 수 있는 사람은 누구일까? 오직 도를 터득한 사람이니라. 그런 고로 성인은 이루고도 자랑하지 않고, 공을 세우고도 자리에 처하지 않고, 자신의 현명을 내보이려 하지 않는다.

참고 보충 설명 | 천도(天道)와 인도(人道)

(1) 노자 철학은 하늘의 도리를 따르고 악덕한 인간의 꾀나 욕심을 버리라는 주장이다.

(2) 하늘은 끝없이 만물을 조화 속에 고르게 키운다. 따라서 제25장에서는 「도를 천하 만물의 어머니」라 했다. 어머니는 아이들을 차별하지 않고 고르게 키운다. 그렇듯이 하늘도 만물을 한결같이 돌보고 고르게 키워 준다.

(3) 인간의 정치 사회에서는 정반대다. 나를 중심으로 남을 보고, 나를 위해 남을 부린다. 정치라는 것은 가장 조직적이고 지능적으로 남을 부리는 수작이다. 부족한 백성을 착취하여 임금을 봉양하게 꾸미고 있다.

(4) 그러나 도를 터득한 사람은 그렇지 않다. 자기의 덕을 가지고 남에게 베풀고, 온 천하를 위해 모든 것을 바친다. 성인은 천하를 위해 바칠 뿐, 자리나 몫은 차지하지 않는다. 하늘도 같다. 만물에게 베풀기만 하지, 만물로부터 받아가지는 법이 없다. 그래서 하늘은 위대하고 영원할 수가 있다.

제 78 장

[1] 天下莫柔弱於水 而攻堅强者 莫之能勝 以其無以易之.

천하막유약어수(이나) 이공견강자(이) 막지능승(이니라) 이기무이역지(이니라)

천하에서 물보다 더 유약한 것이 없다. 그러나 굳고 센 것을 꺾는 데는 물보다 더 뛰어난 것이 없다. 아무것도 물의 본성을 바꿀 수가 없기 때문이다.

[2] 弱之勝强 柔之勝剛 天下 莫不知 莫能行.

약지승강(이) 유지승강(을) 천하(이) 막부지(이나) 막능행(이니라)

약한 것이 강한 것을 이기고, 유한 것이 억센 것을 이긴다. <이러한 물의 도리를> 천하 모든 사람이 모르지 않는다. 그러나 실천하지 못한다.

[3] 是以聖人云 受國之垢 是謂社稷主 受國之不祥 是爲天下王 正言若反.

시이성인운(이라) 수국지구(이) 시위사직주(이오) 수국지

불상(이) 시위천하왕(이니라) 정언약반(이니라)
그런 고로 성인이 말했다. 나라의 오욕을 한몸에 받는 자가 바로 사직의 주인이고, 나라의 화난(禍難)을 한몸에 받는 자가 바로 천하의 왕이니라. 진리의 말은 세상일과는 반대로 나타난다.

[어구 설명] [1] 天下莫柔弱於水 而攻堅强者 莫之能勝 以其無以易之 :

○天下莫柔弱於水(천하막유약어수) : 천하 만물 중, 물보다 더 유약한 것이 없다.

○而攻堅强者 莫之能勝(이공견강자 막지능승) : 그러나 굳고 센 것을 꺾는 데, 물보다 더 뛰어난 것이 없다.

○以其無以易之(이기무이역지) : 아무것도 물의 본성을 바꿀 수가 없기 때문이다.

[어구 설명] [2] 弱之勝强 柔之勝剛 天下 莫不知 莫能行 :

○弱之勝强 柔之勝剛(약지승강 유지승강) : 약한 물이 강한 것을 이기고, 유한 것이 억센 것을 이긴다.

○天下 莫不知 莫能行(천하 막부지 막능행) : <이러한 물의 작용이나 도리를> 천하의 모든 사람이 모르지 않는다. 그러나 그와 같이 <유약(柔弱)으로 강강(强剛)을 이기는 일을> 실천하지 못한다.

[어구 설명] [3] 是以聖人云 受國之垢 是謂社稷主 受國之不祥 是爲天下王 正言若反 :

ㅇ是以聖人云(시이성인운) : 그러므로 성인이 말했다.

ㅇ受國之垢 是謂社稷主(수국지구 시위사직주) : 나라의 오욕을 한몸에 받는 자가 바로 사직의 주인이다.

ㅇ受國之不祥 是爲天下王(수국지불상 시위천하왕) : 나라의 화난(禍難)을 한몸에 받는 자가 바로 천하의 왕이다.

ㅇ正言若反(정언약반) : 진리의 말은 세상일과는 반대로 나타난다.

<* 정언(正言)은 「도에 맞는 바른 말」이다. 약반(若反)은 「속세의 생각과는 정반대 같다.」>

[현대적 해석] 제 78 장

[1] 천하에서 물보다 더 유약한 것이 없다. 그러나 굳고 센 것을 꺾는 데는 물보다 더 뛰어난 것이 없다. 아무것도 물의 본성을 바꿀 수가 없기 때문이다.

[2] 약한 것이 강한 것을 이기고, 유한 것이 억센 것을 이긴다. <이러한 물의 도리를> 천하 모든 사람이 모르지 않는다. 그러나 실천하지 못한다.

[3] 그런 고로 성인이 말했다. 나라의 오욕을 한몸에 받는 자가 바로 사직의 주인이고, 나라의 화난(禍難)을 한몸에 받는

자가 바로 천하의 왕이니라. 진리의 말은 세상일과는 반대로 나타난다.

참고 보충 설명 | 약승강(弱勝强)

(1) 전에도 여러번 유약한 물이 억센 것을 이길 수 있음을 말했다. 노자는 물에 대해서 여러 가지로 말했다.

(2) 제8장에서 말했다. 「상선은 물과 같다.(上善若水) 물은 만물을 이롭게 해주고 다투지 않는다.(水善利萬物而不爭) 모든 사람이 싫어하는 낮은 곳에 처한다. 고로 도에 가깝다.(處衆人之所惡 故幾於道)」

(3) 제52장에서는 「수유왈강(守柔曰强)」이라 했다. 제76장에서는 「유약은 삶의 무리다.(柔弱者生之徒)」라고 했다.

(4) 물은 항상 물이다. 수증기(水蒸氣)도 물이다. 샘물도 물이다. 강(江)이나 바다도 물이다. 그 물은 많으나 적으나 항상 물이다. 그러면서 물은 오랜 시간에 걸쳐 강경(强硬)한 돌이나 바위도 부수고 분해하게 한다.

(5) 「무적 도(無的 道)」를 속에 굳게 지니고 따르고 행하면 사람도 물같이 이기지 못할 것이 없게 된다.

(6) 물같이 아래에 처하고 유약(柔弱), 겸하(謙下)하면 천하 만민을 다스릴 군왕(君王)이 될 수 있다. 이를 말을 바꾸어 임금은 나라의 오욕(汚辱)과 화난을 한몸에 지니는 존재이다, 호강하는 존재가 아니라고 말했다.

제 79 장

[1] 和大怨 必有餘怨 [報怨以德] 安可以爲善.

화대원(이) 필유여원(이니) [보원이덕(이)] 안가이위선(이리오)

큰 원한을 풀어도 반드시 원한이 남는다. [덕으로써 원한에 보답하는 것만으로는] 어찌 좋다고 하겠는가.

[2] 是以聖人執左契 而不責於人 有德司契 無德司徹.

시이성인집좌계(이) 이불책어인(이라) 유덕사계(이오) 무덕사철(이니라)

그러므로 성인은 채권을 보류하고, 남에게 독촉하지 않는다. 덕있는 사람은 채권을 보류한다. <그러나> 덕없는 자는 현물로 거둬들인다.

[3] 天道無親 常與善人.

천도무친(이오) 상여선인(이니라)

천도는 편애(偏愛)하지 않는다. 늘 착한 사람의 편을 든다.

[어구 설명] [1] 和大怨 必有餘怨 [報怨以德] 安可以爲善 :

○和大怨 必有餘怨(화대원 필유여원) : 큰 원한을 풀어주어도 반드시 여원(餘怨)이 있게 마련이다.

○[報怨以德] 安可以爲善([보원이덕] 안가이위선) : <그러므로> 원한을 덕으로 갚는 것만으로 어찌 잘한다고 하겠느냐? <* 위정자는 처음부터 백성에게 한(恨)을 맺게 하지 말아야 한다.>

<* [보원이덕(報怨以德)]은 제63장에 나왔다. 엄영봉(嚴靈峯)의 설에 따라 이 장에 다시 넣었다.>

[어구 설명] [2] 是以聖人執左契 而不責於人 有德司契 無德司徹 :

○是以聖人執左契 而不責於人(시이성인집좌계 이불책어인) : 그래서 성인은 채권을 보류하고, 독촉하거나 거두지 않는다.

<* 집좌계(執左契)의 집(執)은 꽉 쥐고 있다. 좌계(左契)는 채권자가 가지고 있는 목계(木契)의 반쪽. 즉 채권을 보류하고 행사하지 않는다는 뜻이다.>

<* 불책어인(不責於人)은 임금이나 통치자같이 백성들로부터 가렴주구(苛斂誅求)하지 않는다는 뜻이다.>

○有德司契(유덕사계) : 덕있는 사람은 채권을 보류한다.

<* 사계(司契)는 계약을 잘 간직하고 적절하게 처리한다.>

○無德司徹(무덕사철) : 덕없는 자는 계약대로 백성들의 재물을 철저히 거둬들인다. <* 악덕한 철법(徹法)에 따라 재물

을 거둬들인다. 즉 가렴주구(苛斂誅求)한다.>
<* 철(徹)은 주(周)나라 때의 세법으로 10분의 1의 곡물을 거두는 법이다.>

[어구 설명] [3] 天道無親 常與善人 :

○天道無親(천도무친) : 천도(天道)는 편애(偏愛)하지 않는다. <* 공평무사(公平無私)하고 무위이치(無爲而治)한다.>

○常與善人(상여선인) : 도(道)를 따라 항상 모든 사람에게 잘한다. <* 여(與)를 「편을 든다」로 풀기도 한다.>

[현대적 해석] 제 79 장

[1] 큰 원한(怨恨)을 풀고 화해해도 반드시 여한(餘恨)이 있게 마련이다. 그러니 어찌 좋다고 하겠느냐.
[2] 그러므로 성인은 채권을 꽉 쥐고 남에게 독촉하지 않는다. 덕있는 사람은 채권을 잘 집행한다. 덕없는 자는 철법(徹法)에 따라 거둬들인다.
[3] 천도(天道)는 좋으나 나쁘나 편애(偏愛)하지 않는다. 늘 잘 백성의 편을 든다. <* 즉 무위자연(無爲自然)한다.>

참고 보충 설명 | 성인(聖人)과 선인(善人)

(1) 여기서 말하는 천도(天道)는 유가(儒家)에서 말하는 「유적(有的)·현실적(現實的)·도덕정치적(道德政治的) 천도」가 아니다. 천도란 말은 노자에 잘 나오지 않는다.

(2) 여기서 노자가 말하는 천도는 곧 「무적(無的) 도(道)」이다. 또 노자가 말하는 성인(聖人)은 도(道)를 따르고 행하는 사람이다. 그는 속세의 악덕한 임금이나 통치자 및 그 밑에 있는 세속적 지자(智者)와 근본적으로 다르다.

(3) 「성인집좌계(聖人執左契)」는 다음 같은 뜻을 말한 것이다. 속세의 정치적 법령이나 방식을 손에 꽉 잡아 쥐고, 백성들에게 피해를 주지 않는다는 뜻이다. 다시 말하면 속세의 정치 방식을 무시한다는 뜻이다.

(4) 「불책어인(不責於人)」은 백성들로부터 거두어들이지 않는다. 즉 세속적 악법을 바탕으로 가렴주구(苛斂誅求)를 안한다는 뜻이다.

(5) 그 다음 단계가 「유덕사계(有德司契)」다. 즉 속세의 법령을 잘 처리한다는 뜻이다. 세속적 단계에서 착하게 한다는 뜻이다.

(6) 그 다음 단계가 곧 「무덕사철(無德司徹)」이다. 이는 곧 주나라가 정한 철법(徹法)에 따라 백성들로부터 「10분의 1」을 거두어들인다는 뜻이다.

(7) 공자와 맹자는 철법(徹法)을 좋게 여겼다. 그러나 노자는 철법을 나쁜 사람, 즉 덕이 없는 자가 하는 짓이라고 심하게 탓했다. 끝으로 말한 「천도무친(天道無親)」은 하늘은 속세의 임금도 편들지 않는다는 뜻이다. 「상여선인(常與善人)」은 곧 선인(善人)의 편을 든다는 뜻이다.

제 80 장

[1] 小國寡民 使有什伯之器而不用 使民重死而不遠徙 雖有舟輿 無所乘之 雖有甲兵 無所陳之 使民復結繩而用之.

소국과민(이니라) 사유십백지기이불용(이니라) 사민중사이불원사(이니라) 수유주여(이나) 무소승지(이오) 수유갑병(이나) 무소진지(이오) 사민부결승이용지(이니라)

나라는 국토가 작고 백성의 수가 적어야 한다. 문명의 이기(利器)가 있어도 쓰지 않고, 백성들로 하여금 저마다 삶을 아끼고 멀리 떠돌지 않게 해야 한다. 비록 배나 수레가 있어도 타고 다닐 필요가 없다. 비록 무기가 있어도 쓸 필요가 없다. 백성들로 하여금 문자를 버리고, 다시 새끼줄을 묶어 뜻을 표시하게 해야 한다.

[2] 甘其食 美其服 安其居 樂其俗 鄰國相望 雞犬之聲相聞 民至老死 不相往來.

감기식(이) 미기복(이) 안기거(이) 낙기속(하니라) 인국상망(이) 계견지성상문(이) 민지로사(이) 불상왕래(이니라)

사람들은 맛있게 먹고, 잘 입고, 편안히 살고, 제멋대로 즐긴다. 이웃나라와 서로 마주보며, 이웃간에 닭이나 개소리가 마주 들리기도 하지만, <백성들은 허정(虛靜)하게 살며> 늙어 죽을 때까지 서로 번거롭게 왕래하는 일이 없다.

[어구 설명] [1] 小國寡民 使有什伯之器而不用 使民重死而不遠徙 雖有舟輿 無所乘之 雖有甲兵 無所陳之 使民復結繩而用之 :

ㅇ小國寡民(소국과민) : 나라는 국토가 작고 백성의 수가 적어야 한다.

ㅇ使有什伯之器而不用(사유십백지기이불용) : 만약 문명의 이기(利器)가 있어도 쓰지 않는다.

ㅇ使民重死而不遠徙(사민중사이불원사) : 백성들로 하여금 저마다 삶을 아끼고 멀리 떠돌지 않게 해야 한다.

ㅇ雖有舟輿 無所乘之(수유주여 무소승지) : 비록 배나 수레가 있어도 타고 다닐 필요가 없다.

ㅇ雖有甲兵 無所陳之(수유갑병 무소진지) : 비록 무기가 있어도 쓸 곳이 없다. <* 무기로 무력 전쟁을 하면 안된다.>

ㅇ使民復結繩而用之(사민부결승이용지) : 백성들로 하여금 문자를 버리고, 다시 새끼줄을 묶어 뜻을 표시하게 해야 한다.
<* 십백지기(什伯之器)는 무기(武器), 또는 문명의 이기(利器). 십(什)은 열 명, 백(伯)은 백 명. 이들이 공유하는 무기나 도구, 기계라는 뜻이다.>

<* 중사(重死)는 외사(畏死)와 같다. 생명을 아낀다, 소홀하게 죽게 하지 않는다. 나쁜 통치자는 함부로 전쟁을 벌여 백성을 마구 죽인다.>

<* 불원사(不遠徙)는 나라가 흩어져 못살면 백성들이 이산하여 멀리 떠돌게 된다. 그런 일이 없게 해야 한다.>

<* 부결승(復結繩)은 옛날같이 다시 새끼를 묶어서 표식으로 삼게 한다. 즉 문자를 버리고 소박한 옛날로 돌아가라는 뜻.>

[어구 설명] [2] 甘其食 美其服 安其居 樂其俗 鄰國相望 雞犬之聲相聞 民至老死 不相往來 :

○甘其食 美其服(감기식 미기복) : 맛있게 먹고, 또 아름답게 옷을 입는다.

○安其居 樂其俗(안기거 낙기속) : 편안하게 살고, 또 풍속에 따라 멋대로 즐긴다.

○鄰國相望 雞犬之聲相聞(인국상망 계견지성상문) : 이웃나라와 서로 마주보며, 이웃간의 닭이나 개소리가 마주 들리기도 하지만.

○民至老死 不相往來(민지로사 불상왕래) : <백성들은 허정(虛靜)하게 살며> 늙어 죽을 때까지 서로 번거롭게 왕래하는 일이 없다.

[현대적 해석] 제 80 장

[1] 나라는 국토가 작고 백성의 수가 적어야 한다. 문명의 이기(利器)가 있어도 쓰지 않고, 백성들로 하여금 저마다 삶을 아끼고 멀리 떠돌지 않게 한다. 비록 배나 수레가 있어도 타고 다닐 필요가 없다. 비록 무기가 있어도 쓸 필요가 없다. 백성들로 하여금 문자를 버리고, 다시 새끼줄을 묶어 뜻을 표시하는 고대로 돌아가게 해야 한다.

[2] 사람들은 자연 속에서 맛있게 먹고, 잘 입고, 편안히 살고, 또 제멋대로 즐기게 한다. 이웃나라와 서로 마주보고, 또 이웃간에 닭이나 개소리가 들려도 백성들은 허정(虛靜)하게 살며, 늙어 죽을 때까지 서로 번거롭게 왕래하는 일이 없어야 한다. <* 이렇게 하는 것이 무위자연의 삶이다.>

참고 보충 설명 | 소국과민(小國寡民)

(1) 노자는 끝머리에서 작은 나라, 적은 수의 조출한 이상적 국가를 그렸다. 그의 유토피아는 바로 「소국과민(小國寡民)」이다. 나라가 아니라 촌락공동체(村落共同體)이다.

(2) 자연과 더불어 사는 집단사회에서는 지식도, 법률도, 정치도 필요없다. 또 자연 속에서 모든 혜택을 입고, 자연의 도에 따라 제물로 생성화육하므로 일체의 문명이기(文明利器)도 필요가 없다.

(3) 생각을 깊이 하자. 문명이란 무엇인가 반성해보자. 과연

외형적 · 감각적 기계문명이 인류에게 유익한가? 문명이 선용되고 있는가?

(4) 문명이나 문명의 이기도 결국은 하늘의 도, 자연법칙, 진리를 따르고 활용해서 인간들이 만들어 놓은 것이다. 따라서 그것들은 반드시 인간에게 유익해야 할 것이다. 그러나 실은 반드시 그렇지 못하다. 그 이유는 어디에 있을까?

(5) 문명이나 문명의 이기가 만들어질 때나 활용될 때의 동기가 옳지 못하기 때문이다. 그래서 결국은 나쁘게 작용하는 것이다. 즉 사람은 문명이나 문명의 이기를 만들 때 남을 잘되게 해주기 위해서가 아니라, 나를 위해서 만들었기 때문이다. 따라서 남을 누르고, 남의 재물을 수탈하고, 남의 나라를 취해 갖고자 한 것이다.

(6) 그래서 오늘의 세계가 극심한 위기에 빠진 것이다. 그래서 노자는 차라리 과학이나 기술이 없으면 좋겠다고 말한 것이다. 그러나 있는 것을 없게 할 수 없다. 이제는 기계 및 원자탄을 없애는 것보다 어떻게 선용(善用)하느냐가 더 중요하다. 노자 사상의 핵심을 바르게 알고, 오늘의 위기를 극복해야 한다. 심령적(心靈的) · 정신적(精神的)으로 터득하는 도(道)를 따라 「소박한 자연의 삶」으로 돌아가야 한다.

제 81 장

[1] 信言不美 美言不信 善者不辯 辯者不善 知者不博 博者不知.

신언(이) 불미(이오) 미언(이) 불신(이니라) 선자(이) 불변(이오) 변자(이) 불선(이니라) 지자(이) 불박(이오) 박자(이) 부지(이니라)

신실한 말은 아름답게 꾸미지 않는다. 아름답게 꾸민 말은 신실하지 않다. 도를 잘 따르고 착하게 하는 사람은 달변(達辯)하지 않다. 말을 잘하는 사람은 착하지 않다. <세속적으로> 아는 척하는 사람은 <도를 기준으로 한 참다운 경지에서는> 넓게 알지 못한다. <세속적으로> 넓게 아는 사람은 <도의 세계에서는> 알지 못한다.

[2] 聖人不積 旣以爲人 己愈有 旣以爲人 己愈多.

성인(이) 부적(이라) 기이위인(이니) 기유유(이오) 기이위인(이니) 기유다(이니라)

<도를 터득한> 성인은 재물을 쌓아놓지 않는다. <* 부적(不積)은 재물만이 아니다. 학식이나 권위나 무력이나 세속적

모든 것을 포함한다.> 원래부터 모든 것을 남을 위해 베푼다. 그러기 때문에 자기에게 있게 된다. 원래부터 모든 것을 남을 위해 쓰고 베풀기 때문에 자기에게 더욱 많이 있게 된다.

[3] 天之道 利而不害 聖人之道 爲而不爭.

천지도 이이불해(이오) 성인지도(이) 위이부쟁(이니라)

하늘의 도리는 만물을 이롭게만 해줄 뿐, 해치지 않는다. 성인의 도리도 남이나 백성을 위할 뿐, 다투고 싸우지 않는다.

[어구 설명] [1] 信言不美 美言不信 善者不辯 辯者不善 知者不博 博者不知 :

○信言不美 美言不信(신언불미 미언불신) : 신실한 말은 아름답게 꾸미지 않는다. 아름답게 꾸민 말은 신실하지 않다.

<* 도(道)를 따르는 신실(信實)한 말은 듣기 좋게 꾸미지 않는다.>

○善者不辯 辯者不善(선자불변 변자불선) : 도를 잘 따르고 착하게 하는 사람은 말을 꾸미지 않는다. 말을 꾸미고 잘하는 사람은 착하지 않다.

<* 즉 무위자연의 도를 따르고 착하게 행하는 사람은 외형적으로 말을 꾸미지 않는다. 진실하고 소박하다.>

○知者不博 博者不知(지자불박 박자부지) : <세속적으로> 아는 척하는 사람은 <도를 기준으로 한 참다운 경지에서는>

넓게 알지 못한다. <세속적으로> 넓게 아는 사람은 <도의 세계에서는> 알지 못한다.

[어구 설명] [2] 聖人不積 旣以爲人 己愈有 旣以爲人 己愈多 :

ㅇ聖人不積(성인부적) : <도를 터득한> 성인은 재물을 쌓아 놓지 않는다. <* 부적(不積)은 재물만이 아니니다. 학식이나 권위나 무력이나 세속적 모든 것을 포함한다.>

ㅇ旣以爲人 己愈有(기이위인 기유유) : 원래부터 모든 것을 남을 위해 쓰고 베푼다. 그러기 때문에 자기에게 더욱 있게 된다.

ㅇ旣以爲人 己愈多(기이위인 기유다) : 원래부터 모든 것을 남을 위해 쓰고 베푼다. 그러기 때문에 자기에게 <모든 것이> 더욱 많이 있게 된다.

<* 극단적인 예를 하나 들겠다. 도(道)의 기능은 만물에게 생명을 주고 살게 한다. 식물 동물 인간 모두에게 생명을 준다. 그러면서 도(道) 자체는 하나도 갖지 않는다. 그와 같이 임금이 만인을 잘살게 해주고, 자신은 하나도 갖지 않아야 한다.>

[어구 설명] [3] 天之道 利而不害 聖人之道 爲而不爭 :

ㅇ天之道 利而不害(천지도 이이불해) : 하늘의 도리는 만물을 이롭게만 해줄 뿐, 해치지는 않는다.

ㅇ聖人之道 爲而不爭(성인지도 위이부쟁) : 성인의 도리도 남이나 백성을 위할 뿐, 다투고 싸우지 않는다.

[현대적 해석] 제 81 장

[1] 도를 신실하게 따르고 행하는 사람의 말은 듣기 좋게 아름답게 꾸미지 않는다. 아름답게 꾸민 말을 하는 사람은 신실하지 않다. 도를 잘 따르는 착한 사람은 달변(達辯)하지 않다. 말을 잘하는 사람은 착하지 않다. <세속적으로> 아는 척하는 사람은 <도를 기준으로 한 참다운 경지에서는 우주적으로> 넓게 알지 못한다. <세속적 · 감각적으로만> 넓게 아는 사람은 <도의 세상에서는> 알지 못한다.

[2] <도를 터득한> 성인은 재물이나 기타 모든 것을 자기 자신을 위해 쌓아놓지 않는다. 원래부터 모든 것을 남을 위해 베푼다. 그러기 때문에 자기에게 더욱 있게 된다. 원래부터 모든 것을 남을 위해 쓰고 베풀기 때문에 자기에게 더욱 많이 있게 된다.

[3] 하늘의 도리는 만물을 이롭게만 해줄 뿐, 해치지 않는다. 성인의 도리도 남이나 백성을 위할 뿐, 다투고 싸우지 않는다.

참고 보충 설명 | 천도(天道)와 인도(人道)

(1) 같은 말도 사람에 따라, 그 뜻이나 내용이 정반대가 된다. 신(信)은 말과 행동이 일치한다는 뜻이다.

(2) 극단적인 예를 들겠다. 강대국의 악덕한 임금이 말하는 부국(富國)은 가렴주구(苛斂誅求)하고, 무참한 전쟁으로 약소국민(弱小國民)을 죽이고 재물을 탈취하는 것이다.

(3) 노자가 말하는 도를 터득한 성인은 그와 같은 수작을 죄악의 범죄라고 여긴다.

(4) 미언(美言)도 같다. 타락한 속세에서는 듣기 좋게 꾸민 말을 미언이라 한다. 그러나 도(道)의 세계에서는 감각적으로 듣기 좋게 꾸민 말은 속임수에 불과하다. 도의 세계에서는 무언(無言)으로 스스로 잘살게 한다.

선자(善者)나 변자(辯者)도 속세의 기준과 도 세계의 기준으로 보면 정반대가 된다.

(5) 오늘의 인류세계도 타락한 속세에 불과하다. 그러므로 학문·지식·기술·능력을 악용하여 자기의 욕심을 채우는 데 급급하다. 그러나 그것이 나쁜 줄 안다. 그래서 말을 꾸미거나 거짓말로 남을 속이는 데 분주하다.

(6) 그러므로 타락한 속세에서 말하는 「진실하고, 착하고, 잘 알고[信·善·知者], 또 잘 다스리는 자」는 악덕한 자들이다.

(7) 도를 터득하고 소박한 자연에 따라 만물을 생육화성(生育化成)하는 사람은 성인이다.

(8) 하늘은 오직 만물에게 사랑을 베풀고 만물을 이롭게만 한다. 자기는 하나도 갖는 것이 없다. 하늘은 아무하고도 명리

를 다투지 않고, 오직 남을 위해 주고 헌신하기만 한다. 이러한 하늘의 도를 따르는 것이 성인이다.

(9) 노자가 말하는 경지나, 유가에서 내세우는 천인합일(天人合一)의 경지나 결국은 같은 것이다. 뿐만 아니라 기독교에서 말하는 「사랑의 하늘」도 같다.

(10) 동양이나 서양의 좋은 생각이나 사상 및 종교 신앙은 모두 사람의 숭고한 정신과 심령을 바탕으로 한 숭고한 가르침이다.

(11) 오늘의 심각한 위기에 빠진 인류세계가 위기를 극복하고, 하나의 진정한 평화세계를 창건하기 위해서는 수심(獸心)이나 욕심(慾心)을 바탕으로 서로 속이고 싸우고 빼앗는 일을 하지 말고, 하나인 하늘의 도리를 따르고 살아야 한다.

후기 : 이 책을 저술한 필자의 희망

(1) 필자는 20대부터 오늘까지 60년 이상, 노자에 관한 책을 수없이 많이 읽었다. 그리고 필자 자신의 연령과 주변 환경 및 세계적 차원의 정치 상황에 따라 해석과 이해를 달리했음을 솔직히 고백한다.

(2) 오늘의 세계 인류는 심각한 위기에 처해 있다. 그러나 많은 지식인들은 모른 척하고 있는 듯이 보인다. 그래서 필자는 고령에도 불구하고 저술을 했다.

(3) 인류 세계의 평화를 창건하는 것은 지식인의 사명이다. 그러기 위해서는 지식인 자신이 바른 철학과 사상을 알아야 한다.

(4) 개인적으로도 바르고 착한 삶을 살아야 한다. 공동체 적 차원으로도 고르게 다스려야 한다. 그와 같은 원리적 사상을 이 책을 바탕으로 터득하기를 바란다.

(5) 고로 고증학적으로 복잡한 학설은 언급하지 않았다.

부록 : 노자와 사상 약설

1. 노자(老子) 전기(傳記)에 대하여

노자에 대해서는 설이 분분하다. 그가 실재 인물인지조차 의심스럽다고 하는 학자도 많다.

여기서는 「중국철학사(中國哲學史)」의 저자 풍우란(馮友蘭)의 설을 간략하게 소개하겠다.

<* 사기(史記)의 저자, 사마천(司馬遷)의 노자열전(老子列傳)을 바탕으로 했으면서 많은 부분이 다르다.>

노자는 초(楚)나라 고현(苦縣) 여향(厲鄕) 곡인리(曲仁里) 사람이다. 성은 이(李), 이름은 이(耳), 자는 백양(伯陽), 시호(諡號)는 담(聃)이다.

주(周)나라 수장실(守藏室)의 사(史)를 지냈으며, 그때 공자(孔子)가 찾아와 노자에게 예(禮)에 대하여 물은 일이 있었다.

노자가 말하였다. “그대가 높이는 사람들은 이미 죽어 뼈조차 썩어 없어졌으며, 오직 말만 남아 있을 뿐이다. 군자는 때를 만나면 올라타지만, 때를 못 만나면 들에 묻혀야 한다. 좋은 상인은 깊이 숨기고 없는 것같이 한다고 들었거늘, 군자도 속에 많은 덕을 지니고 있더라도 밖의 표정은 어리석은 척해야 한다.(君子盛德 容貌若愚). 그대는 교기(驕氣)와 다욕(多欲), 태색(態色)과 음지(淫志)를 버려라. 그것들은 그대에게 이로울 것이 없다. 내가 그대에게 할 말은 이상이다."

<* 노자는 공자의 학문 지식이나 도덕정치 사상을 근본적으로 비평했다.>

공자가 돌아와 제자에게 말하였다. "새는 날고, 물고기는 물에 놀고, 금수는 뛴다. 뛰는 금수는 망으로 잡을 수 있고, 물고기는 낚을 수 있고, 나는 새는 활로 떨어뜨릴 수 있다. 그러나 용은 바람이나 구름을 타고 하늘로 올라가기 때문에 그 정체를 알 수가 없다. 내가 오늘 만난 노자가 바로 용 같은 분이다."

<* 공자는 노자를 인간 세상에 사는 사람으로 보지 않고 하늘을 나는 용 같다고 비판한 것이다.>

사기에 또 다음 같은 기록이 있다.

노자는 주나라에 오래 있다가, 주나라가 쇠퇴하자 함곡관(函谷關)을 넘어 서쪽으로 가서 행방을 감추었다.

함곡관을 지나갈 때 관령(關令) 윤희(尹喜)가, "선생께서 은퇴하시기 전에 책을 적어 주십시오." 하였다. 이에 노자는 5천 자의 글을 남겨 주었다. 그것이 바로 노자 도덕경의 원본이다. 그후 노자가 어떻게 되었는지는 알지 못한다.

<* 어떤 사람은 노래자(老萊子)도 역시 초나라 사람으로 15편의 책을 지었으며 도가(道家)의 사상을 썼고 공자와 시대가 같다고 한다.>
<* 노자가 160여세를 살았느니, 또는 200여세를 살았느니 하나, 그것은 그가 도를 닦고 수(壽)를 잘 지켰기 때문일 것이다.>

2. 노자(老子) 책에 대하여

(1) 노자의 저서다 : 「도덕경(道德經) 5천언(五千言)」을 저술했다는 설에 대해서도 다른 설이 많다.
어떤 사람은 태사 담이 지은 것이다, 혹은 장자(莊子)의 제자들이 써 모은 것이다, 또는 여불위(呂不韋)의 문객이 편찬한 것이다, 더 심하게는 한나라 때 여러 사람이 추린 것이라고도 한다.
「그러나 노자라는 책은 역시 노자의 손으로 저술된 것이라고 보아야 타당할 것이다.」
장자, 혹은 한비자(韓非子) 및 기타 책에 노자의 글이 많이 인용되었고, 또 노자의 사상이 특이한 점을 고려할 때 이는 역시 노자가 저술한 것이지, 이 사람 저 사람의 말을 나중에 주워 모은 것이 아님을 알 수 있다.
「노자」라는 책은 고유명사를 배제한 추상적인 글이다. 특히 간결한 격언(格言)이나 잠언(箴言) 형식으로 꾸며진 책이다. 따라서 전해오는 동안에 많은 착간(錯簡)이나 오기(誤記), 오전(誤傳)이 있었다.

(2) 저술 연대 : 「노자」라는 책이 꾸며진 것은 노자가 죽은 뒤일 것이다. 공자가 죽은 뒤에 제자들이 「논어(論語)」를 편집한 것과 같을 것이다.

「노자」도 그 바탕은 노자의 말로 되었으나, 책으로 만들어진 것은 대략 춘추(春秋) 말에서 전국(戰國) 초에 걸쳤을 것이다. <* 대략 논어와 같은 시기일 것이다. 노자를 도덕경(道德經)이라고도 한다. 총 81장이다.>

* 필자가 참고한 책은 대략 다음 같다.

왕필(王弼)과 하상공(河上公)의 판본

왕필의 노자주(老子註), 하상공의 노자장구(老子章句), 유사배(劉師培)의 노자각보(老子斠補)

엄영봉(嚴靈峯)의 노자장구신석(老子章句新釋), 장기균(張起鈞)의 노자연구(老子硏究)

진고응(陳鼓應)의 노자금주금석(老子今註今釋), 주겸지(朱謙之)의 노자석역(老子釋譯) 등이다.

일본 학자의 책도 참고했다.

3. 노자사상(老子思想) 약술(略述)

[1] 고대의 도사상(道思想)

(1) 중국 고대의 사상적 발전 : 인류가 지구에 나타난 것은

백만 년 전일 것이다. 앞으로 얼마나 더 인류가 살면서 역사와 문화를 계승하고, 또 발전할지 모른다. 뿐만 아니다. 우주 천지 자연 만물이 저마다 있고 움직이고, 또 서로 작용하고 변하고 있다. 그러나 우주의 근원(根源)과 본체(本體) 및 힘의 정체(正體)를 사람들은 알지 못했으며, 또 오늘에도 모른다. 고대 중국의 사상적 발달을 대략 다음같이 추릴 수 있다.

① 태고 때의 원시모계사회(原始母系社會) 시대
② 요순(堯舜)의 무위자연(無爲自然) 시대
③ 걸주(桀紂)의 악덕 통치 시대
④ 탕왕(湯王)와 무왕(武王)의 토벌
⑤ 서주(西周)의 문물예치(文物禮治) 시대
⑥ 동주(東周)의 쇠망(衰亡)
⑦ 춘추시대(春秋時代)의 분열 대립 시대 : 이때에 공자(孔子)가 인정덕치(仁政德治)를 주장했다.
⑧ 전국시대(戰國時代)에는 더욱 악화되었다. 철기(鐵器)에 의한 농업생산이 높아졌으며, 무기(武器)가 발달하고, 또 무력(武力)이 강화되었다. 그래서 부국강병(富國强兵)의 악덕 통치가 격화되었다. 아울러 지식인도 간교한 지혜와 지략으로 출세하고자 했다. 그래서 상하가 타락하고 구제할 수 없게 되었다.
⑨ 이때에 노자(老子)가 무위자연(無爲自然)의 도사상

(道思想)을 바탕으로 구제하고자 했던 것이다.

⑩ 노자 철학이나 사상은 심령(心靈)과 정신(精神)을 바탕으로 한 것이다. 그러므로 오늘에도 사람들이 심령과 정신을 높인다면, 오늘의 위기도 극복할 수 있다.

[2] 도(道)는 형이상(形而上)의 본체

(1) 도는 우주의 시원(始源) : 노자 제25장에 있다. 「혼돈하게 우주 천지 만물을 이루는 무엇인가가 천지보다 먼저 있다. 그것은 소리가 없어 들을 수도 없고, 형태가 없어 볼 수도 없다. 홀로 우뚝 서 있으며 언제까지나 변하지 않고, 또 두루 어디에나 번져 나가며 멈추는 일도 없다. 그러므로 천하 만물의 어머니라 할 수 있다.(有物混成 先天地生 寂兮寥兮 獨立而不改 周行而不殆 可以爲天下母)」

「나는 그 이름을 알지 못한다. 억지로 자호를 지어 도라 부르고, 또 억지로 이름을 지어 대(大)라 할 뿐이다.(吾不知其名 强字之曰道 强爲之名曰大)」

「크므로 <도는> 간다. 가니깐 멀어진다. 멀어지니깐 결국은 되돌아온다.(大曰逝 逝曰遠 遠曰反)」

「고로 도는 크다. 하늘도 크다. 땅도 크다. 사람도 크다. 이 세계에는 큰 것이 네 개가 있다. 그 중에도 사람이 한 자리를 차지하고 있다.(故道大 天大 地大 人亦大 域中有四大 而人居其一焉)」 <* 대(大)는 위대하다는 뜻이다.>

「사람은 땅을 법으로 삼는다. 땅은 하늘을 법으로 삼는다. 하늘은 도를 법으로 삼는다. 도는 스스로 이루어진다.(人法地 地法天 天法道 道法自然)」

(2) 요점을 다시 말하겠다. 「도는 천하 만물을 낳고 키워주는 어머니다.」「이름을 알지 못한다. 억지로 자호를 지어 도라 부르고, 또 억지로 이름을 지어 대라 할 뿐이다.(吾不知其名 强字之曰道 强爲之名曰大)」

(3) 도는 시간과 공간을 초월한 절대다. 따라서 사람은 감각적으로 지각(知覺)할 수 없다. 노자는 제1장에서 말했다. 「말할 수 있는 도는 본체의 도가 아니다.(道可道 非常道)」 인간이 말로 표현할 수 있는 것은 어디까지나 인간의 감각적 인식 안에 있는 것을 표상하는 것이다. 인식을 초월한 절대의 본체에 대해서는 말할 수 없다. 따라서 「이름 할 수 있는 이름은 본체적 도의 이름이 아니다.(名可名 非常名)」라고도 했다.

(4) 도(道)는 시간과 공간을 초월한 무형적 본체이다. 인식할 수도 없고 이름을 지어서 부를 수도 없다. 따라서 제21장에서 노자는 말했다. 「도는 황홀(恍惚)한 것이다.」 또 제14장에서 말했다. 「도는 보이지 않으니 이(夷)라 하고, 들리지 않으니 희(希)라 하고, 만질 수 없으니 미(微)라 한다.」「혼돈한 하나를 이루고 있다.」

(5) 제25장에서 노자는 말했다. 「도는 만물로 나타나고 넓

게 퍼진다. 그러면서 도는 시간과 공간을 초월한 본체다.」「소리도 없고 보이지 않으나 우뚝 독립해 있으며 끝없이 어디에나 작용한다.」

(6) 한비자(韓非子)는 해로편(解老篇)에서 「도는 만물의 근원이고 모든 도리의 바탕이다.」라고 풀었다.

<* 장자(莊子)에는 노자 사상을 말한 글이 많다. 그러나 어렵게 말했으므로 여기서는 인용하지 않겠다. 인용하고 풀이하려면 도리어 복잡하고 어려움이 많게 된다.>

[3] 도가 만물을 생성하는 과정

(1) 노자는 제42장에서 다음같이 말했다.

「도가 하나를 낳는다. 하나에서 둘이 나온다. 둘에서 셋이 나온다. 셋에서 만물이 나온다. 만물은 자체 속에 음과 양의 두 기(氣)를 지니고 있으며, 음과 양의 기가 혼연일체가 되어 화합하고 태어나서 살고, 또 자라는 것이다.(道生一 一生二 二生三 三生萬物 萬物負陰而抱陽 沖氣以爲和)」

<* 도생일(道生一)의 일(一)은 만물의 시원(始原)이다. 제42장 참고 보충 설명 참조.>

(2) 도(道)와 생육화성(生育化成)의 과정과 경로를 노자는 대략 다음같이 말했다.

도는 우주 천지 만물의 창조자일 뿐만 아니라 우주 천지의 운행이나 만물의 생성화육(生成化育)을 주재한다.

서양에서는 이를 신(神)이라 한다. 따라서 도는 모든 운행의 도리이자 법칙이기도 하다.
노자는 제34장에서 말했다. 「도는 넘치므로 좌로도 우로도 나갈 수 있다. 만물은 도를 의지해서 태어나 산다. 그래도 도는 마다하지 않는다.(大道氾兮 其可左右 萬物恃之以生而不辭)」
(3) 「도는 공을 이루고도 소유하지 않는다. 만물에게 옷과 음식을 주고 양육하고도 주인 노릇을 하지 않는다. 도는 항상 욕심이 없으므로 작으며 은미하다고 말할 수 있다. 도는 만물을 귀속시키고도 주인 노릇을 안한다. 그래서 크다고 말할 수 있다. 도는 끝까지 자신을 크다고 하지 않는다. 그러므로 능히 클 수가 있다.(功成而不有 衣養萬物 而不爲主 常無欲 可名於小 萬物歸焉 而不爲主 可名爲大 以其終不自爲大 故能成其大)」
(4) 제25장의 말을 거듭 인용하겠다. 「사람은 땅을 법도로 삼는다. 땅은 하늘을 법도로 삼는다. 하늘은 도를 법도로 삼는다. 도는 자연을 법도로 삼는다.」「도는 희이미(希夷微)로 무(無)라고 한다.」
(5) 그러나 도에서 만물이 저마다 있고 자라고 변화한다. 이렇게 인식할 수 없는 무형의 도를 바탕으로 만물이 저마다 있고, 또 살고 자라고 변화한다. 그래서 이를 「무위자연」이라고 한다. 「즉 인위적으로 조작하지 않아도 스스로 이루어

지고, 또 자라고 변화한다」는 뜻이다.
(6) 자연(自然)은 영어의 'nature'의 뜻이 아니다. 타력(他力)에 의하지 않고 스스로 있고, 스스로 살고, 또 스스로 변한다는 뜻이다. 대자연을 움직이는 힘이나 법칙은 스스로 이루어진 「무위자연의 도」이다.

[4] **생사**(生死), **반동**(反動) **및 복귀**(復歸)

(1) 노자는 제40장에서 말했다. 「반대로 돌아와 복귀하는 것이 도의 발동이다. 유약(柔弱)한 것이 도의 작용이다.(反者 道之動 弱者 道之用)」
「천하 만물은 유에서 나오고, 유는 무에서 나온다.(天下萬物 生於有 有生於無)」
(2) 도(道)는 무형이다. 만물은 도에서 나오고, 또 도의 작용으로 살아 움직인다. 그러나 만물은 다시 무형의 도로 돌아가 무가 된다. 이와 같은 작용이나 활동이 곧 도지동(道之動)이다. 만물의 입장에서도 무(無)에서 나와서 무로 돌아간다고 할 수 있다.
(3) 노자는 제36장에서 말했다. 「유하고 약한 것이 억세고 강한 것을 이긴다.(柔弱勝剛强)」 또 제78장에서는 다음같이 말했다. 「천하에는 물보다 더 유하고 약한 것이 없다.(天下莫柔弱於水)」 그러면서 「억세고 강한 것 모든 것은 물을 이길 수 없다.(而攻堅强者莫之能勝)」고 하였다.

(4) 반(反)은 도(道)의 동(動)이다. 즉 만물은 상반(相反)되는 방향으로 운동했다가 결국에는 다시 원점으로 되돌아온다[返]. 노자에 나오는 반(反)에는 세 가지 뜻이 있다. 되돌아온다는 반(返), 즉 복귀와 상반되는 운동을 한다는 뜻과 정반대되는 것으로 변화한다는 뜻이다. 원래 도는 만물의 시원으로 절대다. 그러나 도는 만물에 퍼져 나타나고 영원히 활동한다.

(5) 그러므로 절대이며 눈에 보이지 않던 도가 눈에 보이는 만물에 나타났고, 또 절대가 모든 만물에 쪼개졌으며 시간과 공간을 초월했던 도가 시간과 공간의 제약을 받는 만물 속에 있게 된다. 그러나 만물은 결국 다시 시간과 공간의 제약에 의해 무(無)로 돌아가게 마련이다.

(6) 여기서 동양과 서양의 상반되는 사상적 특성을 살펴볼 필요가 있다. 모든 근원을 하나로 보고 거기서 모든 것이 갈라져 나왔다고 생각하는 것은 동서가 같다.

다만 동양은 귀납적으로 「하나의 큰 것[一大]」을 「천(天)」 혹은 천신(天神)으로 본다. 그러나 서양은 「살아 있는 인격신(人格神)」으로 본다. 또 서양에서는 「하나인 신에서 갈라진 것이 바로 나」라고 생각한다.

(7) 서양에서는 「개별적 나」에 집착하고, 동양에서는 「근원인 하나」로 돌아가고자 한다. 「서양의 기독교는 인격신 하나님을 믿는다.」 「그러나 종교적 신앙과 개인주의 · 현실

주의 사이에는 괴리가 크다.」
(8) 즉 서양에서는 노자가 말한 「서(逝)와 원(遠)에서 멈추고자 한다.」 그러나 동양에서는 「반(反)」을 존중한다. 따라서 동양사상은 도(道), 천도(天道) 및 예(禮)를 높이고 제(祭)를 지내며 효(孝)를 가르친다. 이는 곧 보본반시(報本反始)의 통일된 윤리도덕 사상이다.
(9) 그러나 서양에서는 서로 갈라진 나, 서로 다른 나를 지나치게 존중한다. 개인주의는 지나치면 분열주의로 화하고, 지나친 현세주의는 만물의 근원인 하나를 잃게 한다. 그래서 오늘의 세계에는 서양사상이 넘쳤다. 그래서 서로 자기만을 주장한다.
<* 단 돈이나 무력이 남을 지배하고 있다. 아울러 육체적 삶과 쾌락이 넘쳐 윤리도덕이 없어졌다.>
(10) 그래서 노자와 더불어 「하나」로 되돌아가라고 외치고 싶다. 「하나」는 「도(道), 천도(天道)이다.」 심령적(心靈的)·정신적(精神的)으로는 「무(無)」이다. 모든 사람이 「무적(無的) 도」에 돌아가야 진정한 평화세계가 창건될 수 있다.
(11) 하나로 돌아가기 위해서 사람들은 육체적 삶을 바탕으로 한 개인주의·이기주의 및 수심(獸心)이나 이기심(利己心)을 초월해야 한다. 나만을 위한 욕심을 버리고 허정(虛靜)해야 한다. 나만을 내세우는 강(强)을 버리고 남에게 양보하고 남 밑에서 처지는 유약(柔弱)을 지녀야 한다. 그

래야 물같이 모든 사람을 살린다.

[5] 최고의 선은 물 같다[上善若水]

(1) 도(道)는 하나의 혼돈한 실재이므로 선악이나 강약의 분별도 없다. 선악이나 강약 같은 대립은 인간에 의해서 만들어진 분별이다. 사람들은 너와 나를 나누고 차별한다. 또 삶과 죽음을 나누고, 선과 악을 차별한다. 그리고 사람은 오직 나의 삶과 선(善)만을 좋아한다.

(2) 그러나 나와 남, 삶과 죽음, 선과 악은 바로 하나다. 위치를 바꾸면 내가 남이고, 남이 나인 것이다. 사람은 이러한 도를 모르고 하나만 고집하고 한쪽으로만 나가려 한다. 그래서 많은 미망(迷妄)이 생기고 결국은 멸망하고 만다. 자연의 도를 따르면 조화 속에 언제까지나 생육화성(生育化成)할 수 있다.

(3) 만물 중에서 가장 도를 잘 따르는 것이 물이다. 노자는 제8장에서 말했다.「최고의 선은 물 같다.(上善若水)」이어 말했다.「물은 만물을 이롭게 해줄 뿐 일체 다투지 않는다. 남이 싫어하는 낮은 곳에 처해 있으므로 거의 도와 가깝다.(水利萬物而不爭 處衆人之所惡 故幾於道)」

(4) 인간은 자기에게 힘이나 공이 있으면 자랑하고, 높은 자리를 독차지하고자 한다. 그러나 도를 터득하면 안 그렇다. 노자는 제10장에서 다음같이 말했다.「천지만물을 낳아

양육하고도 자기의 소유로 삼지 않고, 공을 세우고도 자랑하지 않고 으뜸이면서도 지배자 노릇을 안한다. 이를 현덕(玄德)이라 한다.(生之畜之 生而不有 爲而不恃 長而不宰 是謂玄德)」

(5) 물은 자기를 고집하지 않는다. 둥근 그릇에 넣으면 둥글고, 모난 그릇에 담으면 네모진다. 많이 모아도 물이고, 작게 나누어 놓아도 물이다. 뜨겁게 끓여 증발해도 물이고, 차게 식어도 물이다. 물은 자기를 고집하지 않지만 어디까지나 자기를 잃지 않는다.

(6) 또 물은 언제나 아래로 처진다. 아래로 흐르는 물은 서로 모여서 강이 되고 바다가 된다. 한 방울의 물은 아무것도 아니지만 강물이나 바다는 위력이 있고 크다. 한 방울의 물은 가장 약하지만 노도(怒濤)는 무섭다. 즉 가장 유약한 것이 가장 강할 수 있다.

(7) 사람들은 이런 도리를 모르고 당장 강하기만을 바란다. 강하면 꺾이고, 굳으면 부스러지게 마련이다. 제42장에서 노자는 말했다. 「강하고 포악한 자는 제 명에 죽지 못한다.(强梁者不得其死)」 또 제36장에서는 「유약이 강강을 이긴다.(柔弱勝剛强)」고 하였다.

<* 이것이 곧 「하느님과 하나됨이다.」 유교에서 말하는 천인합일(天人合一), 극기복례(克己復禮)이다.>

[6] 노자의 인생철학과 정치사상

먼저 개설을 말하겠다. 앞에서는 우주의 본체이자 운행의 원리인 도를 말했다. 여기에서는 형이하의 세계는 어떻게 도를 따라야 하는가를 밝히겠다. 도를 따르고 행해서 좋은 성과를 거두는 것을 덕(德)을 세운다고 한다. 덕은 곧 득(得)이다. 얻어지는 좋은 성과라는 뜻이다. 도(道)는 체(體)이고, 덕(德)은 용(用)에 속한다. 만물은 도에서 나왔다. 그러므로 도를 떠나면 바르고 착하게 살 수 없다. 다음에서 항목을 나누어 바른 삶의 태도를 말하겠다.

(1) 허정(虛靜)과 무위(無爲) : 도를 따라 무위자연(無爲自然)해야 한다. 따라서 사람은 순박하게 자연과 더불어 생육화성(生育化成)해야 한다. 이기적 욕심과 간악한 작위를 버려야 한다.

(2) 사람은 먹어야 자기 생명을 유지하고 다음으로 남녀가 짝을 지어야 종족이 번식한다. 따라서 「식(食)과 색(色)」은 인간의 기본적 욕구다. 그런데 인간은 동물과는 차원이 다르게 집단생활을 문화적으로 할 수 있다. 특히 기계문명을 활용할 수 있다. 그런데 바로 여기에서 비극의 씨가 배태한 것이다.

(3) 노자는 제56장에서 말했다. 「도를 터득한 사람은 말을 함부로 하지 않는다. 함부로 말하는 자는 도를 바르게 알지

못한다.(知者不言 言者不知)」
「욕심의 입을 막고 정욕의 문을 닫는다. 예리함을 무디게 하고 분쟁을 풀어헤친다. 밝은 빛으로 화합하고 진세(塵世)와 동화한다. 이러한 경지를 현동이라고 한다.(塞其兌 閉其門 挫其銳 解其紛 和其光 同其塵 是謂玄同)」
(4) 제57장에서 말했다. 「바른 도리로써 나라를 다스려야 한다. 도를 따른 기발한 술책으로 속인들의 무력에 대처해야 한다. 도를 바탕으로 한 무위(無爲)로써 천하를 다스려야 한다.(以正治國 以奇用兵 以無事取天下)」
「천하에 금기(禁忌)가 많으면 백성들이 더욱 가난하게 된다. 임금이 지략이나 권모를 많이 쓰면 나라가 더욱 어둡고 혼란하게 된다. 사람들이 간교한 기교를 많이 부리면 괴상한 일들이 더욱 많이 나타난다. 법령을 많이 내세우면 도리어 도둑이 많아진다.(天下多忌諱 而民彌貧 人多利器 國家滋昏 人多伎巧 奇物滋起 法令滋彰 盜賊多有)」
「고로 성인이 말했다. 내가 무위(無爲)하므로 백성들이 스스로 화육(化育)한다. 내가 허정(虛靜)을 좋아하니 백성들이 스스로 바르게 된다. 내가 무사(無事)하니 백성들이 스스로 부를 누린다. 내가 무욕(無欲)하니 백성들이 스스로 소박하게 된다.(故聖人云 我無爲 而民自化 我好靜 而民自正 我無事 而民自富 我無欲 而民自樸)」
(5) 노자는 제58장에서 말했다. 「다스림을 도(道)를 따라

허정(虛靜)하고 무위(無爲)하게 하면 백성들이 순박하게 된다. 정치가 까다로우면 백성들이 빈털터리가 된다.(其政悶悶 其民醇醇 其政察察 其民缺缺)」

「화(禍) 속에 복(福)이 깃들어 있고, 복 안에 화가 숨어 있다.(禍兮福之所倚 福兮禍之所伏)」

「누가 극(極)을 알겠는가. 그 극은 일정하지가 않다. 바른 것이 부정으로 변하고 착한 것이 악한 것으로 된다. 사람들은 너무나 오랜 세월 그것을 모르고 미혹되었다.(孰知其極 其無正 正復爲奇 善復爲妖 人之迷 其日固久)」

「그러므로 성인은 다음같이 했다. 자기는 방정하면서도 남을 자르지 않았다. 자신은 날카로우면서도 남을 상하거나 다치게 하지 않았다. 자신은 솔직하면서도 남에게 방자하거나 억지를 부리지 않았다. 자신은 밝게 빛나면서도 남을 눈부시게 홀리지 않았다.(是以 聖人 方而不割 廉而不劌 直而不肆 光而不耀)」

<* 문화는 인류를 행복하게 만들어 주지만 동시에 인류를 타락시키기도 한다. 그러므로 노자는 도로 복귀하기를 주장하였다. 이것도 도의 법칙이다. 욕심만의 문화를 쓰면 인류 사회가 혼란하게 된다.>

(6) 욕심 중에 가장 크고 가장 비극적인 것이 지배욕이다. 내가 임금이 되겠다는 욕구다. 그러나 도는 만물을 생성양육하고도 주인인 체를 하지 않는다. 노자는 제34장에서 말

했다. 「만물을 감싸고 사랑해 키우면서도 주재하지 않는다.」 제2장에서는 다음같이 말했다. 「만물이 자라도 자기의 소유로 삼지 않고, 만물을 생육화성하고도 자기의 자랑으로 여기지 않고, 모든 공업(功業)을 성취하고도 높은 자리에 처하지 않는다.」 따라서 노자는 지배욕이나 공명심을 버려야 진정으로 백성을 다스릴 수 있다고 했다.

(7) 다음에는 일체의 사치스런 물욕(物慾), 관능적 향락 등을 배제했다. 제12장에서 노자는 말했다. 「여러 가지 색(色)은 눈을 멀게 하고, 음악소리는 귀를 멀게 하고, 요리는 입맛을 버리게 한다. 사냥은 사람의 마음을 미치게 하고, 귀중한 재물은 인간의 행동을 사악하게 만든다. 그러기 때문에 성인은 배를 채우거나 눈을 위하지 않으며, 헛된 사치나 관능·허식을 버리고 근원적 실속을 차린다.」

(8) 다음으로 인간은 지식이나 학문을 버리라고 했다. 지식이나 학문이 결국은 간교하게 악용되어 자연스럽게 생육화성할 백성들을 괴롭히기 때문이다. 특히 위정자는 지식과 학문을 최대한으로 악용하여 권모술수를 농하고, 또는 상벌(賞罰)이라 하며 백성을 농락하기 때문이다. 제20장에 있다. 「학문을 없애야 걱정이 없게 된다.」 제18장에는 「지혜가 나옴으로써 큰 거짓이 있게 된다.」라고 했다. 또 제65장에서 노자는 말했다. 「지혜로써 나라를 다스리는 자는 국적(國賊)이다.」

(9) 노자의 학문·지식 배척은 우민정책과는 다르다. 본래 도는 하나의 혼돈한 것(混而爲一)이다. 사람들이 선이다 악이다 하고 논하는 것같이 구분되는 것은 아니다. 그러나 사람들은 자의적(恣意的)으로 이렇다 저렇다 하고 분별하고 분석하고, 제멋대로 하나만을 내세우고 나머지를 배척하기 때문에 전체적인 도에서 이탈되고 전체의 생육화성을 해친다. 즉 인위적인 것을 배척하는 일환으로 학문·지식을 배척한 것이다. 인간은 지식을 가지고 제멋대로 남을 괴롭힐 뿐만 아니라, 또 감정적으로도 남을 괴롭힌다. 사랑하면 좋아하고 미워하면 해친다. 그러나 인간의 감정만큼 믿을 수 없는 것도 없다.
(10) 노자는 제79장에서 말했다. 「도(道)는 편애하지 않는다. 언제나 착한 사람 편을 든다.」 노자에게 있어 선(善)은 열매를 맺는 것이다. 만물을 키우는 도는 감정적 편애를 하지 말아야 한다. 즉 공평무사(公平無私)해야 한다는 뜻이다. 자기를 버리고 남을 위하는 것이다. 고로 사람은 포일(抱一)하고, 도에 복귀(復歸)해야 한다.

[7] 소국과민(小國寡民)과 반전사상(反戰思想)

(1) 노자의 정치관은 무위(無爲), 무욕(無欲), 무지(無知)를 바탕으로 한 것이다. <즉 세속적 수작을 배척했다.>
(2) 백성을 다스리는 자는 강해(江海) 같기를 바랐다. 제66

장에서 말했다. 「강이나 바다가 모든 골짜기의 왕이 될 수 있는 이유는 스스로 낮게 처하기 때문이다. 따라서 백성들 위에 있고 싶으면 말을 낮게 하고, 백성들 앞에 있고 싶으면 스스로 뒤에 처해야 한다. 그러므로 성인이 위에 있어도 백성이 부담을 느끼지 않고, 앞에 있어도 거추장스럽게 여기지 않으며, 천하의 모든 사람이 즐거운 마음으로 추대해 준다. 아무하고도 다투지 않기 때문에 그와 대적할 자가 없다.」

(3) 또 노자는 제78장에서 말했다. 「나라의 모욕이나 환난을 한몸에 지닌 자가 바로 임금이다.」 속세의 군주는 고귀한 자리에서 백성을 착취하고 자신은 마냥 호강을 하지만 노자가 바라는 왕은 백성을 위해 온갖 욕을 다 겪어야 한다.

(4) 특히 노자는 군왕이 지녀야 할 세 가지 보배로 「자(慈), 검(儉), 앞에 나서지 않는 것(不敢爲天下先)」을 들었다. <제67장 참조> 「자(慈)는 사랑이다. 백성을 사랑하고 양육한다. 백성을 이렇게 사랑하기 때문에 백성은 도리어 왕을 위해 용감하게 목숨을 내걸고 싸울 수 있다. 다른 나라가 침략할 수 없다.」 「검(儉)은 절검(節儉)이다. 생산을 높이고 낭비하지 않고 절약하기 때문에 넓게 베풀 수 있다. 넓게 베풀면 바로 천하의 은덕을 펼 수 있다. 또 스스로 앞서지 않고 뒤처지니 결국은 앞서게 될 것이다.」

이상 노자의 삼보(三寶)는 유가에서 말하는 인(仁)과도 통한다. 그리고 삼보와 반대되는 것은 극악(極惡), 사치(奢侈),

오만(傲慢)이다. 따라서 노자는 제29장에서 말했다. 「성인은 극악, 사치, 오만을 버린다.」

(5) 이렇게 임금의 몸가짐과 태도를 밝힌 노자는 임금이 백성에게 할 일은 오직 백성을 천진난만한 소박한 상태로 있게 하는 것이라고 하였다. 제9장에 있다. 「위정자가 현인을 높이지 않아야 백성들이 다투지 않고, 귀중한 재물을 높이지 않아야 백성들이 도둑질하지 않고, 욕심을 보이지 않아야 백성들이 마음을 흩뜨리지 않는다.」 또 제65장에서 노자는 말했다. 「옛날의 도를 잘 지킨 자는 백성을 총명하게 만들지 않고 어리석게 했다.」

(6) 노자는 도(道)가 없어지면 인의(仁義)가 나타난다고 말했다. 제18장에 다음같이 있다. 「대도를 버리기 때문에 인의가 나타나고, 지혜가 나오기 때문에 큰 거짓이 있게 마련이다.(大道廢 有仁義 智慧出 有大僞)」「육친이 불화하게 되자 효자가 나타났고, 나라가 혼란하게 되자 충신이 있게 되었다.(六親不和 有孝慈 國家混亂 有忠臣)」

(7) 형(刑)이나 법을 엄하게 하면 범죄가 줄어들 것 같으나 실은 더 큰 범죄가 발생한다. 따라서 법을 더 강화하게 되고, 한편으로 범죄자는 법망을 빠져나가기 위해 더 교묘하고 음성적이고 악질적인 범죄를 꾸미게 된다. 결국 범죄를 없애는 길은 인간이 스스로 욕심을 버리고 꾀를 부릴 줄 모르는 순진한 사람이 되어야 하는 것이다.

<* 이런 것은 문화 세계에서도 나타난다. 문화나 문명은 인류를 행복하게 해주는 것 같으면서 도리어 인간을 기계화하고 인간을 소외하고 있다. 행복은 기계에서 오는 것이 아니라, 자연 속에서 얻어지는 것이다.>

(8) 위정자는 무위자연을 버리고 더욱 인위적 조작을 하고자 백성의 재물과 생명을 요구한다. 따라서 백성은 더욱 폭정에 시달리고 마침내는 자기의 수명도 다 못 살고 중도에서 죽게 된다. 제75장에 있다.「위정자가 세금을 많이 거두면 백성이 굶주린다. 위정자가 지나치게 하는 일이 많기 때문에 도리어 잘 다스리지 못한다. 위정자가 자신의 생명은 중시하고, 백성의 생명을 경시하기 때문에 백성이 가볍게 죽는다.」

(9) 노자는 또 말했다.「큰 나라를 다스리되, 작은 생선을 조리듯이 가만히 놔두고 이리저리 뒤집거나 흔들지 말아야 한다.」<제60장>

(10) 노자는 영토가 크고 백성의 수가 많은 대국(大國)을 기피했다. 그 대신 일종의 원시적 촌락을 연상시키는「소국과민(小國寡民)」의 나라를 꾸미고, 공동으로 살고 다스리라고 했다. 그곳에서는 문명의 이기(利器)도 쓰지 않고 무기도 내버려지고, 배나 수레 같은 교통수단도 쓸 필요가 없다. 사람들은 안한(安閒)하게 자기 고장에서 살다 자기 고장에서 조용히 죽는다. 이런 이상적 나라를 노자는 제80

장에서 그렸다.

(11) 노자는 특히 무기를 버리라고 했다. 부득이 쓰더라도 염담(恬淡)하게 써야 한다고 말했다.<제31장> 그리고 노자는 철저하게 반전(反戰)을 강조했던 것이다. 물론 침략자에 대한 방위전쟁마저 포기하지는 않았다. 부득이 싸울 때는 염담하게 하라 하였으며, 싸워 이겨도 기뻐하지 말고, 상례(喪禮)로써 대하라고 했다.<제31장>

색 인

ㄱ

가명위대(可名爲大) 234
가이위천하모(可以爲天下母) 173
각복귀기근(各復歸其根) 116
감기식(甘其食) 미기복(美其服) 456
강기골(强其骨) 36
강대처하(强大處下) 유약처상(柔弱處上) 441
강량자부득기사(强梁者不得其死) 281
강위지명왈대(强爲之名曰大) 173
강자지왈도(强字之曰道) 173
강해소이능위백곡왕자(江海所以能爲百谷王者) 이기선하지(以其善下之) 401
강행자유지(强行者有志) 229
개기태(開其兌) 제기사(濟其事) 종신불구(終身不救) 323
개지선지위선(皆知善之爲善) 사불선이(斯不善已) 28
거사(去奢) 202
거태(去泰) 202
거피취차(去彼取此) 89 254 425
건덕약투(建德若偸) 275
검고능광(儉故能廣) 405
견강자사지도(堅强者死之徒) 유약자생지도(柔弱者生之徒) 441
견소왈명(見小曰明) 323
견소포박(見素抱樸) 133
경적기상오보(輕敵幾喪吾寶) 414
경즉실근(輕則失根) 조즉실군(躁則失君) 183
고귀이신위천하(故貴以身爲天下) 약가기천하(若可寄天下) 95
고기어도(故幾於道) 66
고능성기대(故能成其大) 234
고능성기사(故能成其私) 61
고능위백곡왕(故能爲百谷王) 401

고능장생(故能長生) 61
고대방이하소방(故大邦以下小邦) 즉취소방(則取小邦) 371
고도대(故道大) 174
고도생지(故道生之) 덕휵지(德畜之) 318
고선인자(故善人者) 불선인지사(不善人之師) 189
고성인운(故聖人云) 351
고실도이후덕(故失道而後德) 253
고위천하귀(故爲天下貴) 346 377
고유도자불처(故有道者不處) 169 217
고유지이위리(故有之以爲利) 무지이위용(無之以爲用) 85
고이신관신(故以身觀身) 335
고이지치국(故以智治國) 국지적(國之賊) 395
고이하위기(高以下爲基) 263
고자억지(高者抑之) 하자거지(下者擧之) 444
고지선위도자(古之善爲道者) 미묘현통(微妙玄通) 108
고지선위도자(古之善爲道者) 비이명민(非以明民) 장이우지(將以愚之) 395
고지소이귀차도자하(古之所以貴此道者何) 376
고지족불욕(故知足不辱) 291
고지족지족(故知足之足) 상족의(常足矣) 299
고치예무예(故致譽無譽) 263
고혼이위일(故混而爲一) 101
곡득일이영(谷得一以盈) 262
곡신불사(谷神不死) 시위현빈(是謂玄牝) 58
곡즉전(曲則全) 161
곡즉전(曲則全) 왕즉직(枉則直) 156
곡즉전자(曲則全者) 157
공덕지용(孔德之容) 유도시종(惟道是從) 150
공성사수(功成事遂) 123
공성이불거(功成而弗居) 29
공성이불유(功成而不有) 234
공성이불처(功成而不處) 444
공수신퇴(功遂身退) 76
공수신퇴(功遂身退) 천지도야(天之道也) 73
공자의 극기복례(克己復禮) 56
과이물강(果而勿强) 209
과이물교(果而勿驕) 209
과이물긍(果而勿矜) 209
과이물벌(果而勿伐) 209
과이부득이(果而不得已) 209
광덕약부족(廣德若不足) 275
구막대어욕득(咎莫大於欲得) 299

구슬보다 도를 바쳐라 380
구이득(求以得) 유죄이면야(有罪以免邪) 376
국가혼란(國家昏亂) 유충신(有忠臣) 129
국지리기(國之利器) 불가이시인(不可以示人) 243
군자거즉귀좌(君子居則貴左) 217
군자(君子) 종일행(終日行) 불리치중(不離輜重) 183
귀근왈정(歸根曰靜) 116
귀대환약신(貴大患若身) 94
귀이천위본(貴以賤爲本) 263
금옥만당(金玉滿堂) 막지능수(莫之能守) 73
급기유사(及其有事) 부족이취천하(不足以取天下) 305
급오무신(及吾無身) 오유하환(吾有何患) 94
기득기모(旣得其母) 이지기자(以知其子) 323
기무정(其無正) 355
기미이산(其微易散) 387
기미조이모(其未兆易謀) 387
기불욕현현(其不欲見賢) 444
기사호환(其事好還) 209
기상불교(其上不皦) 기하불매(其下不昧) 101
기안이지(其安易持) 387
기이위인(旣以爲人) 기유다(己愈多) 461
기이위인(旣以爲人) 기유유(己愈有) 461
기자불립(企者不立) 과자불행(跨者不行) 169
기정민민(其政悶悶) 기민순순(其民醇醇) 355
기정심진(其精甚眞) 150
기정찰찰(其政察察) 기민결결(其民缺缺) 355
기중유물(其中有物) 150
기중유상(其中有象) 150
기중유신(其中有信) 150
기중유정(其中有精) 150
기지기자(旣知其子) 복수기모(復守其母) 323
기차(其次) 모지(侮之) 123
기차(其次) 외지(畏之) 123
기차(其次) 친이예지(親而譽之) 123
기출미원(其出彌遠) 기지미소(其知彌少) 302
기취이반(其脆易泮) 387
길사상좌(吉事尙左) 218
끝없는 도(道) 241

ㄴ

나가지 않고도 천하를 안다 304
난득지화(難得之貨) 영인행방(令人行妨) 89
노자 사상의 핵심 24
노자와 공자 사상의 공통점 35
노자와 유가의 차이 261
노자의 복귀사상(復歸思想) 122 181
능지고시(能知古始) 시위도기(是謂道紀) 102

ㄷ

다언삭궁(多言數窮) 50
다장필후망(多藏必厚亡) 291
당기무(當其無) 유거지용(有車之用) 85
당기무(當其無) 유기지용(有器之用) 85
당기무(當其無) 유실지용(有室之用) 85
대교약졸(大巧若拙) 295
대군지후(大軍之後) 필유흉년(必有凶年) 209
대기만성(大器晩成) 275 280
대도범혜(大道氾兮) 기가좌우(其可左右) 234
대도심이(大道甚夷) 이인호경(而人好徑) 329
대도(大道)와 유교의 도덕(道德) 131
대도폐(大道廢) 유인의(有仁義) 129
대방무우(大方無隅) 275
대방자하류(大邦者下流) 371
대백약욕(大白若辱) 275
대변약눌(大辯若訥) 295
대상무형(大象無形) 275
대성약결(大成若缺) 기용불폐(其用不弊) 295
대소교류(大小交流) 375
대소다소(大小多少) 보원이덕(報怨以德) 381
대영약충(大盈若沖) 기용불궁(其用不窮) 295
대왈서(大曰逝) 173
대음희성(大音希聲) 275
대장부처기후(大丈夫處其厚) 254
대제불할(大制不割) 196 200
대직약굴(大直若屈) 295
덕선(德善) 309
덕신(德信) 309
덕자(德者) 동어덕(同於德) 163
도(道) 22
도가도(道可道) 비상도(非常道) 17

도(道)가 안되는 이유 394
도(道)가 천제(天帝)보다 먼저이다 48
도난어기이(圖難於其易) 381
도둑 같은 임금 332
도를 보일 수 없다 246
도를 알고 덕을 세워야 한다 154
도를 지녀야 수(壽) 232
도를 지키는 내[我] 147
도를 터득한 사람의 태도 114
도법자연(道法自然) 174
도상무명(道常無名) 박(樸) 223
도상무위이무불위(道常無爲而無不爲) 248
도생일(道生一) 281 285
도생지(道生之) 덕휵지(德畜之) 318
도(道)에 대한 복습 57
도(道)와 무(無) 23
도(道)와 인의예지(仁義禮智) 259
도(道)와 지족(知足) 301
도은무명(道隱無名) 275
도(道)의 삶을 높인다 440
도자만물지오(道者萬物之奧) 376
도지위물(道之爲物) 150
도지존(道之尊) 덕지귀(德之貴) 318
도지출구(道之出口) 담호기무미(淡乎其無味) 238
도충(道沖) 45
동위지현(同謂之玄) 18
득여망숙병(得與亡孰病) 291

ㅁ

막지기극(莫知其極) 가이유국(可以有國) 361
만물귀언(萬物歸焉) 이불위주(而不爲主) 234
만물득일이생(萬物得一以生) 262
만물(萬物) 막부존도이귀덕(莫不尊道而貴德) 318
만물병작(萬物並作) 오이관복(吾以觀復) 116
만물부음이포양(萬物負陰而抱陽) 281
만물시지이생(萬物恃之以生) 234
말없는 무위자연의 다스림 168
머무를 줄 알아야 한다 227
명가명(名可名) 비상명(非常名) 17
명덕(明德)의 주(註) 194
명도약매(明道若昧) 274
명백사달(明白四達) 능무지호(能無知乎) 79
명여신숙친(名與身孰親) 291
목강즉병(木强則兵) 441
몰신불태(沒身不殆) 323
무(無)가 쓰인다 87

무거움이 뿌리가 된다 186
무덕사철(無德司徹) 452
무력은 이내 시든다 214
무명천지지시(無名天地之始) 17
무명, 천지지시 ; 유명, 만물지모(無名, 天地之始 ; 有名, 萬物之母) 20
무물지상(無物之象) 101
무사(無私)와 대아(大我) 65
무실(無失) 202 388
무위이무불위(無爲而無不爲) 305
무적(無的) 도(道) 106
무지무욕(無知無欲) 36
무집(無執) 202 387
무패(無敗) 202 387
물은 다 들어간다 290
물의 선덕(善德) 일곱 가지 69
물장즉로(物壯則老) 210
물형지(物形之) 세성지(勢成之) 318
물혹손지이익(物或損之而益) 혹익지이손(或益之而損) 281
미무미(味無味) 381
미언가이시존(美言可以市尊) 미행가이가인(美行可以加人) 376
미지여악(美之與惡) 상거약하(相去若何) 139
민막지령(民莫之令) 이자균(而自均) 223
민불외사(民不畏死) 434
민불외위(民不畏威) 즉대위지(則大威至) 425
민지기(民之饑) 이기상식세지다(以其上食稅之多) 438

ㅂ

박산즉위기(樸散則爲器) 196
박지부득(搏之不得) 명왈미(名曰微) 101
반자(反者) 도지동(道之動) 269
배를 채우는 소박한 삶 92
백성의 마음을 마음으로 한다 312
법령자창(法令滋彰) 도적다유(盜賊多有) 350
변증법적 발전관(辨證法的 發展觀) 34
병강즉불승(兵强則不勝) 441
병자불상지기(兵者不祥之器) 비군자지기(非君子之器) 217
보원이덕(報怨以德) 452
보차도자(保此道者) 불욕영(不欲盈) 109
복귀기명(復歸其明) 323
복귀어무(復歸於無) 272
복귀어무극(復歸於無極) 195
복귀어무물(復歸於無物) 101

복귀어박(復歸於樸) 195
복귀어영아(復歸於嬰兒) 195
복명왈상(復命曰常) 116
복혜화지소복(福兮禍之所伏) 355
부귀이교(富貴而驕) 자유기구(富貴而驕 自遺其咎) 73
부도조이(不道早已) 210 340
부량불상상(夫兩不相傷) 고덕교귀언(故德交歸焉) 368
부례자(夫禮者) 충신지박(忠信之薄) 이란지수(而亂之首) 253
부막지명이상자연(夫莫之命而常自然) 318
부병자(夫兵者) 불상지기(不祥之器) 217
부유도(夫唯道) 선대차성(善貸且成) 275
부유무이생위자(夫唯無以生爲者) 시현어귀생(是賢於貴生) 438
부유무지(夫唯無知) 시이불아지(是以不我知) 418
부유병병(夫唯病病) 시이불병(是以不病) 422
부유부쟁(夫唯不爭) 157
부유부쟁(夫唯不爭) 고무우(故無尤) 66
부유불염(夫唯不厭) 시이불염(是以不厭) 425
부유불영(夫唯不盈) 고능폐이신성(故能蔽而新成) 109
부유색(夫唯嗇) 시위조복(是謂早服) 361
부자긍(不自矜) 고장(故長) 156
부자벌(不自伐) 고유공(故有功) 156
부자시(不自是) 고창(故彰) 156
부자(夫慈) 이전즉승(以戰則勝) 406
부자현(不自見) 고명(故明) 156
부정(否定)의 한계 307
부지상(不知常) 망작흉(妄作凶) 116
부지지병야(不知知病也) 422
불감위천하선(不敢爲天下先) 405
불감이취강(不敢以取强) 209
불감진촌(不敢進寸) 이퇴척(而退尺) 414
불견가욕(不見可欲) 사민심불란(使民心不亂) 36
불견이명(不見而明) 302
불귀난득지화(不貴難得之貨) 사민불위도(使民不爲盜) 36
불규유(不窺牖) 견천도(見天道) 302
불상현(不尙賢) 41
불상현(不尙賢) 사민부쟁(使民不爭) 36
불선인자(不善人者) 선인지자(善人之資) 189
불선인지소보(不善人之所保) 376

불선자오역선지(不善者吾亦善之) 309
불소부족이위도(不笑不足以爲道) 274
불소이자래(不召而自來) 429
불신자오역신지(不信者吾亦信之) 309
불실기소자구(不失其所者久) 229
불언이선응(不言而善應) 429
불언지교(不言之教) 무위지익(無爲之益) 288
불여수중(不如守中) 50
불위이성(不爲而成) 302
불이지치국(不以智治國) 국지복(國之福) 395
불출호(不出戶) 지천하(知天下) 302
비도야재(非道也哉) 329
비도지재천하(譬道之在天下) 유천곡지어강해(猶川谷之於江海) 224
빈상이정승모(牝常以靜勝牡) 371

ㅅ

사람도 천하신기(天下神器) 207
사무사(事無事) 381
사민중사이불원사(使民重死而不遠徙) 456
사유십백지기이불용(使有什伯之器而不用) 456
사이불망자수(死而不亡者壽) 229
사지소처(師之所處) 형극생언(荊棘生焉) 209
사천 막약색(事天 莫若嗇) 366
삼생만물(三生萬物) 281
삼왈불감위천하선(三曰不敢爲天下先) 405
상덕내족(常德乃足) 195
상덕무위(上德無爲) 이무이위(而無以爲) 252
상덕부덕(上德不德) 시이유덕(是以有德) 252
상덕불리(常德不離) 195
상덕불특(常德不忒) 195
상덕약곡(上德若谷) 275
상례위지(上禮爲之) 이막지응(而莫之應) 252
상무욕(常無欲) 가명어소(可名於小) 234
상무욕이관기묘(常無欲以觀其妙) 17
상사문도(上士聞道) 근이행지(勤而行之) 274
상선약수(上善若水) 66 71
상유사살자살(常有司殺者殺) 434
상유욕이관기요(常有欲以觀其徼)

17
상의위지(上義爲之) 이유이위(而有以爲) 252
상인위지(上仁爲之) 이무이위(而無以爲) 252
상지계식(常知稽式) 395
색기태(塞其兌) 폐기문(閉其門) 346
색기태(塞其兌) 폐기문(閉其門) 종신불근(終身不勤) 323
생사초월(生死超越) 273
생이불유(生而不有) 위이불시(爲而不恃) 79 318
생지휵지(生之畜之) 79
서왈원(逝曰遠) 173
석지득일자(昔之得一者) 262
선건자불발(善建者不拔) 334
선섭생(善攝生) 316
선수불용주책(善數不用籌策) 188
선승적자불여(善勝敵者不與) 411
선언무하적(善言無瑕讁) 188
선용인자위지하(善用人者爲之下) 411
선위사자불무(善爲士者不武) 411
선유과이이(善有果而已) 209
선인지보(善人之寶) 376
선자불변(善者不辯) 변자불선(辯者不善) 461
선자오선지(善者吾善之) 309
선전자불노(善戰者不怒) 411
선포자불탈(善抱者不脫) 334
선행무철적(善行無轍迹) 188
성인개해지(聖人皆孩之) 310
성인(聖人)과 선인(善人) 454
성인무위(聖人無爲) 387
성인(聖人) 방이불할(方而不割) 염이불귀(廉而不劌) 356
성인부적(聖人不積) 461
성인불병(聖人不病) 이기병병(以其病病) 422
성인불인(聖人不仁) 50
성인불행이지(聖人不行而知) 302
성인상무심(聖人常無心) 이백성심위심(以百姓心爲心) 309
성인상선구인(聖人常善救人) 고무기인(故無棄人) 188
성인욕불욕(聖人欲不欲) 388
성인(聖人) 욕상민(欲上民) 필이언하지(必以言下之) 401
성인운(聖人云) 448
성인(聖人) 위복(爲腹) 불위목(不爲目) 89
성인위이불시(聖人爲而不恃) 444
성인유난지(聖人猶難之) 429
성인유난지(聖人猶難之) 고종무난의(故終無難矣) 382
성인은 자연을 따른다 393

성인의 신중한 태도 385
성인(聖人) 자지부자현(自知不自見) 425
성인재천하(聖人在天下) 흡흡언(歙歙焉) 310
성인종불위대(聖人終不爲大) 고능성기대(故能成其大) 381
성인지치(聖人之治) 36
성인집좌계(聖人執左契) 이불책어인(而不責於人) 452
성인처무위지사(聖人處無爲之事) 28
성인(聖人) 처상이민부중(處上而民不重) 401
성인포일(聖人抱一) 162
성인포일(聖人抱一) 위천하식(爲天下式) 156
성인후기신이신선(聖人後其身而身先) 61
세속적 지능(知能)과 우매(愚昧) 399
소국과민(小國寡民) 456 459
소방이하대방(小邦以下大邦) 즉취대방(則取大邦) 371
소사과욕(少私寡欲) 133
소즉득(少則得) 다즉혹(多則惑) 156
손부족이봉유여(損不足以奉有餘) 444
손지우손(損之又損) 이지어무위(以至於無爲) 305
수국지구(受國之垢) 시위사직주(是謂社稷主) 448
수국지불상(受國之不祥) 시위천하왕(是爲天下王) 448
수선리만물이부쟁(水善利萬物而不爭) 66
수소(雖小) 천하막능신(天下莫能臣) 223
수유왈강(守柔曰强) 323
수지어가(修之於家) 기덕내여(其德乃餘) 334
수지어방(修之於邦) 기덕내풍(其德乃豊) 334
수지어신(修之於身) 기덕내진(其德乃眞) 334
수지어천하(修之於天下) 기덕내보(其德乃普) 334
수지어향(修之於鄕) 기덕내장(其德乃長) 334
숙능안이동지서생(孰能安以動之徐生) 109
숙능유여이봉천하(孰能有餘以奉天下) 444
숙능탁이정지서청(孰能濁以靜之徐淸) 109
숙지기극(孰知其極) 355

스스로 크다고 안한다 237
승이불미(勝而不美) 217
승인자유력(勝人者有力) 229
시위대대장착(是謂代大匠斲) 434
시위도과(是謂盜夸) 329
시위무상지상(是謂無狀之狀) 101
시위미명(是謂微明) 243
시위배천고지극(是謂配天古之極) 411
시위부도(是謂不道) 210
시위부쟁지덕(是謂不爭之德) 411
시위습명(是謂襲明) 188
시위습상(是謂襲常) 324
시위(是謂) 심근고저(深根固柢) 362
시위요묘(是謂要妙) 189
시위용인지력(是謂用人之力) 411
시위현덕(是謂玄德) 79 318 395
시위현동(是謂玄同) 346
시위홀황(是謂惚恍) 101
시이성인(是以聖人) 거심(去甚) 202
시이성인무위(是以聖人無爲) 202
시이성인피갈회옥(是以聖人被褐懷玉) 418
시적(詩的) 표현 60
시제유명(始制有名) 223
시지부족견(視之不足見) 238
시지불견(視之不見) 명왈이(名曰夷) 101
신득일이령(神得一以靈) 262
신부족언(信不足焉) 유불신언(有不信焉) 123 164
신언불미(信言不美) 미언불신(美言不信) 461
신여화숙다(身與貨孰多) 291
신자오신지(信者吾信之) 309
신종여시(愼終如始) 즉무패사(則無敗事) 388
실기복(實其腹) 36
실덕이후인(失德而後仁) 253
실의이후례(失義而後禮) 253
실인이후의(失仁而後義) 253
실자(失者) 동어실(同於失) 163
심사기왈강(心使氣曰强) 340
심애필대비(甚愛必大費) 291
싸우지 않고 이긴다 413

ㅇ

아독민민(我獨悶悶) 140
아독이어인(我獨異於人) 이귀식모(而貴食母) 140
아독혼혼(我獨昏昏) 140
아무도 다투지 않는다 404
아무사(我無事) 이민자부(而民自富) 351
아무욕(我無欲) 이민자박(而民自

樸) 351 354
아무위(我無爲) 이민자화(而民自化) 351
아우인지심야재(我愚人之心也哉) 139
아유삼보(我有三寶) 409
아유삼보(我有三寶) 지이보지(持而保之) 405
아자연(我自然) 123
아호정(我好靜) 이민자정(而民自正) 351
악여이(樂與餌) 과객지(過客止) 238
안기거(安其居) 낙기속(樂其俗) 456
애매한 주어(主語) 72
애민치국(愛民治國) 능무위호(能無爲乎) 78
애이신위천하(愛以身爲天下) 약가탁천하(若可託天下) 95
애자승(哀者勝) 417
약기지(弱其志) 36
약승강(弱勝强) 451
약자(弱者) 도지용(道之用) 269
약지승강(弱之勝强) 유지승강(柔之勝剛) 448
약팽소선(若烹小鮮) 370
어려운 단계의 습상(襲常) 327
어불가탈어연(魚不可脫於淵) 243
언유종(言有宗) 사유군(事有君) 418
언이상례처지(言以喪禮處之) 218
엄영봉(嚴靈峯)의 현(玄) 322
여식췌형(餘食贅形) 171
역중유사대(域中有四大) 174
연혜(淵兮) 사만물지종(似萬物之宗) 45
연후내시대순(然後乃是大順) 395
오늘의 정치 201
오미령인구상(五味令人口爽) 89
오불감위주(吾不敢爲主) 이위객(而爲客) 414
오색령인목맹(五色令人目盲) 89
오시이지무위지유익(吾是以知無爲之有益) 288
오언(吾言) 심이지(甚易知) 심이행(甚易行) 418
오음령인이롱(五音令人耳聾) 89
오장이위교부(吾將以爲教父) 281
오하이지중보지상재(吾何以知衆甫之狀哉) 150
오하이지천하연재(吾何以知天下然哉) 335
와즉영(窪則盈) 폐즉신(敝則新) 156
왕이불해(往而不害) 안평태(安平太) 238
외기신이신존(外其身而身存) 61
외민대위지(畏民大威至) 428
요묘(要妙) 193

욕선민(欲先民) 필이신후지(必以身後之) 401
용병유언(用兵有言) 414
용병즉귀우(用兵則貴右) 217
용어감즉살(勇於則殺) 429
용어불감즉활(勇於不敢則活) 429
용지부족기(用之不足旣) 238
원왈반(遠曰反) 173
위대어기세(爲大於其細) 381
위무위(爲無爲) 381
위무위(爲無爲) 즉무불치(則無不治) 36
위이불시(爲而不恃) 79
위자패지(爲者敗之) 집자실지(執者失之) 387
위지부도(謂之不道) 340
위천하계(爲天下谿) 195
위천하곡(爲天下谷) 195
위천하식(爲天下式) 195
위천하혼기심(爲天下渾其心) 310
위학일익(爲學日益) 위도일손(爲道日損) 305
유덕사계(有德司契) 452
유명만물지모(有名萬物之母) 17
유무상생(有無相生) 28
유물혼성(有物混成) 선천지생(先天地生) 173
유생어무(有生於無) 269
유약승강강(柔弱勝剛强) 243
유약처상(柔弱處上) 443
유여자손지(有餘者損之) 부족자보지(不足者補之) 444
유유도자(唯有道者) 444
유지여아(唯之與阿) 상거기하(相去幾何) 139
유황유홀(惟恍惟惚) 150
육친불화(六親不和) 유효자(有孝慈) 129
의양만물(衣養萬物) 이불위주(而不爲主) 234
이가관가(以家觀家) 335
이겨도 상례(喪禮)로 대한다 222
이공견강자(而攻堅强者) 막지능승(莫之能勝) 448
이기무사지(以其無死地) 314
이기부자생(以其不自生) 61
이기생생지후(以其生生之厚) 313
이기종부자위대(以其終不自爲大) 234
이도리천하(以道莅天下) 기귀불신(其鬼不神) 368
이도약뢰(夷道若纇) 274
이도좌인주자(以道佐人主者) 불이병강천하(不以兵强天下) 209
이만물위추구(以萬物爲芻狗) 50
이무명지박(以無名之樸) 248

이무사취천하(以無事取天下) 350
이방관방(以邦觀邦) 335
이백성위추구(以百姓爲芻狗) 50
이보만물지자연(以輔萬物之自然) 이불감위(而不敢爲) 388
이생삼(二生三) 281
이수즉고(以守則固) 천장구지(天將救之) 406
이아독완차비(而我獨頑且鄙) 140
이왈검(二曰儉) 405
이용지(而用之) 혹불영(或不盈) 45
이위천하모(以爲天下母) 323
이인거기일언(而人居其一焉) 174
이자위지(以慈衛之) 406
이정위하(以靜爲下) 371
이정치국(以正治國) 이기용병(以奇用兵) 350
이천하관천하(以天下觀天下) 335
이향관향(以鄕觀鄕) 335
익생왈상(益生曰祥) 340
인(仁)과 무(無)의 깊은 뜻 54
인다기교(人多伎巧) 기물자기(奇物滋起) 350
인다리기(人多利器) 국가자혼(國家滋昏) 350
인법지(人法地) 174
인역대(人亦大) 174
인지도(人之道) 즉불연(則不然) 444
인지생야유약(人之生也柔弱) 기사야견강(其死也堅强) 441
인지소교(人之所敎) 아역교지(我亦敎之) 281
인지소오(人之所惡) 유고과불곡(唯孤寡不穀) 281
인지소외(人之所畏) 불가불외(不可不畏) 139
일단(一端)만 아는 잘못 33
일생이(一生二) 281
일왈자(一曰慈) 405

ㅈ

자견자불명(自見者不明) 169
자고능용(慈故能勇) 405
자긍자부장(自矜者不長) 169
자기 손을 다친다 437
자벌자무공(自伐者無功) 169
자손이제사불철(子孫以祭祀不輟) 334
자승자강(自勝者强) 229
자시자불창(自是者不彰) 169
자신이 더 귀중하다 293
자애부자귀(自愛不自貴) 425
자지자명(自知者明) 229
장생구시지도(長生久視之道) 362
장욕약지(將欲弱之) 필고강지(必固

强之) 243
장욕취지(將欲取之) 필고여지(必固與之) 243
장욕폐지(將欲廢之) 필고흥지(必固興之) 243
장욕흡지(將欲歙之) 필고장지(必固張之) 243
장이부재(長而不宰) 79 318
재영백포일(載營魄抱一) 능무리호(能無離乎) 78
적혜료혜(寂兮寥兮) 173
전기치유(專氣致柔) 능영아호(能嬰兒乎) 78
전식자(前識者) 도지화(道之華) 이우지시(而愚之始) 253
전후상수(前後相隨) 28
절교기리(絶巧棄利) 도적무유(盜賊無有) 133
절성기지(絶聖棄智) 136
절성기지(絶聖棄智) 민리백배(民利百倍) 133
절인기의(絶仁棄義) 민복효자(民復孝慈) 133
절학무우(絶學無憂) 133
절학무우(絶學無憂)와 현실세계 138
정복위기(正復爲奇) 선복위요(善復爲妖) 355
정승조(靜勝躁) 295
정신적(精神的) 지각(知覺) 271
정언약반(正言若反) 448
정왈복명(靜曰復命) 116
정지지야(精之至也) 339
정치적·역사적 도(道) 338
조복(早服) 위지중적덕(謂之重積德) 361
종사어도자(從事於道者) 동어도(同於道) 163
좌기예(挫其銳) 해기분(解其紛) 346
주행이불태(周行而不殆) 173
중묘지문(衆妙之門) 18
중사문도(中士聞道) 약존약망(若存若亡) 274
중위경근(重爲輕根) 정위조군(靜爲躁君) 183
중인개유여(衆人皆有餘) 이아독약유(而我獨若遺) 139
중적덕(重積德) 즉무불극(則無不克) 361
즉양비이잉지(則攘臂而扔之) 252
지기백(知其白) 수기흑(守其黑) 195
지기웅(知其雄) 수기자(守其雌) 195
지대(地大) 174
지득일이녕(地得一以寧) 262
지법천(地法天) 174
지부지상의(知不知尙矣) 422
지상왈명(知常曰明) 116 339

지아자희(知我者希) 칙아자귀(則我者貴) 418
지(知)와 부지(不知) 424
지이영지(持而盈之) 불여기이(不如其已) 73
지인자지(知人者智) 229
지자불박(知者不博) 박자부지(博者不知) 461
지자불언(知者不言) 언자부지(言者不知) 346
지족자부(知足者富) 229
지지가이불태(知止可以不殆) 223
지지불태(知止不殆) 가이장구(可以長久) 291
지혜출(智慧出) 유대위(有大僞) 129
지화왈상(知和日常) 339 344
직이불사(直而不肆) 광이불요(光而不耀) 356
진도약퇴(進道若退) 274
질덕약투(質德若渝) 275
집대상(執大象) 천하왕(天下往) 238

ㅊ

처중인지소오(處衆人之所惡) 66
척제현람(滌除玄覽) 능무자호(能無疵乎) 78
천대(天大) 174
천도무친(天道無親) 상여선인(常與善人) 452
천도(天道)와 인도(人道) 447 464
천득일이청(天得一以淸) 262 267
천리지행(千里之行) 시어족하(始於足下) 387
천망소이불실(天網疏而不失) 432
천망회회(天網恢恢) 소이불실(疏而不失) 429
천문개합(天門開闔) 능위자호(能爲雌乎) 78
천법도(天法道) 174
천연이선모(繟然而善謀) 429
천위본야(賤爲本邪) 263
천장지구(天長地久) 61
천지도(天之道) 기유장궁여(其猶張弓與) 444
천지도(天之道) 부쟁이선승(不爭而善勝) 429
천지도(天之道) 손유여이보부족(損有餘而補不足) 444
천지불인(天地不仁) 50
천지상합(天地相合) 이강감로(以降甘露) 223
천지인(天地人)과 도(道) 179
천지지간(天地之間) 기유탁약호(其猶橐籥乎) 50
천하개위아도대(天下皆謂我道大)

사불초(似不肖) 405
천하개지미지위미(天下皆知美之爲美) 사악이(斯惡已) 28
천하난사(天下難事) 필작어이(必作於易) 381
천하다기휘(天下多忌諱) 이민미빈(而民彌貧) 350
천하대사(天下大事) 필작어세(必作於細) 381
천하막능여지쟁(天下莫能與之爭) 157
천하(天下) 막능지(莫能知) 막능행(莫能行) 418
천하(天下) 막부지(莫不知) 막능행(莫能行) 448
천하막유약어수(天下莫柔弱於水) 448
천하만물(天下萬物) 생어유(生於有) 269
천하무도(天下無道) 융마생어교(戎馬生於郊) 299
천하신기(天下神器) 202
천하유도(天下有道) 각주마이분(却走馬以糞) 299
천하유시(天下有始) 323
천하자정(天下自正) 250
천하장자정(天下將自正) 248
천하지교야(天下之交也) 371
천하지빈(天下之牝) 371
천하지지유(天下之至柔) 288
천하희급지(天下希及之) 288
청정위천하정(淸靜爲天下正) 295
청정(淸靜)하면 바르게 된다 298
청지부족문(聽之不足聞) 238
청지불문(聽之不聞) 명왈희(名曰希) 101
총욕(寵辱)과 대환(大患) 99
총욕약경(寵辱若驚) 94
총위하(寵爲下) 94
출생입사(出生入死) 313
충기이위화(沖氣以爲和) 281
췌이예지(揣而銳之) 불가장보(不可長保) 73
취천하상이무사(取天下常以無事) 305
치대국(治大國) 약팽소선(若烹小鮮) 368
치빙전렵(馳騁畋獵) 영인심발광(令人心發狂) 89
치빙천하지지견(馳騁天下之至堅) 288
치인사천(治人事天) 막약색(莫若嗇) 361
치허극(致虛極) 수정독(守靜篤) 116
치허수정(致虛守靜) 121
침혜(湛兮) 사혹존(似或存) 45

ㅌ

태상(太上) 부지유지(不知有之) 123
태상(太上)의 다스림 127

ㅍ

표풍부종조(飄風不終朝) 취우부종일(驟雨不終日) 163
피갈회옥(被褐懷玉) 420

ㅎ

하덕무위(下德無爲) 이유이위(而有以爲) 252
하덕불실덕(下德不失德) 시이무덕(是以無德) 252
하사문도(下士聞道) 대소지(大笑之) 274
한승열(寒勝熱) 295
함덕지후(含德之厚) 비어적자(比於赤子) 339
항병상가(抗兵相加) 애자승의(哀者勝矣) 414
행불언지교(行不言之教) 28
행어대도(行於大道) 유시시외(唯施是畏) 329
허기심(虛其心) 36
현덕(玄德) 321
현동(玄同) 349
현빈지문(玄牝之門) 시위천지근(是謂天地根) 58
화기광(和其光) 동기진(同其塵) 346
화대원(和大怨) 필유여원(必有餘怨) 452
화막대어경적(禍莫大於輕敵) 414
화막대어부지족(禍莫大於不知足) 299
화복상생(禍福相生) 359
화이욕작(化而欲作) 248
화지지야(和之至也) 339
화혜복지소의(禍兮福之所倚) 355
후왕득일이위천하정(侯王得一以爲天下正) 262
후왕약능수지(侯王若能守之) 만물장자빈(萬物將自賓) 223
후왕약능수지(侯王若能守之) 만물장자화(萬物將自化) 248
후왕(侯王) 자칭고과불곡(自稱孤寡不穀) 263
흉사상우(凶事尙右) 218
희언자연(希言自然) 163

新完譯 老子新釋

초판 발행 – 2009년 10월 15일
초판 2쇄 발행 – 2020년 8월 13일

역저자 – 張 基 槿
발행인 – 金 東 求
발행처 – 명 문 당(창립 1923년 10월 1일)
서울시 종로구 윤보선길 61(안국동)
우체국 010579-01-000682
전 화 (02) 733-3039, 734-4798
FAX (02) 734-9209
Homepage www.myungmundang.net
E-mail mmdbook1@hanmail.net
등록 1977.11.19. 제1-148호

* 정가 20,000원

ISBN 978-89-7270-928-2 94150
ISBN 89-7270-052-5 (세트)

알기쉽고 새로운

基礎漢文讀解法

한문독해 입문서

제34회 문화관광부 추천도서
(2001년 11월 6일)

누구나 재미있고 알기 쉽게 터득되는 기초한문독해법 !

기초한문독해법은 한문독해를 위한 입문서로, 알기 쉽고 재미있게 8단계로 구성되어
어렵게만 생각되는 한문독해를 기초부터 누구나 쉽게 익힐 수 있습니다.

*한문독해법과는 다른 새로운 내용으로 이 책을 보신 후 한문독해법을 보시면 많은 도움이 됩니다.

崔完植 · 金榮九 · 李永朱 · 閔正基 共著
크라운판/338面/값 15,000원

알기쉽고 새로운 한문독해법

漢文讀解法

전국서점 절찬 판매중

과학적이고 체계적인 국내 초유의 한문독해법 탄생 !

한문독해법은 어려운 한문을 쉽고
효율적으로 가르치는 독학 교재로
가장 체계적인 한문정복의 결정판 입니다.

崔完植 : 서울대학교 名譽敎授
金榮九 : 한국방송통신대학 中語中文學科 敎授
李永朱 : 서울대학교 中語中文學科 敎授

崔完植 · 金榮九 · 李永朱 共著
신국판/552面/값 15,000원

동시로 배우는 한자

더 이상 한자 공부 걱정하지 마세요

발명특허 漢字학습법

동시따라 나비처럼 한자가 날아온다.
EQ와 IQ가 동시에 자란다
한자 공포증이 말끔히 사라진다

발명특허 제95645호

박형준 지음/4 · 6배판/값 상 · 하 각 5,000원

스스로 학습, 스스로 평가하는

基本生活漢字

네 단계로 익히는 한자 학습법

2000년11월 제33회 문화관광부 추천도서로 선정된 우수도서 !!

남녀노소 누구나 꼭 알아야 할 한자를 쉽고 재미있게 배울 수 있도록 한
기본생활한자는 스스로 학습하고 스스로 평가하게 만든 책으로
학습을 추진하는 과정에서 창의력과 어휘력을 키워주는 점이 이 책의 특징입니다.

이 책 한 권이면 생활한자는 OK

최수도 엮음/4 · 6배판/값 12,000원

1923년 10. 1 창립 출판역사 86 년 **명문당** 서울시 종로구 안국동 17-8
TEL:733-3039, 734-4798 FAX:734-9209